广告学专业系列教材

广告学专业系列教材

现代广告学概论

XIANDAI GUANGGAOXUE GAILUN

（第五版）

陈培爱 ◎ 编著

首都经济贸易大学出版社
Capital University of Economics and Business Press
·北 京·

图书在版编目(CIP)数据

现代广告学概论/陈培爱编著. --5 版. -- 北京:首都经济贸易大学出版社,2022.6

ISBN 978-7-5638-3365-8

Ⅰ. ①现… Ⅱ. ①陈… Ⅲ. ①广告学—高等学校—教材 Ⅳ. ①F713.80

中国版本图书馆 CIP 数据核字(2022)第 093563 号

现代广告学概论(第五版)
陈培爱 编著

责任编辑 浩 南
封面设计 李 煜
出版发行 首都经济贸易大学出版社
地 址 北京市朝阳区红庙(邮编 100026)
电 话 (010)65976483 65065761 65071505(传真)
网 址 http://www.sjmcb.com
E-mail publish@cueb.edu.cn
经 销 全国新华书店
照 排 北京砚祥志远激光照排技术有限公司
印 刷 北京市泰锐印刷有限责任公司
成品尺寸 170 毫米×240 毫米 1/16
字 数 420 千字
印 张 25
版 次 2004 年 8 月第 1 版 2009 年 7 月第 2 版 2013 年 3 月第 3 版
2017 年 1 月第 4 版 **2022 年 6 月第 5 版** 2022 年 6 月总第 21 次印刷
书 号 ISBN 978-7-5638-3365-8
定 价 49.00 元

第五版前言

本书于2004年8月初版,2009年7月第二版,2013年3月第三版,2017年1月第四版,从初版至2022年3月第五版修订已经过去18年。而中国的广告教育起步于1983年厦门大学开创,至今也近40年。2021年统计数据显示,全国高等教育广告专业教学点已达610所(其中本科院校280所,专科院校330所)。本书作为高校广告专业教材,在18年的时间里能够多次再版,得到众多高校师生的青睐,并具有较强的学术生命力与理论价值,这得益于本书的科学性与前瞻性。

本书的编纂是建立在系统的广告学学科体系基础之上的。广告学是一门实用性较强的学科,本书的编纂力图贯彻理论探求与实务分析相结合的原则,既注重理论的建树、学科体系的建构,又避免做经院式、学究式的所谓纯学术的探讨。随着广告学理论研究的深入,通过近40年的发展,我国广告学理论研究已经取得了积极的成果,无论是在研究深度还是在研究成果上,都获得了肯定。本书沿用了本人1987年出版的《广告原理与方法》著作中率先提出的"以传播学原理建构广告理论框架”的思路,多年来已得到科学的印证及学术界的认可。全书结构严谨,层次分明,有清晰完整的科学体系。因此本教材虽经多年使用,但其科学性及实用性已得到充分证明。在本次修订中,基本架构与主要原理不变,体现了科学原理的延续性。

理论引导的前瞻性也是非常必要的。随着新媒体时代的到来,数字技术的进步,使承载信息的媒介在传播理论上发生了巨大的变化,同时新媒体发展环境的变革也必将会促使广告理论的变革。伴随着新媒体传播形态的日渐丰富与多元,广告依托新的媒体载具获得了更快的发展。与此同时,广告受众媒介接触的“分众化”与“碎片化”趋势也更为明显,广告传播营销面临着全新的挑战和机遇,只有创新性地发掘媒体资源,利用媒介组合,才能与消费者进行有效接触,完成广告传播。由于传播媒介的巨大变化,因此在本次修订中,特别更换了第八章第五节“广告媒体的发展趋势”,并对每章的案例选编进行了有针对性的选择,以配合不变的原理与不断变化的实践,起到引领广告发展趋势的作用。

本教材主要应用于高校广告专业教学。随着新媒体技术的发展,广告学教学也面临着一定的挑战。新媒体对广告学教学整体过程产生了直接影响,无论是教学方式还是教学意义,都出现了一定的变化。新媒体环境下的中国广告教育正处在快速向办学模式特色化、专业化和科学化方向提升的阶段。其改革方向主要是由“封闭”向“互动”转变,由“感性”向“理性”转变,由“平行”向“融合”转变。因此,在使用本教材的过程中,应从当前广告学课程教学中的问题出发,基于新媒体背景下课程改革和创新的重要性,创新性地使用本教材中的广告学基本原理,以期为广告专业的学生提供更好的发展空间。

由衷地希望本教材第五版的问世,能为当前“新文科”背景下,实现广告学教学和业界对于广告人才能力需求的有效对接贡献力量,能为新媒体广告专业人才培养提供必要的支持。

陈培爱

2022 年 3 月于厦门大学

Preface 前言

PREFACE

自1983年厦门大学开创广告学专业以来,经过20多年的发展,我国的广告事业在理论建设、事业发展、人才培养方面都取得了长足的进步。截至2003年年底,我国广告营业额已突破1 000亿元,这是我国改革开放后广告业20多年来发展的一个新的转折点。与此同时,全国有近200所高校开办了广告类专业,表明广告人才培养的基础已经建立。相信在市场经济与人才涌动的大环境下,中国广告事业发展的前景将十分广阔。

我国创办广告教育的院校,主要有新闻传播类、经济贸易类与艺术设计类等类型,这些院校都具有自己创办广告教育的优势及人才培养的特点。此次应首都经济贸易大学出版社的邀请,担任《现代广告学概论》的编写任务,意在为经济类院校编写一本较为合适的关于广告基本原理的教材,这对长期在新闻传播类院校从事广告教育研究工作的我来说,也是一个挑战。因此,在主编这本教材时,除了探讨广告运作的共同规律外,还力求把广告在市场经济中运用的策略手法尽量揭示得更多一些,更符合实际一些,特别是要更符合中国的国情。

在此基础上,注重当前广告发展中的新情况、新问题的研究与补充,力争使本教材能跟上时代的步伐,展示最新的研究成果,为培养高层次的广告人才服务。

在本教材的编写过程中,得到了厦门大学新闻传播系林升梁、李清华、曹斐、钟永伟、公克迪、何新华、夏宝君、王单、叶绍进、季勇勇、陈雅梅、宋安等的大力协助,并参考了众多的相关著作、论文、研究报告与网络资料。在此,对提供帮助的所有的人表示诚挚的谢意!并祝愿我国广告教育与人才培养能取得更大的发展与进步。

陈培爱

2004 年 8 月于厦门大学

Contents

目 录

CONTENTS

第一章　广告概论 ………………………………… 1
第一节　对“广告”定义的再探讨 ………………… 2
第二节　广告的分类 ……………………………… 7
第三节　广告的功能 ……………………………… 13
第四节　广告学的研究对象、研究内容与研究方法 ……………………………… 16
第五节　广告学与相关学科 ……………………… 18
案例选编 ……………………………………………… 22
第二章　广告的起源与发展 ……………………… 26
第一节　中国广告沿革 …………………………… 27
第二节　中国现代广告业 ………………………… 33
第三节　世界广告的发展 ………………………… 41
案例选编 ……………………………………………… 49
第三章　广告基础理论 …………………………… 52
第一节　广告与传播理论 ………………………… 53
第二节　广告与市场营销 ………………………… 59
第三节　广告与消费心理 ………………………… 63
第四节　广告与社会文化 ………………………… 70
案例选编 ……………………………………………… 76

第四章　现代广告事业 …… 83
第一节　现代广告事业的性质与任务 …… 84
第二节　现代广告事业的原则 …… 87
第三节　现代广告对营销的影响 …… 92
第四节　现代广告对社会的影响 …… 98
案例选编 …… 105
第五章　广告运作规律 …… 114
第一节　广告运作中的代理商选择 …… 115
第二节　广告运作的环境 …… 121
第三节　广告运作中的市场调查 …… 126
第四节　广告策划 …… 134
第五节　广告预算 …… 139
案例选编 …… 146
第六章　广告主 …… 151
第一节　广告主的界定、分类与特征 …… 152
第二节　广告主的广告管理及其管理组织 …… 158
第三节　广告主与广告代理公司的关系 …… 163
案例选编 …… 168
第七章　广告信息 …… 172
第一节　广告信息的要素 …… 173
第二节　广告主题与广告定位 …… 176
第三节　广告创意与表现 …… 184
第四节　广告文案创作 …… 188
第五节　广告构图技巧 …… 193
案例选编 …… 198
第八章　广告媒体 …… 209
第一节　广告媒体概述 …… 210
第二节　广告媒体的选择 …… 218
第三节　广告媒体的组合策略 …… 223

第四节　广告媒体计划的撰写与执行 …… 228
第五节　广告媒体的发展趋势 …… 230
案例选编 …… 236
第九章　广告受众 …… 245
第一节　广告受众的特点与分类 …… 246
第二节　广告受众的信息接受特征 …… 251
第三节　广告与消费者行为 …… 259
案例选编 …… 267
第十章　广告效果 …… 275
第一节　广告效果概述 …… 276
第二节　广告效果测定的意义与发展 …… 281
第三节　广告效果测定的原则与步骤 …… 282
第四节　广告效果测定的主要内容 …… 284
案例选编 …… 297
第十一章　广告组织 …… 302
第一节　广告组织系统论 …… 303
第二节　广告主 …… 306
第三节　广告公司 …… 310
第四节　媒体组织 …… 322
第五节　广告团体 …… 325
案例选编 …… 331
第十二章　广告管理 …… 336
第一节　广告的法规管理 …… 337
第二节　广告行业自律 …… 345
第三节　现代广告的社会监督管理 …… 349
第四节　美国和日本的广告管理 …… 351
案例选编 …… 359
第十三章　广告人 …… 364
第一节　广告人的概念与类型 …… 365

第二节　广告教育与广告人才的培养 …… 368
第三节　广告人的道德自律 …… 378
案例选编 …… 385
主要参考书目 …… 391

第一章

广告概论

本章重点及学习要求

广告是人类信息交流的必然产物，并随着商品经济的发展、生产的社会化而逐步发展。在现代社会中，广告已突破经济的界限，渗透到社会的各个角落，被广泛地应用于经济、政治、文化、思想、科学等各个领域。现代广告已逐渐成为人们物质生活和精神生活的重要组成部分。

通过本章的学习，要重点掌握广告的定义和分类，理解和把握广告的内涵、外延、功能、特性，了解广告学与相关学科的联系与区别，以便在广阔的"信息海洋"里自由驰骋。学习和研究广告学的基本概念，有助于我们对广告和广告学的概况有一个框架性的了解，为学习广告学的其他原理及实务打下基础。

第一节　对“广告”定义的再探讨

随着经济全球化进程的加快和商品经济的快速发展,“广告”成为出现频率很高的名词,广告学专业也成了很热门的专业。当今社会,尤其在较发达的城市和地区,广告可谓铺天盖地,无处不在。电视、广播、报纸、杂志、网络、手机上,吃、住、穿、用、行、玩中,无不充斥着形形色色、丰富多彩的广告。不管你是否承认,现代广告已逐渐成为人们生活的一部分。

当广告悄悄融入我们生活的方方面面的时候,我们不禁要问:广告是什么?对消费者来说,他们也许更关注广告传播的信息;对业界来说,他们也许更关注如何提高广告的效果;对理论界来说,更应该关注广告的内涵和外延,建立合理的理论框架,以指导广告实践活动。关于现代广告,众说纷纭,其定义也是纷繁复杂,人们从不同的视角切入,得出不同的结论,目前可以说尚无定论。同时,广告的定义也是动态的,是一个与时俱进的概念。为此,我们从词源学的角度探讨广告的来源,并综合理论界和业界人士的不同定义,对广告的定义进行再探讨。

一、追溯“广告”一词的来源

广告是什么?“广告”一词是怎么来的?追本溯源,让我们一同走进历史,考证中国、日本以及西方的语言中“广告”一词的来龙去脉。

首先,在我国古汉语中并没有“广告”一词,《康熙字典》和《辞源》中都没有“广告”一词。有学者认为,“广告”一词最早见于1907年(清光绪三十三年)出版的《政治官报章程》:“官方银行、钱局、工艺陈列各所、铁路矿务各公司及经农工商部注册各实业,均准送报代登广告,酌照东西各国官报广告代理。”

东汉许慎的《说文解字》释“廣”(繁体“广”):“廣,殿之大屋也,从广,黄声。”如荀子:“论礼乐、正身行、广教化……辟公之事也。”可见“广”为形声字,意义为“殿之大屋”,引申义为“扩大、宽泛”,诸如“广大”“广播”“广为流传”等等,皆取其意。东汉许慎的《说文解字》释“告”:“牛触人,角箸横木,所以告人也,从口从牛……”《管子》有云:“舆不可、疆不能、告不知,谓之劳而无功。”[①]所以,“告”是会意字。虽在古代无“广告”两字的组合,但从词源学的角度,我们可以得出“广告”一词的大概意思。限于当时的传播技术和媒介(或称“媒体”)的落后,人们之间的沟通还仅局限于从最初的姿态、声音、火光到后来的语言和文字传播,所以当时的人理解的“广”和“告”实际上与我们现在对“广”和“告”的理解有所不同,而且今后“广”和“告”的内涵和外延还会随着媒介和技术的发展而不断得到新的扩展。

再看日本。据考证,约在公元1872—1877年间(日本明治五年至十年),日本就已使用“广告”这个词了。[②] 我国著名学者徐百益先生认为“广告是近代的名称,这两个字很可能来自日本”[③]。不管怎样,虽然我国在20世纪初才出现“广告”一词,但是这并不影响广告活动本身的存在。

现在学界比较公认的观点是,广告的英文“advertising”(简称AD),源于拉丁语“advertere”,意为唤起大众对某种事物的注意,并诱导于一定的方向所使用的一种手段。[④] 而且从词性角度来说,“advertise”(动词),“advertising”(进行时),“advertisement”(名词)三个单词所表达的意义是不完全一样的。“advertise”指的是注意、诱导的动作;“advertising”为一个使大众注意,诱导大众于一定的方向的动态而非静态过程;“advertisement”是指一个具体的广告作品、广告活动。

综上所述,我们初步了解了“广告”一词的来源。接下来,我们将进一步深入挖掘广告的内涵与外延。

二、对不同的广告定义的比较

不同的人对广告有不同的理解,他们可能是消费者、广告主、媒体从业人员、文案、美工、专家学者等。由于他们担任不同的角色,处于不同的年代,加之各自具有不同的文化背景,所以他们眼里的广告,其内涵和外延有共性也有差

① 潘向光:《现代广告学》,杭州:浙江大学出版社,1996年版。
② 参见晁钢令等:《现代广告策略与艺术》,北京:经济科学出版社,1994年版,第2页。
③ 徐百益:《广告学入门》,上海:上海文化出版社,1982年版。
④ 陈培爱:《广告学原理》,上海:复旦大学出版社,2003年版。

异。现选取部分对广告的典型定义进行比较，以便从中找出其共性和差异（见表1-1）。

表 1-1　对广告的不同定义

国家或地区	学　者	企　业	行业协会	权威机构
日　本	中山静(1924)： 广告宣传的目的是劝诱人们对某一特定的事情产生或增强信心，使他们赞成或坚决执行。这个目标的实现与广告宣传的次数有关系，如果使用的方式、方法和时机选择适当，即使广告宣传的次数少一些，也会收到满意的效果。广告通过宣传商品来达到销售的目的	电通： 现在的广告公司为广告主的商品或服务的市场营销计划开展的商务活动内容，其中心是由市场营销计划导入的广告计划，为实现这一计划进行的制作，并将制作好的东西通过媒体发布和展示的促销活动的计划和实施，同时还涉及商品和服务的企划乃至经营活动的各个领域	日本广告协会(JAAA)： 广告是被明确表示出的信息发送方式，是对于呼吁诉求对象进行的有偿信息交流活动	《新型广告》： 广告是广告客户为实现企业目标而针对特定对象进行的信息传播活动，其传播内容包括商品、服务、意图（想法、方针、意见）等。信息传播是通过媒体实现的。企业的广告目的是为了满足消费者的需求，并起到创造社会经济效益的作用
美　国	拉斯克尔： 广告是印刷形态的推销手段	美国市场协会(AMA)： 特定的广告主以付费方式通过不同的媒体对产品、服务和观念劝服的非个人化传播	广告协会： 广告是付费的大众传播，其最终目的是为了传递信息，改变人们对于所广告的商品的态度，诱发其行动而使广告主获得利益 美国销售协会定义委员会： 由特定的广告主以付出某种代价的方式，对于设想、商品或劳务进行的非个人间的介绍或推广	《广告时代》(1932)： 由广告主支付费用，通过印刷书写、口述或图画等，公开表现有关个人、商品、劳务或运动等的信息，用以达到影响并促进销售、使用、投票或赞同的目的

续表

国家或地区	学　者	企　业	行业协会	权威机构
欧　洲	1890年以前,西方国家较公认的定义: 广告是有关商品或服务的新闻。英文的原文为"News about products or service"		欧盟:(Directive 84/450/EEC): 为了提高货物或服务的供给而做的任何形式的陈述。	《韦伯斯特大辞典》(1977): 广告是指通过直接和间接的方式促进商品销售,传播某种主义或信念,召集参加各种聚会和集会的所有告知性活动的形式 《韦伯斯特大辞典》(1988): 运用媒体而非口头传递,具有目的性信息的一种形式,旨在唤起人们对商品的需求并对生产或销售这些商品的企业产生好感,告知提供某种非营利性目的的服务以及阐述某种意见和见解
中　国	戈公振(1926): 商业之史乘,亦即文化进步之记录。人类生活,因科学之发明日趋繁密美满,而广告即有促进人生与指导人生之功能。故广告不仅为工商界推销出品之一手段,实负有宣传文化与教育群众之使命也		《中华人民共和国广告法》: 本法所称广告,是指商品经营者或者服务提供者承担费用,通过一定媒介和形式直接或者间接地介绍自己所推销的商品或者所提供的服务的商业广告	《辞海》(1982): 向公众介绍商品、报道服务内容或文娱节目等的一种宣传方式 《经济大辞典》: 广告是指通过多种媒介向用户或消费者宣传商品或劳务,以促进销售或扩大服务的手段

续表

国家或地区	学　　者	企　　业	行业协会	权威机构
中国台湾	樊志育： 广告就是通过各种媒体，将商品所具有的创意，传达给消费者，以激起消费者新的欲望			
中国香港	闵建蜀： 广告就是一种要支付费用的非个人的传播行为，它通过不同媒介，由商业或非商业组织或个人推广			

三、我们的定义

广告的定义分广义和狭义两种（见表1–2）。狭义的广告主要指商业广告；广义的广告除商业广告外还包括公益广告、政府公告以及其他形式的广告，广义广告的内容和对象比较广泛。

表1–2　广告的定义

广告概念的类别		举　　例
广义的广告	商业广告（经济广告）	企业的有关广告，如可口可乐广告
	非商业广告（非营利性的广告）	公益广告、政治宣传广告、政府公告、征婚广告等
狭义的广告	特指商业广告（经济广告）	

从传播学的角度分析，广义广告的基本特征如下：

第一，广告是付出一定代价的信息。广告是营利性的活动，虽然有些公益广告是免费的，但我们认为，此类广告仍然是要付出某种代价的。如美国销售协会定义委员会的广告定义中提到的“付出某种代价”。

第二，广告的本质是一种信息传播，具有信息性。如上述定义中提到的“……商品、报道服务内容或文娱节目……”“商品或者所提供的服务”“传播某种主义或信念,召集参加各种聚会和集会的所有告知性活动"等等。

第三,广告是非个人传播行为。如美国销售协会定义委员会认为,广告进行非个人间的介绍或推广;我国香港中文大学的闵建蜀博士也认为,广告是非个人传播行为,但个人推广也是一种广告现象。

第四,艺术加工。广告必须经过艺术加工,这是为了达到更好的广告效果。虽然在上述广告定义中未涉及此项,但我们认为,广告如果要达到更好的效果,就必然要运用一些艺术和先进技术进行包装。当然,广告不能为艺术而艺术。

第五,劝服企图。广告带有一定的劝说和诱导性。如美国广告协会的定义:"……改变人们对于所广告的商品的态度,诱发其行动而使广告主获得利益……"

综上所述,我们对广告的定义是:广告是由广告主付出某种代价的信息,经过艺术加工,通过不同媒体向大众传播,达到改变或强化人们观念和行为的目的。

第二节 广告的分类

上一节我们从广告的起源和定义两方面探讨了广告的内涵,为了更进一步了解广告究竟是什么,我们从广告的外延入手,依据不同的标准对其进行分类。虽然有人认为,分类根本没有实际意义,只是从不同的侧面进行透视,但有比较才有鉴别,进行分类,有利于我们正确选择和使用广告媒体,有利于理清市场、产品、消费者、媒体、政府、社区、环境等方方面面的关系,从而有利于更好更快地实现广告目标。当然,广告类别的划分参照物的选取没有绝对的界限,也有可能在分类过程中出现重合的地方。因此,根据广告参照物的不同可进行如下分类。

一、按广告的最终目的不同划分

第一,营利广告或经济广告。这是以推销某种产品、观念、服务等为目标的单纯追求利润最大化的广告形式,其终极目标是营利。

第二,非营利广告或非经济广告。这是以宣传某种主义、信念或陈述意见为目标的广告形式,其终极目的不是营利。

二、按广告的直接目的不同划分

第一,企业形象广告。这类广告侧重介绍企业的特征和优势,虽然没有直接推销产品,但从长远的利益出发,这种广告对企业形象有很大的提升作用,使企业的文化和形象深深地根植于消费者的心里。

第二,企业观念广告。这类广告主要试图改变消费者的某种消费意识和习惯,试图诱导或说服消费者接受某种观念,从而可以让消费者产生购买某种产品的欲望,这是间接销售。

第三,商品销售广告。这类广告突出介绍商品的优点、性能、用途、价格、原产地、商标、品牌等,旨在达到直接反复刺激消费者购买的目的,这是直接销售。

第四,解决问题的广告。这类广告力求解决某一问题,包括招聘、寻租、寻人启事等很具体的问题。当然,这种广告不局限于单一广告,可以用系列广告和多媒体广告。

三、按广告诉求方式的不同划分

第一,理性诉求广告。这类广告又可从两个方面来分析:

从定量分析看,根据 1987 年纽约大学的莱斯(Marshall D. Rice)教授和 Resnick-stem 的 14 条信息评价标准,凡广告中存在 1 条和 1 条以上的就属于理性诉求广告。这 14 条标准为:“availability, performance, quality, price, independent research, package, guarantee or warranties, new ideas, components, safety, taste, nutritious, company research, special offers”。

从定性分析看,理性诉求广告只向消费者提供商品的优点和功用,让消费者自己去权衡利弊、做出判断,听从劝告并采取购买行为。

第二,感性诉求广告。它也可从以下两方面来分析:

从定量分析看,不包含上述 14 条标准的广告为感性诉求广告。

从定性分析看,分为愉悦诉求和恐惧诉求。愉悦诉求即运用愉悦的感情或创造愉悦的情景来打动消费者,从而试图使消费者产生购买行为。恐惧诉求利用消费者的恐惧心理来进行诱导劝服,使消费者为避免这些恐惧而趋于购买。

四、按产品的生命周期不同划分

第一,开拓型广告。这是指在“人无我有”的情况下,为推广新的产品、观念或服务而发布的广告。主要侧重介绍新产品、新观念或新服务的功用、USP(独特的销售主张)等,以期引起消费者关注,进而了解和购买。

第二,竞争型广告。这是指在"人有我好"的情况下,特别是在产品的成长期和成熟期所做的广告。主要侧重介绍本产品、观念或服务优于其他同类竞争者的方面,比如价格优势、质量优势等。

第三,维持型广告。这是指在"我好人也好"的情况下,同质化现象比较突出,在产品本身并没有太多的竞争力的衰退期发布的广告。主要侧重用商标、企业形象来提醒消费者,使他们继续购买。

五、按广告影响范围的不同划分

第一,地方性广告。这是指当地零售商店、企业或影院等利用 POP、路牌或其他当地媒体形式来发布的广告。其范围一般局限于当地区域,广告主多为当地的零售商、小企业等。

第二,区域性广告。这是指选取区域性媒体,诸如地方或未覆盖全国的省电视台和广播电台、未跨区域发行的报刊等,在某一特定区域内,为配合差异性市场营销策略而发布的广告。产品的地域性特点较强,广告主多为中小企业。

第三,全国性广告。选取全国范围的媒体,诸如央视、卫视频道、中央人民广播电台以及跨区域发行的报刊等,旨在向全国消费者提供信息,扩大产品的知名度,促进销售。广告主多为大型企业。

第四,全球性广告。又称国际性广告,指国际知名品牌通过国际性的媒体,诸如 BBC、《纽约时报》等发布的广告。这种广告跨国公司运用得较多,如海尔、可口可乐等。

六、按使用的媒体不同划分

第一,电波类广告。它又分为以下三类:

(1)电视广告。指在电视媒体上发布的广告。电视媒体又按层次的不同分为全国性、省级区域性、市级区域性以及地方县级区域性电视台。此外,数字电视、电影、DVD 和 VCD 光盘、激光、光纤、传真、电话、闭路电视、有线电视等也是发布广告的重要媒体。

(2)网络广告,主要指网络技术发展后通过互联网及移动互联网发布的各种广告。包括 E-mail 直邮广告、横幅广告、悬挂广告、QQ 广告、聊天室广告、音频广告、游戏广告、BBS 广告等。

(3)广播广告。是指通过收音机等,利用声音、音响效果等来发布信息的广告。

第二,印刷广告。是指在杂志、期刊、报纸、招贴、样本、包装、商标、票券、黄页等印刷媒体上发布的广告,分专业广告和一般广告。

第三,户外广告。是指路牌、车站、码头、霓虹灯、交通工具、条幅、塑模、气球、电子板、旗帜、建筑物等平面或立体广告。

第四,交通广告。是指利用汽车、轮船、出租车、公交车、飞机、卫星、汽艇等的车身、车内扶手、座椅等媒介发布的广告。有的公交车、火车上还安装了电视,播放专门频道的节目,比如厦门就开通了“城市 T 频道”,在公交车上播出企业资讯、娱乐信息、新闻、广告等。

第五,直邮广告。简称 DM(Direct Mail),是指利用邮件形式向特定的消费群体发布广告,具有较强的针对性、便捷性,如商品目录、说明书、宣传册、明信片、贺年卡、信函等。

第六,POP 广告(Point of Purchase)。又称现场销售广告,指在商场、展销会、促销现场等地,利用橱窗、柜台、货架陈列的商品实物、产品样本、模型、模特、图形、卡通、包装袋等发布的广告。

第七,珍藏品、纪念品广告。是指国家、企事业单位或个人为纪念某个重大活动、节日、景点开业等采用珍藏品、纪念品的形式所做的广告,是侧重于介绍、提升形象的广告,比如邮票、纪念章等。

第八,其他广告。是指以其他的媒介形式(诸如火柴盒、花灯、冰灯、猜谜、漫画、台阶等)发布的广告。

七、按广告传播时间的不同划分

第一,时机性广告。是指抓住一些重大活动、节日、事件(如开业、展销、价格优惠等)等机会对消费者发布广告。

第二,长期广告。是指企业战略性的系列广告活动,持续时间较长。

第三,短期广告。是指短时间的促销广告。

八、按广告播放频率的不同划分

第一,高频率广告。是指在一段时间内不间断地、频率较高地播放同一广告。根据广告时间又可分为水平式、上升式、下降式、交错式。

第二,低频率广告。是指在一段时间内间断或不间断但次数较少地进行广告。

九、按广告对象的不同划分

第一,消费者广告。是指一般发布在大众媒体上,其目标受众是消费者的广告。

第二,商务广告。是指一般发布在专业媒体上,其目标受众为商务客户或专业人士的广告。

十、按广告层次[①]的不同划分

第一,基本需求刺激广告(primary demand stimulation)。这种广告是以知会潜在消费者此种产品的基本价值为目的,而不是强调某一特定的品牌。这种广告极具挑战性,且成本较高。

第二,选择性需求广告(selective demand stimulation)。这类广告旨在刺激消费者对某一特定企业品牌的需求,指出该种品牌与同类竞争品牌的特殊利益点。

第三,即时反应广告(direct response advertising)。是指能使消费者产生即时反应的广告。通常消费者对这种产品比较熟悉,在现场购买时无须试用,其成本较低。

第四,延时反应广告(delayed response advertising)。这类广告试图创造品牌认知,增加使用此品牌的利益点,使消费者喜欢此品牌。

第五,态度养成广告(attitude establishment advertising)。此类广告不是用来提升某一特定品牌,而是从整体上促使公众对企业建立一个良好的印象和态度。

---

① [美]欧盖因等:《广告学》,大连:东北财经大学出版社,1998年版。

十一、按广告表现形式的不同划分

第一,图片广告。图片广告主要包括摄影广告和绘画广告。它以诉诸视觉的写实或创作为形式。从目前看,摄影广告的比重越来越大。一般认为,摄影广告的写实性和传真程度与手绘相当,而且速度快,有大发展的趋势。但也应看到,摄影广告不可能完全取代绘画广告,绘画广告有自己的魅力和适用性。

第二,文字广告。是指用语言文字来传达信息的广告。

第三,表演广告。这类广告用各种表演艺术形式来达到广告目的。电视广告和销售现场广告较多地采用这种形式。

第四,实物广告。是指用实物的方式展示产品或服务的广告。

十二、按广告产生的效益不同划分

第一,速效性广告。这类广告传播的速度很快,且效益好。

第二,迟效性广告。这类广告传播的速度比较慢,且效益较差。

十三、按广告主的不同划分

第一,商业广告。是指生产和流通领域及服务行业的广告。它能够传播经济信息,沟通产销渠道,促进生产,加快流通,为生产和生活提供服务信息,推动整个国民经济的发展。这种广告数量最多,作用巨大。

第二,工业广告。是指工业企业广告,又可称为生产资料广告,主要是向工业企业传播有关原材料、机械器材、零配件等生产资料的信息,常在专业杂志或专用媒体上发布广告。它能够促进工业产品的信息沟通。

第三,经销商广告。是指以经销商为传播对象的广告。它以获取大宗交易的订单为目的,向相关的进出口商、批发商、零售商、经销商提供样本、商品目录等商品信息,比较注重在专业贸易杂志上刊登。

第四,专业广告。这类广告主要针对的是职业团体或专业人士。由于专业人士的身份、社会地位的特殊性和权威性,他们对社会消费行为具有一定影响力,是购买决策的倡议者、影响者和鼓动者,如医生、美容师、建筑设计人员等。此类广告多介绍专业产品,选择专业媒体发布,如农业广告、新闻出版广告、文化艺术广告、社会福利广告等。

第三节　广告的功能

一、从传播学原理的角度定义广告的功能

（一）对受众的功能

1. 信息传播功能。广告是一种信息传播。从狭义的角度来看，广告主要是商业信息的传播，但从广义的角度来看，广告是以商业为主导的产品、观念、服务的传播形式。正如《简明不列颠百科全书》所定义的："广告是传播信息的一种方式，其目的在于推销商品、劳务，影响舆论，博得政治支持，推动一种事业或引起刊登广告者希望的其他反应。广告信息通过各种宣传工作，其中包括报纸、杂志、电视、无线电广播、张贴广告及直接邮送等，传递给它想要吸引的观众或听众。广告不同于其他的信息传递方式，它必须由登广告者付给传播信息的媒介以一定的报酬。"5W 理论告诉我们，广告是完成一个信息从信源如何借助媒介传播到信宿的过程，而信宿在理解和接受信息的时候，会受社会背景、文化差异、个人兴趣、知识结构等主客观因素的影响，从而在接受信息时会有偏差，但从受众角度来说，信宿所接受到的信息就是广告所传播的最终信息，尽管这个信息不一定是信源真正传播的信息。所以，传播者要充分考虑到在信息传播过程中可能产生的影响传播效果的方方面面的因素。

2. 引导消费功能。根据马斯洛的需求理论，人是有需求的，而需求又是有层次的。科特勒的市场营销告诉我们，人们购买行为的产生，主要决定于三个方面的因素，即人的需要、欲望和需求。需要是人感到某些基本满足被剥夺的状态，这些需要存在于人本身的生理需要和自身状态当中；欲望是指人希望得到更深层次的需要的满足，人的欲望的不断形成和再形成要受到各种社会因素的影响；需求是指针对特定产品的欲望，必须具备有支付能力且愿意购买两个条件。① 广告除了具有传递信息的功能，还具有劝服和诱导的功能，不断地刺激消费者的需求。当然，广告信息一方面要体现广告主的愿望，另一方面也不能忽视受众的兴趣，否

---

① 参见[美]菲力普·科特勒：《市场营销管理》亚洲版，北京：中国人民大学出版社，1997 年版，第 9 页。

则这种引导只会与广告目的背道而驰,事倍功半。

3. 引领时尚的功能。广告传播过程中除了上述谈到的信息传播和服务传播刺激消费外,还有重要的一点,就是传播观念。在传播理论中,如何说(即传播方式)是一门艺术。如何把一个新的观念、概念通过广告的形式通俗易懂地传播给大众,广告倡导什么,引领什么潮流,都会对大众产生较大的影响。议题设置是一个过程,它既能影响人们思考些什么问题,也能影响人们怎样思考。广告和新闻一样,不但会引导消费者怎样想,还会引导消费者怎样做,引领时代潮流。

(二)对广告主企业的功能

广告是企业管理的重要组成部分,企业的产品销售、服务推广、观念行销都离不开广告的参与。

1. 企业知名度提高功能。广告借助各种媒体到达受众,有助于企业在相对短的时间内迅速提高知名度,在产品开拓期,广告在这方面的功能尤为突出。媒体的影响力越大,广告在企业知名度提高方面的功能就越强。

2. 产品劳务销售功能。根据产品所处的生命周期的不同,产品在维持期中,广告的发布可以让产品的销售量提升,促进劳务沟通,有利于产品快速、有效地流通。

3. 企业文化塑造功能。企业通过大众媒体或其他媒体对自身企业文化、经营理念、企业风格等方面的传播,有利于塑造优秀的企业文化,并加强公众对企业的了解。

4. 企业形象提升功能。企业运用广告和公关可进一步提升企业的形象,使其在企业识别(CI)、视觉识别(VI)、行为识别(BI)等各方面在消费者心目中树立一个良好的形象。

(三)对媒体的功能

媒体的生存主要靠广告收入来维持,这是一个不争的事实。但是我们可以看到,这种关系是相互依存、相互联系的:一方面,媒体要不断扩大影响力来吸引广告主;另一方面,广告要追求效果的最优来维持和巩固广告主的市场地位,从而更好地维持媒体生存,促进媒体做大做强,达到双赢。当然,媒体做大不一定就能做强,但只有做强了才能做大,道理即在于此。

二、从实际运作的角度定义广告的功能

（一）市场功能

1. 促进销售的功能。广告可以提高产品的流通速度，从而促进销售。另外，广告还可以拓宽销售渠道，增加销售份额，从而促进销售。

2. 激励竞争的功能。随着商品的多元化和垄断的打破，产品与产品之间必然产生竞争。竞争不一定是坏事，通过竞争可以培育市场、扩大市场。同类产品的广告也同样存在竞争，企业不得不通过对广告的投入参与竞争，这样就建立了良性的竞争环境。

（二）社会功能

1. 生活方式引导功能。广告可以引导生活方式，主要表现在广告可以制造流行，倡导和推动新的生活理念，引领时代潮流。

2. 广告的社会化功能。广告是社会生活的一部分，特别在市场经济日益发展的今天，广告对社会的影响（包括正面的和负面的）表现得比较突出。在我国，广告是社会主义精神文明建设的一部分：一方面，从广告内容上看，广告所表现的行为准则、道德标准会影响人们在社会中的角色；另一方面，从广告诉求上看，广告倡导什么和不倡导什么会影响人们的消费观、价值观的形成和改变。

（三）文化功能

1. 大众文化引导功能。广告是借助大众媒体对大众传播的活动，因此，广告所传播的观念（如价值观念、人生理念、道德观念、民族心理、生活习俗、宗教观念、审美情趣、消费观念）和消费者行为（如生活方式、消费方式、购买行为）以及其他社会行为不可避免地会对大众文化产生或好或坏的影响。

2. 时尚文化引导功能。时尚是指社会上广为流行的或人们一时崇尚和效法的有关事物的规格和样式①。广告传播倡导新观念，制造时尚，引领时代潮流。

3. 民族文化引导功能。因为广告是针对特定对象的传播，针对特定的民族消费群作诉求，民族心理，民族精神，民族的道德规范、生活习俗、宗教信仰、审美情趣等在广告创意和表现策略上都有所运用。所以广告具有民族文化引导功能。

4. 跨文化传播功能。广告充当着跨文化的传播使者，扮演着联系和融合文化

---

① 陈月明：《文化广告学》，北京：国际文化出版公司，2002 年版，第 118 页。

差异的角色。广告作为一种载体,使不同广告文化寻求共享性。

第四节 广告学的研究对象、研究内容与研究方法

广告是商品经济的产物。随着商品经济的发展,广告业也迅速发展起来,广告学也成为一个热门学科。应该说广告学的历史很短,尤其在我国,一个学科的建设,往往需要几代人孜孜不倦的努力,广告学也不例外,它需要在理论和实践探索中逐渐成熟和发展。当然,广告学的发展除了人们的主观努力,还需要在特定的社会背景下对经济、社会、文化因素加以考量,并联系其他的学科比较分析广告学的起源、特性和内容。

一、广告学的起源

1901 年,美国专家斯科特首次提出“广告学”这一术语,在 1903 年的《广告原理》一书和 1908 年的《广告心理学》一书中,他又进一步解释了这个概念。之后,美国商学院、新闻学院开设了广告学专业。1983 年,厦门大学新闻传播系建立了中国大陆第一个广告学专业,而到 2019 年,我国开设有广告学专业的院校已达 629 所(本科 302 所,专科 327 所)①。中国广告教育的发展,为中国广告业的高水平发展奠定了人才基础。

广告学又称广告艺术学、商业传播学、商业广告学、现代广告学等,同时还派生出广告心理学、策划学、文案学、设计学等。

二、广告学的定义和研究对象

广告学是研究广告活动及其发展变化规律的科学。其研究对象是广告信息传播的过程、效果及其活动规律,属于社会科学的信息传播学科。

三、广告学的特性和内容

广告学是一门研究广告现象和规律的学科。它具有其他新学科也具有的边

① 数据来源于中国教育在线,网址为 https://www.eol.cn。笔者通过查询高考专业填报志愿参考系统逐个统计获得,统计日期截至 2019 年 7 月。

缘性、综合性和交叉性等特点，是建立在哲学、心理学、美学、市场营销学、统计学、文学艺术、传播学、新闻学等相关学科的基础上而独立存在的边缘学科。广告学的历史虽短，但有其发展的前瞻性和延展性。

广告学的研究内容可分为两大块，也是本书涵盖的理论框架：在理论层面，它包括广告历史运动规律、中国广告沿革、中国现代广告业、世界广告发展、广告基本原理和方法、广告学理问题的研究、广告热点问题的研究、广告基础理论的研究、广告学教育的研究等角度的研究；在实践层面，它包括广告运作规律的研究，广告主、广告信息、广告媒体、广告对象、广告效果等广告要素的研究以及广告组织、广告管理、广告人等现代广告管理的研究。

四、广告学的研究方法[①]

广告学的研究方法分定性（的）研究和定量（的）研究两种，另外还有文献研究法、内容分析法等其他研究方法。

（一）定性（的）研究方法

定性（的）研究方法主要包括深度访问法、座谈法和投射法等。

深度访问法指事先不拟定问卷、访问提纲或访问的标准程序，由访问员和受访者就某些问题自由交谈，从交谈中获得信息的资料采集方法。但运用这种方法时，要明确访问主题，做好访问前的准备，选择合适的访问对象，还要进行介绍说明等。

座谈法也叫重点小组法和焦点小组法，是由研究者和受访者就某些问题一起座谈，展开讨论，以获得必要信息的资料采集方法。

投射法在运用时通常要隐瞒调查的真正意图，降低受调查者的心理防御，使受调查者在无意中和没有心理防御的情况下泄露出他们的真实态度或动机。它又包括字词联想法、句子完成法、卡通测试、主题统觉测试、相片分类、消费者绘画、第三者技术等。

（二）定量（的）研究方法

定量（的）研究方法主要包括观察法、调查法、实验法、内容分析法等。

观察法是一种对行为或现象进行系统的观察记录以获取所需信息的资料采

① 黄合水：《广告调研技巧》，厦门：厦门大学出版社，2003 年版。

集方法。

调查法是通过被调查对象直接对有关问题做出反应来获得资料的方法。分访问法和非访问法两种。访问法包括入户访问、拦截访问(街头访问)、电话访问等;非访问法包括邮寄问卷调查、置留问卷调查和网络调查等。

实验法是研究者通过控制某一个或某几个自变量(如价格、包装、广告)的变化,然后观察这些自变量对因变量(如销售量、品牌态度)的影响。

内容分析法是指对各种信息交流形式的明显内容进行客观、系统和定量的描述的一种研究技术。

第五节　广告学与相关学科

众所周知,广告学是一门年轻、多学科交叉的边缘学科。广告究竟是科学还是艺术呢?目前有三种观点。

第一,广告是一门艺术,不是科学。持这种观点的人认为,根据 AIDMA 理论(吸引注意—引发兴趣—激起欲望—强化记忆—促进行动)(参见图 1-1),广告就是充分利用各种艺术表现形式(包括音乐、舞蹈、诗歌、绘画等)来传播产品或服务信息,以达到更好地引起受众的注意、理解、接受、刺激,促进购买欲望的目的。

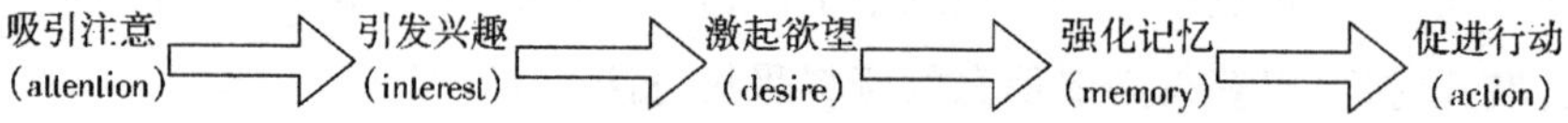

图 1-1　AIDMA 理论

第二,广告是一门科学,不是艺术。广告需要建立在调研基础上,可以通过一系列量化标准来达到更好的效果。它可以借助实验、统计、内容分析、事前事后对比测试、心理分析等辅助研究手段,形成系统的广告原理。所以它是一门科学。

第三,广告是一门科学,也是艺术。这是目前大家比较认可的说法。说广告学是一门科学,是因为广告学反映了广告活动的客观规律,广告效果研究可以借助科学的研究方法进行量化,它涉及公共关系学、社会学、经济学、心理学、新闻学、传播学、语言学、统计学、美学、声学、光学、电学等众多学科。如前所述,广告学从理论层面和实践层面都可以自成体系，只是广告学比较年轻，仍需广告从业人员和理论研究者共同努力，逐步完善和发展。说广告学是一门艺术，是因为广告具有艺术性，涉及文学、绘画、雕塑、建筑、音乐、舞蹈、戏剧、电影、曲艺等众多艺术形式。所以，广告学是一门综合性的边缘学科。

下面，我们着重介绍广告与公共关系、新闻、文学艺术、美学、宣传之间的辩证关系。

一、广告与公共关系的区别和联系

公共关系学也是一门新兴的、综合的、应用性的交叉学科。《大英百科全书》对公共关系的定义是：公共关系是旨在传递关于个人、企业、政府机构或其他组织的信息，以改善公众对他们的态度的政策和活动。

（一）区别

1. 广告侧重竞争，公共关系侧重和谐。

2. 广告崇尚立竿见影，公共关系则以长远效果为目标。

3. 广告偏重利益，公共关系偏重感情。

4. 广告“硬性”使用媒介，公共关系“软性”使用媒介。

（二）联系

1. 广告和公共关系都是以形象为核心，广告侧重产品形象，公共关系侧重组织形象。

2. 广告和公共关系都以传播为手段。

3. 广告和公共关系都以公众为对象。

二、广告与新闻的区别和联系

新闻是对新近发生的客观事实的报道。

（一）区别

1. 性质不同。新闻具有鲜明的党性和阶级性，客观，不夸张，不以营利为目的，不需付费，作者无权随意发挥；而广告只代表客户的意志和利益，允许夸张和修饰，创作者可以尽量发挥其创意天才。

2. 时间概念不同。新闻是新近发生的有价值的事实的报道，具有很强的时效性，具有一次性的特点，重播或者滚动播出也有一定的时间限制；而广告是为广告主服务的，没有很强的时效性，可以反复播出以达到更好的传播效果。

3. 写作和制作方式不同。新闻是由专业的记者采写，专业的编辑整理，有专人把关；而广告主要是由创意人提出创意，创意总监和广告主认同。

（二）联系

1. 新闻和广告从传播信息的角度来说是相同的，通过一定的媒介，把人们应知、欲知又未知的信息传递出去，从不同的方面为社会服务。

2. 新闻和广告都是以大众传播媒介作为自己的载体，传播范围广泛、迅速、及时。

3. 新闻和广告都必须坚持真实性的原则。

三、广告与文学艺术的区别和联系

（一）区别

1. 狭义的广告是营利性的，是商业活动，而文学艺术是非营利性的。

2. 广告是为广告主服务的，受众是大众，广告允许艺术化，但必须坚持真实性原则，而文学艺术可以虚构。

（二）联系

1. 广告的表现形式可以借助文学艺术形式使其更富有感染力。

2. 广告也可以成为文学艺术发展的一部分内容，大大丰富文学艺术的内涵。

四、广告与美学的区别和联系

区别：广告是商业活动，美学是研究美的现象和规律的活动。

联系：一方面，审美情趣、审美价值对广告创意有很大的帮助；另一方面，广告也丰富了美学的内容。

五、广告与宣传的区别和联系

区别：宣传是社会组织通过传播一定的观念来影响或控制他人的信仰态度或行为的劝说活动，宣传的内容是思想，而思想灌输具有教育人的功能；广告的内容是信息，是商业活动，具有劝说的功能。

联系：广告与宣传的表现方式相同。广告和宣传都是一种传播活动，两者都可以借助媒体将自己的信念传给受众，表现形式都具有多样化的特点。广告和宣传都允许在真实的基础上进行艺术加工，使之更具有感染力和影响力。

广告学与传播学、市场营销学、心理学、社会学、文化学等学科的区别与联系，将在本书的第三章专门进行深入的探讨。

本章小结

广告学在我国是一门年轻的学科，我们主要从广告学的起源、特性、定义和内容这几个大问题着手，阐述了广告学主要研究什么。

我们首先从“广告”的起源入手，考证中国、日本以及西方的语言中对“广告”一词来源的不同理解，追本溯源，试图阐述其中的内涵，接着对学界、业界和行业协会、权威机构、不同背景的人士对广告的理解做了比较，对广告的内涵做更进一步的探讨。

然后，我们对广告的外延也做了分析，主要以最终目的、诉求方式、生命周期、影响范围、媒体、传播时间、播放频率、广告层次、广告对象、表现形式、广告的效益、广告主等作为参照物对广告加以分类，细分广告的外延。

在了解广告的内涵和外延后，我们从广告的理论和实际运作两方面阐述了广告的功能。

最后，我们将广告与宣传、新闻、美学、公关、文学艺术等做了比较，找出其中的区别与联系。

思考题

1. 为什么广告如此难定义？请列举四种广告定义，并解释其相同与不同的原因。

2. 请谈谈你对广告分类的看法。

3. 广告就是销售，你是否认同这个观点？为什么？如果不同意，请陈述你的观点和理由。

4. 列举和解释广告的不同功能。

5. 请列出你认为最好的广告，并陈述理由。

6. 你认为广告学是怎样的一门学科？谈谈你的看法。

案例选编

小仙炖广告功能洞察

2020年6.18,不得不提一个品牌。

那便是鲜炖品牌小仙炖一举拿下滋补类目、燕窝类目“双料第一”,战报成果斐然。

天猫生意参谋、京东商智滋补发布的排行数据显示,2020年6月1日至6月18日,小仙炖销售额已经突破2.3亿元,并且连续三年全国销量领先。

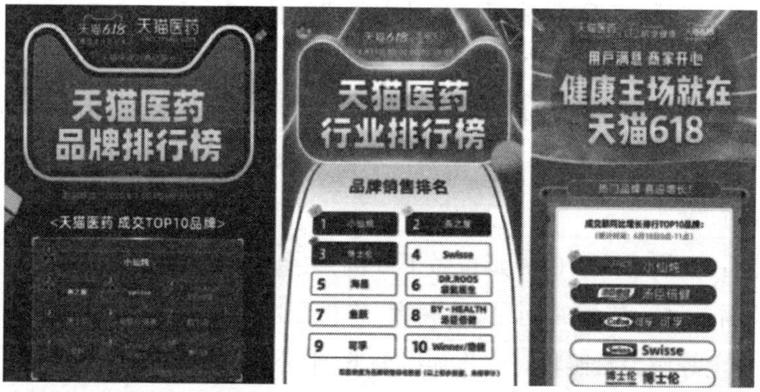

天猫生意参谋、京东商智滋补发布的排行数据

这不禁让人想问,成立不到5年的小仙炖创下傲人成绩的背后,在营销上究竟做对了什么?又给品牌留下了哪些启示?

一、洞察消费需求,注重产品打磨

首先,小仙炖在大趋势上踏上了“大健康”的快车。随着消费升级,人们的消费能力和消费意愿提升,加之年轻人的工作、生活压力不断增大,长期处于亚健康的状态之下,他们对健康养生的需求进一步增强。这给小仙炖的发展提供了源源不断的底层动力。

其次,小仙炖洞察到了传统滋补品行业的五大难题:原料难鉴别、没有时间炖、不知道如何炖、不懂如何吃和一般炖煮难以确保燕窝营养等问题。

再看小仙炖燕窝,它采用仙炖工艺专利,当天下单当天仙炖,当天顺丰发货,24小时即可送达用户手中,不仅实现成品零库存,更重要的是对产品的极度苛刻和打磨。

小仙炖鲜炖燕窝精选印尼加里曼岛森林雨季溯源燕窝为原料,并要经过了15项检验指标(国标7项)严格把控,保证原料从源头到小仙炖工厂的安全和品质。除此之外，真正做到了0添加，产品成分只有燕窝、水和冰糖，15天的极短保质期让产品更为新鲜。

对消费者需求的精准洞察和对产品的细致打磨，离不开小仙炖创始人一直以来想把燕窝做好的心愿和坚持。5年时间里，小仙炖从原料选择到炖煮工艺、设备、包装等每一个环节都精益求精，不吝财力、人力、物力打磨细节，鲜炖燕窝产品三年蝉联“世界食品品质评鉴大会奖”，真正成了鲜炖燕窝当之无愧的领导者。

在产品同质化的今天，能够洞察到消费者更深层次的需求，做出更具有价值性的产品，依然是品牌成功的前提。

二、开创全新品类，制定行业标准

在小仙炖出现之前，市场上主要以干燕窝和即时燕窝为主。小仙炖没有继续在已有细分品类深耕，而是开创了一个新的细分品类——鲜炖燕窝。

这一举措的好处在哪里？

它不仅牢牢抓住了消费者本身对新鲜燕窝的需求，更是为小仙炖的爆火埋下了伏笔。

在干燕窝的原料难鉴别、消费者不知道如何炖，即食燕窝的口感和营养大打折扣的情况下，如果小仙炖继续在原有细分品类上深耕，很难改变消费者的固有认知。

反而，以全新的品类面世，不仅可以吸引消费者的注意力，容易培育消费者对品牌的新认知，还能脱离原有细分品类的激烈竞争，开启一个新的赛道。

抢占了鲜炖燕窝的细分品类之后，小仙炖又沉淀并制定了五大行业标准：其一，38分钟95度，低温炖煮，营养不被破坏；其二，360度180次模拟手工炖煮，口感更佳；其三，精选印度尼西亚、马来西亚森林雨季可溯源燕窝；其四，0添加，保质期15天；其五，当天鲜炖，冷鲜配送。

在一个品牌崛起、另一个品牌迅速紧追的时代，这五大行业标准在满足消费者需求的同时，无疑提高了小仙炖在行业中的竞争壁垒，以阻拦其他品牌的轻易进入和对抗。

三、明星大咖推荐，建立信任背书

任何一个品牌的推广，都需要经过两个过程，一是让消费者知道，二是让消费者信任。

对于新品牌，如何快速地让消费者知道和信任？借助第三力量是关键，比如媒体、名人。

案例选编

名人的一个推荐，可能抵得过品牌自己的千言万语，他们携带的名人效应，不仅能在一定程度上提高品牌知名度，更能解决消费者对品牌的信任问题。

2020年5月18日，华语影坛大满贯影后、国际知名演员章子怡产后复工首条Vlog（Vlog中文名“微录”，是博客的一种类型，全称是Video Blog或Video Log，意思是视频记录，视频博客、视频网络日志），给粉丝们种草了小仙炖鲜炖燕窝。

而章子怡也成为继陈数之后又一位投资小鲜炖的明星投资人，陈数更是表示，“至今我已经吃了4年小仙炖，家里空瓶可以垒成一面墙。”

此外，张柏芝、古力娜扎、张雨绮、景甜等众多明星也成为小仙炖的忠实粉丝，纷纷在社交平台分享小仙炖，掀起“明星同款”燕窝滋补的风潮。

明星投资、主动分享比起单纯的代言，更能拉动品牌的势能，提高消费者对品牌的信任度，因为那是明星对品牌的真正认同，而不是只为了拿代言费。

信息碎片化，除了注意力是稀缺资源之外，信任也是稀缺资源，给消费者造成的困扰是：我该信任谁？谁说的话才是真的？

比起品牌的自夸自诩，现阶段消费者更信任的是第三方，包括第三方测评、第三方人群等，这也是无数KOL、KOC兴起的关键。

品牌解决了知名度和信任度问题，即扫除了品牌发展中的两大障碍。

四、线上直播种草，线下分众引爆

社交媒体的兴起，给新兴品牌崛起、繁荣带来了更多的可能性，小仙炖识别并抓住了这个机会，积极布局直播带货和小红书种草。

因为受到明星的青睐，小仙炖利用明星的力量和小红书的特点，在上面发布了大量的种草内容，短时间内引发了大量关注。

另一方面，由于直播带货的强互动和深浸入的特点，让很多消费者无法拒绝，小仙炖还收获了直播的红利。

除此之外，小仙炖还与电梯媒体分众传媒深度合作，进行线下品牌引爆。

不得不让人再一次赞叹小仙炖创始人的智慧与远见。

社交媒体近几年发展迅猛，尤其是短视频和直播的加入，让媒体环境更加的丰富。其容易传播、即时反馈实施效果等特点，的确为品牌的发展注入了新的动力，开辟了新的崛起路径。

但不可否认的是，社交媒体依然有很多缺陷。比如，为了提高受众的接受意愿，品牌主往往会把广告做成内容和资讯的形式，这样会削弱广告诉求，受众很难长时间记住；其次，不管是直播带货、小红书种草，都具有一定的圈层性，很难覆盖广泛的潜在群体。

小仙炖选择与分众合作，想必也是看重了分众传媒覆盖城市3亿主流人群和其低干扰、高频触达的特点，这样能够让更多的潜在群体知道小仙炖品牌并记住其广告诉求，把产品优势转化成认知优势，从而拓宽自己的商业版图。

不得不说，当今的品牌推广，选择社交媒体和电梯媒体的双臂联合，利用其各自的优势，结合品牌的特点，是品牌出圈和引爆的唯一法则。

五、以变化应变化，再创行业辉煌

任何品牌的成功一定是它做对了什么；任何品牌的失败也一定是它做错了什么。

再次回顾小仙炖品牌的成长路径，不管是其对消费者、对行业的精准洞察、对产品的细致打磨，还是在广告投放、媒介选择的策略上，都给我们后来品牌带来了诸多宝贵的启示。

成功的品牌有很多，持续成功的品牌却少之又少。时刻洞察消费者需求的变化、行业动态的变化、媒介环境的变化，以变化调整品牌变化，是小仙炖持续保持成功的前提。

（资料来源：6.18热卖2.3亿，小仙炖在品牌营销上做对了什么？[EB/OL].[2020-06-25]. http://www.gongguanzhijia.com/article/4753.html）

第二章

广告的起源与发展

本章重点及学习要求

在世界及中国文明的发展历程中，广告作为人类有目的的信息交流的产物，在不同的社会经济发展轨迹中，呈现出不同的发展特色。对中外广告史的学习和研究，有利于我们全面地、历史地认识广告这种信息传播现象，有利于我们总结前人经验，探索经济全球化时代基于不同社会背景下的现代广告发展的现状与未来。

通过本章的学习，要明确中国广告和世界广告的发展脉络，了解新中国成立之前中国广告的沿革，把握新中国现代广告业的发展以及世界广告的起源和演进，对广告及广告业的发展轨迹和基本状况形成一个总体概念。

在世界及中国文明的发展历程中,广告活动随商品生产和商品交换而产生,并作为各个时代的组成部分,在不同的社会经济发展轨迹中,呈现出不同的发展特色。在今天,广告作为市场经济条件下各类经济信息传播的中介和手段,其发展与整个社会形态及媒介的发展状况密不可分。

第一节 中国广告沿革

广告的产生几乎和人类文明的产生一样久远。作为人类相互信息沟通的手段,社会广告的出现早于经济广告。我国最初的文字广告多为政治、军事性质的社会广告,如夏、商、周的“诰”“誓”,都是社会广告的形式。经济广告是商品经济发展的产物,中国古代原始商业广告的产生,是商品交换日益趋向成熟的结果。中国古代广告经历了产生、兴盛和发展的阶段,并且,随着中国进入近代阶段,出现了近代广告最显著的标志——报刊广告。此后,中国广告在形式、管理、研究和教学等方面都有不同程度的发展。

一、古代时期(1840 年以前)的广告

(一)奴隶社会及其以前的广告

原始社会末期,中国古代商品交换活动日趋成熟,商品交换的数量、区域和范围不断扩大,商品交换的形式也不断发生变化,而且日益成熟,促使商业活动逐渐频繁和活跃。特别是在原始社会解体,奴隶社会产生,出现农业、手工业和商业的三次社会大分工后,商业活动更加兴盛。《诗经》载曰:“神农氏作,列廛于国,日中为市,集天下之民,聚天下之物,交易而退,各得其所。”这反映了当时商业活动的繁荣景象。广告作为古代商品交换过程中不可少的宣传工具也逐步发展起来。当时最原始的广告形式是实物陈列和口头叫卖,而这种形式的广告至今仍在流传,其他广告形式大都是从这种广告形式演变而来的,只不过采用了新的手段和工具,注入了新的内容。

口头广告又称叫卖广告,是我国最古老的广告形式之一。商贩们通过叫卖兜售商品,不同行业的叫卖往往声调不同,使人一听就知道在卖什么。叫卖广告往往是与实物广告相配合的,与之相联系的还有音响广告。

实物广告也是我国交换推销商品的一种最原始的广告形式。在《诗经》的《卫风·氓》中就有“氓之蚩蚩，抱布贸丝”这样的对当时商业活动进行直观描述的诗句。可见，以物易物、展示商品是当时普遍的广告形式。时至今日，实物陈列广告仍是商业广告中的基本形式。

随着商品经济的发展和商业交换的扩大，商业性的标记逐渐具备了商标和招牌的作用。由于其文字符号是印刻在实物上的，标记就兼有了实物广告和文字商标广告的职能。

行商走街串巷，不但大声叫卖以引人注意，还“箫管备举”，音响广告应运而生。早在屈原的《楚辞·离骚》中，就记载了商纣时姜子牙在市肆“鼓刀扬声”招揽生意的情景。行商采用不同的器具，以各种特殊的音响来代表不同的行业。货郎摇“拨浪鼓”，卖油郎敲“油梆子”，都是音响广告的形式。

坐商经营店铺，为了招徕顾客，幌子、招牌等广告形式被广泛运用，并在以后漫长的历史阶段中逐步演变和完善。

（二）封建社会广告发展的相对繁荣

中国封建社会历史漫长，在此期间，商品经济有了一定程度的发展，商业广告的表现形式和内容都有所变化和发展。

春秋时期，我国社会开始发生并完成从奴隶社会向封建社会的转变。这一时期，商人阶层逐步分化为行商和坐贾。坐贾开始把陈列于市的实物悬挂在货摊上以招揽顾客。这样，就在实物陈列的基础上，演变和发展成了招牌、幌子等广告形式。《晏子春秋》中这样的描述——“君使服于内，犹悬牛首于门而卖马肉于内也”，就是最好的证明。战国时期还出现了悬帜广告，用以招引顾客。悬帜广告的出现不但说明了当时已具备了这种广告形式产生的物质条件（如织染、缝制技术等），而且商品贸易的发展还增强了商人的经商意识。在河南省登封市告咸镇出土的东周陶器上都印有“阳城”篆体陶文字样标记，被认为是我国最早的文字广告。

秦朝的中央集权和统一度量衡、统一文字的措施，以及汉代长期的“休养生息”政策的落实，在客观上为商业的发展创造了有利的条件。在这一时期，城市商业进一步发展，幌子已多为固定店铺所使用。“垆”作为店铺幌子的原始形式，出现在两汉时期，为以后的店铺装饰起了开创作用。《史记·司马相如列传》中就有“相如置一酒舍沽酒，而令文君当垆”的记载。“当垆”作为悬物广告的一种，在当时已较为流行。商贩在店铺门前悬挂与经营范围相关的物品或习惯性标志,起到了广告的作用。

隋朝统一中国,城市商业已初具规模。史书记载隋炀帝时,“商贾贸易车马,填塞于市。诸藩酋长入朝者,常请于东市交易,炀帝许之,先命整顿市肆。檐宇如一,咸设纬帐,珍货充集,人物货盛。”隋炀帝的这一套措施固然是要显示他的尊威,但在客观上,不啻带有国际性的商业展览和广告宣传活动。

总的来说,战国至隋朝年间,封建的政治、经济、文化处在迟缓的发展状态中,广告的发展也是比较缓慢的。这时期新的广告形式出现不多,但在广告方法、技巧上却有不少改进。广告开始讲究技巧和心理效果。利用名人做广告的“马价十倍”的故事就发生在这一时期。

唐朝时,我国的封建社会发展到了鼎盛时期,形成了以都城长安为代表的国际贸易中心。为了规范市场贸易,唐朝政权实行了严格的市场管理制度。除了规定市场的性质、开设的地点和关闭的时间外,还特别规定商品价格由官家许定,“悬牌经营”。这里的牌,指的是物价牌,但标有物品名称及经营者姓名,实际上起到了招牌广告的作用。这一时期,历代较原始的各种广告形式都得到了进一步发展。首先是由幌子发展而来的旗帜广告,特别是酒旗广告甚为流行。唐代诗人李中在《江边吟》中写道:“闪闪酒旗招醉客,深深绿树隐啼莺。”其次是商品陈列,其规模和范围均有扩大。《旧唐书·韦坚传》中记载,天宝年间,韦坚将从渭水通往长安的漕舟集于宫苑墙外,供皇帝御览所载的各地货物,其时“坚预于东京,汴采取小斛底船三二百只,置于潭侧,其船皆著牌表之,若广陵郡船,即袱背上堆积广陵所出之绵、镜、铜器、海味;丹阳郡船,即京口绫衫缎;晋陵郡船,即折造端绫绣……”,由此足见当时集货地之广,景况之盛。此外,唐朝还出现了灯笼广告,各行业的灯笼造型各有不同,唐以后成为酒楼、饭馆的特色之一。

北宋时期,为适应经济的发展,政府支持民间自由贸易。在这种情形下,广告表现得十分活跃。首先,原始的叫卖广告逐步演化出各类具有专业特色的音响广告。这时的音响广告是声音与音乐的结合,将人类原始的吆喝叫卖声与歌谣、快板、词曲相结合,更加悦耳动听并更具诱导性。例如,理发的用铁唤头吸引别人注意,磨剪刀的摇晃用铁片串成的铁册子,卖针线的敲打带柄的小锣。其次是招牌广告得到发展,且随着大店铺的出现而开始出现新的广告形式——门匾。从北宋张择端的《清明上河图》中就可看到诸如“刘家上色沉檀拣香”“赵太丞家”“杨家

图 2-1　济南刘家功夫针铺广告

应症”“王家罗匹帛铺”等招牌门匾。此外,宋代开始出现的店面装潢——彩楼、欢门也成为广告竞争的主要形式。原始的广告形式在宋朝已发展得相当繁荣,同时,科技水平的提高,印刷技术的发明,都为广告提供了新的传播媒介——印刷品。现存上海博物馆的“济南刘家功夫针铺”的印刷铜板(见图 2-1),就是相当珍贵的宋代广告印刷史料。

宋以后的元、明、清三代,商品经济都有不同程度的发展。和以前历代相比,该时期的广告多是对中国古代早期广告的继承和发展,广告形式并无多少创新,但在表现形式上却日渐成熟。许多商家开始注重广告的外在表现。例如,同是一块招牌,有的请名人书写,有的则追求图文并茂,有的招牌在内容上则采用与商店商品有关的历史故事作为主题。又如,同是店堂装饰,有的看重的是富丽堂皇,有的则插四时之花,挂名人字画,营造一种文化氛围来吸引顾客。这一时期还出现了具有浓郁民族风格的对联广告、年画广告、广告诗等。元、明、清时期,人们更加注重古代广告的外在表现和丰富的文化内涵,促使中国古代广告不断走向成熟。

从原始社会末期到鸦片战争前的广告发展中,不难看出各种形式的广告的产生与发展是与中国当时的社会经济发展水平相适应的。

二、近代时期(1840—1949 年)的广告

1840 年鸦片战争爆发,资本主义入侵,这一方面使中国社会的性质发生了变化,闭关自守的封建社会开始解体,中国社会逐渐沦为半封建半殖民地社会;另一方面,外国资本和商人的大量涌入,客观上促进了工商业的发展。而民族工商业与远洋资本之间的相互竞争,更是刺激了广告的发展。

(一)广告媒体的发展

近代广告发展的最显著标志是报刊广告的出现。中国近代报纸最早是由外国人创办的。1827 年 11 月,第一家英文报纸《广州记录和行情报》在广州创刊,其附出的《广州行情周报》,是一份带明显广告性质的报纸。最早的近代中文报

刊是外国人创办的《察世俗每月统计传》。就广告宣传而言，影响较大的是1833年在广州创办的《东西洋考每月统计传》，它是中文刊物中最早登载“行情物价表”之类商情的刊物。

鸦片战争后，首开中文印刷广告之先河者，是1853年8月由英传教士在香港创办的《遐迩贯珍》杂志。1855年，该刊增出《布告篇》，专门登载商业广告和香港的物价行情。随后，一些报纸、杂志都相继开辟了广告专栏，如《申报》(见图2-2)、《新闻报》、《东方杂志》和《妇女杂志》等。

图2-2 《申报》缝纫机广告

我国最早的广播电台是1923年1月23日由美国人奥斯邦的中国无线电公司创办的。中国人自办的广播电台开始于1926年。广播广告的出现是中国广告史上又一个里程碑，标志着中国广告传播进入了“电子媒体”的新时期。

1926年，上海南京路伊文思图书公司的橱窗中首次出现了“皇家牌打字机”的霓虹灯广告。其后有外商在上海开设霓虹灯厂，并为广告公司制作霓虹灯广告。此外，新出现的广告形式还有车身广告、橱窗广告、路牌广告等。同期，印刷广告也得到进一步发展，相继出现了产品样品、企业内部刊物、月份牌和日历等形式的印刷广告。

(二)广告业的发展

20世纪20年代，随着广告业的发展，在中国，广告代理业和有关广告行业协会组织，诸如广告社和广告公司等，也相继出现。

许多有实力的中外企业为加强竞争，都先后自办了广告部，如英美烟草公司、三友实业社、五洲药厂、信谊药厂等。没有条件设立广告部的企业，只好依靠广告代理商设计和制作广告，这样，早期广告社和广告公司便应运而生。上海首先出现了专门经营广告的广告社和广告公司。他们为广告客户提供广告的设计、制作、发布、代理等业务，很快成为一个独立的行业，如好华广告社、华商广告公司、联合广告公司等。

为了加强与报馆的联系，争取同业的利益，解决同业的纠纷，1927年，由上海

6 家广告社发起并成立了“中华广告公会”，这是我国广告同业的最早组织。该组织后来多次易名，1957 年前后，随行业改造任务的完成而不复存在。

（三）广告管理、研究和教学

我国广告管理发端于 20 世纪 20 年代的《民律法案》，其中对广告的解释、效力、撤销、悬赏等做了 16 条款项之规定。但是，由于没有一部正规、严肃的广告管理法规，只是在当时的民法、刑法、交通法、出版法中有涉及广告的条款，国民政府对广告的管理始终是软弱无力的。1936 年 10 月，国民政府社会部颁布了《修正取缔树立广告的办法》以及《户外广告张贴法》等管理法规。旧中国广告行业自律，主要表现在报刊广告的广告行业同业公会方面的自我约束。如上文提及的“中华广告公会”，其管理章程中指出，“以维护增进同业之公共利益及矫正弊害为宗旨”。1920 年 5 月 5 日，全国报界联合会在广州召开的一次常会上，通过了《劝告禁载有恶影响于社会之广告案》。这类广告行业的自律，在一定程度上缓和了同业之间的矛盾，促进了广告业的健康发展。

图 2-3 《广告须知》

我国的广告研究和教育可追溯到“五四”时期。我国最早的广告研究团体是 1918 年成立的北京大学新闻学研究会，它把广告作为新闻学研究和教学的组成部分。1919 年，该研究会出版了徐宝璜的《新闻学》，其中把“新闻纸之广告”列为第十章，予以专章探讨。我国最早出版的广告学研究专著，当推由甘永龙编译的《广告须知》（见图 2-3）。此后出版的广告书刊还有商务印书馆的《广告心理学》、李培恩的《新广告学》等。这一时期的广告研究大多是对西方广告经营经验与理论研究成果的引入。

在教学方面，1918 年，北京大学新闻系开设了广告学课程。此后，1920—1925 年，复旦大学、圣约翰大学、泸江大学、燕京大学以及厦门大学等近 10 所大学开设了广告课程，但当时只限于对报刊广告的研究。

三、小结

从叫卖、实物陈列等原始广告形式的出现，到近代广告的标志——报刊广告的诞生,中国广告经历了数千年的演进过程。中国广告的沿革跨越了原始社会、奴隶社会、封建社会、半封建半殖民地社会等多种经济形态。在漫长的历史长河中,广告的形式和技术水平不断发展和完善,但由于封建社会长期以自给自足的自然经济为主,商品生产和交换都很有限,中国广告的发展也是比较缓慢的。而且,在旧中国,由于半封建、半殖民地的经济特征以及长期政治经济的不稳定,广告虽有发展,但也伴随着畸形和不健康的因素。总的来说,中国广告的发展历程与中国社会各个历史时期经济政治的发展是相适应的,广告作为社会生活的一个组成部分,对人们的经济生活也产生了一定的影响。

第二节　中国现代广告业

中华人民共和国成立 70 余年来,中国广告事业经历了一个收缩、恢复、停办、发展的曲折过程。20 世纪 50 年代至 60 年代初期,随着生产力的发展,广告有了一定的发展。报纸、路牌、橱窗等广告形式,已经具有了一定的规模,广告管理也逐步得到加强,广告宣传成为社会主义思想宣传和经济宣传的重要工具。"文化大革命"期间,广告被看作是资本主义的工具,遭到严重的摧残。1978 年党的十一届三中全会以后,社会主义的商品经济迅速发展,广告业也随之出现蓬勃兴旺的势头。

一、新中国成立初期广告业的起步(1949—1965 年)

从 1949 年到 1956 年,中国广告业首先经历了一个改组改造的过程。由于当时政府对私营工商业实行加工订货、统购包销的经济政策,广告公司的业务量骤减。同时,为配合私营工商业的社会主义改造运动,在工商行政管理部门的支持下,广告公司进行了大规模的改组,在一些工业比较集中、经济比较发达的城市,建立了国营广告公司。例如,北京市文化局领导下的北京市美术公司、天津文化局领导下的天津美术设计公司、上海市商业局领导下的上海市广告装潢公司和上海市文化局所属的上海美术公司等,它们都是在对原有广告公司或广告社进行合并、改组的情况下组建起来的。全行业公私合营后,工业企业的很多产品由国营商业包销,从而导致广告业务的锐减。在当时,已很少再有做广告的企业。在这一时期的后期，报纸广告版面减少，一些城市的商业电台被取消，广播广告也日益萎缩。

1957 年，我国广告业由收缩转向恢复，其标志之一是中国派代表参加了在捷克斯洛伐克召开的国际广告会议。

1958 年，国家有关部门在北京传达国际广告会议精神，北京和各地广告公司纷纷派人参加。在传达此次会议的精神和介绍国外广告业经验的基础上，对我国社会主义广告业提出了“四性一格”的要求，即政策性、思想性、真实性、艺术性及民族风格。

1959 年，国家商业部在上海召开了 21 个城市参加的商业广告工作会议，会议充分肯定了广告在社会主义建设中的地位与作用。会议还对 45 个选定的城市如何做好迎接国庆 10 周年的广告宣传做了具体安排。这次会议对于促进我国社会主义广告事业的发展，使广告更好地为经济建设服务，起到了一定的作用。

然而，这一局面仅仅持续了不到一年。1958 年开始的三年“大跃进”，由于受“左”的错误思潮的影响，工业部门提出了“需要什么，生产什么”，商业部门提出了“生产什么、收购什么，生产多少、收购多少”的口号。从此，商品生产失去了竞争，加之连续三年的国民经济严重困难，广告业受到很大挫折。

1962 年 1 月，中共中央提出了“调整、巩固、充实、提高”的八字方针，纠正经济建设中的“左”倾错误，使广告业有所恢复和发展。但随之而来的 1966 年开始的“文化大革命”，使广告业再次遭到严重的破坏。

二、“文化大革命”时期广告业的萎缩（1966—1976 年）

对于中国现代广告业来说，1966 年开始的“文化大革命”对广告业产生了重大影响。当时广告被斥为“资本主义的产物”，是“崇洋媚外的舶来品”，是“资本主义腐朽和浪费的表现”。除了户外红海洋式的政治广告和八个样板戏的广告外，全国的广告工作基本处于停滞状态。

首先受到冲击的是户外广告。北京、天津、上海等城市的许多老字号被取消，“王府井百货大楼”被改名为“北京市百货商店”；有 70 年历史的“全聚德”招牌也被砸掉，更名为“北京烤鸭店”；天津市最大的商场“劝业场”也换上了“人民商场”的新招牌；具有 50 年历史的上海最大的游乐场——“大世界”的招牌被“红卫兵”砸毁。

紧接着，报纸、杂志、图书的出版数量急剧下降。霓虹灯招牌被捣毁，路牌广告改为政治宣传牌和语录牌,广告代理公司的境况变得相当严峻。“上海市广告公司”改名为“上海市美术公司”,靠接受画稿设计、承办政治宣传牌施工等业务,才得以维持下来。

我国广告业在这一时期萎缩甚至停滞,不仅是由于政治意识形态的批判运动,还由于中国当时的经济体制。在 20 世纪 60 年代的初期和中期,重工业优先的经济政策使城乡居民消费受到很大的抑制,结果是消费品广告首先退出流通领域。到了 70 年代初,随着计划经济的进一步加强以及企业自主权的丧失,生产资料广告虽然未经任何政治意识形态的批判,但也自动地从社会舞台上消失了。

三、新时期广告业的复兴(1979 年至今)

党的十一届三中全会以来,全党将工作重心转移到经济建设上来,提出了“对外开放和对内搞活经济”的政策。这为广告业的恢复和发展提供了契机,广告业随之出现了蓬勃兴旺的局面。

(一)广告市场的恢复和发展

党的十一届三中全会以来,我国的广告业取得了长足的进展,曾两度出现发展高潮,为国家和社会创造了明显的经济效益和社会效益。1983—1985 年,广告经营单位、广告从业人员、广告经营额,分别年平均递增 55. 56%,54. 73%,59. 23%,1992—1994 年,这三项又分别年平均递增 55. 8%,49. 9%,80. 1%。同时,还改变了中国广告业多集中在沿海和主要大城市的格局,逐步形成一个跨地区、跨部门、多系统、多层次、多种所有制纵横交织、星罗棋布的广告经营网络,并逐步与世界广告业接轨。

新中国广告业的恢复和发展始于 1979 年。1979 年 1 月 14 日,《文汇报》发表了由丁允朋执笔撰写的文章——《为广告正名》,在舆论上为广告复兴做准备。同年 11 月,中共中央宣传部发出了《关于报刊、广播、电视台刊登和播放外国商业广告的通知》,提出广告宣传要着重介绍四化建设中可借鉴参考的生产资料的有关信息,消费品除烟酒外,也可以刊登。1979 年 1 月 4 日,《天津日报》第三版刊登蓝天牙膏等广告,拉开了报纸广告的序幕;1 月 28 日,上海电视台播出了我国大陆电视史上第一条商业广告——参桂补酒;同年 2 月 13 日,上海广告公司在《文汇报》上刊登了承办进出口广告业务的广告。广播广告开始于 1979 年 3 月 15 日,上海人民广播电台播发了“春雷药性发乳”的商业广告。随着对外贸易的发展,外商广告也开始出现。1979 年 3 月 18 日,上海电视台播出第一例外商广告——时长 1 分钟的“瑞士雷达表”广告。

1979 年以前,全国经营广告的公司不过 10 家,1979 年以后,广告行业的发展已初具规模。据统计,1979 年,我国广告收入仅有 1 500 万元,而到 1989 年,我国广告收入已达 19. 99 亿元,10 年间增长了 100 倍还多,年均递增率在 42. 99%以上。进入 20 世纪 90 年代以后,我国广告收入在国民生产总值中的比例,由 20 世纪 80 年代末的 0. 01%,逐步上升到 1990 年的 0. 13%,1998 年的 0. 68%和 2003 年的 0. 92%。2007 年,中国广告经营额达 1 741 亿元,占 GDP 的 0. 706%,比前两年略有下降,但广告经营额的总量一直在增长。2015 年,全国广告营业额已达 5 973. 41 亿元,广告经营单位达到 67. 18 万户,广告从业人员 307 万人,广告市场总体规模进入世界前列。2019 年,市场规模已扩大至 8 937 亿元,而 2021 年我国广告行业市场规模已突破万亿元。

(二)广告媒体的发展

20 世纪 80 年代以来,我国广告媒体的形式大量增加,各类广告媒体不断被开发利用,从而极大地满足了不同广告主与广告公司的信息传播要求。从广告投资的效果来看,报纸、杂志、广播、电视被誉为四大最佳媒体。四大媒体的发展状况可以反映出一个国家或地区整体广告媒体的发展水平。

1979 年改革开放以来,我国报纸广告业出现了蓬勃发展的势头。1985 年,报纸广告营业额已占全国广告营业总额的 36. 3%,位居全国首位。据统计,1995 年全国已有兼营广告业务的报社 2 334 家,全年广告营业额达 64. 67 亿元,占全国广告营业总额的 24%。报纸广告在广告媒体中的地位大体和电视广告相同。到 2007 年,报社广告经营单位有 1 799 家,年广告营业额达 322. 19 亿元,占全国广告营业总额的 18. 5%。2015 年,中国报纸广告收入达 501. 12 亿元。报纸广告已出现负增长。2019 年,报纸广告营业额降至 373. 52 亿元。

杂志广告以其受众稳定、保存时间长、印刷质量好的优势受到广告界和企业界的青睐。2007 年,我国杂志广告收入达 26. 5 亿元,比上年增长了 9. 8%。到 2015 年,杂志广告经营总额为 71. 90 亿元,而 2019 年则降至 67. 58 亿。

改革开放初期,生产力发展水平不高,收音机仍然还是城乡居民获取信息的主要手段,广播广告经历了它辉煌的一段时期。但随着电视的崛起,报界的活跃,广播广告受到了一定的冲击。20 世纪 90 年代以来,各级广播电台不断发展,各具特色的专业台纷纷建立起来,广播广告又日益受到人们的重视。据统计,1995 年全国共有兼营广告业务的广播电台 922 家,全年广告营业额 7. 38 亿元,占全国广告经营总额的 3%。到 2007 年,全国广播广告的营业额已达 62. 8 亿元,比上年增长 9. 8%,占全国广告经营总额的 3. 6%。2015 年,全国广播广告收入达到 124. 49 亿元,比上年减少 6. 28%。2019 年则有所上升,收入达 128. 82 亿元。

电视广告是迄今最能打动消费者的信息传播手段。2007 年,全国共有兼营广告业务的电视台 2 545 家,全年广告经营额 442. 95 亿元,占全国广告经营总额的 25. 4%。我国电视广告自 1983 年以来,一直快速稳定地增长。目前,内地 30 多个省市级电视台已全部都有卫星频道节目,仅中央台在国内就有 14 套节目,其中有两套面向海外。各地的有线电视网已基本普及,使广告信息传播更加便利。但进入 2015 年后,电视广告已出现负增长。2019 年,电视广告营业额为 1 341 亿元,已降到全国广告经营总额的 15. 46%。

我们现在正处于一个高度信息化的社会之中。新型广告媒体的开发及高新技术在广告媒体中的运用日益广泛和成熟。广告媒体的种类已在传统的四大媒体以及电影、邮寄、户外广告、POP 等的基础上拓展出了许多新的媒体技术,最新的高科技成果不断在广告媒体上得以应用。进入 21 世纪,网络媒体在我国传播领域中占据了越来越重要的位置,其广告经营呈跳跃式发展。2019 年,互联网广告营业额为 4 367 亿元,占广告行业市场份额的 50. 34%。

(三)广告公司的发展

广告作为一个独立的行业,在改革开放的大潮推动下,其规模有了很大发展。1979 年 8 月,北京成立了第一家专业广告公司——北京市广告艺术公司。随着我国商品经济的日益发展,广告公司的数量如雨后春笋般出现。1983 年,全国已有专业广告公司 181 家,到了 1995 年,全国专业广告公司增加到 22 691 家。2007 年,全国专业广告公司达到 113 222 家,全年广告营业额达 688. 5 亿元,占全国广告营业总额的 39. 55%。广告公司不仅在数量上迅速增加,而且服务领域也不断扩大,服务功能不断完善,广告公司的设计、制作水平也有了明显提高。到了 2013 年,全国广告公司发展到 207 575 家。2019 年,如果加上广告公司数量,我国广告行业经营单位总数已达到 163. 31 万户,表明我国广告产业正稳步发展。一些本土广告公司走上上市之路,通过资本运作谋求规模发展。

20 世纪 80 年代中期以后,占主导地位的有关专业广告公司提出了“以创意为中心，以策划为主导，为客户提供全面服务”的经营理念，其广告经营业务开始向以提供广告策划、提供市场调查、提供咨询服务为重点的全面服务型的方向转变。同时，国际上一些著名的广告公司也纷纷进入中国，与国内有实力的广告公司成立中外合资广告公司。从1986年电通、扬·罗必凯公司与中国国际广告公司合资兴办我国第一家合资广告公司——电扬广告公司开始，到目前为止，设立于各省市的合资/合作广告公司有几百家。这些国际上的大跨国广告公司和集团，不仅为我国本土广告公司带来了先进的管理模式和较高的专业技能，同时也加剧了广告市场的竞争。

早在20世纪80年代中期，国内的北京广告公司、广东省广告公司就已尝试实行广告代理制。为了尽快建立与国际惯例接轨的广告活动体制和机制，1993年7月，国家工商行政管理局发出了《关于在部分城市进行广告代理制和广告发布前审查试点工作的意见》，决定从1993年下半年起在全国开展广告代理制试点。广告代理制在20世纪90年代后在我国逐步推广并规范化，它使得广告客户、广告媒介与广告公司之间的关系得到调整。

1979年10月27日，由北京、上海、南京三家广告公司发起，在上海召开了全国12个地区、13家广告单位的第一次广告经验交流工作会议。1981年2月25日，全国25家广告公司在京成立中国第一家广告经营联合体——中国广告联合总公司。同年3月18日，经国家工商行政管理局批准予以注册登记。1981年8月21日，经国务院、外经贸部批准，成立了“中国对外贸易广告协会”，这是第一个外贸系统的广告组织。1981年12月10日，辽宁省广告协会成立，这是我国建立最早的省级地方广告协会。1983年6月10日，哈尔滨市广告协会成立，这是中国第一个省辖市广告协会。1983年7月19日，厦门市广告协会成立，这是中国经济特区中最早成立的广告协会。同年12月27日，经国务院批准，中国广告协会在北京正式成立，成为中国广告行业的最高组织。至此，新中国广告行业已初具规模。

（四）广告管理的不断完善

改革开放之初，我国的广告管理比较分散，广告活动出现了某些混乱现象。1980年，国务院决定由国家工商行政管理局管理全国广告，我国的广告管理由此从过去的分散管理时期进入到统一管理时期。1982年2月6日，国务院颁布了《广告管理暂行条例》，这是我国第一部全国性、综合性的广告管理法规，它的颁布标志着我国的广告管理工作进入了一个新的历史时期。随后，国家工商行政管理局依据《广告管理暂行条例》制定了《广告管理暂行条例实施细则》，对《广告管理暂行条例》规定的内容做了详细、具体的规定。此后，国家工商行政管理局又单独或会同有关部门制定了几十个广告管理规章，使广告法规和广告管理体系不断完善。

1981年初，国家工商行政管理局成立广告管理处，1982年改为广告司。1982年4月15—23日，国家工商行政管理局在北京召开首次全国广告工作会议。1982年6月5日，国家工商行政管理局下发《关于整顿广告工作意见》，对全国广告经营单位进行第一次普查，统一注册登记，并采取有力措施严厉打击虚假广告和非法经营广告的活动。

随着广告业的发展，《广告管理暂行条例》中的某些规定已不能适应形势的要求。1987年12月1日，《广告管理条例》正式颁布实施，标志着我国广告管理法规的进一步健全和完善，它以法规的形式把广告宣传和广告经营的行为规范确立下来，为广告事业的健康发展提供了保障。

1994年10月27日，第八届全国人民代表大会常务委员会第十次会议通过了《中华人民共和国广告法》（以下简称《广告法》），并于1995年2月起施行。《广告法》的实施，标志着我国广告市场在法制化轨道上更进了一步，标志着我国广告管理进入了一个新的阶段。目前，我国已基本形成了以《广告法》为核心的一整套比较系统、完备的广告监督管理制度体系，广告管理水平不断提高。

2015年4月24日，新修订的《中华人民共和国广告法》（以下简称"新《广告法》"）经第十二届全国人大常委会第十四次会议通过，于2015年9月1日生效。新《广告法》一经公布，立即引起业界强烈反响，其修改幅度之大以及从未有过的严厉、细致的规定也被称为"史上最严广告法"。新《广告法》对医药、保健品、婴儿食品、农资、烟草、酒类、教育培训、投资、房地产等行业的广告内容进行了特别规制，这些行业广告将受到更多的限制，特别是医药行业受到的影响最大。新《广告法》对近年新兴的广告形式如互联网广告、电子邮件广告、手机短信广告等也做出了明确规定与罚则，因此，经营和发布此类广告的企业亦应当特别注意。新《广告法》的出台，某种意义上也是从国家立法层面对当今各种广告乱象的整顿，一方面预示着国内广告业的洗牌，另一方面也为国内广告整体水平的提高做了铺垫。在国家大力发展文化产业的大背景下，结合新《广告法》的实施以及相关实施细则的出台，国内广告业必将逐步走上良性发展的道路。

广告行业自律作为我国广告管理的有益补充，也不断走向完善。20世纪80

年代以后，全国及地方的各级广告协会相继建立起来，不少有关行业、单位都制定出自我约束的准则、规则。这些行业自律规范虽不具有法律效力，但它起着职业道德准则的作用，在一定程度上规范了广告市场的正常秩序。

（五）广告研究、教育的发展

随着广告业务的广泛开展，广告的学术研究活动也日益活跃。1981 年 4 月，《中国广告》创刊，这是我国第一本综合性的广告专业杂志。随后，《国际广告》（1985 年）、《广告世界》（1987 年）、《广告导报》（1993 年）、《现代广告》（1994 年）和《广告大观》（1997 年）等相继创刊，大大推动了我国的广告学术研究和交流。1982 年，中国广告学会成立，这是我国改革开放后的第一个广告学术组织。

我国的广告研究在引进国外先进研究成果的基础上，正逐步形成自己的研究体系，出现了一批质量较高的专著、丛书。20 世纪 90 年代以后，广告研究的范围和内容进一步向纵深发展，更加注重与广告实践的结合，提升了广告实践操作的科学性和业务能力。

1983 年 6 月，我国第一个广告学专业在厦门大学新闻传播系创办，从而使我国的高层次广告专业人才培养走上了正规教育的发展轨道。随后，北京广播学院、深圳大学、北京商学院、青岛大学、暨南大学、武汉大学、复旦大学、北京大学等院校都相继开设了广告学专业或广告学系。1993 年和 1995 年秋季，北京广播学院新闻系广告专业、厦门大学新闻传播系分别开始招收广告研究方向的研究生，把广告教育推进到了一个新的阶段。到 2000 年，我国已初步形成了以广告专业培养为骨干，面向全行业，多层次（高、中级）、全日制、业余（电视、函授、自学考试）等多种形式相配合的人才培养系统和教育网络。

（六）对外交流日益频繁

为适应对外开放的需要，中国广告协会加入了国际广告协会和亚洲广告协会联盟，不断扩大与国际广告界之间合作交流的规模和范围。

1984 年 10 月 2 日，中国广告代表团赴日本参加国际广告协会第 29 届世界广告大会，这是中国广告界第一次参加国际广告界的活动。1985 年 6 月 11 日，中国广告代表团应邀赴泰国曼谷，出席亚洲广告协会联盟召开的第 125 次亚洲广告大会，这是中国代表第一次出席亚洲广告联盟的活动。中国第一个国际广告组织——国际广告协会中国分会，于 1987 年 5 月 12 日在北京成立。同年 6 月 16 日，中国第一个亚洲广告组织——亚洲广告协会联盟中国国家委员会在北京成立。1987 年 6 月 16 日,第一届第三世界广告大会在北京召开。1988 年 11 月,中国广告协会参加了在澳大利亚悉尼召开的第 31 届世界广告大会。1996 年 6 月 24 日,中国广告协会第一次组团参加了第 43 届戛纳国际广告节。

四、小结

中国广告有着悠久的历史。新中国成立后,中国现代广告业的发展又经历了一个长期曲折的过程。新中国成立初期,广告业有了一定程度的发展,各种广告形式初具规模,广告管理逐步加强,中国广告业得到了短时期的恢复,而“文化大革命”使得刚刚复苏的中国广告业饱受摧残。直至党的十一届三中全会召开后,中国广告业才随着商品经济的发展和国民经济的活跃而有了迅猛的发展,广告市场不断扩大,广告行业及广告公司呈现良好的发展势头,广告的管理、研究和教育日益受到应有的重视,广告业呈现出繁荣发展的景象。

当今世界,广告业已成为社会经济体系中的一个参照物,它可以反映出一个国家或地区的经济发展水平,尤其可以透视出国民生活水平的高低和消费购买力的强弱。我国广告业 20 余年来取得了长足的发展,这与改革开放以来我国取得的巨大成就是分不开的。与此同时,目前我国广告业仍存在一些问题,如广告经营单位人员良莠不齐,广告体制不健全,虚假广告泛滥等,这些都成为影响广告业继续发展的“瓶颈”。我国广告业与世界先进水平相比,还有一定的差距,要跻身世界广告市场,需要广告工作者做出更大的努力。

第三节　世界广告的发展

纵观世界广告发展的历史,在各个历史时期的广告表现形式各有所异。如果依据各个历史时期的广告技术发展水平,可以大致把世界广告的发展分为以下 4 个时期:从广告的产生到公元 1450 年德国人谷登堡发明金属活字印刷前,为原始广告时期,主要集中在地中海沿岸国家;公元 1450 年到 1850 年,是世界广告的孕育期,中心在英国;从 1850 年到 1920 年,是世界近代广告向现代广告的过渡期,中心已从英国移至美国;1920 年以后,世界广告进入了划时代的发展阶段,美国仍是世界广告的中心。

一、原始广告时期(1450年以前)

早期的原始广告最早出现在尼罗河流域、底格里斯河和幼发拉底河流域的古埃及、古巴比伦社会时期,稍晚一些时间,在西方出现在地中海沿岸的古希腊、古罗马等国。古巴比伦商人每逢有载运贵重商品的船只靠岸时,为了吸引顾客,就雇佣叫卖人为其叫卖,进行宣传,以招揽买主。这是一种最原始的广告形式。在古雅典,曾流行类似四行诗形式的广告。例如:"为了两眸晶莹,为了两颊绯红,为了人老珠不黄,也为了合理的价钱,每一个在行的女人都会——购买埃斯克里普托制造的化妆品。"此外,古希腊雅典城内,有一种管理城区街道生活的半官方人物,经常在大街上叫喊,口头告示民众关于货物上市的行情。

公元前1000年,在古埃及就出现了最早的"广告传单",现存于大英博物馆内,其内容是一个悬赏寻找奴隶的广告。据历史研究证明,这是世界上最早的文字广告。篇幅有32开大小,呈淡茶色,内容是:"奴仆谢姆从织布店主人哈布处逃走,坦诚善良的市民们,请协助按布告所说,将其带回。他身高1.57米,面红目褐。有告知其下落者,奉送金环一只;将其带回店者愿奉送金环一副。"落款是:"能按您愿望织出最好布料的织布师哈布。"

公元前79年,古罗马的庞贝城因维苏威火山爆发而被熔岩吞没。考古发现,当时庞贝镇的商店招牌是很先进的。店铺围墙上画有常春藤的是酒店,画有骡子拉磨的是面包房……据统计,在庞贝镇的遗址中,这种墙面广告有1 600多处。

中世纪时期,欧洲城市中的广告活动仍以叫卖广告及悬挂象征性商品标志即商标广告为主。1141年,法国国王路易七世批准了贝里州内唯一的由12人组成的叫卖团体。他们站在十字路口,高声叫喊洗热水澡,专门接待淋浴者。

与文字广告差不多同时诞生的还有商标字号的广告形式。古代的商标字号是从实物广告逐渐演变为象征性的商业标记,如在酒店门前画个酒壶,剪刀铺门前画把剪刀等。

二、近代广告时期(1450—1850年)

我国古代的印刷术传到西方后,极大地促进了西方广告的发展。1450年德国人谷登堡发明了金属活字印刷,1480年印刷术传到英国,出现了最初的英语印刷文选,称之为"喜求斯",意思是"如果谁喜欢的话",这就是早期的印刷广告传单。印刷术的广泛应用,为印刷广告的发展创造了条件,使人类的广告活动由过去的口头、招牌、文字广告传播进入到印刷广告的时代。

1472 年,英国第一个出版人威廉·坎克斯顿印制了推销宗教书籍的广告,标志着西方印刷广告的开端。广告内容为:“倘若任何人,不论教内或教外人士,愿意取得适用于桑斯伯莱大教堂的仪式书籍,而其所用字体又与本广告所使用者相同,请移驾至西敏斯特附近购买,价格低廉,出售处有盾形标记,自上至下有一红条纵贯以为辨识。”见图 2-4。①

图 2-4 推销宗教书籍的广告

17 世纪初,德、法、英等一些资本主义经济较发达的国家陆续出现了定期印刷的报纸,开辟了报纸广告的新纪元。1609 年,德国出版了世界上最早的定期印刷报纸——《报道式新闻报》。1622 年,英国创办了第一份英文报纸——《新闻周刊》,该报 1650 年刊登了一则寻马悬赏启事,被认为是世界上第一篇名副其实的报纸广告。1666 年,英国著名报刊《伦敦报》正式开辟了广告专栏,其他很多报纸也竞相效法。在法国,最早刊登广告的是一份印刷周报——《公报》。美国最早的报纸广告刊登在 1704 年 4 月 24 日创刊的《波士顿新闻通讯》上,从 1704 年 5 月出版的第三期上就开始登付费广告,成了美国最早登载有偿广告的报纸。

报刊广告的繁荣,促使广告代理商出现。1610 年,英国出现了最早的广告代理,它是詹姆士一世让两个骑士建立的。1612 年,法国创立了“高格德尔”广告代理店。

三、近代广告向现代广告的过渡时期(1850—1920 年)

(一)报纸广告的进一步发展

1850—1911 年,世界上有影响的报纸大都是在此时期创办的,如英国的《泰

---

① 陈高唐译:《广告原理与实务》,台北:台北徐氏基金会,1981 年版,第 11~12 页。

晤士报》《每日邮报》,美国的《纽约时报》,日本的《读卖新闻》《朝日新闻》,法国的《镜报》等。这些报纸的主要收入来自广告,广告也成了沟通产销信息的主要手段。以当时的《纽约时报》为例,广告篇幅占整个报纸篇幅的62%左右。这一时期的报纸不仅种类多,而且发行量明显增加。英国的《泰晤士报》在1815年发行5 000份,1844年发行23 000份,而到了1854年,发行量达到51 648份。

(二)广告公司的兴起

这一阶段广告业发展的重要标志就是广告公司的兴起。1841年,帕尔默在美国费城开办了第一家广告公司,从事广告代理工作。他还通过对各种报纸资料的汇集,向广告主提供无偿的咨询服务,然后对广告费做出估价。他也接受简单广告的委托,并由广告主从付给报社的广告费中提取25%作酬金。为此,帕尔默被认为是美国第一位广告代理商。

1865年,路威尔广告事务所成立,成为典型的专业化广告公司。他通过大量购买地方周刊、报纸的版面,然后直接转销给广告主来经营广告业务。同年他还首创编印出美国报刊史上和广告史上第一本报刊索引及要览——《路威尔美国报纸目录》,刊登每种报纸的发行数字。

1869年,艾尔和他的父亲在美国费城建立了"艾尔父子广告公司",以经营广告为主。该公司具有现代广告公司的基本特征,其经营重点从单纯为报纸推销广告版面,转到为客户服务。该公司为广告主制定广告计划,从市场调查入手,协助企业开辟市场,还为客户写文案、搞制作、测效果。1876年,艾尔父子广告公司还采用公开订立合同的做法,与客户建立起了更加紧密的联系。

随着报刊广告代理业的兴起,其他媒体的广告代理业也应运而生。法国法新社的前身——哈瓦斯社,在1857年与通用广告会社合并后,通过向报社免费提供国内外新闻来换取部分广告版面。在日本,电报通讯社在经营新闻通讯业务的同时,也开展广告代理业务。

据统计,这一时期在美国建立的广告代理公司约有1 200家,其中纽约有385家,芝加哥有54家。可见,19世纪以美国为代表的广告代理业正快速向成熟阶段发展。

(三)广告形式的多样化

报纸广告的繁荣,拉动了其他各种广告形式的发展,尤其是新技术在广告领域的应用,更促使了广告形式日益多样化。

1853年,在摄影技术发明不到几年的时间里,纽约的《每日论坛报》第一次采用照片为一家帽子店做广告。从此，摄影图片成了广告的重要表现手段。美国第一家最大规模的服装店的创始人约翰·瓦纳把100米长的大招牌悬挂在从宾夕法尼亚到费城的铁路线上，并采用气球、宣传车和实物馈赠等方式进行广告宣传。

1891年，可口可乐公司在投产五年后就开始用日历做广告，这是世界上最早的日历广告。利用宣传画做广告在这时也很流行。广告大师卡桑特尔为巴黎—阿姆斯特丹高速列车做的宣传画《北方的星星》，就收到了很好的广告效果。

（四）广告策略的广泛应用

随着广告竞争的日益加剧，广告公司和广告主在广告活动中开始注重广告策略的运用。例如，1927年，美国一种新型的福特A型汽车即将问世，在广告活动开始前几个月，亨利·福特先生就先给人们一个悬念，然后通过精心安排，透露一些小道消息，最后通过广告公布了"新型福特汽车的重大消息"，成功地达到了预想的宣传效果。

在这个时期，许多著名的广告创意人都很讲究广告策略的运用，他们在广告的创作上十分重视广告创意和广告文案。

（五）广告管理及广告理论的发展

1907年，第一部较为完备的广告法在英国诞生。从1911年开始，美国发动了反对虚假广告的改革运动。为了维护职业道德，有些机构制定了广告法规，例如，1911年著名的《普令泰因克广告法草案》被认为是美国最早的广告法案。1914年，美国成立了销数核计局，简称"ABC"，同年又建立了商业改进局，简称"BBB"，负责监督商业包括广告的经营。

随着广告的发展，对广告原则和理论的探索也越来越受到社会的关注。1866年，莱伍德（Laiwood）和哈顿（Hatton）合著《路牌广告的历史》；1874年，叠普森（H. Sampson）写作《广告的历史》一书；1898年，美国的路易斯（E. lewis）提出了AIDA法则，认为一则广告要引人注目并达到预期效果，在广告程序中必须经过"达到注意（attention）、产生兴趣（interest）、培养欲望（desire）和促成行动（action）"这样一个过程。后来，有人对AIDA法则加以补充，加上了可信（conviction）、记忆（memory）和满意（satisfaction）这样几项原则内容。1900年，美国学者盖尔（H. Gale）在多年调查研究的基础上写成了《广告心理学》；1903年，美国西北大学校长、心理学家斯科特（W. D. Scott）写成了《广告原理》一书。这些都为广告学的建立奠定了基础。

四、现代广告时期(1920 年以后)

20 世纪是人类科学技术飞跃发展的时期,也是市场经济空前繁荣的时期,广告传播媒体大大丰富。市场经济体制的确立,为现代广告的生存留下了空间;技术的有效开发和利用,使大量生产、大众传播成为可能,广告成为刺激需求的天然动力;随着社会发展和生产力水平的提高,消费者纯收入不断增加,消费者受教育的程度不断提高,这些使得广告变得更加有用武之地。

从总体上看,现代广告有如下几大特点。

(一)电子广告的问世

1920 年 11 月 2 日,美国威斯汀豪斯公司在宾夕法尼亚兹堡市创办的 KDKA 广播电台开始播音,这是世界上第一家正式申办了营业执照的广播电台,被公认为世界上最早的正式广播电台。1922 年,美国创建了第一家商业广播电台 WEAF,开始向广告商出售空中时间,成为最早开展广告业务的电台。1926 年建立的“全国广播公司 NBC”,是美国最早的广播网。很快,美国的广播就成为仅次于报纸的第二大广告媒体,1928 年广播广告营业额为 1 050 万美元,1948 年为 5.616 亿美元。

电视的正式播出开始于英国。英国广播公司(BBC)被公认为世界上第一家正式播出的电视台。美国于 1920 年开始试验电视节目的播出,1939 年由 NBC 在纽约首次正式播出电视节目。1941 年 7 月 1 日,美国联邦通信委员会(FCC)准许开办商业电视台,即准许电视台开播广告。这标志着世界电视事业发展的新阶段。二战后,电视事业发展迅猛,尤其在 20 世纪 50 年代美国发明彩色电视机以后,电视一跃成为最大的广告媒体。现在,美国电视广告占全美广告总收入的 60.2%,其绝对收入居全球第一。

(二)广告媒体多样化

除了四大媒体以外,新的广告媒体层出不穷,更趋多样化。

在户外广告方面,自 1910 年出现第一盏霓虹灯后,便很快被用做广告媒体。1933—1934 年的芝加哥百年进步博览会在美国霓虹灯的发展史上是个高潮,单单一家霓虹灯厂就提供了 4 万副灯管。购物点广告(POP)在产品销售中也起着不可小觑的作用。例如,美国的可口可乐公司就曾广泛利用购物点广告而使其产品家喻户晓。

邮递广告由于针对性强,在一些国家广泛运用并取得了很好的效果。此外还出现了空中广告、广告画等多种广告形式。

（三）广告调查、广告策略的运用

在现代广告时期，国外的广告已普遍采用事前调查和事后调查两种形式，许多专业的调查机构应运而生。以美国为例，有 D. Starch 调查社（调查读者），Gallop & Robinson 公司（调查电视、杂志），SNA-BAR 服务公司（调查广播），美国调查局（调查电视视听率）。此外，还有 C. E. Hooper 公司，该公司从 1934 年以来创造了电话调查法；著名的 A. C. Nielsen 公司，定期提供 11 项指数和报告，包括测试市场营销和预先检验电视广告。

这时的企业面对日益激烈的竞争，更加注重广告策略的运用。著名的广告作家霍普金斯认为，人们在买东西时想知道购买理由，最好是对他们有利的理由。他在为施利兹啤酒进行广告活动时，亲自跑到酒厂观察，对酒厂采用蒸汽对酒瓶进行消毒的印象深刻，并将此作为推销施利兹啤酒的一个独特销售主张来进行宣传，取得了极大的成功。

（四）广告行业组织的发展

随着广告业务的增长，各种行业性组织纷纷成立，发展很快，世界性的广告协会也陆续成立。1938 年创立的国际广告协会，是一个国际性的组织，经常对在协会工作和国际广告中做出贡献的人士授予奖章，并设立年度奖。此外，协会经常召开各种会议，促进各国广告业的交流与合作。

五、小结

通过对世界广告史的简单回顾，我们不难看出，商品生产、商品交换是广告产生的根源所在。随着生产力水平的提高，商品交换的范围不断扩大，商品交换的频率不断加快，特别是进入资本主义社会以后，广告的发展具备了经济和物质方面的基础，广告对于我们经济生活的影响越来越大。广告开始影响到人们的价值观、审美情趣、购物心理等；广告作为信息传递和促销的手段，已成为现代企业营销策略的重要组成部分；现代广告经过半个多世纪的发展历程，已成为当今社会不可或缺的一个重要组成部分。由于大规模地应用现代通信技术和计算机信息处理技术，广告活动更加注重整体策划和全面服务，电子信息技术对广告业的渗透极为引人注目。与此同时，各国的广告活动正向着更加世界化、全球化的方向发展，并且世界广告业也正面临着一系列全新的课题。

本章小结

广告是伴随着商品交换活动和市场经济的发展演变而形成、变革和发展的。广告的发展与社会政治经济的发展、科学技术的开发和利用以及信息社会组织形式的变革息息相关。

中国的广告发展史可以分为三个阶段:鸦片战争前可笼统归为古代广告时期,这个时期中国基本上处于封建经济时代,广告媒体形式主要是口头、实物、招牌和零散的印刷传单等。鸦片战争至新中国成立,为近代广告时期,其最明显的标志是报刊广告的出现。这一时期出现了许多新的广告形式,如广播广告、路牌广告、橱窗广告和霓虹灯广告等,广告业初具规模。中华人民共和国成立以后的前 30 年,在计划经济体制下广告处于受约束、限制和严格行政控制的沉寂状态;改革开放以来,中国广告业全面恢复,广告媒体、广告公司及行业、广告管理、研究和教育都有了前所未有的发展,呈现蓬勃兴旺的局面。

世界广告发展史大致可以分为四个阶段:从原始广告产生到 1450 年,是以口头、招牌、文字广告为主要形式的原始广告时期;1450—1850 年,是以印刷广告为标志的近代广告时期,广告代理商在这一时期出现;1850—1920 年,是近代广告向现代广告过渡的时期,广告形式日益多样化,广告活动迅速形成规模经济;1920 年以后,电子广告问世,世界广告进入了现代广告的蓬勃发展时期。

广告史可以说是一个国家社会经济发展史的缩影。广告作为社会经济体系中的一个参照物,可以反映一个国家或地区的经济发展水平,可以透视国民生活水平的高低和消费购买力的强弱。在当今社会,广告已成为人们生活中不可或缺的组成要素,广告行业作为国民经济的重要产业,已成为推动国际市场和世界经济发展的动力之一。

思考题

1. 我国古代广告经历了哪几个发展阶段?各个阶段的特点如何?
2. 纵观中国广告沿革,试析政治和经济因素对不同时期广告产生的影响。
3. 简述改革开放后我国广告业的发展状况。
4. 简述世界广告代理业的发展历程。
5. 从人类广告发展的历史轨迹中,你得到了哪些启迪?

案例选编

品牌定位理论历久弥新

定位论是由美国著名营销专家莱斯(Al Ries)与屈特(Jack Trout)于20世纪70年代早期提出的。当时,他们在美国《广告时代》发表了名为《定位时代》的系列文章,引起市场广泛关注。

不知不觉定位理论已经提出了40多年,从最初的各大品牌追捧,到近年不断有人唱衰,都证明了其在市场上的影响力。

至于是否过时?其实每个方法论都有其适合的场景,《定位》一书新刊也承认曾有诊断失误的案例,关键在于如何更好地将方法论用于自己操作的品牌,这才是经典理论的真正价值。

一、一句话概括定位论是什么

定位的过程就是在消费者的心中狠狠地扎下一个记忆点。也就是现在大家常说的抢占心智的过程,如何占据消费者心智。过去市场品类空白,定位会更容易实现,而在现在的饱和竞争下,很多品类都已经是红海,很多时候定位的价值更多的是为了品类细分。

二、消费者的心智决定了哪个品牌最好

很多企业家或者创始人都绝世自恋地认为——我的产品是最好的。认为自己只要有好品牌、好商品或好库存等其中一项,就能够轻松占据市场,赢的消费者信赖。这种想法放在过去是没错,但现在早已到了酒香也怕巷子深的时代,而且市场并不是由企业家决定的,而是由消费者心智决定。能否抢占消费者心智才是定位理论的核心观点。

以案例来看:

1. 恒大冰泉。恒大有着强大的企业实力,但是之所以在瓶装水市场失败,很大原因是因为农夫山泉、娃哈哈等瓶装水已经占据了绝大多数消费者的心智。每个人的心智是很狭窄的,对于一个已经成熟的市场,新的品牌很难获得消费者的认知,即便企业有着雄厚的实力。这种情况下做细分品类可能才是更好的选择。

2. 茅台啤酒。问过很多朋友,他们大多都不知道茅台曾经推出过啤酒。没错,就是那个酱香型典范的国酒茅台。茅台推出啤酒的失败几乎是必然的:一方面,啤酒市场已经有着太多的品牌充斥,打同一品类,即便是国酒,也没有任何的可行性;另一方面,茅台已经在人们脑海中有根深蒂固的国酒形象,还不如重新命名一款品牌名更适合。

案例选编

3. 即刻搜索。这个就更不需要提了,人们心智中只要想要搜索,就已经默认“百度一下”了。就像物流领域的“顺丰一下”和“德邦一下”。

成功案例需要解决以下几个问题:

1. 消费者心智有限,必须占据其一。根据定律学,每个消费者在一个品类中,心智最多装下七个品牌。而在当今信息爆炸的时代,每个品类有三个品牌能被消费者记住就已经很不错了。

例如,在百事公司和可口可乐公司两大碳酸类饮料霸主的大压力下,七喜如果不谋求新的定位,几乎不会有特别大的出路。但其创立之初就坚持打“非可乐”的概念,最终一度坐上碳酸类饮料的第三把交椅。不过近几年势头有所下滑。

另外,国内凉茶领域的品牌和其正,定位也对其成为凉茶业老三起到了巨大帮助。不去讲正宗,而是另辟蹊径,从瓶装形式入手,打“大瓶更尽兴”。最终获得了市场份额。

2. 消费者心智厌恶混乱。这一点获得成功最典型的品牌案例就是脑白金和恒源祥。对这两个品牌,都是单一重复广告,没有任何其他信息干扰,虽然很惹人烦,但信息是明确的。

近年的二手车、boss 直聘、知乎、马蜂窝等品牌,基本也都在走这个路数。

3. 消费者心智关注差异。这个最典型的案例就是王老吉,曾经无数个国内品牌都想挑战可口可乐和百事的霸主地位,也诞生过非常可乐这样的民族品牌,但显然不会成功。而王老吉则是利用凉茶开辟了一个新品类,从而带动了整个品类的繁荣。

三、定位三步法

1. 解决第一个问题:我是谁。品类是品牌的基础,决定着品牌的出路。“宁为鸡头不为凤尾”这个词很适合品牌,做某个品类的代表者,在大多数时候会比盲目地跟进和模仿更胜一筹。

其中一个最搞笑的例子就是品牌六个核桃。在该品牌成功后,市场出现了品牌七个核桃、八个核桃、九个核桃、全是核桃等。其实没人会记得后面这些跟进模仿者,它们都只是给人山寨的感觉,而且都是给六个核桃做了免费背书。

2. 解决第二个问题:我和别人有什么不同。与其更好,不如不同。

前面提到的王老吉就是个典型例子,区隔于传统的饮品市场,开创了新的品类。如三只松鼠区隔于其他坚果类产品的极致的线上细致服务;褚橙讲述的励志故事,已经从酸甜的口感上升到励志的情感上。类似例子还有很多,只有找准自己品牌的独特点,才有可能取得一个品类的领先地位。

3. 解决第三个问题:消费者为什么买我。其中最重要的一个原因就是发现未被满足的重要需求。

滴滴就是近两年最典型的一个例子。无论现在被如何地唱衰,都不能改变它对传统出租车行业的冲击,包括外卖领域的美团、饿了么也是一样。都可以满足人们曾经未被满足的重要需求。很多创业公司能够高歌猛进,正是因为真正找到了市场上未曾被满足的用户需求,从而抢占了市场先机。

四、定位的几个步骤

这点不展开具体写,大家可以选择一个品类,按照以下步骤做一个尝试练习,看如何给品牌定位。

(1)发现一个品牌(行业品类)。

(2)给你的品牌起个好名字(品牌名)。

(3)找一个好的基石故事(品牌故事)。

(4)找一个形象代言人(根据品牌发展阶段)。

(5)找一个好的传播方式(传播点和传播渠道)。

(6)一句独特的品牌诉求语(Slogan)。

(7)不断重复和强调。

(8)不断聚焦和重复。

理论不存在过时一说,学以致用,用到自己操盘的项目中,才有价值。

(资料来源:火了40年的品牌定位理论,历久弥新[EB/OL].[2019-11-13].http://www.gongguanzhijia.com/article/3607.html)

第三章

广告基础理论

本章重点及学习要求

广告学是一门多学科、交叉性、应用性的学科，其发展有着自身的演变规律。在广告学的发展过程中，其内部各有机组成部分的联系也是自然形成的。我们需要做的，就是要发现这种规律，找到这种联系。

通过本章的学习，应把握传播学、市场营销学、消费心理学、文化学等与广告学的关系；理解广告学与其他学科的融合交叉，在吸收其他学科研究成果的基础上进而形成自己的理论体系的特点；并能在实践中有效地运用这些相关理论。

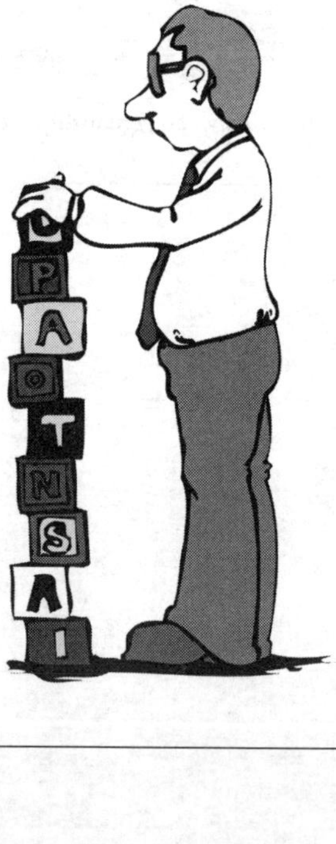

第一节 广告与传播理论

广告活动在本质上就是一种信息传播活动,所以,传播理论是广告学的基础。当然,众多的传播理论也对广告学产生了重要的影响。

一、广告传播过程的“5W 模式”

传播过程的“5W 模式”是美国著名学者拉斯韦尔提出的。这是传播学史上第一位提出传播过程模式的学者。1948 年,拉斯韦尔在一篇题为《传播在社会中的结构与功能》的论文中,首次提出了构成传播过程的五种基本要素,并按照一定的结构顺序将它们排列,形成了后来人们称之为“5W 模式”或“拉斯韦尔模式”的传播过程模式。这 5 个 W 分别是英语中 5 个疑问代词的第一个字母,即 who(谁),says what(说了什么),in which channel(通过什么渠道),to whom(向谁说),with what effect(有什么效果)。

拉斯韦尔模式的提出在传播学史上具有重要意义。这个模式第一次将人们每天从事却又阐释不清的传播活动明确表述为五个环节或要素构成的过程,为人们理解传播过程的结构和特性提供了具体的出发点。实际上,后来大众传播学研究的五大领域——“控制研究”“内容分析”“媒介分析”“受众分析”“效果分析”,就是沿着拉斯韦尔模式的这条思路形成的,而整个广告活动宣传推广的过程也完全体现了传播过程中的“5W 模式”:在广告活动中,广告主及其广告代理公司就扮演着“谁”的角色;而“说了什么”则是广告活动的具体内容;“通过什么渠道”就是媒介所发挥的功能;“向谁说”在广告中就是指广告受众;“有什么效果”则最终由广告效果来体现。

二、符号理论

符号理论的著名代表人物之一是查尔斯·莫里斯(C. W. Morris)。在莫里斯看来,符号是一种诱导人做出反应准备的刺激因素。他把接受符号一类刺激的有机体定义为“阐释者”,因符号刺激而以某种方式做出反应的意向称为“阐释素”。

任何由符号所指称、能使有机体做出适当反应的事物称为“所指对象”，使得反应得以发生的条件称为“所指含义”。

例如，在经典的条件反射实验中，狗被训练为对作为食物信号的铃声做出反应。当条件性的铃声响起，狗就分泌唾液准备取食。这里，铃声是符号，狗是阐释者，狗的准备取食是阐释素，因为食物本身能使狗完成其目标，因此食物是所指对象，食物的可食用特性是所指含义。

莫里斯还阐述了符号在行为中的作用。他认为人使用符号有三种方法，也就是说一个符号有三种价值或要素——所指性、评价性和规范性价值。

符号的所指性特征把阐释者引向具体的物体或特定的所指对象。换言之，符号是用来指称事物的，符号的评价性特征把阐释者指向所指物体的具体特质，这使得人们对物体做出评价或鉴定。规范性特征则指导人以某些方式做出反应，符号规定了一定范围的方法使得阐释者能对所知的物体或思想做出行动。

在上述狗吃食的例子中，所指性因素把狗引向食物，狗甚至会期待吃到某一类食物；评价性因素告诉狗食物的美味；而规范性因素迫使狗去吃食物。

莫里斯还指出：人类的一切行动以各种方式牵涉到符号和意义。任何行为都包括三个阶段——知觉、操作和实现。通过知觉人意识到符号；在操作阶段，人对符号做出阐释并决定如何反应；然后，通过实际的反应实现完成。符号的所指价值在知觉阶段占支配地位，规范性价值在操作中占主导地位，评价性价值则在实现阶段体现。

莫里斯最重要的贡献是把符号用于价值研究。莫里斯揭示了价值在不同事物上的体现及其与符号的关系。有的价值与依从相关，有的价值强调超脱，还有的则与支配相连。从系统理论可以看出，一个系统影响着其他系统，同时也受到其他系统的影响。当一个系统受另一个系统影响时，它被称为依从另一系统；当它影响另一个系统时，它便支配着该系统。超脱状态存在于当一个系统多少具有自主性时。因此，超脱对应于知觉和符号的所指价值，支配对应于操作和规范性因素，而依从对应于实现和评价性价值。表 3-1 总结了这些关系。

表 3-1　行为阶段与意义和价值范围

行为阶段	意义范围	价值范围
知觉的	超脱	所指性的
操作的	支配	规范性的
实现的	依从	评价性的

例如，假设有一天晚上你在看电视，你看到某种新产品的广告，这种产品你没有用过。看广告片是行为的知觉阶段，这时你是超脱的，不过是看看而已，依然维持着原来的状况。但是，在看了以后，你可能会花一些时间想这件事，思忖着广告里说的一些东西有什么意义，或许你在考虑这一产品和你有什么关系，这是操作阶段。此后，你经过思考来支配信息，并做出是否去购买的决定，第三个阶段就是实际购买该新产品（实现），这时你实际上让自己“依从”于该产品，至少暂时如此。

在此过程中的每一步你都在使用符号。在第一阶段，产品被识别，其各种特色被指明。在操作阶段，你决定对此产品采取动作（买或不买），由此而使用规范性符号。最后，在实现阶段，你发现并表示了对此产品的喜欢与否。

三、费斯汀格的“认知不和谐理论”

“认知不和谐理论”又称为“认知不一致理论”，是里昂·费斯汀格（L. Festinger）多年的研究结晶。费斯汀格认为在态度、知觉、指示和行为这四项认知要素中的任何两项间会具备以下三种关系中的一种。第一种是无效的或不相关的关系，第二种是一致的或和谐的关系，第三种是不一致或者说不和谐的关系。当一个要素被认为不应与另一个要素相随时，就产生了不一致性。如果你认为吸烟有害于健康，我们就不会期望你吸烟。对一个人是一致或不一致的东西对另一个人却未必如此，所以，我们必须总是在一个人自己的心理系统中探寻什么是一致的，什么是不一致的。

不一致性越大，就越有必要减少它。比如，一个人的吸烟习惯与他知道的吸烟的负面效应越不一致，戒烟的压力也就越大。不一致性本身是另外两个变量的结果：认知要素的重要性和不一致关系中所涉及的要素的数量。换句话讲，如果你有几件事相互不一致而且它们对你都很重要，你就会经受更大的不一致性。如果健康对你不重要，那么知道吸烟对你的健康不好可能并不会影响你实际的吸烟行为。

你怎样对付你的这种认知不一致性呢？费斯汀格设想了几种方法。第一，你可以改变一个或更多的认知要素，或许是行为，或许是态度。比如，作为一名吸烟者，你可能戒烟，或者你可能不再相信吸烟有害健康。第二，可以给矛盾的这一边或另一边增加新要素。比如，你可能转而嚼烟草。第三，你可能把这些要素看得没以前那么重要了。比如,你可能认为健康没有思想的状态那么重要。第四,你可以寻求一致性的信息,比如阅读烟草公司的研究结果来找到吸烟有好处的证据。第五,你可以通过曲解有关信息来减少不一致性。你可以这样想来达到目的:尽管吸烟要冒健康上的风险,但这还比不上戒烟后体重增长所带来的危害。不管你使用以上哪一种方法,它都会减少你的不一致性并使你对自己的态度、信念和行动有更好的感觉。

另外,认知不一致理论还研究了涉及不一致性可能发生的各种情形,这其中就包括了对决定的研究。

决定已经得到了广泛的研究。作为一项决定的一个结果,一个人经受的不一致性的大小取决于四个变量:

第一项变量就是这项决定的重要性。某些决定(比如不吃早饭),也许不很重要,因而几乎没有造成什么不一致性,但买辆汽车就可能引起很大的不一致性。

第二项变量是所作选择的吸引力。在其他条件相同的情况下,所作选择的吸引力越小,则不一致性越大。你买一辆外观难看的汽车后所经受的不一致性要比买一辆外观漂亮的汽车大。

第三项变量是知觉到的原未选中的选择的吸引力越大,所经受的不一致性也越大。如果你希望自己存的钱是为了去欧洲旅行(未选中的选择)而不是买一辆汽车(已选中的选择),你就会经受不一致性。

最后一项变量是各选择之间相似或重叠的程度越高,不一致性就越小。如果你在讨论买两辆相似汽车中的哪一辆,并决定了买其中一辆,这不会引起很大的不一致性。但是,如果你是在去买车还是去欧洲旅行之间进行选择,你可能会遇到很大的不一致性。

认知不和谐理论告诉我们,在进行广告传播之前,要对目标消费群体有充分的了解,尤其是消费者的心理状态,以免造成广告信息与消费者认知的不和谐,从而避免各种阻碍销售效果的负面因素的产生。

四、霍夫兰的说服理论

说服理论是夫尔·霍夫兰(C. Hovland)的陆军研究及耶鲁传播研究计划的成果。说服理论主要集中于以下两个方面的研究:传播主体(即信源)对说服效果的影响以及增强说服效果的各种说服技巧。

（一）传播主体与说服效果

传播者决定着信息的内容。但从宣传或说服的角度而言，即便是同一内容的信息，如果出自不同的传播者，人们对它的接受程度也是不一样的。这是因为，人们首先要根据传播者本身的可信性对信息的真伪和价值作出判断。可信性包含两个要素：第一是传播者的信誉，包括是否诚实、客观、公正等品格条件；第二是专业权威性，即传播者对特定问题是否具有发言权和发言资格。这两者构成了可信性的基础。

霍夫兰对信源（即传播者）的可信性与说服效果的关系进行了实证考察。1951年，他和韦斯选择四项主题——抗组胺药品无医生处方能否试销、美国近期建造实战型核动力潜艇的可能性、钢铁供应不足的责任、电视的普及是否会导致电影院的减少——写成说服性文章，分别冠以可信度高和低两种信源，将它们提示给两组实验对象。实验的目的是在内容完全相同的条件下测试可信度高低对传播效果的影响。实验结果是：除“电视普及对电影院的冲击”一项外，其他三项都明确显示出高可信度信源的说服效果要远远好于低可信度信源。1953年，霍夫兰与凯尔曼又以“如何对待失足少年”为题进行了一次实验。他们将实验对象分成三组，分别向他们播放高可信度信源（即一位有声望的法官）、中可信度信源（即在场者中的一位）、低可信度信源（即少年时代有犯罪经历，最近因贩毒入狱刚获保释的一位男性）的谈话录音。这次实验的结果进一步证明了信源可信性与说服效果之间的密切关系。

根据这些实证研究的结果，霍夫兰等人提出了“可信性效果”的概念：一般来说，信源的可信度越高，其说服效果就越好；可信度越低，其说服效果就越差。“可信性效果”的概念说明：对传播者来说，树立良好的形象争取受众的信任是改进传播效果的前提条件。

传播主体与说服效果的关系说明，在广告传播中要注意广告投放的媒体对广告效果的影响。一方面，要选择那些在产品所属领域具有专业针对性的媒体；另一方面，要选择那些具有良好品牌信誉的媒体。

（二）说服技巧与说服效果

说服技巧指的是在说服性传播活动中为有效地达到预期目的而采用的策略方法。具体的说服技巧包括以下一些：

1.“一面提示”与“两面提示”。对某些存在对立因素的问题进行说服或宣传时，通常会有两种做法：一种是仅向说服的对象提示自己一方的观点或于己有利的材料，称为“一面提示”；另一种是在提示己方观点或有利材料的同时，也以某种方式提示对立一方的观点或不利于自己的材料，称为“两面提示”。这两种方法各有利弊。一般来说，“一面提示”能够对己方观点作集中阐述，主旨明快，简洁易懂；但同时也会给人一种“咄咄逼人”的印象，使说服对象产生心理抵抗。而“两面提示”由于给对立观点以发言机会，给人一种“公平感”，可以消除说服对象的心理反感；但由于同时提示对立双方的观点，主旨变得比较复杂，理解的难度增加，在提示对方观点之际如果把握不好分寸，反而容易造成为对方做宣传的后果。

2.“明示结论”与“寓观点于材料之中”。说服性文章构成法的一个问题是，应不应该在文章中得出明确的结论。这是一个古老的问题，在古希腊修辞学中就已有探讨。一般来说，明示结论可使观点鲜明，读者易于理解作者的意图和立场，但同时也容易使文章显得比较生硬而引起读者反感。而文中不做明确结论，仅仅提供引导性的判断材料，将观点寓于材料之中的做法，则给读者一种“结论得自于自己”的感觉，可使他们在不知不觉中接受作者的观点。然而，这种方法容易使文章主旨变得隐晦、模糊，增加理解的难度，有时不容易贯彻作者的意图。

根据众多的研究成果，可以得出以下几条一般结论：①在论题和主旨比较复杂的场合，明示结论比不下结论的效果要好。②在说服对象的文化水平和理解能力较低的场合，应该明示结论。③让说服对象自己得出结论的方法，适用于论题简单、主旨明确或说服对象文化水平较高、有能力充分理解主旨的场合。因为在这种场合，如果再明确提示结论会有画蛇添足之嫌，容易引起说服对象的烦躁或反感而对说服效果产生负面影响。

因而，在广告传播中，究竟要采用“一面提示”还是“两面提示”，要根据目标消费者的具体情况而定。

3.“诉诸理性”与“诉诸感情”。在开展说服性传播活动之际，以什么方式“打动”说服对象也是影响传播效果的重要因素。人们通常有两种做法：一种是通过冷静地摆事实、讲道理，运用理性或逻辑的力量来达到说服的目的；另一种主要是通过营造某种气氛或使用感情色彩强烈的言辞来感染对方，以谋求特定的效果。

在广告传播中，是诉诸理性说服消费者购买产品及服务，还是诉诸感性唤起消费者的某种情感，往往取决于广告策划人员对于目标消费者的定位与认知，以及对于诉求主题特性的判断。当然，作为中国文化最为推崇的诉求策略，“晓之以理、动之以情”也是一种可以采用的诉求方式。

4. 采用图像。在广告传播中，常见的说服技巧还有采用图像伴随文本消息的方式。在广告传播中之所以如此广泛地采用图像，就在于图像能以下面的方式增强消息的说服力：①图像有助于吸引受众注意消息；②图像能增进受众对消息内容的学习；③图像引起的正面情感反应可以转移到消息的其他方面。

但是，在使用图像的过程中，要注意图像与说服消息的相关性，另外还要注意受众在消息处理过程中的投入水平。一般而言，当受众投入的注意力较低时，不相关的图像会对态度的改变产生最大的冲击力；当受众投入的注意力较高时，相关的图像会对态度的改变产生最大的冲击力。

5. 恐惧诉求。运用“敲警钟”（即恐惧诉求）的方法唤起受众的危机意识和紧张心理，促成他们的态度和行为向一定方向发生变化，也是一种常见的说服方法。从行为心理学的角度来看，“敲警钟”的恐惧诉求具有双重功效：①它对事物利害关系的强调可最大限度地唤起受众的注意，促成他们对特定传播内容的接触；②它所造成的紧迫感可促使受众迅速采取对应行动。但是，由于“敲警钟”基本上是通过刺激受众的恐惧心理来追求特定效果的，因而会给受众带来一定的心理不适，如果分寸把握得不好，容易招致自发的防卫性反应，对传播产生一定的负面影响。

著名学者贾尼斯（I. L. Janis）通过实验表明：①就“恐惧诉求”所唤起的心理紧张而言，效果的好坏与诉求的强弱顺序基本一致，即“重度诉求”造成的心理紧张效果最大，“中度诉求”次之，“轻度诉求”又次之。②但是，从说服的最终目的——引起说服对象的态度和行动的变化而言，实验结果却显示了相反的倾向，即“轻度诉求”最佳，“中度诉求”次之，“重度诉求”又次之。所以，在广告传播过程中，使用“轻度诉求”是最佳的方式。

第二节　广告与市场营销

广告的终极目标就是为了促进销售，所以广告与市场营销也是密不可分的，而且市场营销在诸多方面对广告产生了深远的影响（如市场调查、市场细分等。这些在后面的章节有详细的介绍，此处省略）。也正是因为广告是为促进销售服务的,所以众多广告理论也体现了这一目标。

一、USP 理论

USP 的英文全称是"Unique Selling Proposition",译为"独特的销售主张"。其创始人是美国具有传奇色彩的广告大师罗素・瑞夫斯(Rosser Reeves),他是世界十大广告公司之一——达彼思广告公司的老板,"美国杰出撰文家"称号的第一位得主。20 世纪 50 年代,他冲破广告艺术论的迷雾,第一个向当时的广告界扔下了一枚重磅"炸弹"——广告是科学,广告创意必须遵循 USP 的创意原则。该理论使广告界摆脱了随意性很大的经验状态,为广告学殿堂树立了一根坚实的支柱。

USP 理论的基本要点是:

第一,每一则广告必须要向消费者"说一个主张(proposition)"。必须让消费者明白,购买广告中的产品可以获得什么具体的利益。

第二,所强调的主张必须是竞争对手做不到或无法提供的。必须说出其独特之处,必须在品牌和说词方面是独一无二的。

第三,广告所强调的主张必须是强而有力的。必须聚焦在一个点上,集中打动、感动和吸引消费者来购买相应的产品。

该理论的经典之作是罗素・瑞夫斯为玛氏糖果公司旗下的产品"奶油巧克力"糖果所做的电视广告,一句"只溶在口,不溶在手"使用了 40 年,而且历久弥新。

二、BI 理论

BI 理论的英文全称是"Brand Image",译为"品牌形象论",其创始人是被称为"广告怪杰"的大卫・奥格威(David Ogilvy)。奥格威在全球广告界负有盛名,他被列为 20 世纪 60 年代美国广告"创意革命"的三大旗手之一,被称为"最伟大的广告撰稿人"。他提出的"品牌形象论"是广告理论中一个非常重要的流派。

品牌形象论的基本观点是:

第一,广告最主要的目标是为塑造品牌服务,力求使广告中的商品品牌具有较高的知名度。

第二,任何一个广告都是对广告品牌的长期投资。广告的诉求重点应具有长远性，为维护一个良好的品牌形象，可以牺牲短期的经济利益。

第三，随着同类产品的同一化趋势加强，同类产品的差异性日渐缩小，消费者往往根据对品牌的好恶来选择购买。因此，描绘品牌形象比强调产品的具体功能重要得多。

第四，消费者购买时所追求的不仅是量的满足、质的提高，而且是心理需求的满足，即“实质利益+心理利益”。因此广告应尤其重视运用形象来满足消费者的心理需求。

BI 理论的经典广告是奥格威创作的“戴眼罩的穿海赛威衬衫的男人”。该广告只用 3 万美元就使一个默默无闻了 116 年的衬衫品牌在短期内成为一个具有全国影响的服装品牌。

三、Position 理论

Position 理论又称“定位论”，其创始人是美国两位行销大师屈特（Jack Trout）和莱斯（Al. Ries）。20 世纪 70 年代，他们在《工业行销》杂志上提出了广告定位理论。他们主张在广告创意中运用一种新的沟通方法，创造更有效的传播效果。

广告定位理论的基本观点是：

第一，广告的目标是使某一品牌、公司或产品在消费者心目中获得一个观点，一个认定的区域位置，或者占有一席之地。

第二，广告应将火力集中在一个狭窄的目标上，在消费者的心智上下功夫，也就是要创造出一个心理的位置。

第三，应该运用广告创造出独有的位置，特别是“第一说法、第一事件、第一位置”等。因为只有创造第一，才能在消费者心中产生难以忘怀的、不易混淆的优势效果。

第四，广告表现出的差异性并不是指出产品的具体的、特殊的功能利益，而是要凸显出品牌之间的类的区别。

第五，这样的定位一旦建立，无论何时何地，只要消费者产生了相关的需求，就会自动地首先想到广告中的这种品牌，从而使该品牌达到“先入为主”的效果。

具体的定位方法包括：

第一，比附（关联）定位。比附定位就是使定位对象与竞争对象（已占有牢固位置)发生关联,并确立与竞争对象的定位相反的(否定的)或可比的定位概念。

第二,特色定位。在遇到处于无敌地位的竞争对手的情况下,定位的策略是利用自己在潜在受众心智中所拥有的地位,并巩固之,使之确立为心智中同类对象的新位置。

第三,单一位置定位。处于领导地位品牌者,要以另外的新品牌来压制竞争者,因为每一个品牌都在其潜在顾客心智中安置了独自所占据的一个特定处所。

第四,扩大名称法。处于领导地位者,也可以用更广的名称或扩大其实用范围来保持其地位。

第五,寻找空隙策略。寻求受众心智中的空隙(而不是制造厂家的空隙),然后加以填补,这需要反其道而想的能力。关于这种空隙的概念有大小、价格(高低)、性别、年龄、一天中的时段、分销渠道、大量使用者的位置等。

第六,类别品牌定位。当一个强大的品牌名称成了产品类别名称的代表或代替物时,必须给公司的一个真正成功的新产品以一个新的名称,而不能采用“搭便车”的做法,沿袭公司原有产品的名称。

第七,再定位。再定位也就是重新定位,意即打破事物(例如产品)在消费者心智中所保持的原有的位置与结构,使事物按照新的观念在消费者心智中重新排位,调理关系,以创造一个有利于自己的新的秩序。这意味着必须先把一个旧的观念或产品搬出消费者的心智,而后才能把一个新的装进去。

四、4P 与 4C 理论

(一)4P 理论

4P 理论是 1960 年由美国密执安州立大学教授麦卡锡(J. McCarthy)提出的营销的四个组合因素,即产品(product)、价格(price)、渠道(place)和促销(promotion)。这个理论,构造了传统市场营销策略的基本框架。它们的含义分别为:

1. 产品(product)。企业应注重开发产品功能,要求产品有独特的卖点,把产品的功能诉求放在第一位。

2. 价格(price)。根据不同的市场定位,企业应制定不同的价格策略,产品定价的依据是企业的品牌战略,注重品牌的含金量。

3. 渠道(place)。企业并不直接面对消费者,而是注重经销商的培育和销售网络的建立,企业和消费者的联系是通过分销商来联系的。

4. 促销(promotion)。企业注重以销售行为的改变来刺激消费者,以短期的行为(如让利、买一送一、营造现场气氛等)促进消费的增长,以吸引其他品牌的消费者或诱导提前消费来促进销售的增长。

(二)4C 理论

1990 年,美国北卡罗来纳大学教授劳特朋(R. F. Lauterborn)在《广告时代》杂志上发表文章,提出用 4C 理论取代传统的 4P 理论的观点,构成了整合营销传播的主要框架。4C 的含义为:

1. 消费者需求(consumer wants and need)。企业要生产消费者所需要的产品,而不是自己所能制造的产品。

2. 消费者愿意付出的成本(cost)。企业定价不是根据品牌策略,而是要研究消费者的收入状况、消费习惯以及同类产品的市场价位。

3. 为消费者所提供的方便(convenience)。销售的过程在于如何使消费者快速便捷地买到该产品,由此产生送货上门、电话订货、电视购物等新的销售行为。

4. 与消费者的沟通(communication)。消费者不只是单纯的受众,其本身也是新的传播者。因此,必须实现企业与消费者的双向沟通,以谋求与消费者建立长久的关系。

无论是 4P 理论还是 4C 理论,它们对广告都具有一定的指导与借鉴作用。所以,我们在进行广告策划或广告执行时要考虑到这些因素,从而使广告活动更适应市场,使广告效果更理想。

第三节 广告与消费心理

广告的最终目的是说服目标消费者购买广告中的产品,要达到这个目标,广告就必须了解消费者的消费心理。

一、消费者学习理论

(一)低认知卷入的理论模式

低认知卷入的理论模式多数是在认知心理学诞生之前提出的,因而在这些理论模式中保留着认知心理学之前各种心理学思想或理论观点的痕迹。这些理论模式主要包括了以下几个具体的理论。

1. 强化理论。强化理论是一种比较早的起源于行为主义观点的态度理论。该理论把态度与环境中存在的诱因或强化物联系起来，认为态度改变就像新习惯的形成一样，其中必然有某种诱因或强化物，这种诱因或强化物通常是某种酬赏如物质奖励、社会赞许等。

在社会学家霍夫兰德、贾尼斯和凯利看来，一个人在面对广告传播所要求的态度与自己已有的态度不同时，就会发生两件事：一是他以自己的态度做出反应；二是他按照这一传播所要求的态度做出反应。如果广告中所提供的诱因能促使消费者感到满意，那么消费者就倾向于改变自己原有的态度，接受新的态度；反之，消费者就可能拒绝态度改变。因此，广告能否达到预期的传播目的，在一定程度上就取决于广告是否提供奖励或许诺，以及这些奖励或许诺的大小。

2. 熟悉性模式。熟悉性模式的基本假设是：广告接触会产生熟悉感，熟悉则引起喜欢。研究者在商标、食物以及诗歌、歌曲的研究中都发现这种现象，即较为人们熟悉的东西人们较为喜欢。例如，心理学家 C. 奥伯米勒曾经随机选用一些音乐旋律作研究，发现受试者对于以前听过的旋律和没有听过的旋律，他们更喜欢前者。这一模式就提示了：要让自己的产品为消费者所喜欢，就必须想方设法让消费者先熟悉自己的产品。

3. 低卷入学习模式。低卷入学习模式（见图 3-1）最早是由赫伯特·克鲁格曼于 1965 年提出的。克鲁格曼在观察中发现，大多数广告的产品都是低卷入类型的。电视本身也是一种低卷入的媒体，与高卷入的印刷媒体广告相比较，受众对电视广告的认知反应比较少，他们较少把广告与人的生活联系起来。在极端低卷入的情况下，人的知觉防御很低，观众能再认已看过的广告，但不能回忆其内容。

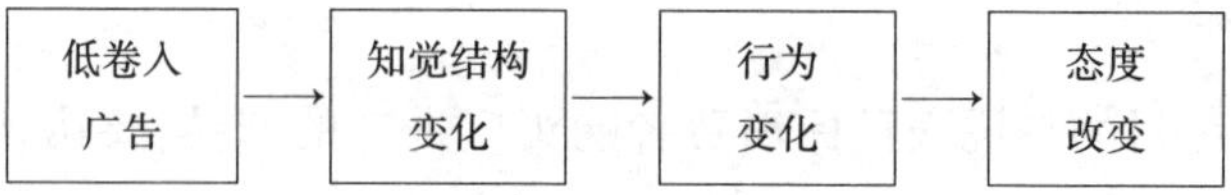

图 3-1　克鲁格曼的低卷入学习模式

克鲁格曼认为，低卷入广告的呈现会引起观众知觉结构的改变，即商标名称的优势增加或产品特征愈加明显。这种知觉结构的微妙变化，增加了观众另眼看待广告品牌的可能性，并能触发诸如品牌购买的行为事件。然而知觉结构的变化不能直接导致态度的变化。换句话说，知觉结构的变化与态度改变没有稳定的关系,态度是否发生变化只有根据事件的发生才能确定。购买行为的发生是引起与知觉结构的变化相一致的态度变化的前提。

这一理论说明,在广告活动中,配合一些促销活动如赠送样品、免费品尝、产品试用等,让消费者先产生行为变化,会大大地促进广告的宣传效果。

4. 归类评价模式。归类评价模式也是一种比较简单的理论模式。其基本前提是:人们通常会把物体分门别类,在评价一种新的事物时,总是先把事物归入所属类别,然后从记忆中提取出对该类别的态度,并把这种态度强加在类别的新成员上。

根据这一理论,广告的效果要看消费者把产品进行何种归类。广告的作用则是促使消费者把产品作合适的归类。

(二)高认知卷入的理论模式:认知反应理论模式

认知反应模式最早是由认知心理学家格林瓦尔德(A. G. Greenwald)于1968年提出的。后来经过怀特(P. Wright)和佩蒂(R. Petty)等加以完善发展。该模式的提倡者认为,在与广告的接触过程中,受众积极主动地卷入信息加工过程之中,他们根据已有的知识和态度对广告信息加以分析评价。认知反应就是发生于传播活动过程之中或之后的积极思考过程或活动。一般说来,认知反应会影响最终的态度改变,甚至成为态度改变的基础。将认知反应模式的基本思想概括起来,即广告接触导致认知反应,认知反应影响态度改变,见图3-2。

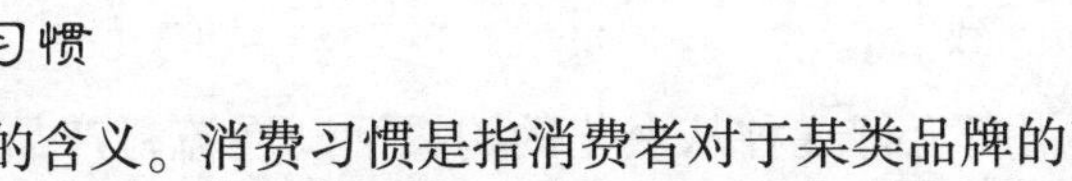

图3-2 认知反应模式

二、消费习惯与消费流行

(一)消费习惯

1. 消费习惯的含义。消费习惯是指消费者对于某类品牌的商品,甚至某种风格的商品长期维持的一种消费的需要,是个人的一种稳定性消费行为。

在日常生活中,人们具有各种各样的不同的消费习惯,每一种消费习惯都要分别消费不同的商品。因此,消费习惯是消费者心理和行为中极为重要的特征,也是人们日常行为的重要反映。它是消费者在长期的生活中慢慢积累而形成的,反过来又对消费者的日常生活构成重大的影响。

2. 消费习惯的指向性。消费习惯具有一定的指向性，这具体体现在：

(1)对某类型商品的消费习惯。如习惯于穿某类材质的服装。

(2)对某种或几种商品品牌的消费习惯。如长期习惯于购买某种品牌的牙膏等。

(3)对某种商品风格的消费习惯。如习惯于购买浅色的服装等。

(4)对商品某种特性的消费习惯。如只喜欢购买高价商品等。

(5)购买商品时表现的习惯性行为。如只愿意在某一商场购物等。

(二)消费流行

1. 消费流行的含义。消费流行是指消费者在追求时兴事物的消费风潮中所形成的从众化需求，是指一种或几类商品由于其具有的某些特性受到众多的消费者欢迎，在一段时间内广泛流行，这种消费趋势我们就称之为消费流行。

消费流行一般要经历这样几个阶段：①初级阶段。一些具有较高收入的消费者，对于具有特色的产品特别敏感，愿意出高价购买。②模仿阶段。具有特色的商品被少数消费者采用以后，迅速形成其他消费者追求模仿的趋势，市场上该商品供应量和销售量大大增加。③经济阶段。商品在众多的消费者中流行，生产部门和商业企业在这种商品上获得大量利润后，利润开始减少，商品价格降低。这时精明的企业便开始转移，开始开发生产其他的具有特色的新产品。

2. 消费流行的特点。与一般消费相比，消费流行具有如下特点：

(1)骤发性。消费者往往对某种商品的需求突然急剧膨胀，迅速增长，这是消费流行的主要标志。

(2)短暂性。消费流行具有来势猛、消失快的规律。因而常常表现为昙花一现，其流行期往往短则一两个月，长则半年左右。

(3)一致性。消费流行本身由从众需求决定，使得消费者对流行产品的需求在时空范围内趋向一致。

(4)集中性。消费流行这种从众化的购买活动在流行产品的流行时间相对短暂的影响下，使得流行产品的购买活动趋于集中，从而易于形成流行高潮。

(5)梯度性。这是由于消费流行受地理位置、交通条件、文化层次、收入水平等多种因素的影响，所以消费流行呈现梯度性的特征。消费流行总是从一地兴起，然后向周围扩散、渗透。于是，在地区间和时间上形成流行梯度。这种梯度差使得流行产品在不同的时空范围内处于流行周期的不同阶段。

(6)变动性。从发展趋势来看,消费流行总是处于不断变化中。求新求美是当代消费者重要的消费主题,也是社会进步和需求层次不断提高的反映。这势必引起流行商品不断涌现,从而促使流行趋势不断变化。

(7)周期性。消费流行尽管具有突发性、短暂性等特点,但同时,某种消费倾向自发端于市场到退潮于市场,又有一个初发、发展、盛行、衰老、过时的过程,这个过程就体现了消费流行的周期性。

3. 消费流行的形式。消费流行的形式一般有以下几种：

(1)滴流。此即自上而下依次引发的流行形式。由社会领袖和上层社会的人们首先采用某种消费方式,然后越来越多的其他层次的人采用,使之流行起来,成为时尚。

(2)横流。此即社会各阶层之间相互诱发横向流行的形式。它往往由社会的某一阶层率先使用,面向其他阶层蔓延、普及。

(3)逆流。逆流即自下而上的流行形式。它是指由社会的下层首先采用,然后向上层逐渐推广而形成时尚。

三、暗示、模仿与从众行为

(一)暗示

暗示,又称提示,是在无对抗条件下,用含蓄、间接的方式对个体的心理和行为产生影响,从而使个体产生顺从性的反应,或接受暗示者的观点,或按暗示者要求的方式行事。

在消费活动中,消费者因受暗示而影响其购买决策及行为的现象是极为常见的。实践证明:暗示越含蓄,其效果越好。因为直接的提示形式易使消费者产生疑虑和戒备心理;反之,间接的暗示则容易得到消费者的认同和接受。

(二)模仿

模仿是指仿照一定榜样做出类似动作和行为的过程。消费活动中的模仿是指当消费者对他人的消费行为认可并羡慕、向往时,便会产生仿效和重复他人行为的倾向,从而形成消费模仿。

在消费领域中,模仿是一种普遍存在的社会心理和行为现象。可供模仿的内容极其广泛,从人们的着装、发型、饮食习惯到使用的家具,都可成为消费者模仿的对象。分析消费活动中的模仿行为,大致有以下几个特点:

1. 模仿行为的发出者即热衷于模仿的消费者，对消费活动大都有广泛的兴趣，喜欢追随消费时尚和潮流，经常被别人的生活方式所吸引，并力求按他人的方式改变自己的消费行为和消费习惯。

2. 模仿是一种非强制性行为，即引起模仿的心理冲动不是通过社会或群体的命令强制发生的，而是消费者自愿地将他人的行为视为榜样，并主动努力加以模仿。

3. 模仿可以是消费者理性思考的行为表现，成熟度较高，也可以是消费者感性驱使的行为结果。消费意识明确的消费者，对模仿的对象通常经过深思熟虑，认真选择；相反，观念模糊、缺乏明确目标的消费者，其模仿行为往往带有较大的盲目性。

4. 模仿行为的发生范围广泛，形式多样。所有的消费者都可以模仿他人的行为，也都可以成为他人模仿的对象，而消费领域的一切活动，都可以成为模仿的内容。

5. 模仿行为通常以个体或少数人的形式出现，因而一般规模较小。当模仿规模扩大，发展成为多数人的共同行为时，就衍生为从众行为或消费流行了。

（三）从众行为

从众行为是指个体在群体的压力下改变个人意见而与多数人取得一致认识的行为倾向。与模仿相似，从众也是在社会生活中普遍存在的一种社会心理和行为现象。

消费者从众行为的特点主要有：①从众行为往往是被动接受的过程。许多消费者为寻求保护、避免因行为特殊引起的群体压力和心理不安而被迫选择从众。②从众行为现象涉及的范围有限。就总体而言，消费者的行为表现形式是多种多样、各不相同的。这是由消费活动的个体性、分散性等内在因素决定的。所以，在通常情况下，让大多数消费者对所有的消费内容都保持一致行为是不可能的，也就是说，从众行为不可能在所有的消费活动中呈现出来。③从众行为发生的规模较大。从众现象通常从少数人的模仿、追随开始，继而扩展为多数人的共同行为。多数人的共同行为出现后，又刺激和推动了更大范围内的更多消费者做出相似的消费行为，从而形成更大规模的流行浪潮。

四、增强广告效果的心理策略

广告要达到预期的效果，就必须在计划、设计、制作和传播的全过程中重视对消费者心理活动规律与特点的研究，巧妙地运用心理学原理，增强广告的表现力、吸引力、感染力和诱导力。要增强广告的效果，主要可以采用以下策略。

（一）引起注意的策略

注意是增强广告效果的首要因素。只有首先引起注意，消费者才能对广告的信息内容接受和理解。在广告传播中，可以采取以下策略来引起消费者对广告的注意。

1. 加大刺激的强度。刺激达到一定的强度，即刺激量要大于人的感觉阈限值，才能引起人的注意。而且在一定范围内，刺激物的强度越大，人对这种刺激物的注意就越集中。因此，在广告设计中，应该特别注意对色彩或光线、字体或图案等的综合运用，以达到强化信息的影响程度、引起高度注意的效果。

2. 加大刺激物元素间的对比。刺激物各元素间显著的对比也容易引起人的注意。在一定限度内，广告中刺激物各组成部分的对比度越大，人们对刺激物所形成的条件反射也就越明显。因此，在广告设计中，可以有意识地处理各种刺激物的对比关系和差别。

3. 力求刺激的新奇。相同或相近的刺激接受过多，消费者会慢慢变得迟钝起来，罕见的、奇异的、一反常态的事物，却能给人以较强的刺激力度。广告刺激的新奇性通常还表现在其形式和内容的更新上。一个很有经验的广告主在宣传产品时，往往不是集产品的各种性能或特点于一幅广告中长期不变，而是在相继推出的广告中不断变化地介绍其产品的不同特性，以期达到保持广告新奇性的目的。

（二）增进情感的策略

消费者的情感状态直接影响着他们的购买行为导向。积极的情感体验，如满意、愉快等能够促进消费者的购买欲望，促进购买行为，而厌烦、冷漠等消极的情感体验则会抑制消费者的购买行为。因此，广告要促进购买，首先要有助于促进消费者形成以下积极的情感。

1. 信任感。广告通过传播要能激发起消费者对所宣传产品的信赖心理。消费者对广告的信任是产生购买欲望的前提。如果不存在值得信任的广告内容，则无从谈起要购买广告所宣传的产品。

2. 安全感。消除消费者对商品的不安全心理，增强心理安全感是广告宣传的重要内容。广告应该让消费者感到产品安全可靠，并有助于增进人体健康。

3. 亲切感。广告宣传要设身处地地为消费者着想，表现出对消费者的关心、爱护，或者创造一种温馨的意境，从而给人以亲切感，使消费者加深记忆，达到增加信任的目的。

4. 好奇感。好奇感即好奇心理，它是人们认识事物、探求真理的一种内在驱动力。广告若能利用这一心理，激发消费者的好奇感，就能有效地吸引消费者的注意，大大提高广告的实际效果。

（三）增强记忆的策略

记忆是人脑对过去感知过的事物的反映。对广告信息的记忆是消费者认知、判断、评价商品以及做出购买决策的重要条件。因此，在广告的设计和传播中，有意识地强化消费者的记忆是非常必要的。经常采用的强化消费者记忆的策略主要有以下几种。

1. 减少材料数量。记忆的效果与广告材料的数量有一定的依存关系。在同样的时间内，材料越少，记忆水平就越高。所以，广告的文案应力求简洁、精炼，尤其是广告标题要短小精悍。

2. 适当加以重复。重复是加深记忆的重要手段，消费者对广告的记忆往往不是一次就能完成，而是需要经历多次重复的过程。广告可以在有关信息中的关键部分加以重复，可以在同一传播媒体上反复播放同一广告，还可以通过不同媒体重复同一广告，以达到强化消费者记忆的目的。

3. 增进理解。理解是记忆的前提。通常，消费者对于理解了的事物才能深刻记忆。所以广告要根据消费者记忆的特点，善于化抽象的事物为具体的形象，尽量发挥形象记忆的优势。同时，通过深入浅出的说明来增进消费者的理解。

第四节　广告与社会文化

广告本身就是人类社会和文化发展的产物。广告作为一种文化样式，它是社会文化的重要组成部分。广告与社会文化的关系主要体现在以下几个方面。

一、反映与利用关系

广告在一定程度上反映了社会文化，尤其是反映了传统文化当中的某一部分,同时也利用了传统文化的一部分来进行广告创作。

(一)反映孝亲感情

中国传统文化是一种伦理型文化,渊源于以血缘关系为纽带的宗法社会,经过以孔子、孟子为代表的儒家加以总结、倡导,得到发扬光大。孝亲是中国伦理的本位,是儒家倡导的人道的根本。中国家庭与社会的伦常秩序的建立,是以对父母家长的亲与孝为起点的,孝亲为源,忠君为流。在历史上,孝亲的实质作用是巩固家庭关系与社会关系的伦常秩序,在等级的关系基础上达到人与人关系的和谐有序,孝亲曾经被作为阶级统治的工具而加以利用。但是,孝亲作为一种道德观念,其本来意义是提倡敬养父母、尊敬长辈、敬爱老人,对于社会有着和谐人伦的积极意义,对于每一个中国人都是一种挥之不去的情愫。有些广告主就是利用孝亲感情在广告上做文章,让广告反映孝亲感情,从而拉近广告与受众的心理距离,最终让受众接受广告。比如"雕牌"洗衣粉就成功地利用了孝亲感情:妈妈下岗了,还没上学的女儿对妈妈很孝顺,也很心疼妈妈,于是在妈妈出去找工作时,女儿便替妈妈洗衣服:"妈妈说雕牌洗衣粉只要一点点就可以洗很多衣服。"这个广告曾经使受众深受感动,也使雕牌洗衣粉的知名度大大提升。

(二)反映家国意识

强烈的家国意识是中华民族文化心理的一个显著特征。所谓家国意识,是指中国人对于家庭、家乡、国家的观念特别强烈、浓重,甚至将其提升到了本体地位。中国传统文化是从"农业—宗法"社会土壤中生长出来的伦理型文化。农业社会及农业经济赖以生存的基础是家庭,宗法社会也是以血缘关系纽带维系的家庭为依托的,而古代中国又是农业和宗法二位一体的社会,因此,在民族文化心理中,家庭的观念特别浓重。由于宗法社会家国同构、君父同伦的关系,家庭观念又被不断扩展、辐射为家族观念、家乡观念、国家观念。于是中国人称自己的家乡为父母之乡,继而认同自己的祖国为父母之邦,形成了热爱家乡、热爱祖国的优良传统。恋家、思乡、爱国之情不仅表现在历代文人雅士的诗文之中,更积淀在中国广大民众的心灵深处。"南方黑芝麻糊"就是紧紧抓住思乡情绪来做广告,从而使产品迅速打开了市场。

(三)反映尚礼风俗

"礼"是中国传统文化内涵的重要组成部分,中国素称礼仪之邦。中国礼仪文化从西周总结三代习俗、制定了完备的礼仪制度以后,从没有间断自己的发展,并不断扩大自己的领域,贯通古今。中国的礼仪文化,渗透到了中国人的社会行为、日常生活和思维观念的方方面面,成了无法割舍的“情结”,对中华民族的自我意识产生了深刻的影响。直到今天的中国人,不管见识了多少东洋和西洋文化,明白了多少竞争和生存的道理,但是在遇事对人、中外交往时,还是要讲礼仪,以保持中国风格,弘扬民族传统。在中国的社会生活中,人们很重视具有突出意义的人际交往关系。在礼的精神、观念和行为准则的制约下,社会各阶层人士在人际交往中无不以礼相待,保持和睦友善。“尚礼风俗”在当今的广告中也有充分的体现,比如“脑白金”的“今年过节不收礼,收礼只收脑白金”的广告词,就反映了中国人的尚礼风俗。

(四)反映趋吉心理

趋吉心理是指人们的一种避邪求吉的心理。在历史上,我国的吉祥文化一直绵延不绝,而且不断丰富发展,有物体吉祥、行为吉祥、文字吉祥和数字吉祥等多种表现形式。如人头马的“人头马一开,好事自然来”的广告词,就充分反映了人们的趋吉心理。

(五)反映养生观念

中国人历来讲究养生之道。以老子、庄子为代表的道家和产生于东汉的道教,对中国养生观念的形成起着重要作用。道家追求长生不老,主张通过养生、避世、清心等方式达到祛病延年的目的。许多营养保健品的广告就是抓住人们的养生观念来大做文章的。

二、制约关系

广告在反映社会文化的同时,还受到社会文化的制约,这主要体现在以下方面。

(一)广告受特定宗教信仰的制约

宗教信仰是某些受众特有的,也是社会文化的重要组成部分之一。而宗教信仰对于信仰宗教的人来说,是神圣不可侵犯的。例如,对于信仰佛教的人来说,释迦牟尼就是神,是不可侵犯的。如果在广告中贸然以释迦牟尼为主角,就会被视为对佛教的侮辱,这样的广告势必会遭到排斥,当然,预期的广告目标也就难以实现了。

(二)广告受特定风俗习惯的制约

每个民族尤其是少数民族,都有自己特定的风俗习惯。在制作、发布广告时,这些特定的风俗习惯是不可违背的。

(三)广告受特定受众的接受习惯的制约

受众一般都有自己的接受习惯。比如,少年儿童就比较偏重于接受与自己兴趣相一致的信息,而老年受众在广告媒体的选择上往往更偏重于广播或报纸,他们对媒体的偏好直接影响到他们的接受习惯。所以,在制作、发布广告时,必须考虑受众的接受习惯。

三、促进关系

广告并不只是一味地反映社会文化,它在反映社会文化的同时,还会潜移默化地促进社会文化的发展。在时尚文化的形成与发展过程中,广告所起的促进作用尤其明显。

(一)时尚文化的特点

1. 时代性。时尚是特定时代的“话语”模式。它是所处时代的社会政治、经济、文化、社会风尚等在人们的语言、行为、生活方式等方面的反映,因此极具“当代”特色。

2. 迅速性。迅速崛起、蔓延,又在短期内衰退、消逝,这是时尚的特性。昨天还沉浸在彼一时的时尚中,今天此一时的时尚又接踵而至。时尚如风车一般运转,变化之快令人目不暇接。在传媒高度发达的信息社会,由于信息源增多,信息量增大,时尚的兴衰速度更快了。

3. 下行性。在大多数情况下,流行与时尚的走向是自上而下的趋势。就发源地而言,时尚总是从经济文化发达的地区率先产生,然后向其他不发达地区辐射,从城市走向农村。比如,时装就是在城市成为时尚后才继而在农村流行起来的。

4. 周期性。“风行一时”是时尚,“风水轮流转”也是时尚。时尚尽管短暂易逝,但其生命力并不一定永远终结,流行过的时尚在一定的社会条件及文化心理的支持下会卷土重来。复古在今天就成为城市新人类的一种追求,如老爷车、挂钟等也成为一种时尚。当然,时尚变迁的这种周期性并不是简单的重复,重复的是时尚的载体形式,更新的是时尚的内在意蕴。因为时尚在实质上毕竟是属于当代的，因此时尚的周期性只是一种貌似的复归或轮回。

（二）广告引导时尚文化

现代广告在倡导时尚、引领潮流方面的功绩是有目共睹的。作为时尚文化的一个要素，现代广告以其对时尚的高度敏感经常能在整个社会意识到来之前就率先将一种潮流表现出来，使自己成为“新生活方式展现新价值观的预告”，①并倡导出一种全新的消费时尚与生活时尚。

当广告以大量的、不断重复的传播和突出的渲染，展现商品的迷人魅力时，这些新的信息很快便切入到了消费者的认知结构中，改变了他们旧的消费观念，激发了新的消费需求和消费指向，并使之成为一种内在的驱动力，把欲望与需要转换为社会参与的途径，迫使同一认知环境中的人们不断地去适应、追随，从而最终形成新的时尚。

（三）广告传播与普及时尚文化

时尚文化的传播与普及同样离不开广告这一强有力的工具。广告不仅倡导了时尚，而且还责无旁贷地为已经形成的时尚充当“传声筒”，大有一种不使时尚推广普及直至进行到底决不罢休的执着。

广告报道着时尚，演绎着时尚，评说着时尚，它以高度的日常性传播，使受众处在一种强有力的时尚文化环境和认知空间中，从而不断地推进着流行时尚市场的发展。受众通过广告传播了解了最新的流行是什么、普及的范围如何、社会评价的程度怎样等等，广告已经名副其实地成为受众获取时尚文化信息的过滤网。

（四）广告巩固与延续时尚文化

时尚的易变性、周期性的特点告诉我们，时尚在产生、传播并达到高潮后会急转直下走向消失。时尚周期的短长直接牵涉到广告主的利益，因此，广告主都在做着“留住时尚”的努力。利用广告巩固业已形成的时尚，并在前一时尚的基础上通过内容更新、题材转换、形式变革等一系列手段，带出另一个相关的时尚，甚至使其再度走向新一轮的高潮，从而达到尽可能延续时尚的目的，这是广告对时尚文化的又一个作用。

① 丹尼尔·贝尔：《资本主义文化矛盾》，上海：三联书店，1989年版，第118页。

本章小结

本章重在通过对与广告学密切相关的学科理论的详细而全面的介绍，使读者对广告的理论基础有一个清楚而全面的认识，并能在实际的广告操作中综合运用这些相关理论，从而提高广告的实际效果。因为广告在本质上就是一种信息传播活动，所以本章首先介绍了与广告密切相关的传播学理论，这当中包括了广告传播过程的“5W 模式”、符号理论、费斯汀格的“认知不和谐理论”、霍夫兰的说服理论等。

广告的最终目标是促进销售，本章还从市场营销的角度介绍了相关的理论，包括 USP 理论、BI 理论、Position 理论、4P 与 4C 理论等。广告是否能实现其最终目标，这同目标受众有很大的关系，所以在广告传播之前必须对受众有一个清楚的认识，不仅要弄清目标受众是些什么人，更关键的是要掌握他们的消费心理和消费行为特征，从而使广告能够根据明确的受众对象确定自己的诉求方式、表达方式以及恰当的广告主题。所以本章还从理论的角度介绍了相关的消费心理，这包括了消费者学习理论，消费习惯与消费流行，暗示、模仿与从众行为，增强广告效果的心理策略等。广告与文化也是密不可分的，广告本身既是社会文化的一部分，也在一定程度上促进了社会文化的发展。广告在受社会文化制约的同时，也从不同角度、不同方面对社会文化进行了较全面的诠释和体现。本章在最后部分详细介绍了广告与社会文化的相互关系，即反映与利用关系、制约关系、促进关系。

传播、市场、消费心理和文化都是广告不可或缺的基础要素。通过本章的学习，应对这些理论有一个基本的认识，并能在实际的广告操作中灵活加以运用。

思考题

1. 请结合自己的实际谈谈广告与传播的关系。

2. 在广告的实际操作中，有哪些关于市场营销的技巧或理论可以运用到广告中来？

3. 你如何看待消费者在广告中的位置？

4. 广告与文化可以脱离吗？并详细说出你的理由。

案例选编

文案沟通的本质是信息的有效传播

如果让你选择一个词来形容优秀的文案，下面四个你会选择哪一个？

第一，辞藻华丽；第二，语言幽默；第三，修辞丰富；第四，表述准确。

有些难取舍，但你终究会选择第四个——表述准确。

因为你明白，文案的本质是沟通，沟通的本质是信息的有效传播。而要做到信息有效传播，最基本的就是信息本身要准确。

我们先来回答两个为什么：

为什么文案的本质是沟通？为什么沟通的本质是信息的有效传播？

文案本身没有意义，它只是携带信息的载体，品牌是用信息与受众沟通交流来产生联系，并达到交易和持续交易的目的。和我们人一样，说话是我们与他人沟通交流的一种方式，它是文字的一种表现形式。而品牌大部分时候并不是用说话的方式来传递文案信息，而是让受众自己去读。沟通是双向的，一个人说话那叫自言自语，并不叫沟通。既然沟通是双向的，那就有发出方和接收方。尽管发出方妙语连珠、口吐珠玑，如果接收方不知所云、听而不闻，那也是一次失败的沟通。

评定一个人沟通水平的高低，不是看他会不会说、能不能说，而是看他能不能把信息有效地传递给对方，并且对方是否乐意去接受他传递的信息。

文案，也是如此。

那么，什么样的文案才能让信息传播更有效呢？

我们不妨先来看一下，文案从发出方传递给接收方的整个过程：

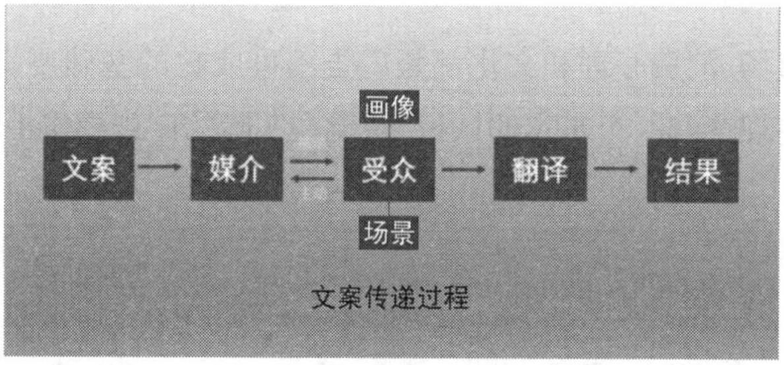

文案传递过程

在整个过程中，影响信息传递效果的，有文案本身、媒介、受众状况和翻译这四大环节。

而其中，我们最容易忽略的就是翻译这个环节，总以为传递了什么信息受众就能形成相对应的结果。

其实不然，有些信息，你想让受众接收到的结果和他们翻译之后的结果并不一致，甚至还有很大的反差。

所以，为了减少翻译误差，我们除了让文案表述准确之外，还要尽量要让受众没有什么翻译的空间，看到什么就是什么。最好，让每个受众看到后都能形成一样的结果。

此外，受众接受信息的意愿程度也会影响信息的传递效果，如果他们对文案信息置之不理，即使他们都看到了，也无法进入他们的心里，难以产生相应的感受和行为。

所以，从文案的角度来讲，影响信息传递效果的有翻译的误差和受众接受信息的意愿。

下面我们分别来讲：减少受众翻译误差；提高受众接受意愿。

一、减少受众翻译误差

文案表述准确是最基本的要求，但是如果只有准确，那有些信息受众是无法理解的。有些产品有很多晦涩难懂的概念，如果你直接告诉受众，那只会加重沟通的负担。比如，“每 100 克鱿鱼干含胆固醇 871 毫克”，这句话，虽然准确，精确到毫克，但让人有些难以理解——胆固醇是什么呢？它有什么作用呢？每个人可能对此有不同的翻译。不要指望受众还特意去查阅一下胆固醇的含义。如果把它换成“吃一口鱿鱼等于吃 20 口肥肉”，虽然没有前面那句准确，但是它却能够让人很容易理解，因为肥肉是一个清晰明了且大家都熟悉的事物。

我们再来看两句自嗨文案：

“创享极致，静心由我。乐享生活，畅意人生。”

简单倒是简单，寥寥几个字，但是读者却不知道它在说什么。

每个人都有不同的翻译，毕竟，每个人心目中的“极致”和“畅意”是不一样的。

所以，从这个角度讲，自嗨文案就是给了受众过大的翻译空间，导致每个人翻译出来的结果不一致，并且极为模糊。

因此，文案除了准确，还需要做到简单、具体，才能更大程度地减少翻译误差。

1. 简单。简单不是指字数少，而是指文案中没有受众难以理解的词汇和概念。如果受众见到理解不了的词汇，他们就会去调动自己的主观意识进行联想和猜测，那就会导致翻译出来的结果大相径庭。比如，“容积率 0.2”这个词，如果受众之前不理解，那他就会进行联想、猜测，“容积率是什么呢？”“好像容积是指容器的容量……”。你不要指望他们翻译出来的和你想要他们知道的内容一模一样。再来看这句，“只允许五分之一的土地生长房子”，受众翻译出来的结果应该都会差不多，“一块土地，只有五分之一的房子，那还有五分之四的剩余空间，房子间隔很大”。

那么，复杂陌生的概念如何简单熟悉化呢？那就要去受众的认知中找答案，把你想要传递的信息和受众认知中的信息关联起来。比如，在介绍一种新水果——蜜柚的时候，你这样说：蜜柚是最大的柑橘类水果，它的外壳很厚也很软，很容易剥掉。受众可能很难理解，因为他们还没见过蜜柚。那在受众的认知中，有没有什么和蜜柚相关联的食物呢？那就是葡萄柚，于是你可以这样说：蜜柚大致是一种外壳很厚、很软的超大尺寸的葡萄柚。

当消费者还不熟悉无人机的时候，大疆无人机公司在推出 Plantom 系列产品时，就用了“会飞的照相机”这个词，关联了受众认知中熟悉的照相机。是不是就更容易理解一些？上面把肥肉和胆固醇进行关联，也是同样的逻辑。

2. 具体。除了简单还不够，有些还需要更具体一些，否则也会造成翻译误差。比如，形容一台电脑，用“超轻薄”，副词+形容词的结构。简单，也能够理解。但是，还有什么问题呢？不同受众对超轻薄的评定是不一样的，有人认为一块硬币就是超轻薄，有人则认为一张纸币才是超轻薄。翻译出来之后，结果自然会不一样。看看这句，“像一本杂志一样轻薄”，受众翻译出来的结果差不多是一样的，因为在他们的认知中，杂志的薄轻薄度几乎都一样。

难道形容词就一无是处吗？毕竟，我们平时用得最多的就是形容词了。漂亮、伟大、豪华、轻薄、新鲜、宽阔……虽然形容词本身不够具体，在每个人心中的形象也不一样，但是却能指导你写出具体的文案。

其实，你只需遵循这两个步骤：

第一步，想出一个描述事物的形容词。第二步，用另一些事物来证明形容词。

比如，你想描述水果很新鲜，你不能直接说出来，而是要想一下，要说点什么，才能让受众自己得出水果新鲜的结果呢？

——水果超级新鲜。

——5 小时之前还在树上。

是不是第二句既具体，又更能帮助我们感知水果的新鲜？这样写，有两个好处，一是增加了信息传递的有效性，二是减少了卖家自卖自夸的成分。

大卫·奥格威才是使用这个方法的鼻祖。比如,如何形容劳斯莱斯的奢华阔气?大卫·奥格威写下了——“坐垫由8头英国牛的皮所制,这些皮料足够制作128双软皮鞋”。再如,如何形容奥斯汀汽车的宽大舒适?大卫·奥格威写下了——“大得足以让4个身高6尺的人舒服地坐在地面”。看完这两句文案,劳斯莱斯的奢华阔气和奥斯汀的宽大舒适,是不是已经深深地印在你的脑海里了?

所以,想让信息传递更有效,文案除了最基本的表述准确之外,还要做到简单和具体。

二、提高受众接受意愿

文案写得再好,如果受众接受意愿不高甚至不愿意去接受,那效果将会大打折扣。怎么才能让受众更愿意接受信息呢?那就要去考虑文案的形式。我们不妨先想象一下,你在和别人说话,怎么说才能让对方更主动听你讲呢?那你可以给他讲一个故事,因为人天生就喜欢听故事;可以讲和他有关的事情,因为人对和自己有关的事情非常关注。

1. 讲个故事。“如果你想造一艘船,先不要雇人收集木材,要激起人们对大海的渴望,如果你想激起人们对大海的渴望,最聪明的方法是给他们讲个关于大海的故事。”

上面这段话,想必你也听过,这就是故事的魔力。

可以说,我们是听着故事长大的,“牛郎与织女的故事”“王子与灰姑娘”的故事……

人们为什么喜欢听故事呢?

因为故事里面往往有冲突的情节、清晰的角色划分、抓人的细节描述。我们会很容易把自己代入到故事中,尤其是当故事中的角色和我们有相似之处的时候。

近年来,各大品牌都热衷于讲故事。

京东讲快递员的故事,没有一点广告痕迹,却让人感受到了京东快递员的尽职尽责,他们为了给客户送包裹,翻山越岭。

京东讲快递员的故事

案例选编

蚂蚁金服讲用户的故事，讲他们用了蚂蚁金服之后，生活发生了哪些改变。你看故事的同时，不经意的就会把自己带入进去，和故事中的角色一样，感受蚂蚁金服的美好。

蚂蚁金服讲用户的故事

故事，虽润物无声，却强劲有力。讲故事，并不只是大品牌的权利，人人都能讲。讲自己的故事、讲产品的故事、讲品牌的故事、讲用户的故事。讲故事，最重要的是设置冲突，形成反差对比。用了你的产品之后，用户的生活发生了哪些改变？前后反差越大，效果则可能会越好。

所以，讲好一个故事，你要去挖掘其中的冲突，要让内容有反差。

2. 与他相关。如果街上有两个卖苹果的小贩，一个吆喝，“苹果又大又甜，来尝一尝呀”；另一个吆喝，“帅哥美女，苹果又大又甜，来尝一尝呀”。是不是那个加上“帅哥美女”四个词的吆喝更能吸引你，因为与你有关。

再举一个生活中的例子，如果你买彩票中了100万，迫不及待地想和你的朋友分享喜悦，如果你只是纯粹地把消息告诉他，我估计他很难和你一样开心。

怎么做让你朋友也很开心呢？那就是把你中了100万和他产生联系。如何联系？最简单、直接的办法就是请他吃饭，如果大气一点，就分享一点给他。虽然这种做法现实了一点，但是却足够管用。

使用“与他相关”这个方法，最关键的是要去洞察受众更深层次的需求，为对方带来更切中需要的利益，否则就是隔靴搔痒，软弱无力。

大卫·奥格威给奥斯汀汽车写过这么一句文案——“我用驾驶奥斯汀轿车省下的钱,送儿子到格罗顿学校上学”。虽然,这句文案,是用第一人称写的,但是改为第二人称也同样适用——“你用驾驶奥斯汀轿车省下的钱,可以送儿子到格罗顿学校上学”。文案想传递给受众的信息是奥斯汀轿车比较省油。有些人可能只会写“一公里可以省多少油,一年下来就能省多少钱了”。大卫·奥格威就多想了一步,省下的钱用来干吗呢?可以送孩子去好学校读书。

台湾地区全联超市也出过类似的文案:

台湾地区全联超市宣传文案

“来全联不会让你变时尚,但省下的钱能让你把自己变时尚”。为什么要省钱呢?因为省下的钱可以把自己变时尚。

所以,与他相关,不能只在相关上表面,要相关进他的心里,拨动他那根最柔软的神经。

三、写在最后

什么是有效?是信息发出方想要信息接收方得出的结果与信息接收方看到信息翻译之后得出的结果一致。所以,要不要把文案写得简单和具体,取决于你想要受众看到信息翻译之后,得出什么结果。如果你想要受众自己去体会和感受创享极致,那就给他们更大的想象空间,让他们各自翻译出的结果都不一样,那你就写成创享极致就好了。

案例选编

所以，文案有没有自嗨，取决于文案创作人的目的。文案写得出彩很难，但至少你可以写得简单和具体。

好文案的唯一标准，是有效地传递信息。

本文只是从如何让信息传递更有效的角度去分享，如果你想让文案去影响受众的感受和行为，让信息传递更有效应该是基础，也是前提。

（资料来源：文案怎么写才能更有效地传递信息？[EB/OL].[2020-03-2].http://www.gongguanzhijia.com/article/4399.html）

第 四 章

现代广告事业

本章重点及学习要求

广告作为信息服务业早已存在。现代广告经营活动的日益频繁、广告媒体的不断发展、广告研究的不断深入，以及信息革命在全球范围的爆发，最终加速和促进了广告的产业化进程，使现代广告事业成为独立的现代信息服务产业。现代广告业属于知识密集、人才密集、技术密集的“三密集”型产业。广告业利用自身“三密集”的优势，通过广告经营的活动形式，提供一种高智力、高技术的服务。它具有系统化、科学化和高效化的特点，这是广告业有别于第三产业中一般性服务行业和经营活动的重要特点。

通过本章的学习，要求了解现代广告事业的概貌、性质与任务；掌握现代广告事业的原则；理解现代广告对营销的影响、对社会的影响；了解生态广告的定义及其内涵。

第一节 现代广告事业的性质与任务

一、现代广告事业概述

在现代社会,广告业是由多种组织按照一定的结构、功能和规则联合而成的一个行业。营造和结合成事业的广告群体,其性质和功能就大为改变和大为增强了。

现代广告事业是一个非常庞杂的概念,它是各种广告媒介机构、广告媒介组织及其各种经常性业务活动的总称。图 4-1① 向我们展示了广告过程中的不同参与者,以此来说明现代广告事业的结构。

图 4-1 表明,广告主可以利用广告公司的服务,而广告公司也可以利用(或不利用)不同的外援提供专门的服务,最终在不同媒介组织的协助下,将广告传递给一个或多个目标受众。

请注意图 4-1 左边的直线,这条直线表明广告主并不是任何时候都在利用广告公司的服务。广告主或广告公司也并不是任何时候都在寻求外界的助手。有些广告主直接让媒介机构发布自己的广告,有时仅仅在准备广告的过程中接受一点技术(而非创意)上的帮助。广告主通过自己的广告部准备广告的全部材料,或者媒介机构(尤其是广播、电视和报纸)为购买媒介时间和空间的广告主提供技术支持,就属于这种情况。新型互动媒介也为广告主提供了直接与娱乐节目公司合作的机会,使他们得以为消费者提供整合节目,在节目编排中安排广告。

当今广告业结构变化有六大趋势②:

第一,随着有线电视、直效营销以及其他可替代媒介和新媒介的日益丰富,出现了媒介分化现象。

第二,在大批媒介中大量增加的广告导致了广告的严重阻塞,以致任何一条

---

① [美]Thomas C. O' Guinn, Chris T. Allen, Richard J. Semenik 著,程坪、张树庭译:《广告学》,北京:机械工业出版社,2002 年版,第 40~43 页。

② 丁俊杰:《广告学导论》,长沙:中南大学出版社,2003 年版,第 78 页。

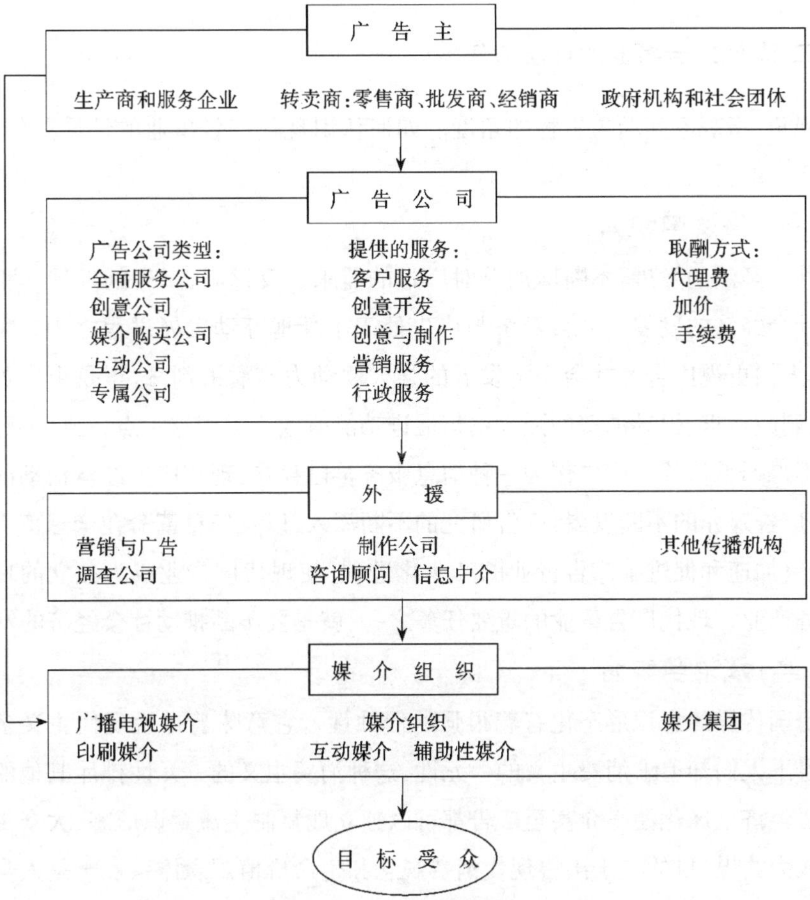

图 4-1 广告过程的参与者

广告都难以突破其他广告的重围,难以制造真正的差异。

第三,新的零售渠道出现,包括目录、电视购物网络、网上购物以及价格俱乐部等,它们的影响力越来越大。

第四,营销预算出现分流现象,投向渠道销售推广和消费者销售推广的预算比例加大。

第五,经过改善的信息系统使零售商和分销商得以对许多营销决策进行更多的控制。

第六,越来越多的广告主将自己的力量集中在整合营销传播上。

未来,广告业的这些根本变化将影响到广告主对广告传播的看法,影响到广告公司为客户服务的方式,影响到广告传递给受众的方式。

二、现代广告事业的性质与任务

视角,指观察问题与事物的角度。如何认识现代广告事业的性质与任务,可以有不同的视角。

(一)经济学视角

社会经济的发展,不断增加着对广告的需求。反过来,广告的发展又不断推动着社会经济的发展。社会经济与广告处于不断地互动发展过程之中。尤其在现代,人们更视广告为社会经济发展的强大驱动力与润滑剂,这正是由广告沟通产销、刺激需求、引导消费的强大销售促进功能所致。关于这一点,是许多经济学家都不得不承认的。广告作为一种信息服务早已存在,现代广告经营活动的日益频繁、广告媒介的不断发展、广告研究的不断深入,以及信息革命在全球范围的爆发,最终加速和促进了广告行业的产业化进程,使现代广告业成为独立的现代信息服务产业。现代广告事业的重要任务之一,就是要不断推动社会经济的发展。

(二)政治学视角

跨国传媒的意识形态化有着很强的侵蚀性。它意味着在后现代主义多元化的旗号下人们却追求消费主义的一元性,这种消费主义的一元性排斥其他的生活方式。经济全球化使媒介甚至广告都可以独立地复制主流意识形态,大众传播与意识权力共谋,目的在于出售现代消费观念和生命价值观念体系。于是人与传媒互相刺激:媒介生产人的欲望,人充满欲望时就会对广告加以新的诠释。现代广告事业的另一个重要任务是抵制跨国传媒通过广告对发展中国家进行意识形态上的侵蚀。

(三)文化学视角

广告的文化功能有潜藏性和无形化的特点,这是由广告的商业性目的和广告各功能的关系所决定的。人们常无法绝对精确地界定广告在现代社会众多交叉的社会动力中究竟有多少影响。这些影响似乎无处不在,却又很难把握和说清。所以人们对广告的批评和否定,多源自广告对社会的影响。这正反映了广告文化功能的普遍性和重要性。正如美国广告历史学家理查德·波莱所指出的:“广告是文化和社会的一部分,即使它只反映出文化和社会的价值观,它也已经成为我们自己的重要反映。因而,我们必须把它当作提高和加强它所描绘的生活的重要因素。”①现代广告事业的第三个任务是批判继承古今中外一切优秀文化成果，始终代表先进文化的前进方向。

第二节 现代广告事业的原则

现代广告事业必须坚持以下基本原则。②

一、真实性原则

现代广告事业最基本的特征就在于它的真实性。广告经营的根本目的，同生产的目的是一致的，就是要为满足人民群众日益增长的物质和文化需要服务。现代广告事业的真实性主要表现在：广告材料中关于宣传对象的各种报道都是可靠的，广告信息传播必须准确无误，对那些有可能给人的健康带来危害的商品应禁止进行广告宣传，这也是法律对广告的基本要求。广告的生命在于真实，弄虚作假的广告绝对不能赢得公众的信任，否则就必然失去广告存在的价值，其意义就在于此。广告的真实性主要包括以下三个方面的内容。

（一）必须以事实为依据

广告的真实性要求广告所介绍的商品和服务，必须以事实为依据，老老实实、清清楚楚地反映事物的本来面目，向消费者提供经得住检验的证据，而不允许虚构或杜撰。广告的语言应该客观、真实、准确、朴素、生动、形象，以事实本身来打动对方，反对堆砌辞藻、陈词滥调、千篇一律、哗众取宠、言过其实、含义不清，避免引起误解，避免误用、误伤。

（二）讲求信誉

现代广告事业一定要严守信誉。广告中的一切许诺，企业或广告主都应落实兑现，这样的广告才符合人民群众的利益，并使消费者建立对企业的信任，这对企业的发展具有长远的战略意义。反之，如果一个企业不珍惜自己的信誉，不实事求是，出于一时的需要，滥用“誉满全球”“物美价廉”“实行三包”等一类夸张的词语来吹牛骗人，最终只会自毁商誉，失信于民，对企业发展不利。

---

① 丁俊杰：《现代广告通论》，北京：物价出版社，1997 年版，第 147 页。

② 陈培爱：《广告原理与方法》，厦门：厦门大学出版社，1990 年版，第 23 页。

此外,我们还要维护新闻传播工具的信誉。新闻传播工具在广大读者、听众、观众、网民中是有信誉的,它们的宣传深得受众信赖。广告客户刊登或播出广告,在一定意义上说是购买版面和时间,购买新闻传播工具在受众中的信誉。因此,一般客户都愿意在发行量大的报纸上刊登广告,或在收听、收视率高的广播、电视中播出广告及在点击率高的网站上刊载广告,以求广告的最佳效果。如果刊登或播出了不真实的广告,新闻传播工具的威望将受到损害。

(三)广告内容应该完整

在许多夸大性的广告中,广告内容常常是不完整的,产品好的方面提出来了,产品的不足之处就不提了。比如一辆汽车的广告,它强调这辆汽车怎样省油,但它并没有告诉你这辆汽车的维修费很高、保养费很贵。就像给一位青年介绍一位女朋友,只说这个女孩子是全市最漂亮的,但是,没有告诉这位青年这个女孩子是全市最蠢的,资料是真实的资料,但却是不完整的。广告在介绍产品或服务时应提倡“一分为二”,既介绍产品的优点,也可根据具体情况向消费者提出必要的忠告。对于某些特殊商品(如药物、化妆品等)的使用,应指出可能发生的副作用。只有消费者觉得广告是真实的,有了安全感之后,才会做出购买的决定。

当然,广告为了加强它的感染力,在艺术加工中允许某些夸张的表现,从而创造生动感人的形象。但这种艺术表现也必须立足在广告内容真实的基础上,与夸大其词的广告有着明显的界线。

二、群众性原则

广告就是要广而告之,能够知道的人越多越好,所以,广泛的群众性是其一大特点。现代广告事业的群众性主要表现在以下三个方面。

(一)简单明了,通俗易懂

现代广告事业的宗旨是为最广大的消费群众服务,广告设计应面向消费群众,通俗易懂,为大多数人所了解。广告图片要简明扼要,语言要简练明确。应防止在设计上故弄玄虚,刻意雕琢,使人看了不知所云,印象模糊,失去了广告的积极作用。

(二)为群众节约时间

人们不但希望在市场上买到价廉物美、称心如意的商品,而且要求购买就近方便,节约时间。节约时间对买卖双方都是有好处的。对生产者来说,这是劳动时间的一种扣除；对消费者来说，无疑增加了闲暇时间，可以把节约的时间用于学习、休息和娱乐，发展人的才能，提高劳动者的素质，从而提高劳动生产率，增加社会财富。因此可以说，时间的节约关系到社会生产力的发展。

（三）向群众普及知识

随着现代科技的发展，各类新产品、新技术不断涌进商品市场。广告除了宣传新产品的特点、性能外，在可能的条件下，还可以介绍这种商品的维修、保养常识，使群众在了解商品时，还能得到一定的科普知识和生活常识。例如，上海牙膏厂近年来生产了多种药物牙膏，但顾客不了解各种药物牙膏可以相应防治哪些牙病，因此在购买时无所适从，该厂及时在报纸上介绍了这些药物牙膏的性能和适用病症，这样，不仅宣传了商品，还普及了医药常识，指导了消费。

三、科学性原则

科学性是广告工作者严谨工作态度的表现，是广告现代化的重要标志，也是现代广告多学科知识的综合运用、电子技术的发展和先进的研究方法被采用的结果。广告的科学性主要表现在以下方面。

（一）广告计划的针对性

制作广告时必须运用市场学、心理学、社会学、传播学、统计学和美学等学科的知识与经验，通过一系列的调查分析，抓住受众心目中所关心的问题以及他们的心理状态，然后确定广告主题、目标，广告战略与策略，选择媒介，力求计划符合客观实际，加强针对性，以提高广告效益。广告工作者在制作广告时应收集大量有关的资料，在充分准备的基础上，才可能使广告具有独特的风格。

（二）广告构思和设计的创造性

广告的构思必须富有创造性，即语言要生动、有趣、幽默、简明易懂，切不可简单抄袭和文字冗长。广告的形式要多种多样和不断更新，还必须根据不同地区、不同顾客的爱好来设计广告图样和选择广告方式，切忌主观、盲目和滥造。

（三）传播手段和制作技术的先进性

目前发达国家的广告界已普遍应用尖端科技手段，主要有电脑、传真机、收视率调查机、文字处理机和机器人。这些尖端科技手段的广泛应用，使广告业的工作效率大为提高，成本更为节省。例如，在市场调查方面，可用小型电脑协助完成烦琐费时的统计分析工作；在广告表现方面，有瞬间显像器来解决适当的布局问题;在广告的刊播方面,应用电脑来整理电视收视率调查报告,计算媒介的千人成本值,预估刊播到达效果等。这些尖端科技手段的运用,将为广告业开辟一条新的广阔坦途。

四、艺术性原则

加强艺术性是使广告感人的有力手段。广告要运用美术、摄影、音乐、诗词、戏剧、舞蹈、书法等丰富多彩的艺术形式,生动活泼地表现它的主题与创意。广告的艺术性主要表现在以下方面。

(一)给人以美的享受

现代广告与戏剧、音乐、诗歌的结合越来越密切,广告的娱乐性也越来越浓重。一件好的广告作品实际上就是一件精美的艺术品,它往往言词雅致,音乐动听,动作优美,色彩鲜艳,内含深奥的哲理,外露生动活泼的形象。具有高度艺术性的广告不仅真实、具体地向人们介绍商品,而且使人们通过对作品形象的观摩、欣赏,引起丰富的生活联想,起到给消费者以美的享受的作用。

(二)内容与形式的统一

广告艺术表现的目的不是单纯为了欣赏,而主要是为了更好地传递商品信息。好的广告作品,设计上要体现内容与形式的统一,其表现手法不能脱离商品的素质和特征而单纯追求艺术美。例如,宣传机械产品的广告画面,如果不突出机械的特性和内在素质,而片面追求广告形式,把广告画得花花绿绿,形式与内容不协调,反而喧宾夺主,不能起到良好的宣传效果。

(三)丰富多彩的艺术手法

广告在艺术表现手法上,要贯彻“百花齐放”的方针。鼓励采用不同的艺术形式,充分调动文字、声音、画面、色彩、灯光等一切艺术手段,力求达到新颖、形象、美观和个性化。广告的图像必须美观大方,富有吸引力;语言文字要准确、鲜明、生动,反对滥用政治口号;图文的编排要匀称,色彩要鲜艳调和,主题突出。

五、民族性原则

每个国家都有自己的民族文化和传统特征,这些都是在广告经营策划时要认真考虑的。因为作为先决条件的这一系列特征,直接影响着现代广告事业的内容和布局。

我们可以举出很多不同国家、民族的广告的不同特点。尤其是广告要表达文化和民族独一无二的特征时，广告的差异更为突出。例如：在埃及的海报广告上不能表现人脸，不论其性别特征如何。在阿拉伯国家的广告中，所有的女性都穿着遮脸的长袍（甚至许多阿拉伯国家航线上的女乘务员也都从头到脚地包裹起来）。在英国，各种广告形式都会运用幽默的表现手法。英国人认为，广告应该逗乐。因此，英国广告以粗鲁的幽默闻名于世，以致近年来许多国家都着力效仿，形成一股浪潮。西班牙广告的特点是大量使用反映西班牙人语言与思想特征的词语，它们出自那些喜好双关语和奇谈怪论的西班牙人之口。法国的电视广告则常用短片表现，有时它干脆就是一部电影。因为法国人认为广告应该诱惑吸引受众，而不是被动地等候受众的选择。印度广告总是建立在情感的事件上，强调表现本国特征，即使是在激进的时尚商品广告中，也离不开对传统的尊崇。

现代广告事业若不遵从各市场国的文化差异和民族性格差异，必将使广告活动受挫。在国际行销中，一体化失败的例子比比皆是。例如，西班牙语中的“诺瓦”（Nova），意思是不走，所以通用汽车公司的诺瓦牌汽车在拉丁美洲销售不畅。而美国宝洁公司则是广告本地化的能手，其飘柔洗发水，在美国名为“Pert-Plus”，在亚洲改为“Rejoice”，中文名为“飘柔”。

中国的民族文化经过几千年的扬弃和充实，已深藏在人们心中。可以说，民族文化活在每个人的灵魂深处，且民族性中富有共通的人性内容。中国人特有的民族文化是一个取之不尽的宝藏，广告人应善加利用。

那些能牵动人们民族文化情结的广告必会给人以深刻的印象。从某种程度上看，“越是民族的，就越是世界的！”

六、效益性原则

现代广告活动是一种商业性活动，因而要讲究经济效益。广告活动要付出一定的费用，究竟有无效益，这是企业十分关心的问题。“花了那么多广告费究竟产生了多少效益？”“怎么知道所做的广告产生了效益？”这些问题经常萦绕在广告主的脑海里。广告活动首先要科学合理地制定广告目标，然后确定广告战略和各种策略来保证实现广告目标。只有最终达到广告目标的广告活动才是有效的。

广告主不仅关心广告目标能否达到，也同样关心其要为之投入的广告费，关心投入与产出的比较。广告公司必须从广告主的利益出发，一方面精打细算，巧妙安排和选择媒体,尽量节省广告投入;另一方面,又务必达到预期的广告目标。一句话,要关注广告效益。

在这个问题上,广告代理制经常遭到广告主的怀疑。因为广告代理佣金是按广告费总额提取的,因而广告主认为广告公司自然有加大预算以谋取自身利益的倾向。所以,广告公司必须努力改变广告主的这一看法,改善自身形象。

第三节 现代广告对营销的影响

一、广告在营销中的地位

广告学作为一门学科,在国外始于1900年前后,市场营销学始于1902年间,而美国从1905年起就把广告学归入市场营销学,国外许多谈广告的文章也都是从"市场营销"的角度出发。市场营销的研究一般有如下四个内容,如图4-2[①]所示。

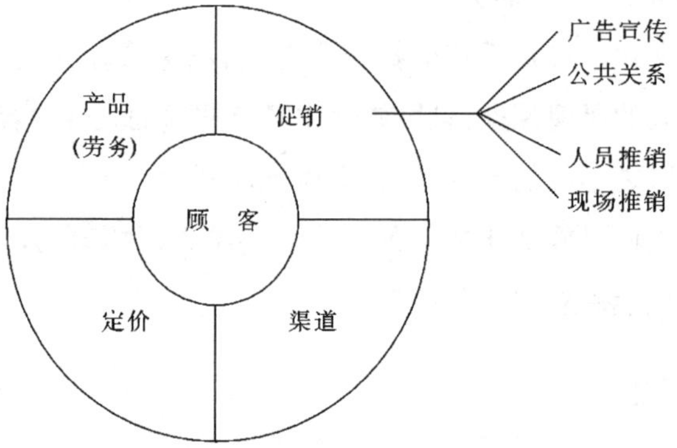

图4-2 广告在营销中的地位

从图4-2中可以看出,广告只是市场营销学中促销阶段的一种方法,这就在理论上使人产生了错觉。有的人提出把广告放在市场营销学中的"销售促进"这个范畴,有的人甚至把广告学与市场营销学等同起来。

① 陈培爱:《广告原理与方法》,厦门:厦门大学出版社,1990年版,第23页。

一方面,我们要对广告发挥作用的范围及影响有清楚的认识。现代营销的发展,使得市场营销活动已经涉及了方方面面的诸多因素,再也不是能够依赖如广告这样的单一元素就能实现的。如果无视广告只是营销推广要素之一,过分夸大广告的市场营销功能和作用,一味依赖广告来进行营销,以为广告在市场营销中无所不能、包打天下,就必将导致营销的失败。

另一方面,我们也要看到广告在营销要素中所起的不可代替的作用。有很多人认为,既然广告只是营销要素之一,就不必给予其特殊的待遇,在做营销时顺带着做一下就行了,不需要专门的人才和专门的广告公司。实际上,广告是一个非常专业的行业,其成败往往影响着消费者对企业营销活动的认识,关系到营销活动能否顺利达到目的,它同样需要受到高度重视,也需要有专门人才。

不仅如此,广告与市场营销虽然都和市场经济有密切的联系,但广告在自己的发展过程中,已大大超出了市场销售这个狭隘的活动天地,而成为社会生活多方面信息的传播手段。政治家要扩大自己的影响,宣扬自己的主张,可以利用广告;新科技、新产品的介绍和推广,也求助于广告;文化娱乐要深入人心、蓬勃发展,也直接或间接地通过广告来完成。

二、广告在营销中的作用

要想切实理解作为商业性活动的广告,我们就必须要认识广告在企业营销活动中所扮演的角色。广告在营销中的作用关系到营销过程的四个重要方面:①设计营销组合;②实现有效的市场细分、产品差别化和定位;③帮助产生收益和利润;④增强顾客的满足感。①

(一)广告在设计营销组合中的作用

一般来说,广告在营销组合中的作用主要是集中所有的广告努力,共同向目标受众传达有关产品或服务所能提供的价值的信息。然而,消费者却不仅仅在产品或服务中寻求价值,他们也需要方便的地点、信用条款、保证条款和送货方式等诸如此类的东西。此外,消费者在选择品牌的过程中还会追求一系列情感价值,如安全保障、归属感、从属关系以及社会威望等。正因为消费者追求这些不同的价值,所以,营销人员必须决定突出哪些营销组合成分,如何以恰当的方式组合这

---

① [美]Thomas C. O' Guinn,Chris T. Allen,Richard J. Semenik 著,程坪、张树庭译:《广告学》,北京:机械工业出版社,2002 年版,第 17~24 页。

些成分，使之能吸引顾客、满足顾客的需求。这些组合成分在决定信息内容和发布广告的过程中发挥着巨大的作用。

（二）广告在实现有效的市场细分、产品差别化和定位中的作用

如果想使广告发挥功效，广告就必须支持企业的总体营销战略。市场细分、产品差别化以及定位是培植顾客的几个最基本的战略，而广告在协助企业实施这些营销战略的过程中则发挥着重要的作用。

市场细分（market segmentation）是以消费者正在或打算寻找的东西为标准，将一个较大的、复杂多样的市场分解成较小的、具有共性的市场或部分。之所以采取市场细分战略，是因为不同消费者的欲望各不相同，即使是同一位消费者，在不同条件下，他的欲望也可能发生变化。例如，根据不同购买人群的需求和欲望，汽车市场可以按不同的汽车种类划分为较小的市场。营销战略的一个重要、基本的任务就是识别出总人口中哪些群体（或细分市场）希望或打算购买大型汽车、小型汽车、豪华汽车、经济汽车、赛车、轿车或微型车。然而，较大的市场往往是按照一些更间接的标准来分解的，如年龄、婚姻状况、性别和收入。这些数据来自各个方面，可以大范围采集到，并且与产品及其用途有着比较合理的联系。广告在市场细分过程中的作用就是创造出针对不同细分的信息，通过适当的媒介将这些信息传播出去。

产品差别化（product differentiation）是指在消费者心目中为某个企业的品牌创造出有别于竞争对手品牌的感知差异的过程。这个定义强调指出，产品差别化建立在消费者感知的基础上。感知差别既可以是有形的，也可以依靠形象或风格因素来完成，关键在于消费者要感知到品牌之间的差别。如果消费者没有感觉到差别，那么，无论是否存在“真正的”差别都毫无意义。产品差别化是所有营销战略中最为关键的一种战略。如果消费者没有感知到某个品牌的特殊之处和迷人之处，那么，他就没有道理从同类品牌中挑选出这个品牌，或者为这个“更好”的品牌付出更高的价钱。广告有助于在消费者心目中为某一种品牌创造出某种有别于竞争对手的差异。广告既可以强调这个品牌的性能特征，也可以为这个品牌创造一个不同的形象。广告的根本任务是传递出一条独特的信息，而这条信息还必须与品牌发生正确的关系。

定位（positioning）是指对某个品牌进行谋划，并使之在消费者心目中占据一个特殊而又宝贵的位置，然后通过广告传递出这种特殊性。值得注意的是，和产

品差别化一样,定位也取决于消费者感知的形象。要理解定位的重要性,就必须认识到消费者会在自己心中为所有备选品牌留下一个感知空间。感知空间指消费者从任何角度对某个品牌和其他品牌进行同方位比较的方式,如品质、品位、价格或社会表现价值。定位决策实际包含着两个不同的决策:一是企业必须为某个品牌制定出外部定位(external position),即这个品牌在彼此竞争的同类品牌中的相对位置;二是企业还必须考虑在自己推出其他类似品牌时,为这个品牌确定一个内部定位(internal position)。例如,宝洁在市场上大约有10多种洗涤用品品牌,在这种情况下,它就必须小心,以免自己的品牌自相残杀或者自己的某个品牌从自己的其他品牌手中抢夺市场份额。

(三)广告在帮助产生收益和利润中的作用

营销的根本目的说起来很简单,那就是产生收益。这是企业最重要的目标。用彼得·德鲁克的话说,"营销和创新产生结果",其余的是"成本"。德鲁克是一位德高望重的管理顾问兼学者,他话里提到的"结果"便是收益。营销活动的目的就是引起销售,然后为企业带来收益。

在产生收益的过程中为销售尽一份力,这正是广告可以大显身手的地方。广告按照营销组合形成的价值观向受众传递劝服信息,这种传播可以突出表现品牌特征、价格或有效性,因而必然会吸引顾客。如果某个品牌具备恰当的特征、恰当的价格、恰当的铺货方式以及恰当的传播,那么它的销售目标就很可能实现,企业便可获得收益。广告正是通过这种方式来直接帮助营销活动产生收益。值得注意的是,广告只能在引起销售、产生收益的过程中发挥一部分作用,不能把它当作引起销售、产生收益的唯一力量。广告本身并不能单独承担起销售的责任,只有在品牌具有周密而完善的组合(包括优秀的广告)时,销售才会实现。广告对利润的影响较为复杂,如果广告能帮助企业在产品或服务价格上享有更大的灵活性,就能对利润产生影响。广告可以通过以下手段帮助企业争取定价的灵活性:①促使规模经济的形成;②建立品牌忠诚。

如果市场大量需求这个企业的产品,产品产量就会上升。随着生产水平的逐步提高,分摊固定成本(如租金和设备成本)的产品数量就会增大,这种大规模生产的结果就是单位生产成本的下降。由大量生产而导致的单位生产成本下降就是规模经济。消费者重复购买同一品牌,这就叫品牌忠诚(brand loyalty)。形成品牌忠诚的因素很多,可能是出于习惯,也可能是因为品牌形象和品牌名称在消费者的记忆中占据了显著位置,还可能仅仅因为消费者对品牌形象的联想,或消费者对自己所购买品牌赋予的某种深刻意义。无论通过哪种影响和意义,只要消费者对品牌形成了忠诚的态度,他们对这个产品的价格上升一般就不会太敏感,经济学上的术语叫作需求的不变性。一旦消费者对价格不太敏感,企业便具备了提高价格的灵活性,进而可以提高利润边际。广告劝说并提醒消费者相信品牌所能提供的满足感和价值,从而直接促成品牌忠诚和不变需求的形成。

(四)广告在增强顾客的满足感中的作用

广告在满足顾客方面如何发挥作用?需要强调的是,广告可以表明某个品牌如何满足顾客需求和欲望。因此,广告在吸引顾客方面发挥着重要的作用,它会使顾客相信这些品牌十分有用,令人满意。但是,广告的功效还不止于此,它还可以帮助某个品牌将自己的形象和价值与消费者的社会背景以及更大的文化背景联系起来,进而向消费者传递出一种事关自己的感觉。如果没有广告这种手段来揭示品牌的有效性,从众多价值中挑选出这些关联,那么,企业满足顾客的能力就会受到限制。

三、整合营销传播(IMC)

在新的形势下,以同质性高、无显著差异的消费大众为基础的4P理论(产品、价格、渠道和促销)已逐渐过时,为新的营销理论4C理论(消费者欲求和需要、便利性、消费者为满足其需求愿意付出的代价、沟通)所替代。4C理论把重点放在消费者身上,即一切以消费者为中心,因此,凡是与消费者有关的一切活动都可以纳入营销的范围。这使营销活动和传播活动有了更为广阔的空间,整合营销传播(Integrated Marketing Communication,IMC)随之被提上了议事日程。

IMC不是广告、中间商、直接信函或者公共关系,也不是关于沟通控制权的争夺。它考虑如何更好地理解顾客,以及顾客对于厂方采取行动的反应。整合营销传播过程是一种思考和计划的过程,它综合运用公司所有能够利用的沟通方式以使沟通过程更加有效,并且能够根据顾客的利益进行动态的调整。整合营销传播出现的根本原因在于营销观念的转变,即营销不再是一种简单的"移动产品"的行为,而是一种真正地迎合消费者的需求,并与主要顾客建立长期合作关系的企业行为。[①]

整合营销传播可以协调公司通过广告、直接营销、公共关系、促销和其他方式所传达的所有信息，从而有助于塑造统一的品牌形象，支持公司与客户之间建立的关系。但是，整合营销成功的关键在于能够准确地确定公司的整合营销战略应该完成的目标。这个过程的第一个步骤是确定特殊的目标顾客（如使用者或者影响者），确定每个 IMC 运动应该达到的效果。为了明确中心，我们应该集中考虑一个或两个目标，避免扩大预算。下面列举了三个这样的可能目标：[②]

第一，建立品牌资产。通过使用 IMC 强化品牌独特的价值和特性，公司可以增加品牌知名度，鼓励消费者和目标顾客增强品牌偏好。例如，Scotchgard 是一家针对纺织业和服装业的防污公司，它所做的广告就面向目标行业宣传，它的产品能使服装在有型有款的同时增加防污功能。

第二，提供信息。商业顾客需要大量的信息，所以只要可行，公司就应当区别自己的品牌。

第三，传递差异化信息（定位信息）。我们的产品代表什么，它有什么竞争优势？整合营销传播会帮助公司传达最重要、最显著的观点。例如，美国联合邮件服务公司（UPS）的广告强调其承诺的保证时间的“紧急投递”服务可选择的范围，这种选择范围在说明其能够满足任何最后期限的定位的同时，也把它和竞争对手进行了有意义的区分。

整合营销传播的出现对传统广告代理机构的组织结构和企业文化，以及它们的顾客产生了巨大的冲击。既然整合营销是以顾客驱动的，广告代理公司就不得不在服务于传统观念的顾客的同时对公司的经营方式进行调整，从而能够为那些已经接受了整合营销观念的顾客提供高质量的服务。一些广告代理机构采取的改进方式是建立单独的部门处理那些不同于传统广告方式的顾客要求，这些部门在销售促进、顾客反馈、产品抽样调查以及广告等领域为顾客提供服务。

随着整合营销观念的普及，广告界人士在今后必须能够掌握如何综合利用广告及其他促销方式，以求使顾客的某项具体活动达到最佳效果。这种决策需要更多的职业判断，如评价营销目标和营销战略，确定主要的目标顾客和产品特征，并为营销组合中的所有方式制定预算。

---

① Newsletter of the Arthur W. Page Society.

② Marian Burk Wood, “Clear IMC Goals Build Strong Relationships,” Marketing News, June 23, 1997, P11.

第四节　现代广告对社会的影响

广告的社会影响往往变化多端，对于那些觉得广告扰乱了自己生活、操纵了自己行为的人来说，广告的社会影响通常是造成激烈争论的最主要原因。

我们可以从几个大的方面来考虑广告的社会影响。从积极的一面看，我们可以考虑广告对消费者生活水平的影响，其中包括广告对大众媒体的支持以及公益广告在揭露问题中发挥的作用。从消极的一面看，我们将考察各式各样的对广告的批评，例如，对广告浪费资源和宣扬拜物主义的指责，以及对广告维护了陈规的抨击。

我们的方法是，就批评家和广告主经常争论的几个问题，向大家展示正、反两个方面的观点。值得强调的是，这只是观点问题，所有的答案都没有绝对的对与错，你必须得出自己的结论。

一、广告：是教育消费者还是诱惑消费者

广告是给消费者提供了宝贵的信息，还是仅仅为了混淆他们的视听或诱惑他们？以下是两种不同的观点。

（一）正方：广告提供信息

支持广告的人辩护说，广告可以教育消费者，用他们所需的信息武装他们，使他们得以在知情的状态下做出购买决策。通过经常考察信息和广告许诺，消费者对产品的特性、利益、功能和价值会有更深入的了解。此外，消费者还可以更加了解自己对被人劝服和依赖于某种产品信息的态度。支持一方提出了自己的论点，认为广告“显然是消除无知的强有力的工具”。按照这个论点，受教育的消费者可以通过聪明的市场决策来改进自己的生活方式，增强自己的经济实力。

与此相关的另一个观点则认为广告可以缩短搜索时间，也就是说，因为有了广告，某个人为搜索自己想要的产品和服务而花的时间缩短了。大量随时可以获得的信息使消费者得以轻松地考察市场中某一特定产品或服务的潜在价值，而不必花时间和精力到零售现场去一个个地比较产品。广告所包含的信息“极大地降低了搜索的成本”。

（二）反方：广告肤浅

对广告持反对意见的人认为，广告提供的产品信息根本就不好。在这一点上，对广告的基本批评是，即使广告能提供真实的产品信息，其信息量也非常小。他们认为，广告传递的是空洞的广告辞令，广告辞藻华丽，没有什么纯粹的“信息”。广告中的信息都是有倾向性的、有限的，并且天生具有欺骗性。

对此，广告主反驳说：在很多情况下，消费者不仅仅关心物质的、有形的东西是否与性能特点相配，还关心精神的、无形的东西，在搜索和选择信息的过程中，产品的功能性特点对消费者来说只是第二重要因素，广告的批评者常常抹杀或忽视整体的产品利益，包括产品的愉悦（快乐追求）性。

广告批评家声称：广告应该包含有关功能特点和性能结果的信息，广告主把产品是否具备满足消费者需求的潜力作为判断是否把相关信息提供给消费者的标准，而那种满足往往又非常不实用；另一方面，广告的辩护者并没有真正理解这种“信息”到底有限到什么程度。同时，他们注意到，只是由于法规或法律对此采取了措施，产品的真实性才得到了一些反映，广告主在这个问题上并没有什么良好的记录。

二、广告：是提高生活水平还是降低生活水平

广告是提高还是降低了大众的生活水平？这是大家激烈争论的一个问题。关于这个问题，人们的意见各不相同，争论的焦点直指广告是对能源和资源的合理利用还是浪费这个核心问题。

（一）正方：广告降低了产品的成本

广告的支持者指出：①由于广告而产生的规模经济，实际上使消费者享受到了更便宜的产品。巨大的需求刺激降低了单位的生产和管理成本，因此，生产商便可以较低的价格转让产品给消费者。②产品和服务选择余地的扩大是由于企业成功概率的提高，企业成功概率的提高又得益于它们能够推出新产品，它们之所以能推出新产品则是借助了广告的作用。③竞争的压力以及对适销对路的新产品的渴望促使企业生产更好的产品。④广告的速度和到达率推动了新事物的传播，这意味着可以非常迅速地将新发现传达给市场中的大批消费者。如果广告能够把新事物的好处传达给消费者，新事物就会取得成功。

所有这四个因素都会对人们的生活水平和生活质量产生积极的影响。由于广告在刺激需求和告知顾客方面所起的重要作用，广告在一定程度上有助于产生这些效果。

（二）反方：广告浪费了资源，只提高了某些人的生活水平

对广告由来已久的一个批评是，广告是一个无效的浪费过程，把社会上的财力和人力资源都送去“搞乱已有的整体需求”，而不是扩大整体需求。因此，广告引起了经济的停滞，降低了生活水平。批评者指出，有了广告，社会生活并不会好起来。这是因为广告并没有刺激需求，而是把需求从一个品牌转移到了另一个品牌上。与此类似，批评者还指出，品牌差异实在毫无意义，品牌的丰富多彩并没有给大家提供更多的选择余地，相反，是在浪费资源，使消费者感到混乱和困惑。

三、广告：是创造幸福还是制造不幸

在广告如何影响消费者的幸福和福利这个问题上，广告支持者和批评者的观点大相径庭。你会看到，这是一个复杂的问题，利弊都很多。

（一）反方：广告制造需求

批评家们一致认为，广告制造了需求，促使人们购买自己并不真正需要或想要的东西。他们指出，消费者很容易在广告主的诱惑下产生获得卖家提供的毫无价值的小玩意儿的想法。比如，只要浏览一下任何一期《Seventeen》杂志，你就会发现，这个媒介企图教全世界的年轻女性追求瘦削的身材和迷人的肤色。化妆品巨头雅诗兰黛公司将自己每 1 美元销售额中的近 30 美分用来推广品牌，宣传自己的品牌是吸引那些追求理想肤色的女性的最终解决之道。

（二）正方：广告满足各种需求

在探讨广告是否可以制造需求时，最好从需求的本质入手。人类动机研究前辈亚伯拉罕·马斯洛（Abraham Maslow）认为，人类行为经历了以下几个需求层次：生理需求、安全需求、爱与归属需求、声望需求、自我实现需求。

马斯洛描绘的是人类的基本需求和动机，不是消费者的需求和动机，这一点必须清楚。但处在富裕的社会背景下，个人会借助商品和服务来满足自己的需求。广告的支持者认为，许多产品可以直接满足这些需求状态中的某一个或某几个需求。虽然自我实现难以买到，但教育水平的提高和高层次的文化休闲活动却肯定可以增强人们的自豪感和成就感，进而有助于自我实现。广告的支持者坚持

认为,广告也许可以针对许多不同形式的需求,但在制造需求方面却起不了什么作用。

(三)反方:广告鼓励了实用主义

还有人声称,个人的需要和志向可能会被广告歪曲。长期以来,广告的反对者认为,在充斥着广告的社会里存在着从众和追求地位的倾向。而这两种行为都被认为是实用主义的肤浅行为,物质商品被放在了精神追求和智力追求的前面。广告将产品刻画成地位、成功和幸福的象征,进而在一定程度上促成了社会中实用主义和肤浅现象的出现。广告制造了虚假和以自我为中心的欲望和志向,这又导致生产商过于强调生产个人用品,从而损害了公共商品的生产(如高速公路、公园和学校等)。

还有人认为,长期暴露在广告下将不利于人的精神世界,使人对生活中真正重要的东西视而不见。

(四)正方:广告反映社会的重点

虽然广告无可争辩地宣扬好生活,但广告的支持者们却提出,广告并没有引起我们对实用主义的重视。虽然我们生活在一个消费的时代,但在现代广告出现前的很长一段时间里,所有的国家都一直在利用商品和财产来标明特殊事件,使它们在仪式中发挥巨大作用,或充当特殊意义的载体。而广告则反映了社会所追求的重点,对我们的生活发挥着一定的引导作用。

四、广告:是贬损和欺骗还是释放和艺术

毋庸置疑,广告主时刻都在留心寻找能抓住并维持受众注意力的创新方法。此外,在创作广告时,广告主心里多半已经有了目标顾客的特定画像。关于广告是贬损和欺骗还是释放和艺术,请看下面的争论。

(一)反方:广告维护陈规

广告主经常在广告中刻画自己的目标受众,希望目标受众个人会将自己与广告联系起来,进而注意到广告的信息。批评家指出,这种行为会产生非常消极的作用,即维护陈规,而在这种陈规中,妇女、老人和少数民族的形象又特别使人关注。例如,广告的反对者指出,尽管妇女现在实际上拥有高层管理的职位和美满的家庭,但她们仍然普遍被刻画成家庭主妇;尽管许多老人都过着丰富多彩的生活,但广告却经常将他们表现为无助或患病的形象。

（二）正方：广告主正表现出更多的敏感性

现在，这类偏见大多正在成为过去。前几代的广告的确表现出了明显的偏见，如能够用自己的烹调手艺使丈夫高兴的妻子才是好妻子，而如今，联邦快递公司的广告却突出表现了一位非裔美国妇女在一次重要的商业活动中战胜一群白人男性主管的场面。广告主正意识到，多姿多彩的世界要求广告表现多姿多彩的社会现实，并帮助建设多姿多彩的社会。同时，还有许多广告主不满足于如今广告变化的步伐。

（三）反方：广告常常令人不快

广告常常令人不快，它的诉求品位一般较差，这是对广告的一个普遍而长久的批评。更有甚者宣称消费者学会了忽略自己每天遇到的雪片般的广告信息，而广告主却拼命想抓住他们的注意力。其实，品位不过是一种非常个人、非常主观的东西，对甲来说讨厌的东西对乙可能只是有点讽刺意味而已。大多数消费者可能并不觉得广告特别讨厌，而可能只是因为被广告弄得不知所措而对它们失去了忍耐力。有时，消费者对广告的厌恶也恰好反映了广告主的失误。总之，当今的广告主应吸取经验和教训，慎重考虑品位问题，才能防患于未然。

（四）正方：广告是满足和解放的源泉

广告的支持者指出，经过广告美化的消费实际上对社会成员非常有利。绝大多数人衷心地感谢那些现代化的便利用品，是它们把人们从肮脏而又无法回避的事情中解放出来。此外，他们还认为，消费更有可能使人获得自由，而不是让人像奴隶似的接受不合意、不舒服但又无法回避的客观环境。在当代消费时机出现以前，许多商品的消费受社会阶层的限制，是当代广告促使了商品的民主化。广告的支持者指出，广告和消费能够解放人的本质，应该受到赞扬和鼓励。当然，站在不同的立场对解放的理解也不尽相同。

（五）反方：广告主通过潜意识刺激进行欺骗

关于潜意识沟通和潜意识广告的问题，确实存在着很多争议，但争论的双方几乎都对这个问题缺乏充分的了解。既然围绕着潜意识广告问题存在着许多困惑，那么现在也许是做一些澄清工作的最佳时机。我们知道有些东西可以制造轰动效应，但偷换概念并不会使人购物。虽然确实存在着某些潜意识广告处理方式，但这一般都是为了重复和方便记忆的缘故，而不是为了把“斯文加利”(Svengali)[1]式的戏法变成广告鬼话。如果广告主真的在广告中利用了潜意识信息的话,那么,结论只有一个:他们在浪费金钱。

(六)正方:广告是艺术

最后一点,有人辩解说广告最好的一点就在于它的艺术本质。艺术是为人服务的,而最容易理解的艺术就是广告。艺术不隅于博物馆的围墙之内,艺术还出现在康宝的汤罐头、Lifesaver 的蛋卷和 Brillo 的垫子上,广告是反精英的民主艺术。

安迪·沃霍尔(Andy Warhol)在谈到美国民主与可口可乐时说了下面这段话:“美国这个国家的伟大之处就在于,它开创了最富有的消费者和最贫穷的消费者基本上购买同样东西的历史。你可能正在看电视,然后看见了可口可乐。你知道美国总统喝可口可乐,利兹·泰勒(Liz Taylor)喝可口可乐,然后你就会想,你也可以喝可口可乐。可口可乐就是可口可乐,你花再多的钱也买不到比街角那个流浪汉正在喝的可口可乐更好的可乐。所有的可口可乐都是一样的,所有的可口可乐都是品质优良的。泰勒知道这一点,总统知道这一点,流浪汉知道这一点,你当然也知道这一点。”[2]

五、广告:是壮大媒体还是干扰媒体

广告主和批评家们争论的最后一个问题是广告对大众媒体的影响问题。在这个问题上,我们也看到了各种各样的观点。

(一)正方:广告使大众媒体实力雄厚、形式多样

广告的追随者辩解说广告是明智的,是民主遇到的最好的事物。广告费给杂志社、报社、电视台和电台提供了支持,而媒体有了如此强大的财力支持,公民才可能以较低的价格享受各种信息和娱乐资源。如果没有广告的支持,电视网和广播网的节目就不会成为免费商品,而报纸则可能会贵 2~4 倍。此外,如果没有广告的支持,各类人口细分市场需求的特殊电视和广播节目或专门杂志也不会那么便宜。

---

① 英国小说家莫里耶(George du Maurier)所著的小说《特里比尔》(*Trilby*)中一个用催眠术控制女主人,使其唯命是从的音乐家。

② Andy Warhol, The Philosophy of Andy Warhol: From A to B and Back Again (New York: Harcourt Brace Jovanovich, 1975), P101.

同时,广告提供了暴露问题的宝贵机会。当广告的非商业性用户(如政党或各种慈善组织等)利用广告时,其他社会成员便可以获得关于重大社会问题和政治问题的信息。

(二)反方:广告影响节目计划

广告的批评者指出,在媒体上发布广告的广告主对媒体的信息内容会产生不良影响。比如,如果一家评论立体音响设备的杂志要测试自己某个大客户的设备,那么,他们在批评这个客户的设备时就会含糊其词。

针对广告主的另一个指责是,广告主只购买收视率高的通俗节目的广告播出时间,而这些通俗节目却降低了电视节目的总体质量。因为文化、教育节目的收视率低,不会被广告主选中,因而电视台为了广告收入的利益会放弃文化、教育节目。此外,节目编排者也难以吸引广告主购买那些有价值、但却有争议的节目的广告时间。

本章小结

现代广告事业是一个非常庞杂的概念,它是各种广告媒介机构、广告媒介组织及其各种经常性业务活动的总称。广告业实际上集合了各种人才,这些人才具有独特的专门知识,并在广告的策划、准备与发布过程中承担着相应的责任。

对如何认识广告事业的性质和任务这个问题本章分别从经济学、政治学和文化学的不同视角对现代广告事业进行了多方位透视。

广告必须坚持六个基本原则:真实性原则、群众性原则、科学性原则、艺术性原则、民族性原则和效益性原则。

广告只是市场营销学中促销阶段的一种方法。同时,广告与市场营销虽然都与市场经济有密切的联系,但广告在自己发展的过程中,已大大超出市场销售这个狭隘的活动天地,而成为社会生活多方面信息的传播手段。要想切实理解作为商业性活动的广告,我们就必须认识广告在企业营销活动中所扮演的角色。广告在营销中的作用关系到营销过程的四个重要方面:①设计营销组合;②实现有效的市场细分、产品差别化和定位;③帮助产生收益和利润;④增强顾客的满足感。整合营销传播的出现对传统广告代理机构的组织结构和企业文化以及它们的顾客产生了巨大的冲击。广告界人士在今后必须能够掌握如何综合利用广告和其他的促销方式,从而使顾客的某项具体活动达到最佳效果。

我们可以从五个大的方面来考虑广告的社会影响:广告是教育消费者还是诱惑消费者;广告是提高生活水平还是降低生活水平;广告是创造幸福还是制造不幸;广告是贬损和欺骗还是释放和艺术;广告是壮大媒体还是干扰媒体。我们的方法是,就批评家和广告主经常争论的几个问题,向大家展示正、反两个方面的观点。应该强调的是,这只是观点问题,所有的答案都没有绝对的对与错,读者必须思考自己的结论。

思考题

1. 随着有线电视频道的持续增加和电视观众的日益分化,你认为广告业会受到什么影响?

2. 作为新兴的现代信息产业,广告产业表现出哪些与一般服务性产业的不同特点?

3. 广告在市场营销中的地位和作用是什么?

4. 既然营销人员越来越倾向于整合营销传播这个理念,为什么广告公司还认为树立全面服务提供者的威信意义重大?

5. 参考《一个广告人的自白》一书中的“广告是否应予废止”,说说你的观点。

案例选编

广告向善,价值为王

广告向来被称为“经济的晴雨表”,这意味着广告的活跃象征着经济的活跃。2020年疫情期间经济相对低迷,市场上投放的广告总体量也相对减少。广告除了能反映经济活跃情况之外,其实广告更大的作用是在推动经济,促进消费,消费者只有看见过广告,他们才会购买,当然像特斯拉、苹果等品牌主要靠公关、口碑推动自己的销量。这也说明,广告就是一种调节品牌和消费者关系的工具,一定要取得平衡,买卖双方才能实现良性发展,才能让购买持续发生。太过利己(品牌),消费者会受伤,这表现在广告只顾着传达品牌的利益和情绪从而忽视了消费者的利益和情绪;太过利他(消费者),品牌会受伤,表现在广告为了讨好消费者,让他们愿意看,没有利益点、没有情绪,从而忽视了广告的目的——促进销售。

案例选编

最近出圈的、陷入舆论阵地的、引来网友批评的——360借条广告，就没有实现品牌与消费者关系的平衡，就是太过利己了。我们一起来看看。360借条广告总体上运用的是对比手法结合男女关系中缺钱的场景来输出利益点，降低受众的现实状态，以激发受众对360借条的需求。可以明显地看出，广告为了让产品利益和受众情绪得到更大化的释放，以促进点击链接这个行为的发生，特地选用了穿着制服、年轻貌美的姑娘和"矮矬穷"大叔两个角色来进行对比，以制造反差。一定程度上，反差越大，冲击就越大，效果就会越好。在制造反差这一点，360借条广告则有过之而无不及，但这也正是其最致命的地方。第一眼看上去，给人的第一感觉就是太过浮夸、不够真实、太过做作，广告中的大肆渲染，不过是哗众取宠，消费者会相信吗？不过，让它陷入舆论阵地的是广告折射出来的价值观——扭曲的婚恋观、拜金主义、对特定职业的歧视，在广告中表现得淋漓尽致。当然除此之外，还有它最后对额度、日利息等产品利益点的夸大也都涉嫌违规。

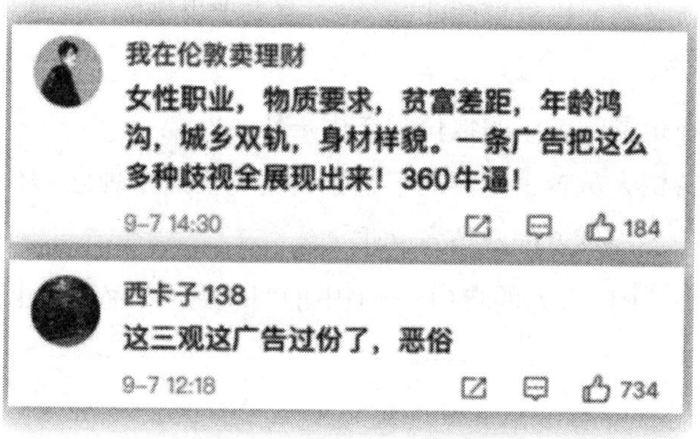

360借条广告引发的争议

"中国平安广告"——另一个借贷平台的广告，也使用了职场中借钱的场景。用角色之间的对话来刺激受众的缺乏感和传达产品利益，虽然反差没有360借条广告那么大，但至少画面给人的感受是不那么令人不排斥的，现实中也常有发生，可信度更高。广告是调节品牌和消费者之间的关系的，消费者不干了，开始反抗，360借条的这则广告价值又何在？目前广告已被360借条下线，360借条也进行了道歉。

那么，广告要如何避免翻车，如何协调好品牌与消费者的关系，做好一个合格的中间人呢？践行这八个字——"广告向善，价值为王"很重要。

广告向善,指的是广告中多传播一些正能量的、美好的内容,即使做不到,至少不要传播低俗的、虚假的内容;价值为王,指的是从消费者出发,以传播品牌价值为核心。今天的很多广告要么没有向善,要么偏离了核心价值,导致频频翻车。新东方的"童言无忌"偏离了品牌"教书育人"的核心价值;巴黎世家的"七夕土味广告"则不够友好,文字画面都透露着对中国人的轻视,当然也偏离了奢侈品的核心价值。

巴黎世家的"七夕土味广告"

下面我再从四个方面具体聊聊。

一、广告的目的是促进销售,广告的本质是传播价值

商业广告的目的是什么?相信每一个营销行业从业者都能脱口而出——促进销售。广告大师大卫·奥格威就曾说过:"我们的目的是销售,否则就不做广告。"品牌广告是间接促进销售,在于形象的积累,在于好感的形成,以至于在未来的某一刻,能被消费者选择;效果广告是直接促进销售,往往用诱人的优惠、吸引人的卖点、立刻购买等这样的行动指令来驱动消费者马上购买。只有知道目的,行动才不会偏离方向;知道广告的目的是促进销售,广告人才不会陷入自嗨的状态,那些自嗨的广告也往往都没有明白广告的目的。

但只知道目的,并不能让你达到目的,你还必须得知道广告的本质。广告的本质就在于传播价值。商业的本质在于价值的交换——品牌提供价值,消费者购买价值,但是在消费者购买之前,必须要知道品牌有什么价值,不然他们不可能掏钱,而广告就发挥了传播价值的作用,把品牌的价值传播出去让消费者知道。

传播价值,重点在于价值,而不是传播。为什么有些广告打出去没有用?不是因为传播不到位、触达不到位,而是因为价值不到位,没有创造、塑造出让消费者愿意交换的价值。

有一个案例让我印象深刻,愉景湾是香港大屿山的一个楼盘,如世外桃源一般。里面规定不能开车,有大量的绿化带,空气非常好,还有海滩,但唯一的缺点就是位置很偏,升值潜力不大。当时广告传播的价值是户型、环境、低利率,但都不见效,是传播不到位吗？非也，后面通过洞察重新塑造了价值——愉景湾有利于孩子的成长。广告诉求改为："童年是短暂的，现在就要给孩子更好的"，然后就卖光了。讲这个案例，想说明的是，广告没有效果，90%是传播的价值不到位，价值才是广告的核心，才是广告的本质。任何偏离了品牌价值的广告，想达到促进销售的目的都是痴人说梦。

香港大屿山愉景湾楼盘

二、产品销量增长虽然重要，但品牌形象受损难以修复

销量增长重要吗？那肯定重要，能立马看到产品的变现；品牌形象重要吗？好像也不太重要，反正无法短时间变现。这是今天很多企业的短视症。当前的销量增长固然重要，因为它能够维持当下的现金流，但品牌的存在才能够让现金流更长久。为了销量增长而损害品牌形象，对很多品牌都不是一笔划算的买卖，这就好比一个人为了今天的快活，烧掉未来的寿命。销量增长是即时的，品牌形象受损却是难以修复的。之前铂爵旅拍的洗脑广告，虽然让它短时间崛起了，现在也一直通过冠名综艺在做美誉度的培育，它也因此成了很多人脱口而出的旅拍品牌，但产生的不好的印象多多少少还是残留在了人们的脑海中。

铂爵旅拍洗脑广告

案例选编

再举一个例子，之前喜茶和杜蕾斯的联名，看上去两个品牌都十分机灵，翻起车来却也是分分钟钟的事情。虽然事情已经过去了很久，但如果不经意间回想起，喜茶在你心里的形象是不是瞬间降低了几分？还有很多人觉得做品牌很难，所以坚持不下去，其实不然，只要有一个名字，有一个标志，每当你卖出一件产品，消费者能从产品中得到满意，品牌就是在不断积累。久而久之，消费者会推荐、复购，愿意出更高价，这也是品牌能量的释放。还是大卫·奥格威老爷子说的那句话，“每一则广告都应是对构成整个品牌的长期投资”，不能沉淀下来形成品牌资产的广告，不要也罢。

喜茶和杜蕾斯的联名广告

三、除了降低现实状态之外，更应该去提高理想状态

有知名营销专家总结过一个需求三角模型，该模型由缺乏感、目标物和能力组成。

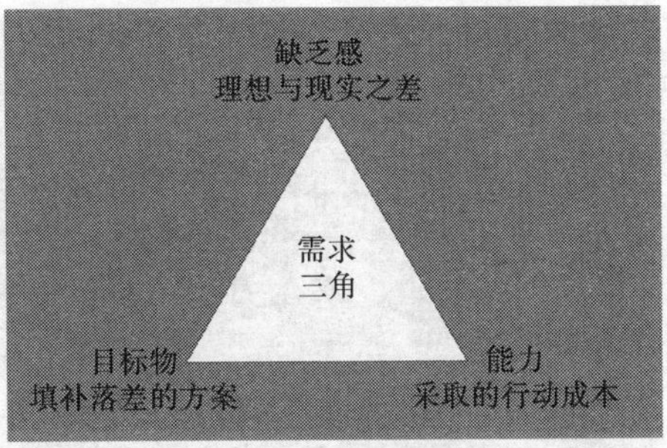

需求三角模型

关于目标物和能力就不多说了，主要是缺乏感，任何需求的形成首先是要有缺乏感，缺乏感源于现实状态和理想状态之差，落差越大，缺乏感越大。比如你平时的现实状态是挤公交、地铁上班的，理想状态下每天挤一挤也没事，这个时候你对车的缺乏感就是比较小的。如果理想状态是一定要想办法摆脱挤地铁、公交的痛苦，这个时候你对车的缺乏感就是比较大的。商业广告中又是如何刺激你的缺乏感的呢？要么是降低你的现实状态，往往广告中会出现挤地铁的尴尬场景，重在传达你如果没有一辆车会有哪些损失；要么是提高你的理想状态，往往广告中会出现自驾游随时出行的场景，重在传达你拥有一辆车会有哪些好处。

汽车广告

当然还有可能二者结合，将缺乏感进一步提升。乔布斯就是个激发缺乏感的高手，早年在邀请百事可乐副总裁来苹果时，就用了这么一招——你是想卖一辈子糖水？（把在百事可乐上班说成是卖糖水的，以此来降低他的现实状态，位高权重的副总裁心里听了肯定不是滋味。）还是跟我一起改变世界？（把来苹果公司上班说成是改变世界，以此来提高理想状态，一下子就高大上起来，两者相互作用，缺乏感噌噌地往上涨。）

乔布斯

再回看360借条广告，该广告主要还是想通过没钱带来的损失（女主角不和男主角在一起）来降低受众的现实状态，以刺激缺乏感。这也是目前很多广告在用的手段，大肆宣传消费者如果不使用产品会带来的损失，比如常见的恐惧营销，都是先描述痛苦场景（具体、清晰）和严重后果（难以承受），再传达出自己的解决方案（购买产品）。相比去降低消费者的现实状态，品牌更应该去提高消费者的理想状态，也就是在广告中描绘消费者拥有产品之后产生的感受和好处。每个人的内心都有对美好生活的向往，广告要做的就是做一个火苗，去点燃。

田姥姥　幸福二村

老头子走得早

以前水电费煤气费都是他去交

现在我用支付宝在家就能交

住在幸福二村的我感觉很幸福

李泉

货车司机

难得回家

不想把时间耗在银行里

用支付宝直接办“ETC服务”

我还能陪我女儿多排一家网红奶茶店

支付宝广告

支付宝之前就出过一系列广告，通过一个个用户与支付宝的故事，来传达支付宝给用户带来的改变，描述用户用了支付宝之后，生活发生的很多美好的改善，以此来提高其他用户的理想状态，刺激他们对支付宝的缺乏感。近几年深受用户喜爱的Keep健身软件，品牌主张是“自律给我自由”，同样是通过传播用户与放纵、懒散等消极状态的对抗，通过坚持自律之后带来的改变，来提高用户的理想状态，而不是直白的渲染用户不自律将会产生哪些惨痛后果以降低用户的现实状态。消费者对产品没有缺乏感，产品再有利益都是枉然，刺激消费者的缺乏感固然重要，但切记不要不择手段，相比之下，去提高消费者的理想状态或许是一个不错的选择。

Keep 健身软件广告

四、年轻消费群体成为主流，价值为王会更加重要

毋庸置疑，90 后乃至 00 后的年轻人已经成为今天市场中的主流消费人群。他们爱玩、探索、悦己、自主、个性，也喜欢趣味性的内容，比如土味、国潮，但他们也会更加注重价值和价值观。巴黎世家够土了吧？为何会遭到年轻人的吐槽？那是因为已经土到变味了，让消费者感觉是在侮辱自己的价值观。老乡鸡也很土吧？为何会赢得大家的好感和称赞？那是因为老乡鸡土的真实，本来名字中就带有“乡”字，在土的过程中能体现出自己“干净、卫生、好吃”的价值。

前不久娃娃哈宣布代言人为年轻的许光汉，虽然短时间内能够聚集一波年轻人的注意力，但依然无法解决娃哈哈年轻化的问题，因为代言人年轻化，并不代表品牌价值的年轻化，品牌传达出来的态度、情绪依然没有多大的变化，而作为价值载体的产品，还是十年前的样子。

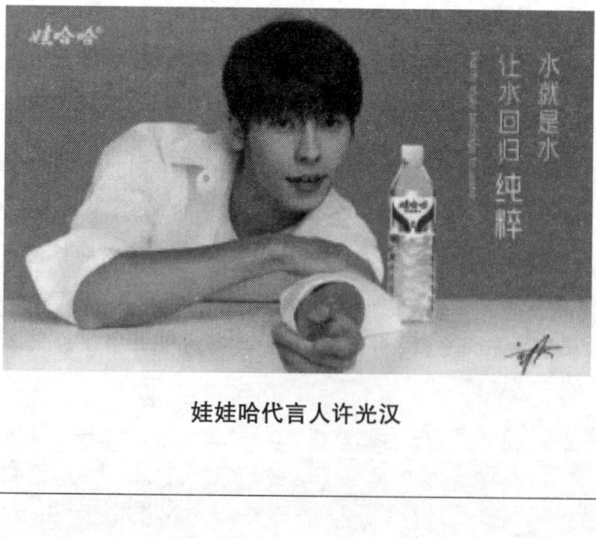

娃娃哈代言人许光汉

案例选编

近两年在啤酒界，有一个在年轻化上面做得十分不错的案例。华润雪花啤酒旗下的勇闯天涯 superX 是 2018 年推出的，其在产品和品牌价值上全面做到了年轻化，深得年轻人的喜欢。在包装上，选择了炫酷、锐利的蓝色，瓶身采用圆滑流畅的流线型设计，外观时尚而个性，符合年轻消费者的审美；在口感上，勇闯天涯 superX 清新酷爽又不失丰满，酒味醇厚之余又苦味适中，非常符合年轻人的口味；而在品牌价值上传达的则是“挑战、酷”的品牌精神和“生而无畏”的品牌主张，与年轻人的内心需求相契合。从产品口味、包装，到品牌精神、主张，实现了全方位的价值年轻化。新一代的年轻人来了，很多品牌就慌张了，而慌张之下做出的举措往往都只是迎合了年轻人的表面需求，比如跨个界、联个名、换个代言人或者再换一个包装，年轻人看上去也很喜欢，但往往都解决不了品牌的根本问题，而这种喜欢也不能长期维持。唯有价值年轻、价值为王，才不会被时代的洪流卷走，才不会被年轻人抛弃。

雪花啤酒勇闯天涯 superX 广告

五、写在最后

不得不说，当下商业环境对品牌来说是喜亦是忧。喜是因为媒介形态的丰富，从图文到短视频再到直播，在打法上可以相互配合，广告内容的形式上也变得丰富多样，让品牌价值的展现得到进一步完善、立体。忧是因为年轻人成为消费主流，尤其是互联网原生民 90 后，他们长时间泡在互联网里面，对外界的信息更为敏感，也更喜欢去发表自己的观点，这就导致品牌稍有不慎就会陷入舆论阵地。社交媒体的崛起让很多品牌看到了低成本撬动话题，实现自传播的机会，于是为了传播而传播的品牌越来越多，翻车的也越来越多。反而，认认真真、踏踏实实做产品、做价值的品牌越来越少。

品牌的成功不是一蹴而就的，笑到最后的，一定是最有价值的品牌。

记住，广告向善，价值为王，价值要独特，价值观更要正。

（资料来源：广告向善，价值为王[EB/OL].[2020-09-13].http://www.gongguanzhijia.com/article/4880.html）

第五章

广告运作规律

本章重点及学习要求

广告运作是一种复杂的社会活动，是有规律的、系统的过程。它是广告学基本原理的具体而灵活的运用，具有很强的操作性、应用性及技巧性。我们通常看到的广告只是最后产品，在这之前，还需要经过一系列的调查研究、策略计划、技术决定以及执行。成功的广告运作应包括以下内容：对消费者、产品或劳务及其潜在市场做调查研究工作；对于销售目标、市场状况、经费来源进行了解，从而拟定策略性计划；就有关预算运用、购买传播媒体的广告时间、进度安排作技术性决定。

通过本章的学习，要求掌握广告运作的一般规律，了解广告运作的环境，熟悉广告调研的原理和一般方法，以及如何科学地进行广告策划及广告预算的编制。

广告运作是一项有规律可循的活动。它的作用就在于系统地策划和指导未来的广告活动,把各方面的努力有效地组织到广告活动中,并按照广告主的意愿使各项工作协调起来。其中,广告策划的提出是现代广告活动科学化、规范化的标志之一。作为现代广告活动的环节之一,广告策划在现代广告中的作用越来越重要。同时,广告是由广告主投资付费的信息传播活动,如何以最少的广告费用投入产生最大的广告效果是广告主追求的目的,如何合理、科学地进行广告预算的编制与分配是广告活动得以顺利开展的保证。

第一节 广告运作中的代理商选择

广告作为企业的一种营销活动,要按一定的程序和步骤有计划地进行。广告运作的程序一般包括广告调研、广告策划分析、确定广告目标和预算等步骤。而广告运作规律,则是指在广告运作过程中,能指导和协调组织机构各个部分工作的系统化、理论化的方式和方法。探讨广告运作的规律,就是探讨在广告运作过程中各个组成部分之间的运转情况,而其中对于广告代理商的选择,则是研究广告运作规律的先行条件。

一、选择广告代理商的标准和具体方法

广告主选择广告代理商有一定的标准。一般来说,广告主不会轻易更换广告代理商,一是从商业信息保密的角度考虑,二是广告主在寻找广告代理商之前一般都要考虑清楚自己需要什么,频繁更换代理商会导致投资内耗、品牌稀释。当产品销售量下降、品牌知名度降低、产品市场占有率下滑的时候,广告主首先会考虑,现在的广告是否有效?是不是该换一个广告代理商了?据统计,我国广告主和代理商的合作关系,维持时间少于 1 年的占 25%,代理关系平均维持时间为 2.5 年,其中本土广告主与代理公司的合作关系更短,只有 1.9 年,远远落后于时长在 6 年以上的欧洲国家和美国。

广告主在寻找代理商时,操作流程繁简不一,基本包括搜寻公司、审核资质、见面洽谈、邀请比稿、提案打分、筛选淘汰、签约谈判等。有时,广告主会邀请他认识的或其他人介绍的广告代理商前来比稿,邀请数量可能只有 2~3 家,也可能多达 10~20 家。假如前来参与比稿的代理商太多,可能会耗费不少时间。因此,广告主应事先准备一份详尽的评价表或问卷,请参与竞争的代理商先行填写,根据他们填写的评价表和问卷进行初选,淘汰部分代理商,然后再进行进一步的筛选。在选择广告代理商时,要坚持以下标准:

第一,代理商创意工作的水准如何?有关创意的问题通常是最容易解决的,因为每一家前来比稿的广告公司都可提出多个样本。此外,广告主很可能是由于某代理商为其他客户做过相当出色的创意工作,才邀请该代理商前来比稿。

事实上,对目前代理商创意工作不满,常是广告主考虑更换代理商的主因,所以考察创意工作的水准,是寻找新代理商时最重要的因素。

第二,经营这家代理商公司的,是些什么样的人?一般而言,广告公司推销的就是它的人员和创意。该代理商是否拥有进取、有效率的领导层,其成员是否品性好、能力强?只通过召开 2~3 次会议自然不易全部弄清这些问题,但是广告主通常可由此形成一些重要的整体印象。

第三,负责广告主企业广告业务的,将会是哪些人?许多广告主都希望得到负责本公司广告业务人员的详细背景资料,这些人员包括创意人员、撰文人员、美工人员、业务监督等。由于广告主以后必须和这些人相处一段很长的时间,他自然想了解这些人的能力和性格:他们是不是能长期保持一定的水准,能力是否足以胜任这种时间长、压力大的工作。尤其是联络人更是受到特别重视,任何一个广告主都不会委托一个不合他意或者不称职的代理商替他执行广告计划。

第四,该代理商在类似本企业的产品及服务方面,曾经有过哪些经验?对客户产品的营销经验有时比广告经验更受到重视。该代理商是否了解本企业的配销通路、销售问题、价格问题,以及行销特点,是很重要的问题。

第五,在该代理商的客户名单上,本企业的地位如何?一家年度广告预算只有 5 万到 10 万元的公司,自然要怀疑一家拥有许多 100 万元大客户的代理商是否会对本公司尽全力服务。相反,如果本企业的预算名列该代理商客户名单的前茅时,当然较有把握使该代理商对本企业的业务多付出一点心力。

第六,代理商的服务范围如何?各项项目如何收费?有些广告主坚持其广告代理商必须处理所有的工作,包括负责营销计划、刊物发行、POP 材料等种种额外的工作。有时,提供全套的行销、广告及 PR 服务,也是广告公司用以吸引那些事事希望代理商代劳的广告主的方式之一。

第七，该代理商的客户名单中是否包括了行业中的佼佼者？假如代理商所拥有的客户名单中，有相当著名的公司，那么广告主可以放心，这些为人敬重的公司选择该代理商，一定有其理由，从而可以证明该代理商的实力；反之，如果其客户名单中都是一些名不见经传的小企业，则很难使新广告主产生足够的信心。

第八，代理商能否提出可说明其能力的个案范例？成功的例子最能使人产生信心。如果代理商能够提供过去成功的案例的详细记录，将有助于说服广告主。

二、从多个角度来考察广告代理商

从多个角度来考察广告代理商，包括：代理商的历史与声誉、规模、地点、信用状况，以及代理商的附加服务。

第一，历史与声誉。如果广告代理商已成立很久，而仍保持朝气蓬勃的作风，对它本身而言，可能是个有利的条件。假如经验、时间带来的只是停滞不前，那么就应引起广告主的警惕了。而以“后起之秀”姿态出现的广告公司虽大都历史短，但并不构成其业务上的障碍。另外，广告主只要向媒体人员、其他广告主和印刷厂调查一下，便会了解广告代理商的声誉。每个代理商可能都拥有某些方面（如创意、可靠性、行销技巧、文案或专业手法）的特殊声誉。

第二，规模。通常规模大是一个有利点，当其他条件相同时，大多数客户或许都会选择规模较大的代理商。广告主应意识到这一点，并慎重挑选。

第三，地点。代理商所在地点与广告主办公地点距离较近，将是一个明显的有利点，因为这为双方及时进行磋商和讨论提供了方便。

第四，信用状况。如果代理商的信用状况不稳定，就说明其经营不善。此时，广告主不应把业务交给财务状况不稳定的公司。

第五，附加服务。样品房、电视摄影棚、后期技术支持等都是大广告公司所提供的附加服务中的一部分，通常这一点并不会对广告主的选择产生重大的影响，但却有助于形成一种良好的整体印象。当广告主决定要推出一个商品的时候，必定先想到选择一位良好的商业伙伴——广告代理商（或俗称广告公司）。在选择之前以及选择过程中，广告主都有许多事情要做。首先，广告主应明确预期广告活动所能产生的效果；其次，应了解广告公司能提供哪些方面的服务。最重要的是，广告主选择的广告公司应当同样将广告视为一种投资，根据实际情况制定合理有效的、双方增色认可的广告预算，并切实为广告主实现预期的广告效果做最大的努力。

三、根据广告代理商的组织形式来选择

第一，广告主可以选择专门性代理商、综合代理商或以功能区分部门的代理商。

第二，广告主可以选择一般性质的广告代理商，也可选择特殊性的代理商。正如其名，一般性质的广告代理商能处理各种商品的广告，但并不太精。而特殊性的代理商可能只对某些广告形式在行，例如有的代理商便只精于户外广告或车厢广告。

第三，广告主面临大型代理与小型代理时的选择。如果广告主的商品庞杂、预算极大、销售渠道甚广，他便需要一家大型广告代理商。

四、搜集广告代理商的有关资料

在选择广告代理商时，广告主往往都会考虑被委托的广告代理商的观点、品性、经验、信誉、人员、服务范畴、经营历史、财政状况、工作能力、现有客户与过去客户、与媒体等各方面的联系等情况。因为广告代理商的这些资料对广告主的广告计划的实现是一个有力的保障。但是，搜集广告代理商的资料并不是一件很容易的事，广告主通常采取下列途径搜集这些资料：

第一，通过广告刊物登载的一些关于广告代理商的介绍报道或广告代理商本身所刊登的广告。

第二，通过广告代理商以前的客户。

第三，使用问卷。这种方式使用最广。有的广告主可能准备数十个题目，对任何一家可供选择的广告代理商做一番彻底的调查。

调查表样本：

广告代理商调查表

广告代理名称________ 地址________ 组织________

(1)公司人员

①贵公司主要负责人员的姓名及其职责？

姓名________ 职责________ 姓名________ 职责________

②其中何人负责本公司业务，有何贡献？

③贵公司雇用人数与整体营业额的关系如何？

全部人数________　总营业额 NT $ ________(20　　年)

(2)客户服务

①如果有之，上述各人员对外负责的其他客户情况如何？

②他们为其他客户所耗费的时间量大致如何？

姓名______　其他客户名称______　所占其时间(%)______

(3)客户主管

①他是否是贵公司中较具经验的资深人员？

是________　否________　介乎二者之间________

②他对本公司此类商品是否有经验？

有________　什么公司________　什么产品________　无________

③他的能力是否与本公司的人员相当？

是________　不是________

(4)创作方面

①贵公司对于本公司原有的创意及稿件的看法如何？

②贵公司是否拥有擅长处理女性商品的女性撰文员？

有________　无________

(5)媒体方面

①贵公司的媒体人员是否尽职，能令本公司获得所预期的利益(例如电视插播监看)？

能________　不能________　须加督促才可以________

②在广告活动实施后，他们是否会致力于改善购买媒体的版面或时间？

会________　不会________　须加督促才可以________

(6)制作方面

①贵公司人员方面是否有电视、广播制作专家?

有________　无________　有若干________

②在所有制作工作开始之前,是否举行制作会议?

有________　否________　有时举行________

③贵公司制作人员是否与拍片公司、模特儿等经常保持良好关系而能应需要供给人才?

是________　否________

(7)贵公司是否能在下列3个主要范围内提供调查服务?

①媒体调查——视听众资料、媒体评价、收视率报告等。

能________　否________

创意调查——试验、概念、创意、了解及反应。

能________　否________

市场调查——与公司职员共同进行。

能________　否________

②是否能经常提供上述服务?或偶尔因要求而为之?是否另外收费?

____

(8)会计手续

①贵公司账单是否按时送呈?

是________　否________

它们是否正确?

是________　否________

是否附有媒体收据?

是________　否________

②任何由本公司负担贵公司的费用,是否先呈送估价单?

是________　否________

③本公司是否享有应享有的各种折扣(次数折扣、商业折扣等)?

是________　否________

④如果要收特别费用,是否能附一明细清单?

是________　否________

(9)其他客户方面

①新客户：

A.自去年到现在,贵公司是否争取到任何重大新客户?

有________ 无________ 客户名称________

B.此事对本公司所获得的服务有无良好或不好影响?是否妨碍与贵公司主要人员的接触?贵公司是否已增加对我们有帮助的任何新人员?

②其他客户：

A.贵公司所有客户数目,其主要者的业务为何?

____

B.其中是否有本公司目前商品的任何竞争品?

有________ 无________ 商品名称________

C.贵公司是否有任何客户会在将来成为本公司的竞争者?

有________ 无________ 客户名称________

D.贵公司曾否为其他客户策划出不凡的广告活动,请述其详。

____

(10)其他事项

①本公司是否可经常收到有关竞争者广告的各类资料?

可________ 否________

②贵公司是否派员工与本公司业务人员及市场人员从事实地工作,汲取第一手经验?

可________ 否________

第二节 广告运作的环境

广告运作的环境包括外部的或不可控制的构成要素,它可直接或间接地影响广告主、广告代理商、大众媒体和消费者。广告运作的环境影响有下列几种因素:经济、社会、科技、法律(和政治)与伦理(道德观)。环境总是在不断变化着。广告环境的改变会使刊登广告者产生不确定感和威胁感,但也会给其带来机会。虽然未来是不可预期的,但广告主总是在猜测将来会发生什么事。我们可以很确定地说,刊登广告者将继续修改他们的广告策略,以应对强劲的环境力量。作为广告代理商,可以用两种方法来应对环境:当相信自己无法控制环境因素时,就要求做出反应且适时地加以调节;当认为可以控制环境因素时,就有可能马上采取步骤去做对广告活动有益的改变。在广告运作过程中,具体受以下因素的影响。

一、经济因素与广告

经济因素在广告运作的环境中影响了刊登广告者和消费者的决策与行为。当经济成长时,消费者手中有资金又愿意购买货物,企业界的货物销售提升、广告预算增加,进而刺激了零售业与产品销售量和媒体的广告销售量。一些专家指出,广告是一些有庞大广告预算的大公司所拥有的潜在势力,这些广告预算造成了一些厂商进入某个市场的障碍,使这些厂商不容易进入该市场,这导致了竞争者的减少和更高的产品价位。市场中现有的小厂商由于不能抗拒产业领导者的广告预算而被迫退出市场。但广告的支持者指出,我们不能将一个公司的市场优势和进入市场的障碍归因于广告,其实还有很多因素应被考虑到。例如,产品品质、价格、销售渠道效率等等。有些专家则将广告看作是消费者在不同产品中作选择的资讯来源。在经济学领域,对广告角色的争论仍在继续。经济学家、学者和业界对广告对于经济的影响(如价格竞争)各持不同的意见。例如,广告是增加了还是降低了产品价格?广告是提供资讯的来源还是造成市场进入的障碍?

二、社会因素与广告

有时广告在社会上所扮演的角色具有争议性,例如,关于烟酒产品是否应该被禁止刊登广告的争议就十分激烈。这些争议包含了非常复杂的经济观点。支持者主要认为广告中宣传的是生命中美好的事物;但其反对者却批评说这是生命中最坏的一面,广告词被谴责为常用不成文法的语言(例如:双关语、改变拼字及文法),造成受众也做出同样的事。有的评论认为广告促使人们去购买他们不需要的产品,而广告商则认为广告是要说服或告知消费者去购买正确的产品或服务。反对者批评广告总是用老套方法来描绘不同的人群,例如,女人总是只表现出其主妇的一面,老年人总是呈现出无助的一面。这些老套的广告会增加对这些群体负面或不正确的观点,而这种广告的表达方式,常会造成这些团体的被歧视。广告商已觉悟到这种老套方式是行不通的,因为它让未来顾客更疏远了。为了使广告越来越真实,更多的广告主和广告代理商用现实生活中的人来代替专业的模特儿。例如:应消费者生活习惯的改变,肯德基炸鸡速食店不再以“Kentucky Fried Chicken”命名,因为消费者不再喜欢有“炸”(Fried)的字眼出现,而以其缩写“KFC”重新命名。

三、市场国际化与广告

虽然北美、西欧和日本的市场仍很大,但已开始显示出增长缓慢的迹象,因为这些地区人口和家庭的年增长率已降至2%~3%。一直把重点投放在这些地区的公司开始意识到,必须寻求其他市场以求发展。例如,消费品行业的巨头——宝洁公司,在美国以外的130个国家和地区的市场的销售额已达到40亿美元,并视这些地区为支持其未来发展的主要地区。尤其不容忽视的一点是:亚洲许多国家的年经济增长率很高,例如,中国1983—2003年的20年间,平均年经济增长率高达9%左右,而且没有任何减缓的趋势。在过去的几年中,随着政治、经济和关税壁垒的消除,全球贸易更加简便易行。例如,随着1992年以来西欧经济一体化的逐渐形成,以及东欧开放市场,厂商可把其生产设备集中在一个国家进行生产,而不是在每个欧洲国家分别生产,这样就可形成规模经济。为了利用这种规模效应,人们开始考虑创造真正意义上的国际品牌。与之相关的是,许多制造商的零售客户正开始变成跨国集团,因而制造商也应从多国角度上考虑问题。

随着全球媒体的发展,全世界消费者的品位开始趋向一致,广告宣传活动也逐渐变得标准化和国际化。当然,这种现象还在发展过程之中,“全球化”并未完全形成。随着全球卫星和有线电视频道的发展,像耐克、佳能这样的公司通过利用标准化全球广告活动,正逐渐加强其国际品牌的竞争力。哈佛大学营销教授泰德·莱维特在1983年的著作中写道:“麦当劳从香榭丽舍大街到津扎,可口可乐在巴林,百事可乐在莫斯科都获得了成功,摇滚乐、希腊沙拉、好莱坞电影、索尼电视、列维牛仔服盛行于世界各地。”这些事实都反映了全球消费者的品位趋向于一致。他认为,这种全球品味的趋同性使得营销者可以较低的成本,在世界范围内销售类似的产品。莱维特的言论虽然很有深度,但他过于夸大了这种一致性。事实上,大多数跨国营销者同时结合了全球标准化和地区的差异性。

但是,毫无疑问,全球营销和广告在当今社会中已越来越引起人们的重视。大公司发现有必要突破传统的国内基地,拓展和培育新的国外市场。市场、媒体、消费者品位的全球化也使得在世界范围内生产、营销和宣传品牌成为可能。自

20世纪80年代早期以来,许多广告公司也开始建立全球分支机构和网络,它们这样做一方面是因为其客户要求它们有全球服务的能力,另一方面是因为它们希望在快速增长的发展中国家(例如中国)的市场上占据较多的份额。

阅读材料

2012年可口可乐的奥运新节拍

在中国,可口可乐的伦敦奥运新节拍由李奥贝纳广告公司上海办公室操刀,通过与其执行创意总监Amanda沟通得知,相较于2008年北京奥运会的大手笔高投入,可口可乐对此次奥运会也异常重视,先后拍了近20条片子。其实可口可乐本身每年都会签约一些运动员,不是纯粹出于奥运营销的考虑。2012年有刘翔、孙杨等人位列其中。由于2012年已经不是我们中国做东道主了,主场变成远在万里之外的英格兰,这对于中国健儿来讲,是一件压力不小的事。他们原本可能会被同胞环绕簇拥,成为聚光灯下的焦点和中心,现在这种明星感一下子荡然无存。所以,如何让中国国人与中国的运动员联结在一起,休戚与共,让每个中国人都感到伦敦同样也是我们的主场,尽最大可能降低中国健儿奋战他乡的生疏与失落情绪,是李奥贝纳想要通过广告达成的目标。而品牌主可口可乐在其中所扮演的角色是:Happy Energy——一种让"加油"更大声、让大家多做运动、多做好事的快乐正能量!

2008年北京奥运会期间,可口可乐公司曾以一首主题曲《红遍全球》和一支电视广告担负起主要的传播任务,并创作了一款为奥运加油的特别手势,再结合在线传递火炬等活动展现中国民众对奥运的热情。2012年,李奥贝纳利用传统媒体结合网络,使之发挥了不可取代的作用。2012年3月1日,一支全新的潮范广告——可口可乐迷你装电视广告《征途篇》以及整合传播活动开始启动。本次推广是可口可乐公司长达5个月之久的2012伦敦奥运会整合传播战役的一部分,其核心是30秒电视广告《征途篇》,由游泳世界冠军孙杨主演。这支充满活力的广告跟随着孙杨的步伐,他先是和朋友一起休闲玩乐,然后开始训练和参加比赛,他的旅程从全国各地直达伦敦奥运会。一路上他都带着可口可乐迷你装,充分展示了产品的小巧和便于携带。其传达的主信息是:可口可乐迷你装轻巧便携,快乐能量随身"袋"着走。孙杨今年20岁,是1 500米自由泳的世界冠军和纪录保持者,1 500米是游泳比赛中最重要的长距离项目之一。2011年,孙杨在上海打破了沉寂长达10年之久的世界纪录——游泳界最长的纪录保持时间——而这,证实了他的杰出。在接下来的4周里,轻巧便携的新产品300毫升可口可乐迷你装带领雪碧及芬达迷你装风靡全国,掀起一股充满活力的畅爽风暴和"随身随你行"的迷你新风尚。该广告在中央电视台及各

阅读材料

地方电视台播出，并由一系列户外广告、消费者活动、销售终端和数字媒体支持，形成360度的整合营销传播。2011年，可口可乐300毫升迷你装已经在9个省份试点售卖。这个便于携带的新产品配合2元的定价，吸引了大量年轻消费者。

2012年4月18日，伦敦奥运会倒计时100天之际，由奥运会全球合作伙伴可口可乐发起的，名为“加入中国节拍 助威2012伦敦奥运会”的活动，在鸟巢奥林匹克广场举行。郭晶晶、张继科、陈一冰、罗薇、张洁雯等奥运明星到场助阵。张学友则以一曲《中国节拍 震动世界》点燃现场数千名观众的热情。Amanda解释说，因为张学友“有一副让国人兴奋又令运动员安定的声音”。其实，早在2010年南非世界杯时，可口可乐就以一首主题曲《旗帜飘扬》将足球和流行音乐联系起来，也成功吸引了一大批年轻消费者的关注，而这首歌的创作者来自草根阶层，凭借口碑的力量获得了极大的流行度，并成为iTunes下载榜上排行第一的热门歌曲。同样，此次奥运营销活动，可口可乐品牌的粉丝也是传播的主体，尤其重视了全球为数众多的消费者的创造能力。另一方面，可口可乐号召全国人民贡献自己的“节拍”，无论是加油声、打鼓声、敲杯子的声音，都可以上传，将集聚亿人的鼓励与支持的力量汇成“全民版中国节拍”，传递给中国的体育健儿，预祝他们出征伦敦奥运再创佳绩！凡于活动期间参与可口可乐“加入中国节拍，助威2012伦敦奥运”活动，在线为中国运动员上传或创作节拍，以示支持与鼓励，即有机会赢取丰厚礼品。在国外，可口可乐公司还选取了5位运动员同罗森一道担任奥运精神传播的大使，他们是：21岁的英国乒乓球选手Darius Knight、29岁的美国110米栏跨栏选手David Oliver、24岁的俄罗斯400米赛跑选手Kseniya Vdovina、17岁的新加坡弓箭手Dayyan Jaffar以及23岁的墨西哥跆拳道运动员Maria Espinoza。这些年轻运动员的选择不是凭其是否获得过金牌，而是看他们的言行是否与可口可乐的品牌精神相符。对音乐有着独特眼光和追求的鬼才罗森还从这些运动员身上搜集了不少特别的音乐元素：Knight的击球声、Jaffar的弓箭中靶声、Espinoza比赛时的尖叫声。罗森还让Vdovina骑上脚踏车，并记录她的心跳达到每分钟120次时候的声音，这正是她在奔跑时候的心跳频率，也正好与他要创作的歌曲拍子相符，所以她的心跳声就能很好地融入音乐中了。罗森同5位运动员也已经开启了环游世界的旅程，以广泛影响年轻的消费者，并在这个过程中继续搜集他们具有代表性的声音，为2012年3月份的歌曲发布做充分的准备。可口可乐创作了一小时长的纪录片来展示罗森等人的全球旅程，该纪录片日后会投放到可口可乐进驻的所有市场，通过电视、影院、网络等各种渠道呈现。

这次活动的另一个关键元素就是可口可乐立志要在全球传播积极乐观、美好生

阅读材料

活(Live Positively)的决心,希望将可持续性变成一个永久性传统。因而,在 2012 年伦敦奥运会的所有场馆,可口可乐的产品都换成可回收的包装,回收的每个空瓶都将翻新成一个新瓶子。2012 伦敦奥运会的脚步接近时,可口可乐还与著名伦敦摄影师 Rankin 合作,推出了伦敦奥运会限量版可口可乐。瓶身上两只手正在传递一枝玫瑰的影像代表了奥运会主办权由北京移交到伦敦。这款可口可乐的售价约为 3.71 美元,你想来一瓶吗?

背景资料

2011 年 9 月 29 日,在位于伦敦奥运场馆附近的 Forman's Fish Island 的停车场,可口可乐公司搭建起一个巨大的舞台,英籍格莱美获奖制作人马克·罗森(Mark Ronson)同可口可乐选定的 4 位运动员一起演绎运动与音乐相结合的美妙,一个个热情的场面被摄像机记录下来,成为这个与奥运会有着 84 年渊源的伟大品牌进行新一轮奥运营销的推广素材。罗森在这次全球性的营销活动中担任音乐创意,可口可乐将活动命名为“跟着节拍动起来”(Move to the Beat),以吻合伦敦奥运会鼓舞全球青少年共同参与的愿景。

此外,9 月底,罗森同英国歌手 Katy B 开始为期一周的现场演出活动,预热广大消费者的奥运激情。可口可乐公司奥运营销总监 Claudia Navarro 表示,此次营销活动充分展现了伦敦文化传统的丰富性和多样性,之所以选择罗森合作也正是出于这种考虑,这位天才音乐人有能力将可口可乐的创意愿景变成现实。

(资料来源:林莹.可口可乐的奥运新节拍[J].中国广告.2012(7).)

第三节　广告运作中的市场调查

广告运作中的市场调查,即广告市场调查和研究(以下简称广告调查)。它是指企业为有效地开展广告活动,利用科学的调查、分析、研究方法,对与广告活动(或运动)有关的资料进行系统的收集、整理、分析和解释。它是广告活动(或运动)开展的前提与基础,广告调查按照广告活动(或运动)的要求进行,并能够为其实施提供客观的资料,它的成果直接服务于广告策划与广告表现,它属于广告活动(或运动)的准备阶段;另外,广告主体也通过广告调查所反映的情况来评价广告的作用,检验广告实施的效果,所以,广告调查往往也在广告活动(或运动）实施的后期进行。因此，广义的广告调查包括广告的前期调查与后期调查。

一、广告调查的意义

广告调查是广告活动的起点。在广告活动的程序中，广告调查是排在第一位的，它决定着广告计划的制定、广告媒体的选择、广告主题的表现，以及广告制作、广告预算等一系列工作，不进行广告调查，就无法开展这一系列工作。因此，广告调查是广告活动的起点。

广告调查是整体广告策划的依据，是有效开展广告活动的保证。准确、科学的广告调查可以尽可能地提供分析复杂多变的市场和各类消费者所需的各种信息，从而使广告达到预期效果，使广告投资得到最大收益，使广告具有更强的针对性，更好地宣传企业和产品，吸引消费者。没有经过市场调查的广告很难做到有的放矢。例如，20 世纪 70 年代初，当能源危机席卷全球时，丰田公司通过有效的市场调查，分析油价提升后消费者的购车心理，把诉求点定位在“节油”上，并将这一理念通过广告宣传传递给大众，结果丰田的小型节油车很快就占领了市场；而美国通用汽车公司却由于缺乏对市场变化和消费者心理的认识，依旧大肆宣扬其高档、高油耗汽车的“独到”之处，丧失了原有的市场和消费者。

广告调查能够帮助企业了解市场状况，对产品进行合理改进。广告调查比一般市场专项调查范围更广，所获得的信息量更大，更能反映市场的真实状况和消费者的真实心理，企业可以根据广告调查的结果改进或开发产品，迅速占领市场。

广告调查是广告效果评估的有效手段。为了检验广告的作用，测试广告效果，以便更好地改进和完善以后的广告活动，必须要进行广告效果调查，通过广告效果调查所得到的市场和消费者信息，可以检验广告表现主题是否正确、广告媒体选择是否恰当、广告传播策略是否适宜、广告预算费用是否合理等等。

二、广告调查的分类

广告调查是为了制作有效的广告和检测广告效果而进行的有目的的、了解和认识市场运行情况和运行机制的工作。按照不同的标准，广告调查可以分为若干种类。

（一）前期调查与后期调查

按照调查在广告活动（或运动）中的顺序，广告调查可以分为前期调查与后期调查。前期调查是广告主体为了制作广告,对企业、产品及消费市场所进行的调查。后期调查是广告通过广告媒体实施传播一段时间后,为测定广告效果而进行的调查,此类调查既是本次广告活动的总结,也是下次广告活动改进的依据。长期以来,我国企业大多更重视前期调查,而忽视了后期调查。但实际上,后期调查对长期广告活动有更重要的意义。

(二)实地调查与文献调查

根据调查的信息来源不同,广告调查可以分为实地调查与文献调查,或者称为直接调查与间接调查。实地调查要求调查人员直接接触被调查者,得到第一手资料,并能从调查过程中感受到被调查者的心理状态和情绪反应,得到调查方案中没有包含的其他信息。实地调查方式多样,可以根据实际情况选择一种或几种组合方式,但其缺点是调查人员多,费用高,时间较长。文献调查是指通过查找各种正式或非正式的书籍、文件、论文等出版物,从中选择有用的信息加以收集梳理。文献调查可以节约调查费用,节省调查时间,并能为实地调查提供所需的材料。

(三)其他形式的调查

根据调查实施中的工作方式不同,广告调查又可分为入户访谈调查、问卷调查、电话调查、观察调查、现场拦截调查等多种形式。

三、广告调查的特点

广告调查是对广告策划活动的影响因素所进行的调查分析,因此,相比较广告活动的其他阶段,它具有以下独特的特点。

(一)系统性

广告调查在指导思想上要坚持从系统的观点出发,把影响广告活动进行的因素看成一个有机的整体,注重研究整体之中各个因素之间的内在关系,从各个因素之间的联系、制约和相互作用中,把握广告运作的变化趋势及运动规律。同时,广告调查对把某种产品或某个局部市场的需求调查作为子系统,将其与整个广告调查按照一定的层次联系起来,形成一个完整的广告调查系统。另外,广告调查的系统性还表现在它作为一门应用学科,在长期的实践过程中逐步形成了一套完整的理论体系与方法体系。

(二)科学性

广告调查对广告运作市场状况所进行的分析和判断,是借助现代化的科学技术手段，经过一系列严密的程序，在科学分析论证的基础上得出的结论。其具体环节应包括运用抽样调查法、观察法、实验法和态度测量表法等现代调查方法进行广告调查，运用电子分析软件（如常用的 SPSS 软件）分析、整理调查资料和结果，建立起反映市场运作状况及变化的调查模型，并对调查结果进行误差分析。每个环节必须建立在科学、有序、严密、准确的基础上，才能得出正确的结论。

（三）应用性

广告调查是一门应用型学科，其有关理论和方法十分注重可操作性和对实践的指导意义。广告调查也强调明确的目的性，无论采用哪种调查方式对产品和企业状况进行调查，都是为广告策划提供依据，进而使广告活动的实施更加有针对性，提高决策的准确度。其应用性特征体现了广告调查与广告策划，乃至广告活动的紧密联系。

四、广告调查的步骤

广告调查的步骤是指具有一定规模的一项正式调查，从调查准备到调查结束全过程工作的先后次序和具体步骤。通常，一项正式调查的全过程可大体分为调查准备、调查实施以及调查分析三个阶段。

（一）调查准备阶段

调查准备是调查工作的开端，重点是要解决调查的目的、要求以及调查的范围和规模等，并在此基础上，制定切实可行的调查方案和调查工作计划。具体步骤包括：

1. 提出需要调查的课题或目标。在开展广告调查之前，调查者要根据决策、计划的要求，提出需要调查研究的课题或目标。

2. 分析有关问题，对调查本身进行可行性研究。调查部门要对需要调查的课题进行分析研究，甚至可以组织非正式的探测性调查，弄清课题选取是否恰当，这样才能为广告策划提供客观依据。同时，要根据调查的目的，考虑调查的范围和规模，调查的时间、人力和预算等因素，并根据实际情况，实事求是地加以调整。这一步骤，是对调查本身进行可行性研究。

3. 拟订调查方案和工作计划。调查方案是对调查本身的设计，包括调查的目的、要求，调查的具体对象，调查的内容和调查的地区范围，调查资料的收集方法等内容，它是指导调查实施的依据。调查工作计划是指对调查的组织领导、人员配备、绩效考察、时间安排、预算实施等方面的安排，目的是使工作有计划地进行，保证调查方案的实施。

（二）调查实施阶段

广告调查方案和调查计划经最终批准后，就进入了调查实施阶段。这个阶段的主要任务是，组织调查人员深入实际，按照调查方案的要求，系统地收集各种可靠数据和信息，大体包括以下步骤：

1. 建立广告调查组织，对调查人员进行培训。调查者应根据调查任务和调查规模的大小，配备好调查人员，建立广告调查组织；确定了调查人员后，应组织他们集中学习，对他们进行短期培训，这样能够保证调查的质量和调查的顺利实施。

2. 组织调查人员，收集现有资料。现有资料是指调查者手中已掌握的二手资料。在实际调查中，应当根据调查方案所提出的资料范围和内容，尽可能地组织调查人员收集现成资料。

3. 确定调查单位，收集原始资料。原始资料指的是需要通过实地调查才能取得的第一手资料，取得这部分资料所花的时间比较长，费用也较大。但仅靠收集二手资料是不够的，必须实地调查收集原始资料，一般可采用普查、重点调查、抽样调查等方式。

（三）调查分析阶段

对调查资料进行分析和总结，最终得出调查结果，这是调查全过程的最后一个环节，也是广告调查能否充分发挥作用的关键。这一阶段包括以下两个环节。

1. 整理分析资料。对于调查所获得的资料，要进行检查、核实和校订，首先要检查资料是否齐全、是否有重复或遗漏之处、是否有可比性、是否有差错，一旦发现问题，要及时复查核实，并予以改正和补充。

凡是经过核实和校订的资料，应当按照调查方案的要求进行分类汇总。最后，要对调查所得的资料进行分析和综合，弄清调查对象的情况和问题，找出客观事物的内在联系，得出能够发现问题、解决问题的结论。

2. 撰写调查报告。调查报告是对某件事情或某个问题调查研究后所撰写的书面报告，它是调查的最后结果，是用客观材料和分析工具对所调查的问题做出系统的分析说明，提出建设性的意见。撰写调查报告，是广告调查最后阶段最主要的工作。

调查报告的内容应包括：调查者的基本情况、对所调查问题的事实资料以及分析说明、调查的结论和建议等;还可包括调查的目的、方法和步骤的说明。撰写调查报告,应注意坚持实事求是的原则,调查报告应如实反映情况和问题,对引用的事例和数据要反复核实,保证真实、可靠、确凿;还要集思广益,从分析材料、草拟报告提纲和初稿,直到最后修改定稿,都要听取企业和调查团队内部的意见;调查报告的内容必须紧扣调查主题、突出重点、结构清晰、语言准确;最后的调查结论要明确,要勇于提出见解和建议,从而发挥调查报告的应有功效。

五、广告调查的内容

广告活动是通过广告媒体向目标市场宣传产品,引起消费者的兴趣,促使其做出购买行为的过程。因此,广告调查应该包含社会环境调查、广告主体调查、目标市场调查、市场竞争调查、广告媒体调查和广告效果调查等内容。

(一)广告主体调查

广告主体是企业及其产品,必须要对企业及产品有充分的了解,所实施的广告策划方案才能准确地宣传企业形象,传递产品信息,吸引消费者。广告主体调查包括:

1. 企业调查。要侧重调查企业的历史发展、综合实力、市场地位、发展规划、发展战略以及人员素质、企业管理模式、企业文化等内容,以便更好地把握企业特点,进而宣传企业形象。

可采用百分制的方法,把广告主体调查逐一赋予一定的分值,进行综合量化评定。这些内容包括:经济效益(15 分)、管理水平(10 分)、人员素质(10 分)、产品质量(10 分)、新产品开发(5 分)、服务质量(10 分)、营销环境(10 分)、公共关系(10 分)、知名度(10 分)、美誉度(10 分)。

2. 产品调查。要对产品进行详细的调查,了解此品牌的发展过程、产品特点、产品适用性以及同类产品对其的替代性、产品生命周期等问题,这样才能准确表达产品最主要的特征,最与众不同的特性等信息,从而使广告给公众留下深刻的印象,更好地传递产品信息。

(二)目标市场调查

确定广告的目标市场。广告要明确其市场定位,就必须要在市场细分的基础上,经过充分的调查研究,从中选择对企业或产品最具效应的市场群体,这样才能有助于企业树立正确的经营方针,有助于为广告策划分析市场、研究市场、确定广告对象提供可靠的依据。目标市场调查的对象是广告活动所要涉及的场所或地区，它的调查内容包括该地区的政治环境、经济环境、社会文化环境等等。例如，星巴克在进入中国市场之前进行了详细的市场调查，他们发现中国人喜欢喝茶，当时中国国内没有西方风格的咖啡厅，星巴克把握这一商机，引入了“第三空间”理念，打造了家庭和办公室之外的休闲空间。星巴克在保持国际形象的同时，也迎合中国消费者的口味推出了本地化产品，如绿茶口味的拿铁咖啡、如意桃花红茶拿铁等。严密的市场调查是星巴克准确定位的前提，到目前为止，星巴克在中国内地的门店已经超过700家。

（三）社会环境调查

1. 人口环境。人口是消费需求的主体。从宏观来看，目标市场的人口数量、素质和年龄构成都直接决定了消费需求和结构。例如，老龄化时代的来临使老年保健用品得到飞速发展，婚育高峰期的来临使房地产市场变得火爆等。因此，必须对目标市场的人口状况进行调查研究，才能找对目标消费者。

2. 家庭结构。家庭是社会市场中的基本消费单位之一。家庭成员的构成、家庭规模的大小影响消费品的选择，特别是家庭日用消费品，如洗衣粉、小家电、厨房用品等。就我国情况而言，20世纪70年代末到80年代中期出生的一代已经开始成为三口之家的主要构成部分，三口之家开始占据家庭结构的主体，女性在家庭中的地位越来越突出，因此，广告诉求应根据实际情况以女性为主要诉求对象。

3. 社会风俗习惯。广告必须了解不同国家或地区独特的风俗、民族习惯、宗教信仰等情况，尤其要特别注意有些民族或地区的风俗，要根据各地区、各国家、各民族不同的习惯、偏好、信仰来制作恰当的广告，否则，不仅不能达到广告效果，反而可能败坏企业名誉和品牌形象，甚至招致政治抗议和司法诉讼。例如，耐克2004年“恐惧斗室”主题广告在中国遭遇失败。在这则广告中，篮球巨星詹姆斯击败了一位形似中国老者的武林高手、一位形似中国飞天的女子和两条阻碍其前进的中国龙变成的妖怪，詹姆斯晃过所有障碍后投篮得分。这则广告一经播出，引起中国消费者的激烈讨论，这则具有“侮辱性”色彩的广告也被国家新闻出版广电总局叫停，事后耐克公司发表道歉声明：“创意是借助包括香港20世纪70年代功夫片等不同电影风格并融合当今青少年文化的时尚元素。‘恐惧斗室’广告虽以勒布朗·詹姆斯为主角，但NIKE希望借此鼓励亚洲青少年直面恐惧，勇往直前，表现个人篮球风格。”但是耐克的品牌形象依然受到了影响。

（四）市场竞争调查

在市场经济条件下，企业为了能在激烈的竞争中得以生存和发展，必须充分了解市场竞争的基本情况和竞争对手的状况，将企业的广告产品、广告计划、产品价格与竞争对手进行比较，分析出企业在市场中的地位，做到“知己知彼，百战不殆”。

1. 市场容量调查。进行市场容量调查的目的是为了估量企业进入新市场的难度以及产品在新市场或潜在市场上的销售可能性，并以此为依据，制定在进入政策上应该采取的方针。市场容量调查的内容应包括：市场中同类产品的销售情况、同类产品的市场占有率、产品的生命周期、产品的市场需求量和消费者的购买欲望、购买潜力等等。

2. 竞争对手调查。凡是同类企业和同质产品，皆属于竞争对手的范畴，另外，凡是以相似的价格向相同的受众提供相似的产品或服务的企业，也可看作是竞争对手。如果从广义上说，凡是生产经营相关产品或替代产品的企业都可以视为竞争对手，如生产摩托车的企业将生产电动自行车的企业看作竞争对手等等。对竞争对手的调查主要是对其产品的品质、价格、促销手段、媒体策略和销售渠道所进行的对比分析，另外，还应该涵盖其生产经营历史、设备技术水平、企业文化、领导人及员工素质等方面的内容。

3. 竞争对手广告情况调查。通过调查竞争对手的广告情况，可以为本企业或产品所要制定的广告策略提供参考、借鉴，并为广告策划提供有针对性的建议。该调查应包括：竞争对手的广告目标、广告的诉求重点、广告的表现形式、广告的传播策略、广告的媒体策略、广告规模、广告费用以及广告效果、广告与其他促销方式的结合等内容。

（五）广告媒体调查

进行广告媒体调查是为了更好地了解各种广告媒体的特征、效能、收视（听、看）情况、覆盖区域和广告费用等，以便在制定广告传播和媒体策略上能够正确选择和运用广告媒体，节省经费，取得更合理的广告经济效益。广告媒体调查还应包括：受众（听众、读者）的年龄、性别、职业、收入、阅读习惯，报刊的发行周期或节目的刊播周期，以及其他媒体（POP，户外、交通广告等）的特点等。

以互联网为基础的新媒体出现后，媒体格局发生了很大的变化，如爱奇艺视频网站是中国第一家全站正版高清的视频网站，“引领了高品质长视频在中国从无到有、从小到大的快速成长历程”,2010 年爱奇艺正式上线,8 个月后独立用户即告破亿。截止到 2012 年 4 月,“爱奇艺独立用户数达 2. 3 亿,月度累计观看时长突破 420 亿分钟,手机客户端装机量近 4 000 万”,并推动了网络视频用户群体的日益庞大和用户利用碎片化时间多终端收看网络视频习惯的养成。网络视频是新媒体中的新媒体,据“新时代”2009 年到 2011 年连续三年的数据显示,在一天不同的时段内,网民登录在线视频的比例在整体上已经超越了看电视的比例,尤其是晚上 8 点到 10 点的传统黄金收视高峰,已被在线视频媒体占领。对广告主而言,在类似视频媒体这样的媒介载体上投放广告已成为新趋势,研究该类新媒体的媒体特征、受众特点、适用的营销模式等成为关键。

(六)广告效果调查

在广告活动(或运动)进行和广告策划实施的后期,需要对广告效果进行检验,这时就需要进行广告效果调查。进行广告效果调查可以对个别广告或广告的个别要素的作用进行检验,对于不合适的部分进行修改或更正;可以提供广告运行效果的反馈信息,帮助广告主确定或修改下一阶段的广告策略。广告效果调查包括三个领域,即广告文案效果调查、广告传播效果调查和销售效果调查。

广告文案效果调查是指对已经设计制作好的广告作品的测定;广告传播效果调查是检查广告对受众所产生的影响,包括对受众的认知、兴趣、偏好、欲望、行为等各心理层面的影响;销售效果调查是以销售情况来衡量广告的效果。但是需要指出的是,销售情况并不完全是由广告活动决定的,它的好坏往往还依赖其他市场因素的作用。因此,销售效果调查只能作为广告效果调查和评估的一个侧面。

第四节　广告策划

策划是人类在科学研究与分析的基础上,对未来活动进行的创造性的整体计划与安排。广告策划的提出是现代广告活动科学化、规范化的标志之一。作为现代广告活动的一个环节,广告策划在现代广告中的作用越来越重要。作为一种决策过程,广告策划实际上是广告人对所要进行的广告活动在调查和分析的基础上,所作出的创造性的整体计划与安排。

一、广告策划的核心要义

（一）对广告策划的不同认识

广告策划的观念是广告专家斯坦利·波利坦于20世纪60年代首先出的。随后，广告策划的观念迅速扩散到整个广告界，广告策划已成为现代广告运作科学化和规范化的标志之一。广告策划的观念随着实践的展开而不断地演进。关于广告策划的观念大体经历了单一策划观念、整体策划观念及系统策划观念三个阶段。广告策划已发展到不仅要考虑广告自身的问题，同时要联合其他营销手段，从系统沟通的层面来考虑广告在其中的作用。尽管广告策划已得到了业界的广泛关注，但关于策划的准确概念一直以来都是众说纷纭。在广告界，人们对于广告策划概念的理解主要有四种：第一种观点认为广告策划贯穿于广告活动的全过程，突出策划在广告运作中的重要性；第二种观点认为广告策划是广告活动中的一个环节；第三种观点认为广告策划与广告创意有相似之处，强调广告活动中广告作品的作用；第四种观点认为广告策划是在确定条件下对行动方案的再排列组合过程。

（二）广告策划的核心要义

总结分析海内外学界及实务界对广告策划的理解，我们认为广告策划的核心要义应涵盖以下内容：广告策划是营销组合的重要因素，承担着营销沟通的重要使命。因此，广告策划应该以广告主的营销策略为根本依据并以市场调查为基础，依照一定的程序来进行对广告活动的整体战略和策略的运筹规划，其目的是追求广告活动进程的合理化和广告效果的最大化，并最终以广告策划文本的形式体现广告策划的结果。

二、广告策划的主要内容与一般程序

（一）广告策划的主要内容

广告策划要对整个广告活动进行整体的规划。其内容主要包括市场分析、制定广告目标、产品定位策划、确定广告对象、设计广告表现、选择广告媒体、进行广告预算和对广告实施计划及广告效果的评估与监控等内容。下面，我们重点来分析广告策划中广告目标的制定。

广告目标是指广告活动所要达到的目的，广告目标规定着广告活动的方向。

制定明确的目标在广告策划中有着重要的作用。首先，广告目标服从于企业的营销目标，为企业目标服务，明确的广告目标是制定和选择广告策略的标准；其次，明确的广告目标是开展各项广告活动的依据；最后，广告目标是衡量广告效果的主要依据。

广告目标随着广告任务的不同而变化，可以是提高消费者对产品的认知、改变消费者的态度、激发消费者的购买欲望等。总体而言，广告目标大体可以分为三种：一是产品销售目标，指广告活动促使消费者产生购买行为；二是企业形象目标，指广告旨在树立企业的形象，提高企业的知名度和美誉度；三是信息传播目标，指广告信息在传播过程中对消费者产生的影响。

在制定广告目标时应尽可能地具体，要设定定量的基准，提出具体的衡量方法和标准，注意广告目标的可行性与可控性。同时，在总体的广告策划中应主次分明，制定实现目标的重点，协调好近期目标和长期目标的关系。在长期的广告实践中，人们总结了一些有效制定目标的方法，包括 DAGMAR 法，即确定可度量广告结果的广告目标（Defining Advertising Goals for Measured Advertising Results），其含义是指广告目标应当是一种可以度量的量化指标。当然，关于广告目标的制定和评估仍存在着局限性，有待于进一步对其进行科学的量化。

（二）广告策划的一般程序

广告策划有鲜明的程序性，具有一定的模式，任何广告策划活动都是按照一定的程序有计划、分步骤地进行的。通常情况下，广告策划应包括以下几个步骤：

1. 成立策划班子。策划班子一般由客户执行、策划创意人员、设计制作人员、媒体公关人员等组成。策划班子成立后应规定任务，设定各阶段进程的时间，落实策划的前期工作。

2. 调研分析。深入市场进行调查分析，收集相关资料。通过研讨调研报告，形成对广告策划基本条件和环境的认识，并以此作为策划的依据。

3. 策划讨论。针对广告策划的核心内容进行讨论，形成广告策略的轮廓。

4. 制定计划。将选定的广告策略以具体系统的形式加以规范，形成更具体、详细的书面策划方案，使得策略具有可操作性。

5. 策划文本编写。编制广告策划文本，把市场调研的结果和策划的具体操作方案以文本的形式加以规范表达。策划文本编写是广告策划各阶段的系统整合。

6. 执行与评估。广告策划方案确定后，由计划人员进行创造、设计和发布，并在此过程中实施监控和必要的调整。广告策划活动结束后,按照设定的广告目标对广告运动的效果进行评估和总结。

三、广告策划的地位和作用

(一)广告策划在广告运作中的地位

1. 在程序上,广告策划是广告运作的首要环节。虽然广告调查是广告运作的第一个环节,但其主要是服务于广告策划的。因此,实际上广告策划是广告运作过程中的首要环节。

2. 在内容上,广告策划是广告运作的核心环节。广告策划规定了广告创作、广告发布、广告效果测定等后续环节的内容和方法。

3. 在规模上,广告策划是广告运作中涉及面最广、规模最大的环节。广告策划需要诸多部门的协同运作,而其他环节则由单一部门执行即可。

4. 在影响程度上,广告策划是广告运作中影响最为深远的环节。广告策划为广告运作提供全面的指导,并贯穿广告运作的始终,制约着广告运作的其他环节的进展。

(二)广告策划在广告运作中的作用

1. 战略指导,为广告活动提供总体指导思想。

2. 实施规划,为广告活动提供具体行动计划。

3. 进程制约,安排并制约广告活动的进程。

4. 效果控制,预测、监督广告活动的效果。

5. 规范运作,使广告运作趋于科学、合理和规范。

四、广告策划的基本原则

广告策划是一种创造性的思维活动过程,为广告活动提供战略指导和具体计划。虽然广告策划的主题和方向要随着企业目的的不同而变化,但作为策划本身仍有其规律性。因此,进行广告策划时要遵循其共有的一些基本原则。

(一)目的性原则

广告主开展广告活动总有其目的指向,体现在广告策划上就是广告策划遵循的目的性原则。广告策划中经常会遇到广告主目标多样的情况,但每次广告活动只能实现其中的一两个目标。因此,广告策划必须明确其主要目标。明确了广告目标,才能调动广告活动的各个环节与功能。广告策划的目的性原则体现在广告策划活动的各个阶段,广告策划要依据广告活动的宏观和微观环境,针对广告主特定的目标和产品进行广告策划。

（二）创造性原则

从一定意义上讲,创造性是广告策划的灵魂。如果广告缺乏新意,广告策划流于一般,就达不到广告的最佳预期效果。广告策划要具有创造性,就要挖掘商品自身具有的戏剧性,善于开拓消费者市场,引领消费时尚,善于在广告的创意、表现手法、媒体选择等方面创造出“新策略”。

（三）效益性原则

广告活动是一种经济活动,广告主进行广告活动的目的是为了创造更大的效益。广告策划要以创造价值、创造效益为核心,不能为了追求新奇的形式和轰动的效应,而忽略了广告策划必须为广告主带来经济和社会效益的使命。

效益性原则表现在广告策划中不仅是要提高广告的经济效益,还必须注意广告的社会效益。经济效益指广告人在从事广告策划时要根据广告主自身的实际条件,量力而行,确定合理的广告费用。在策划活动中,要对费用进行严格的经济核算,做到广告活动投入最小化而产出最大化。广告的社会效益指广告在沟通产销、传递供求信息、促进消费和满足需求的同时要正确地引导社会消费,推崇健康的生活观念和生活方式,为社会的物质文明和精神文明建设起积极的推动作用。

（四）调适性原则

广告活动的宏观和微观环境是处在不断变化中的,因此,相对于不断变化的环境和企业自身的条件而言,广告策划应根据环境和条件的变化而做出必要的准备和调适。调适性原则在策划过程中的运用,即指在策划过程中要注意企业环境的变化,重视和研讨未来可能出现的各种情况,制定相应的、足以应付正常变化的策略和执行计划,以保证策划方案得以顺利实施。

（五）可操作性原则

广告策划的目的是使实际的广告活动得以操作并达到广告目的。因此,广告策划要为广告活动提供具体的、可操作性的行动计划,使广告活动能够顺利进行。策划的每一个环节、每一个步骤都应是在实际的市场环境中可以操作的。

第五节 广告预算

广告是由广告主投资付费的信息传播活动,如何以最少的广告费用投入产生最大的广告效果是广告主追求的目标。同时,合理、科学地进行广告预算的编制与分配,是广告活动得以顺利开展的保证。

一、广告预算的定义和作用

广告预算是广告主和广告策划者在广告活动过程中,为实现企业的目标,根据一定时期内从事广告活动的具体计划,对广告活动所需经费的总额及其使用范围、分配方法等进行的预先估算和筹划。广告预算包括:广告调研费、设计制作费、媒体租用费和组织管理费等。

从广告预算的定义中,我们知道广告预算的主要对象是广告经费。科学、合理地使用广告经费,使有限的广告经费达到最佳的广告效果,明确广告经费的使用范围和分配方法,是广告预算的重要内容。具体来说,广告预算在整个广告活动中的重要作用有以下几方面。

第一,控制广告活动。预算是广告活动的计划得以实施的重要保证,广告预算控制着广告活动的规模。广告的时间和空间、广告的设计和制作、广告媒体的选择和使用等,都要受到广告预算的支配和控制。广告主和广告部门通过广告预算可以对广告活动的各个环节进行管理和控制,从而保证广告目标的实现。

第二,评价广告效果。广告预算为评价广告效果提供了经济指标,即广告活动是否以最小的花费实现了广告目标。广告预算对于广告活动各环节的广告经费的分配都做了相应的规定,为广告效果评价工作提供了进一步的材料,在广告活动结束后,就可以比较每一具体的广告活动所花费与所取得的效果。

第三,规划经费使用。科学合理的预算,明确规定了广告经费的使用范围、项目、数额及经济指标,可以使广告费用的投入保持适度,避免盲目投入而造成的浪费,从而提高广告经费的使用效率。

第四,提高广告效率。广告预算有助于提高广告活动的效率。通过广告预算可以增强广告人员的责任心,避免出现经费滥用的情况。同时,通过广告预算,可以对广告活动的各个环节所需经费进行规划和安排，提高广告活动各个环节的工作效率，发挥广告活动的良好效果。

二、编制广告预算的一般方法

广告预算编制的方法较多，采用何种方法编制广告预算，一般要根据企业的承受能力、企业营销和广告的目标、广告产品或服务本身的特点等因素来确定。下面介绍几种主要的方法。

（一）营销比率法

营销比率法包括销售百分比法和销售单位法两种形式。

1. 销售百分比法。常用的方法有上年度销售额百分比法和计划销售额百分比法。上年度销售额百分比法是指根据企业上一年度的销售额来确定本年度广告费用的一种方法。这种方法是抽取上一年度销售额中一定百分比来作为次年的广告投入，这种方法的优点在于广告额度确定的基础是实际的、客观的，广告预算一般不会出现太大的失误。

计划销售额百分比法又叫作下年度销售额百分比法，是以下一年度预计的产品销售额的百分比作为应投入的广告费。这种方法带有一定的预测性和前瞻性，这种方法适应了企业发展过程中的需求，但是市场的不确定性也给这种方式带来风险性。

销售百分比法是一种使用比较普遍的方法，主要以企业销售额的高低来决定广告预算。计算时按照上年度销售额的多少，或按照预计的下一年度的销售额的多少，乘以企业确定广告预算占销售额的百分比来得出广告预算的金额。

如某企业去年销售额为 1 000 万元，今年预计的广告费占销售额的 3%，那么今年的广告预算费用为：

$$广告预算费用 = 1\,000 \times 3\% = 30（万元）$$

销售百分比法的优点是使用简单，计算方便，直接与销售挂钩，使广告的作用更为直接。但这种预算方法也有其先天的不足，即在理论上颠倒了广告和销售互动的因果关系，在实际运用中忽略了营销环境的变化，易导致广告预算操作上的机械化。

2. 销售单位法。销售单位是指商品销售数量的基本计量单位，如一个、一盒、一箱等。销售单位法是按照一个销售单位所投入的广告费进行广告预算。具体方法是把每件商品作为一个特定的广告单位，对每个特定的单位提取一定的金额作为广告费，再乘以销售量从而得出广告预算。

如某企业的产品每件的广告费用为 0.2 元，计划销售 100 万件，其广告预算费用为：

广告预算＝0.2 元/件×100 万件＝20 万元

销售单位法比较适合于两种类型的商品：一是价格较高的耐用消费品，如汽车、冰箱、数码摄像机等；二是薄利多销的低价易耗商品，如饮料类商品、化妆品等。

销售单位法的优点是计算简单，容易了解产品广告的平均费用，掌握各类商品的广告费用开支及其变化规律，便于及时调整广告费用。但它同样存在先天的缺点，即把广告预算看成了销售结果，颠倒了广告与销售的因果关系；同时，销售单位的数量只是一种预计，在销售未完成之前，广告预算是不确定的。采用这种较为机械的方法不能适应市场环境和竞争的不断变化，容易给广告活动的执行带来困难。

(二)目标任务法

目标任务法也可以称为“目标达成法”或“完成指标计算法”。它是根据广告目标来确定相应的广告预算的方法。目标任务法的实施主要分为三个步骤：第一，明确广告目标，即确定广告所要达成的传播目标、销售目标和系统目标。第二，明确达成相应目标所要进行的工作，如广告策划、广告制作、媒体传播等。第三，计划这些工作所需要的经费并进行累加，确定总体的广告预算。公式如下：

广告费用＝目标人数×平均每人每次到达费×广告次数

目标任务法的优点是具有系统性和逻辑性，使广告经费的投入有明确的指向，可以灵活地适应市场环境的变化，既不会造成经费的浪费也不会导致经费短缺的状况。它的不足是以广告目标为前提，但广告目标往往难以量化，因此很难提供准确的依据；同时，目标任务法没有从成本的角度出发考虑某一广告目标是否合理。

(三)竞争对抗法

竞争对抗法是根据竞争对手的广告活动来制定广告预算的方法。广告主把广告当成了市场竞争的工具，以此来提高或保持自己的竞争地位。具体而言，竞争对抗法即根据同类产品的竞争对手广告费用的支出情况来确定本企业的广告

预算。这一方法的基本特点是根据产品销售的实际情况来选择或确定广告费用的投入，强调在与对手竞争和比较中动态地确定广告预算。竞争对抗法主要有两种计算方法：市场占有率法和增减百分比法。

1. 市场占有率法。市场占有率法是根据竞争对手的广告费用与市场占有率的比例，来确定本企业产品市场占有率所需的广告费用的预算方法。其计算公式为：

$$广告预算费用=\frac{竞争对手广告费用}{竞争对手市场占有率}\times本企业预期市场占有率$$

例如：竞争对手每年的广告费用为 100 万元，目标市场占有率为 20%，而本企业的预期市场占有率为 25%，则本企业的广告预算费用为：

$$广告预算费用=(100\div20\%)\times25\%=125(万元)$$

2. 增减百分比法。增减百分比法是根据竞争对手广告费用增减的比例，来确定本企业实现某一市场占有率所需广告费用的预算方法。其计算公式为：

$$广告预算费用=本企业上年度广告费\times(1\pm竞争对手广告费增减率)$$

例如：竞争对手上年度广告费用为 500 万元，今年投入广告费用 550 万元，较上年度增加 10%。本企业上年度广告费用为 600 万元，为了保持本企业原来的市场份额，本企业今年广告预算费用为：

$$广告预算费用=600\times(1+10\%)=660(万元)$$

竞争对抗法的优点是能适应市场竞争的需要，有利于在短期内获得强有力的市场竞争地位，一般比较适合实力雄厚的大企业。然而，竞争对抗法具有很大的盲目性和片面性，容易忽视实际的市场营销环境，造成广告费用的浪费。

（四）量力而行法

量力而行法又称为支出可能法，或“量体裁衣法”，是企业决策人员根据本企业的经济实力和广告费用，凭借自身的知识、经验，并根据市场环境可能的变化主观地制定出广告预算。一般来说，它以企业某一时期的广告费用为基数，根据企业财力和市场需要增减广告费用。

这种方法的优点是简单实用，灵活主动。其缺点是缺乏科学依据，容易因主观判断的失误而导致预算的不足或浪费。

三、影响广告预算的因素

在运用以上方法编制广告预算时，我们还必须考虑到一些可能影响广告预算的因素。

(一)产品的因素

市场营销学认为,产品从投入市场到退出市场有一个从投入、成长、成熟到衰老的过程,这一过程称为产品生命周期。不同的产品其生命周期不同,且处于不同生命周期的产品所需的广告经费也不同。

一般而言,处于投入期和成长期的产品所需的广告费用较大。处于产品的投入期,广告的目的是让潜在的消费者知道产品的存在和用途。根据美国纳尔逊调查公司对40多年的统计资料分析得出的结论:新上市的产品销售额要达到同行业平均水平,其广告预算必须相当于同行业平均水平的1.5~2倍。这一法则通常被称为派克法则。产品处于成长期时,广告费用的增长速度有所减缓;产品处于成熟期时,广告费用投入则相对减少;产品衰退期则基本不做广告投入。

除考虑产品的生命周期外,产品是否具有替代性因素也是影响广告预算的一个方面。如果市场上尚无可替代本产品的商品,则支出较少的广告费用便可;若市场上同类产品竞争激烈,随时有新产品替代本产品的市场地位,那么就需要支付较多的广告费用来维持或提高本产品现有的市场地位。

(二)竞争的因素

竞争者的实力和数目对企业的广告预算具有影响作用。一般而言,竞争激烈时,广告费用较多;竞争较缓时,广告费用相对较少。在竞争中企业所处的地位也影响广告预算。企业在竞争中处于劣势时要主动进攻,需要投入较多的广告预算来提高企业在竞争中的地位;相反,企业在竞争中占据优势时,可采取防御战略,广告经费投入只需有的放矢即可。

(三)销售的因素

广告预算要考虑到企业的销售目标、目标市场范围、销售对象、销售时间等有关销售因素。企业制定的销售目标越高,所需的广告预算就越多。目标市场范围不同,广告预算也不同:主打市场,广告投入较多;非主打市场,广告投入较少。不同的销售对象所需的广告预算不同:如果面对集团销售则广告预算相对少;面向分散的广大消费者,要达到一定的销售传播效果,则需要较多的广告投入。销售的时间因素也是广告预算要考虑的一个方面:销售旺季广告投放量大,广告预算多;反之,销售淡季则广告预算少。

（四）广告媒体和发布频率的因素

广告媒体种类不同，级别不同，刊载广告所需的费用也不同。企业应根据产品本身的特性和企业的销售目标组合，选择媒体进行广告信息发布。

企业的产品信息要想在众多的广告信息中引人注目，不仅要重视广告的“质”，而且还要重视广告的“量”，即广告信息的发布频率。广告频率是指在某一媒体上重复为产品发布信息的次数，它对广告预算也有影响。媒体广告时间和版面的销售价格，随着频率的增加购买时会有优惠。如何选择媒体及信息发布频率将对广告效果和预算有重要影响。

四、广告预算的分配

解决了广告主对广告活动所需经费总量的投入问题后，接下来就要考虑如何对广告预算进行合理的分配，以保证广告战略的最终实现。广告预算的分配方法同样是多样的，现介绍几个主要的分配方法。

（一）市场区域分配法

市场区域分配法是指广告主将整个目标市场进行分解，而后按各个区域来分配广告经费。这里的区域指广告信息的传播区域。广告经费在新开发的市场上的投入要比原来有基础的地区多，在人口密度大的地区要比人口密度小的地区多。对广告经费进行地区分配时，要根据各个地区对商品的现实需求和潜在需求、市场细分和目标市场的分布以及市场竞争状况等因素进行合理的分配。最基本的预算分配应以保证广告主在该地区预计实现的广告目标为基础。

（二）产品类别分配法

按产品类别分配是指广告主对其生产的产品进行评价分析后，对不同类型的产品确定不同的广告预算。在进行广告预算时要首先考虑到主打产品和对广告有较大依赖性的产品的广告投入。在进行广告预算分配时必须根据产品的生命周期、产品的竞争状况、产品的市场占有率、产品的消费者知晓度等因素综合考虑，制定分配方案。

（三）传播媒体分配法

传播媒体分配法就是根据广告计划所选择的广告媒体以及媒体刊播频次计划，有重点地分配广告经费的方法，其目的在于使用综合的传播媒体方案来实现广告目标所期望的信息传播的范围和效果。这种分配方法通常又有两种形式：一是不同媒体间的分配。一次广告活动通常需要整合多种传播媒体来进行立体传播,此时要根据不同媒体广告经费的需求状况来进行分配,以使传播效果达到最大。二是同一媒体内的分配。同一媒体在不同时期所需的广告经费不同,只有合理分配,才能取得预期效果。

(四)时间分配法

时间分配指的是要把握广告信息传播的时机,按照广告活动开展的时间来有计划、有重点地分配广告预算。对于一些季节性、节日性和消费时间比较集中的及新上市的产品,要把握住广告传播的时机,一般采用集中式、阶段性的广告预算分配方法。同时,结合广告活动的期限将广告预算分为长期广告预算和短期广告预算,并在此基础上挑选出重点时间段,有计划地进行广告预算的分配。

本章小结

广告运作是一种规律化、系统化的社会活动。广告运作是一项有规律可循的过程,它的作用就在于能够系统地策划和指导未来的广告活动,把各方面的努力有效地组织到广告活动中去,并按照广告主的意愿使各项工作协调起来。另外,在广告运作过程中,广告代理商的选择也是重要一环,选择合适的广告代理商往往能够起到事半功倍的作用。

我们通常看到的广告只是最终产品,在这之前,还需要经过一系列的运作程序。成功的广告运作应该经过以下几个阶段:①对消费者、产品或劳务及其潜在市场做调查研究工作;②对于销售目标、市场状况、经费来源进行了解,从而拟定策略性计划;③就有关预算运用、购买传播媒体的广告时间、进度安排做技术性决定。从中不难看出,广告调研在广告运作过程中起着决策依据的作用,是必不可少的步骤。

另外,广告策划的提出是现代广告活动科学化、规范化的标志之一。作为现代广告活动的一个环节,广告策划在现代广告中的作用越来越重要。同时,广告是由广告主投资付费的信息传播活动,如何以最少的广告费用投入产生最大的广告效果是广告主追求的目标。合理、科学地进行广告预算的编制与分配,是广告活动得以顺利开展的保证。

思考题

1. 假设一家中等规模的果汁饮料生产商，欲采用公交站灯箱广告和路牌广告的方式宣传其新产品，它应该选择怎样的广告代理商？

2. 请从广告运作环境的角度谈谈你对麦当劳全球统一宣传口号“I'm Lovin' It”的看法。

3. 结合广告传播效果谈谈广告策划的基本原则有哪些？

案例选编

直播决定你能卖多少货，品牌决定你能卖多少钱

前言：直播带货的本质是促销；品牌营销的本质是提升品牌声量，维护品牌声誉。直播决定你能卖多少货，品牌决定你能卖多少钱。

不可否认，直播是2020年最火的营销方式，很多广告主都将本来品牌营销的预算拿出来做直播。直播能快速提升销量，能够让投入产出比更加清晰，那么在直播看起来如此有效的情况下，还需不需要做品牌了？

繁荣之后，回归理性。最近关于直播的反思越来越多，除了直播各种刷水、虚假繁荣之外，最大的反思是品牌在直播中迷失了方向。

有人指出：“放弃直播的妄念，练内容才是明年还活着的出路”，还说“别把品牌资产弄丢了”，相对直播带货，更重要的是直播带品牌。

直播只是一种市场营销方式，大部分直播都不能提升品牌力。品牌和市场的区别到底是什么？

一、品牌和市场的区别是什么？

大部分稍具规模的公司都有市场部和品牌部，但它们之间的区别是什么？很多人说不太明白。

说到品牌和市场，很多人会提到内容创意、事件营销、跨界合作、TVC、H5，当然也包括现在最火的短视频和直播等营销形式，这些你可以说它们是市场营销，也可以说它们是品牌活动，看起来它们之间没有什么本质区别，也因此不少规模不大的公司只有一个市场部门。

那么品牌和市场之间到底有没有区别呢？当然有。关于品牌和市场，二者经常是相互依存的。

二、品牌是形象打造,市场是卖点输出

品牌是什么?教科书上有比较明确的定义,我认为品牌是企业(组织或个人)的产品、服务、理念等的总和,是用户对企业(组织或个人)的形象认知。品牌大师凯文·凯勒曾提出"基于消费者的品牌资产"概念,也就是说品牌是消费者的认知。既然品牌是一种形象认知,那么品牌形象的定位和持续打造就是最重要的工作。

首先是定位,你的品牌是高端的还是高性价比的?是时尚的还是实用的?是创新的还是保守的?不一样的品牌定位,消费群体就不一样,消费者对于品牌的认知也不一样。其次,围绕品牌的定位长期打造和品牌形象的丰满,是品牌方的重要工作,如果你的品牌定位是时尚,就要不断通过产品的开发,品牌营销的长期输出,不断强化消费者对品牌时尚标签的认知。不管是苹果的时尚创新,可口可乐的快乐传递,还是Google的不作恶,都是品牌形象打造的具体体现。耐克的品牌类别是运动品牌,其品牌形象定位为竞争拼搏,一句"Just do it"足以显示其品牌调性。耐克其通过常年高频的品牌营销活动打造自己的品牌形象,这包括请代表拼搏精神的代言人,如乔丹、詹姆斯、易建联等,赞助运动赛事,如网球公开赛,拍TVC,做线下篮球挑战赛等。

市场一般称作市场营销,指的是企业(组织或个人)针对目标市场的一切营销行为,它的目标是为了促进销售。市场营销的英文是"Marketing",是一个进行时,因此市场营销是一个持续性行为。一般来讲,一次市场营销需要说清楚"我是谁""我的卖点是什么?""我能给消费者带来什么?"等问题。同时还需要渠道或媒介,将这些信息放大,触达消费者,促进消费者发生购买行为。比如,肯德基在2019年推出新品——双椒炸鸡,请鹿晗代言,并进行线上线下大规模投放,就是典型的市场营销行为。

三、品牌是影响,市场是促销

品牌的目的当然最终是销售,但那并不是它最直接的目的,品牌的目的更多的是通过与消费者长期的接触和联系,建立对消费者的影响。这里提出一个问题:可口可乐为什么要持续大量地投放广告?心理学家扎荣茨的实验表明:人们越是频繁地接触某物,就越是认为它们是积极的,也越能让自己心情愉悦。这个理论叫曝光效应。

可口可乐通过常年的广告覆盖,让消费者认为它是积极的,可信任的。如果可口可乐5~10年没有做过任何广告,消费者对它的熟悉度就会大大降低,另有一部分诞生于可口可乐不打广告后的消费者完全没有对这个品牌的概念和接触,相信这将对它的销量造成重大影响。如果这个时候,百事可乐再加大广告轰炸,那么此消彼长,消费者对百事越来越熟悉,对可口可乐越来越陌生,再经过几年时间,也许可口可乐的优势就消失殆尽了。

案例选编

下面这个苹果 iPod 的广告可以说是苹果最经典的品牌广告之一,看了这个广告的人会觉得 iPod 是时尚的、流行的、有范儿的。苹果通过这个广告建立了在年轻人中的影响,进而让这些年轻人为此消费。

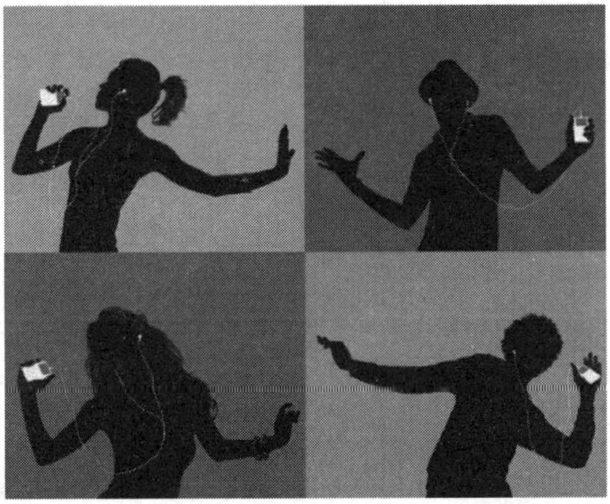

苹果 iPod 广告

苹果的 AirPods 近两年经常出现在各种明星的耳朵上,你的心智可能因此会被影响:时尚界、运动界的明星都会在自己的耳朵上挂两支 AirPods。这也是一种影响。

苹果 AirPods 广告

与品牌不同,市场营销的更大目的是为了直接促进销售,它可以是电视广告、电梯广告,也可以是线上线下促销、满减活动,也可以是直播等。很多电商商家会参加京东 6.18,天猫双 11 这样的活动,这样大型的营销活动是不少电商商家一年当中最重要的市场营销活动。在活动周期内,他们的销售可以达到一年的最高值,这是典型的市场营销促销活动。当然市场营销不只是大型促销活动，日常有很多战术都属于市场营销的范畴。比如，也许你在叫外卖时见到过"再买 10 元立减 15"这样的选项，当你再买 10 元后又会出现"再买 15 元立减 20"，往往面对这样的诱惑，最后你会比自己一开始准备买的要多得多，仔细想想你真的需要一顿吃这么多吗？一个小小的满减设计，就让你多消费，这是利用了市场营销的消费心理学。

到了互联网时代，出现了运营这个新的职务。一般产品通过运营来获得用户和收入，从效果角度来讲，运营也属于市场行为，只不过是通过线上的新技术手段来发展用户。市场营销的考核往往相对明确，如果某品牌做了为期半年到一年的市场营销，其产品销售还没有实现较为明显的增长，那么可以说这场市场营销是失败的。

四、品牌是长期转化，市场是短期转化

很多时候，一些推广、传播行为既是品牌推广也是市场营销。凯文·凯勒在《战略品牌管理》中提出品牌管理有四步，分别是识别和确立品牌定位和价值，规划和执行品牌营销，评估和诠释品牌效果，维系和提升品牌资产。其中第一步就是上面提到的品牌形象的定位和打造。第二步即规划和执行品牌营销，有些时候这一步属于品牌还是市场并没有那么明确的区分，一次营销活动有可能既包含品牌也包含市场。比如，不少耐克的 TVC 就兼具品牌曝光和市场营销两个目的。

在这种情况下，如何区分二者的差别？我认为主要从考核的周期和效果来看。品牌营销一般有 AIDMA（attention—注意，interest—兴趣，desire—欲望，memory—记忆，action—行动）和 AISAS（attention—注意，interest—兴趣，search—搜索，action—行动，share—分享）模型。我在此将其转化为曝光、兴趣、线索、成交四步。品牌导向的传播从品牌曝光到线索和成交是间接转化关系，周期比较长，而市场导向的传播从品牌曝光到线索和成交是直接转化关系，周期较短，一般一次营销 Campaign 结束一段时间内，就应该能看到较为明显的效果。

五、品牌是价值资产，市场是风险资产

投资界有"价值投资"的概念，大概意思是长期持有有价值的股票获得长期收益，这与品牌行为比较像。品牌其实就是一种长期投资行为，通过投资积累品牌资产。Interbrand 每年都会公布一个品牌价值榜，排名靠前的往往是苹果、谷歌、可口可乐、麦当劳这些常年投资品牌的企业。

相对品牌，我认为市场是风险投资，它是投入回报周期更短的行为，并且市场投入的风险更大，你不能保证一次市场营销活动一定能带来销售，就像那句经典的话"我知道我的广告费有一半被浪费了，但我不知道浪费的是哪一半？"但是不是价值投资就一定高于市场投资？也不是，很多时候，企业就需要冒险，这样才有可能博得成功。正确的投资观念是不要把鸡蛋放在一个篮子里，价值投资和风险投资应该按照科学的比例分配，但需要确定的是，只有市场没有品牌打造是不行的。举个例子，美特斯邦威、鸿星尔克等国产品牌当年曾在三线以下城市摧城拔寨，他们在市场的投入是看得见的，收入也因此节节攀升。但这些并没有为品牌力打造和提升带来增值，随着消费文化的转变（中国经历的消费升级），这些品牌最终走向了衰落。

六、品牌是信任度、忠诚度和影响力，市场是曝光量、声量和销量

最后总结一下，品牌做的是形象的打造和升级，是为了建立对消费者的信任度、忠诚度和影响力，而市场做的总体来说是商品促销，是为了在消费者中提升曝光量、声量，促进销量。

举几个例子，也许你会对二者的区别有更直观的感受。

品牌：B站《后浪》，快手《在快手，看见每一种生活》，豆瓣《我的精神角落》，苹果《女儿》，官微创意内容……

市场：BOSS直聘电梯广告，铂爵旅拍电梯广告，千人千面信息流投放，网红直播带货……

品牌和市场二者兼有：张震代言瑞幸咖啡、汤唯代言广告，王老吉赞助“中国好声音”……

七、项目策划之前：想清楚你做的是品牌还是市场营销

之前经常遇到一些业内的朋友，他们纠结于做品牌传播却没有市场效果，或对于任何传播行为都用效果考量痛苦不堪。本质上，他们没有弄清楚品牌和市场之间的差别，将二者混为一谈，最终成了一笔糊涂账。

所以在一个项目开始策划之前，需要明确其是品牌方向还是市场方向，做的是长期打算还是短期打算。把这个目标明确了，传播才能更清晰。

最后回到开头说的直播，目前大部分直播都聚焦在带货上，实际上属于市场营销的促销行为，它因为限时降价，短期的确能给企业带来销售的上扬，但这个上扬只是短暂的上扬。但企业的目标是盈利，要想长期稳定地获取利润还是要靠品牌打造，这是不能偷懒的。

所以，直播决定你能卖多少货，品牌决定你能卖多少钱。

（资料来源：直播决定你能卖多少货，品牌决定你能卖多少钱[EB/OL].[2020-06-16].http://www.gongguanzhijia.com/article/4741.html）

第六章

广告主

本章重点及学习要求

广告主是广告活动的行为主体之一，它是广告信息的发布者，处于信息源的位置，它决定了广告信息的基本内容和广告的基本诉求。从某种意义上说，广告效果的优劣，并不完全取决于广告策划和设计的成功与否，而更取决于广告主的广告观念和经营思想。

本章着重探讨广告主的定义与特征，广告主的广告管理及管理组织，广告主与广告公司的关系，并由此了解广告主在广告运作中所起的作用。在本章学习中，要先了解企业在广告管理与运作中的基本程序，再结合传播学的基本原理，以便更好地理解广告主这个概念的深刻含义。

在广告运行及管理等过程中，广告本质上是由一个相互作用的组织机构系统构成的，所有这些组织机构都在广告活动过程中担任一定的角色。广告主位于这一系统的中心位置，希望通过广告对市场或消费者产生影响。广告主的经营思想和广告观念会在很大程度上对广告活动的质量产生影响。另外，广告代理机构是除广告主之外，开展广告活动的两极因素之一，它控制机构系统，以多种方式对广告主的决策行为产生影响。本章阐述了广告主的特征和目标管理，广告主和广告公司的关系等，从广义上诠释广告主的意义。

第一节　广告主的界定、分类与特征

一、广告主的定义和特征

（一）广告主的定义

广告主也称为广告者，是指发布广告的主体，包括企业、个人或团体，是广告活动的委托人和直接受益者。一方面，广告主利用公开付费的方式，委托广告经营者为其设计制作和发布广告；另一方面，又通过广告的发布与消费者建立沟通信息的关系。

我国《广告法》所称的广告主，是指为推销商品或者提供服务，自行或者委托他人设计、制作、发布广告的法人、其他经济组织或者个人。

广告主是一个集合概念。在这里，就是指具有合法生产经营资格的市场经营主体，具体包括以下三个层次的市场经营主体。

1. 法人。法人是一个法律概念，是“自然人”的对称。它是指具有民事权利能力和民事行为能力，依法独立享有民事权利和承担民事义务的组织。《中华人民共和国民法通则》里将法人分为三种基本类型。一种是机关事业单位法人，如××市工商行政管理局就是一个机关法人；另一种是社会团体法人，像××研究会、××市退休医务工作者协会等，都属于社会团体法人；还有一种是专门从事生产经营活动，以创造社会财富、扩大社会积累为目的，实行经济核算的法人，称为企业法人。

广告主概念中的法人主要是指企业法人，而不包括不具备合法生产经营资格的机关事业单位法人和社会团体法人。

2. 其他经济组织。它是指虽然具备了一定的生产经营能力，但不具备企业法人条件的经济组织，如企业法人的分支机构、私营企业中的独资企业和合伙企业等。

3. 个人。个人在这里并非泛指所有自然人，而是特指具有合法生产经营资格的个人，或具有特定行为资格的个人。前者包括城乡个体工商户和农村承包经营户；后者的范围则较宽，不划定明确范围，如专利权人、著作权人等，都可以成为合法的广告主。

只有通过批准，取得合法地位，才有发布广告的资格和权力；而没有合法地位，从事非法经营者，一律不允许发布广告，其刊登、播放、张贴、设置、陈列广告均视为非法。

（二）广告主的特征

广告主一般具有以下特征：

1. 能够支付一定的广告费用。

2. 拥有一定数量和质量的产品（或服务）。这是确定广告主体的重要标志。如果广告主不能保证向目标市场提供一定质量和数量的产品（或服务），广告主就失去了信誉。

3. 有明确的广告目的。这是衡量广告主真实动机的标准。广告的主要目的是促销和提高企业美誉度，树立企业形象。有了明确的目的，广告的效用才能充分发挥出来。

4. 明确广告活动是一种投资活动。广告同其他投资行为一样，不仅有效益，也有损失的可能。对此，广告主应有正确的认识，不能有任何不切合实际的偏执。

5. 对广告效果的客观预期。广告效果只有通过间接的方法才能衡量出来。既然广告主付出费用就希望有收益，他对广告活动有委托权或主动权，并负一定的法律责任。当广告效果较差时，广告主有权撤销广告。

一般来说，广告活动应按照广告主的要求和意愿进行策划，所以广告主的经营思想和广告观念会在很大程度上对广告活动的质量产生影响。从传播学的角度讲，广告主处于信息源的位置，它决定了广告信息的基本内容和广告基本诉求。广告的表现形式和传播手段要能保证这一信息内容得到准确和完善的传递，并力图使广告主的广告诉求得以实现。因此，广告主的经营思想对广告活动的实际效果会产生很大影响。从某种意义上说,广告效果的优劣,并不完全取决于广告策划和设计的成功与否,而更取决于广告主的广告观念和经营思想。

由此可见,广告主在整个广告活动中的地位显得举足轻重。

按照广告主的意愿进行设计制作的广告,常常会直接涉及消费者的切身利益,社会影响面很广。因此,为保障消费者的利益和权利,为使广告主在商业活动中能够公正、公开地参与竞争,保证广告经营向健康的方向发展,必须加强对广告主的监督管理。

二、广告主的广告角色

从广告角色的合理分配角度来看,广告主的基本广告角色就是"广告支持者"。但在具体的广告活动中,每一个广告主所持的观点、所做的具体工作、所起的具体作用是极为不同的,这就涉及广告主的职责问题。广告主的职责和所采用的广告运行模式有直接关系,不同国家、不同地区的广告主,因文化背景、广告传统、广告观念的不同,所普遍采用的广告运行模式很不相同。即使是在同一个国家、同一个地区,也会因企业规模、决策人员的观念等诸方面条件的不同而有不同的选择。

在美国,广告主的主要职责有:①选择广告代理商,一般广告主都会将全部广告工作委托给广告公司全面代理,而很少直接参与具体广告作业;②督促广告代理商的工作,对广告代理商施加影响;③审查以及参与决策。

而在日本,广告主则很少将广告工作全面委托给广告代理商,而是不同程度地负责一些具体的广告工作,如制定广告策略、确定广告目标、制定广告作业计划、进行作品创作、选择广告媒体、执行广告预算、进行效果调查等。

在我国,虽然政府有关部门采取了较强硬的行政措施,来推行以全面委托为核心的所谓广告代理制,但企业在具体工作中呈现出多样性的特征。有少部分的企业采用全面委托的方式,将企业的广告工作委托给广告公司代理,其做法和美国许多企业的做法一样。而相当多的企业则自行负责一些具体的广告工作,特别是在编制预算、选择媒体等方面更是如此。还有一些企业甚至自行负责几乎所有的具体工作,从媒体选择、预算编制、创作广告作品到执行预算,无所不为。

三、广告主的分类

广告主名目繁多,种类各异。一般来说,主要可以分为两类:国内广告主和国际广告主。

（一）国内广告主

国内广告主是国内有合法地位的各种类型的广告主。它包括：

1. 工商企业。工商企业必须具备法人资格，它包括各种组织形式，如企业、公司、集团；有各种所有制形式，如全民所有制工商企业、集体所有制工商企业、私营企业等。在国内广告主中，工商企业是最大的广告主。

2. 个体工商户。个体工商户由于规模较小，经济实力较弱，所以只占广告主的较小比例。

3. 各类机关团体。各类机关团体是指各种级别的机关，各种形式的协会、联合会等，如卫生单位、体育单位、文艺单位等。

4. 三资企业。三资企业包括中外合资经营企业、中外合作经营企业和外商独资经营企业。

5. 外国驻华机构。外国驻华机构包括外国企业常驻代表机构，来华做广告的外国公司、外国工商企业等。

6. 公民和个体。

（二）国际广告主

国际广告主一般指进行国际广告的广告主。国际广告是指在国际市场营销上所做的广告活动，其目的是将本国产品、劳务、企业信誉向国际市场推入。

国际广告主一般分三种类型：

1. 本国企业与当地代理商组合型的国际广告主。本国企业指本国进出口公司以及外贸生产企业，他们与当地代理商、进口代理商、出口代理商联合起来做国际广告。这种形式有利于扬长避短，各尽所能，其广告费一般由各方共同承担。

2. 生产企业直接做国际广告主。有的生产企业自营出口，它们直接与广告代理商接洽，制作发布广告。这种情况下，出口商品的广告开支由这类广告主直接承担。

3. 外贸代理商做国际广告主。许多外贸商品在国际市场上都有代理经销商，由代理经销商实施广告宣传。代理经销商大多熟悉当地市场行情，熟悉消费者购买心理和购买行为，能有效地制定广告策略、运用广告策略。

阅读材料

如何做一个好的广告客户

广告客户的广告活动成功与否，不仅与广告公司的广告策略及作品有极大的关系，而且还与广告客户自身的各种因素密不可分。

一、好客户应具备的基本条件

广告大师奥格威在他的《一个广告人的自白》中就"如何做一个好客户"做过详细的论述。书中写道："我要定下15条规则，假若我是客户，我会遵照这些规则和我的广告公司打交道。"大师的15条规则，对于我们理解如何做一个好客户是十分有帮助的。以下是做一个好的广告客户应具备的基本条件：

1. 广告客户最高决策主管必须扮演重视广告的角色。广告客户的负责人，必须强迫自己下功夫对广告代理工作的复杂性、公司广告活动的规模、广告活动对企业的重要性、公司内部广告活动的现状等方面，进行比较深入的了解。

2. 广告客户的企业实体以及产品本身是有潜力的。假如一个广告客户的广告费在同行中可以名列前茅，但其产品却无前途，这家广告客户的钱再多，也不是好广告客户。大多数广告客户以及它们的广告公司花费过多的时间在重振遇到麻烦的产品上，却只花很少的时间去为已经获得成功的产品更上一层楼而动脑筋。在广告业，看一个人是不是有胆识，就看他是不是面对测试的不利结果舍卒保帅继续向前。

下图是市场机会矩阵图，纵列代表"成功的可能性"，横排代表"潜在的吸引力"，表示潜在的赢利能力。用这种方法来分析和评价广告客户，可能会出现4种不同的结果：①理想的企业，即高机会和低威胁的企业；②冒险的企业，即高机会和高威胁的企业；③成熟的企业，即低威胁的企业；④困境的企业，即低机会和高威胁的企业。

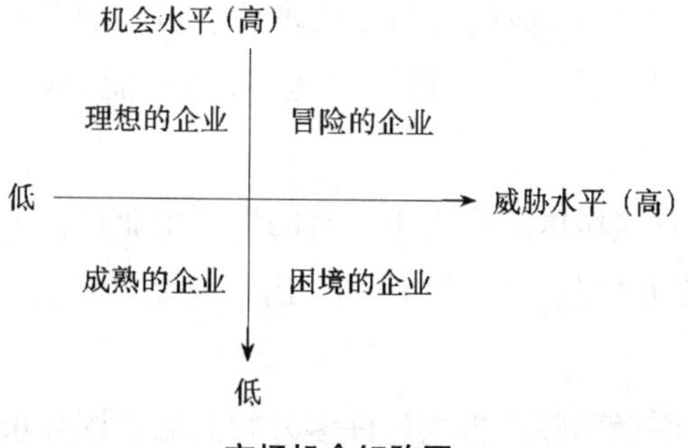

市场机会矩阵图

3. 广告客户要有健全的财务制度和良好的信用。许多广告公司在与广告客户接

阅读材料

触时会遇到这种现象,要么凭几个人的口头承诺就可以支付大笔款项,要么或者提前,或者推迟付款。这些现象表面看来对广告活动的策划与实施无伤大雅,实际上常常是双方未来扯皮的隐患。健全的财务制度是广告客户可靠的保证。信用好的广告客户会按劳付酬,而不讲信用的广告客户,却常常在广告公司提供了调查、策划、制作、促销等多项服务后,只付一种或一部分费用,以此搪塞广告公司。

4. 广告客户要有健全、合理的审查制度。广告客户内部各部门扮演的角色要明确,不要有关、无关都对广告公司的工作进行干涉。奥格威对这个问题也深有感触:"我知道有一位广告主,在自己的广告里搞了5道关卡来审查确认他的广告公司为他制作的广告方案,每道关卡还都有改动和否定广告方案的权力。这种做法会产生严重的后果。它会使秘密消息泄露出去,把有能力的人拴在一个又一个没有必要的审查作品的会议里,把原来简明朴素的方案搞得面目全非。"

5. 广告客户要尊重与广告公司的合作,尊重广告人的劳动。有些广告客户自认为是出资者,很少去替广告公司设身处地地想一想。认为广告公司挣客户的钱,必然要听从客户的吩咐,客户什么时候让广告公司完成工作,无论时间是否充足,都必须在指定的时间里完成。这样,广告客户与广告公司可能有一个良好的关系,工作自然会打折扣。

6. 广告客户要有明确的产品营销策略。如果没有营销策略就要求制定广告策略,这个广告客户一定是不合格的客户。广告公司接受了这个广告客户,便会遇到很多困难。当广告公司按照广告客户的广告策略制作广告时,由于没有稳定的营销策略,客户很可能朝令夕改,这样,广告公司的工作是相当困难的。

广告活动虽然特别注重调查,但它仍然有很主观的东西。若广告客户没有明确的营销目标,每次广告方案做出来,可能承办的人说很好,但更高层的主管却说不好。如果没有确定的营销思路,仅着眼于广告活动,问题就会出现。

7. 广告客户要有选择广告公司的标准。这就要求广告客户单位负责广告的人一定要懂得广告,并且要懂得如何善用广告公司。广告客户要能够依据自己的企业形态、经营方式、规模大小和预算的多少等来定出自己选用广告公司的标准。这样,即使公司负责广告的人换了,但选择广告公司的标准不会变。

广告客户要向广告公司全面彻底地介绍自己的情况,确保广告公司有利可图,以效果而不是以费用评价广告活动,不要和广告公司斤斤计较。

(资料来源:新浪网财经频道:www. finance. sina. com. cn)

第二节　广告主的广告管理及其管理组织

企业的广告管理，受制于企业对广告的认识，也从属于企业的整体管理与组织结构。不同的企业，有不同的广告管理与组织形式，不同的广告管理与组织形式有不同的功能，有不同的缺点与优势。

一、广告主委托广告代理公司的原因

在企业的营销活动中，企业的广告组织承担的责任是十分重要的，但是广告部门并不能取代广告代理公司。一般来讲，广告主会把监督的责任交给本公司的广告组织，而把策划、创意、制作等业务委托给外界的专业广告公司，其主要原因如下。

（一）广告公司的专业优势

广告活动的策划是一件繁杂的工作，需要具有各方面专业知识的人员相互配合。广告主的广告组织一般个案经历比较单一，缺乏更专业的技术与技巧，自然代替不了广告代理公司的工作。另外，广告代理公司对于广告主，就像是一个营销推广方面的得力助手，广告主常常可借广告代理公司的服务获得市场资料、业内动态等，甚至可以得到许多免费或廉价的咨询、协助。

（二）有利于广告主节省成本

如果广告主自行策划制作广告，势必要增加人事管理、硬件设备等成本支出，而委托企业外部的广告代理公司来做，就不存在这些问题。

二、广告主的广告管理形式

从目前企业的广告管理状况来看，其广告管理形式大致可分为宣传型、销售配合型、营销型三种类型。

（一）宣传型的广告管理

从企业的内部组织结构来讲，一般都设有生产部、营销部等业务职能部门以及行政部、财务部、人事部等非业务职能部门。宣传型广告管理模式，是将企业广告纳入企业的行政管理系统，归属于企业的行政管理部门，作为企业行政管理部门的一个分支机构。

宣传型广告管理模式，显然是基于企业广告的宣传功能定位。这种广告管理模式下的企业广告组织，主要是履行企业广告宣传、新闻宣传、公关宣传等方面的职能，只是作为企业的行政职能部门而非业务职能部门而存在。这种模式比较注重企业的形象推广和企业内部和外部的信息沟通，对于企业的公关宣传是比较有效的，但普遍存在着脱离市场、远离销售的不足。由于对企业的市场状况、销售活动存在的问题不熟悉，其对广告的运作缺乏时效性、针对性，特别是缺乏销售力。

（二）销售配合型的广告管理

销售配合型的广告管理是目前国内外企业采用得最普遍的一种广告管理模式。按照这种广告管理模式，企业的广告组织从属于企业的销售部门而非行政部门，其功能定位于销售配合。

企业的销售部门一般都下设高层调研、产品开发、销售和广告促销等分支部门，按照功能划分，大致结构如图 6-1 所示。

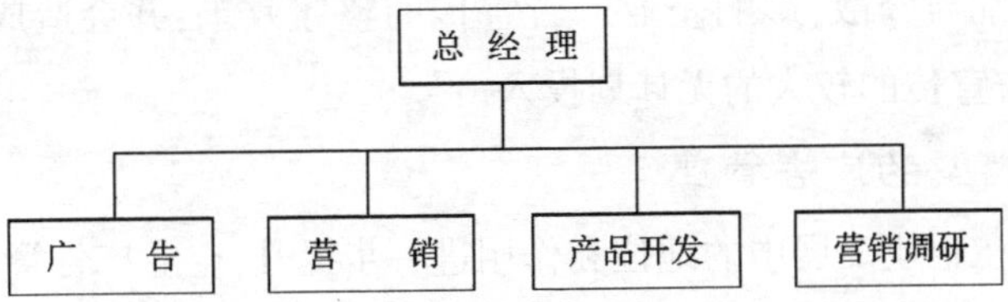

图 6-1　以功能为基础的营销组织结构

在这种管理模式和组织下，企业的营销总管也就是企业的广告主管。企业的广告组织是在企业的营销总管的管理下，与企业营销组织的其他部门互相配合，相互支持，共同为企业的营销服务。在具体运作时，有两种不同的管理组织类型：一种是以市场为基础的管理组织类型；另一种是以产品为基础的管理组织类型。目前，国内企业比较多地采用以市场为基础的广告管理与组织结构模式，如图 6-2 所示。

在这种以市场为基础的管理与组织结构模式下，企业的广告部门既是企业的广告管理部门，又是企业的广告执行与营销服务机构。即在营销总管的主管下，依据企业的营销目标，制定广告计划和其他营销推广计划，组织并实施企业的整体广告活动，管理和协调各市场的广告宣传，并结合各市场的实际，具体实施各市场的广告活动。其广告管理与执行，表现出明确的层次性。

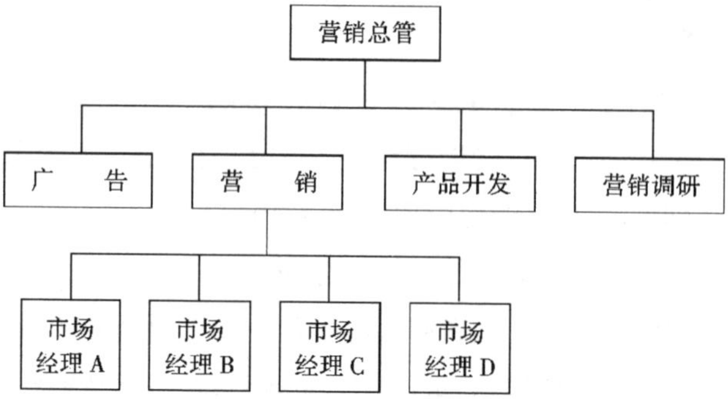

图 6-2　以市场为基础的广告管理与组织结构模式

上述销售配合型的不同广告管理与组织结构模式,各有优势。其共同优势在于注重广告对企业销售的配合,能更好地把握和发挥广告的销售力和直接的销售效果。但这种模式也存在明显的不足:一是由于过分强调广告对销售的配合,影响企业广告的长期规划管理,不利于企业整体形象的推广和品牌体系的建立,不利于广告对企业长远发展战略的配合;二是由于管理与执行层次过多,导致企业广告宣传的零乱与分散,影响企业广告宣传的整体效果,并会造成各品牌、各阶段、各市场广告宣传的较大的无计划投入。

(三)营销型的广告管理

随着广告在企业发展中的地位和作用进一步提升,企业广告管理模式也逐渐发生转型,即由销售配合型向营销管理型转化。与此相适应,企业广告组织结构也随之发生了变化。

营销型的广告管理模式与销售配合型的广告管理模式有所不同,它是以营销为基础导向的。从管理层面上来说,它把企业广告从具体的销售层次中分离出来,使其既不归属于企业的行政部门,也不从属于企业的销售部门,而将其提升为企业中与生产、销售、人事、财务等几大职能部门相等的宏观决策和组织管理部门。广告部门不仅作为企业营销的重要推广组织,而且作为企业实施整体发展战略的重要组成部分;不仅参与企业营销的宏观决策、推广管理与组织的实施,更参与企业整体发展战略的决策、推广管理与组织实施。这是在企业主管直接控制下的一种管理模式与运作机制,把它叫作营销管理型,只是就其主要功能定位而言。

营销型广告管理模式,减少了企业广告管理的层次,将企业广告管理中的宏观决策、组织管理与具体实施连为一体,有利于加强企业广告管理运作中的统一性、整体性和长远规划性，有利于企业广告资源的充分利用和合理调配，有利于企业广告作用的全面发挥和有效运用。目前，我国许多企业，特别是一些大型的企业，正开始尝试建立这种更高层次的企业广告管理模式。

三、企业广告部门的设置

广告部门是现代企业组织机构中的一个必要组成部分。广告部门归属于哪个部门，谁来管理广告部门，广告部门的名称如何，广告部门的人数多少等，并没有绝对的标准模式可照搬。例如，有的企业是由总经理或最高负责人来管理广告部门，而有的企业则不是。按照美国的企业广告管理模式，企业内的广告部门只设一个部长和秘书。在日本却不是这样，资生堂这样的企业的广告部门，机构很庞大，从制定广告计划方案到广告制作，全部由自己的广告部门来承担。一般来说，企业广告部的设置主要有以下三种类型：

第一，按地区市场构建的广告部，如图 6-3 所示。

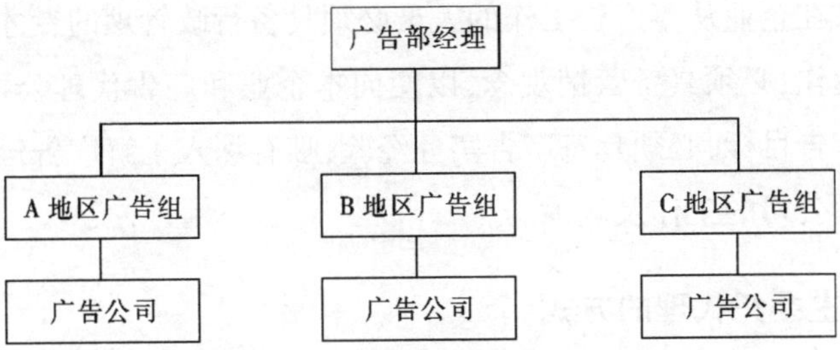

图 6-3 按地区市场构建的广告部

第二，按产品类别构建的广告部，如图 6-4 所示。

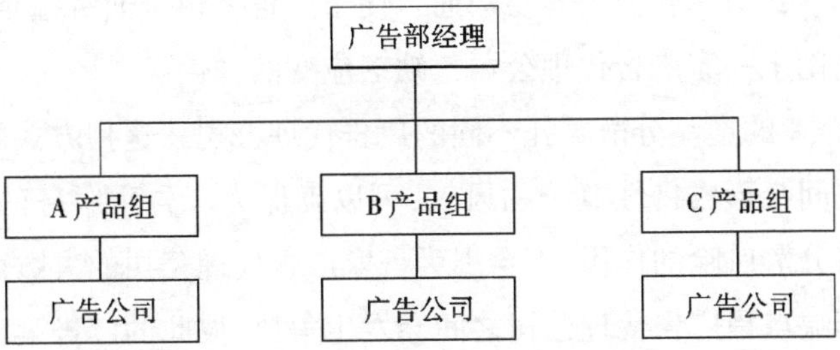

图 6-4 按产品类别构建的广告部

第三,按媒体类别构建的广告部,如图 6-5 所示。

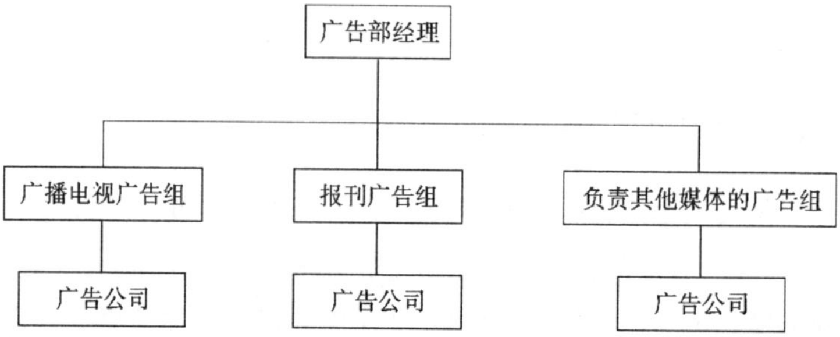

图 6-5　按媒体类别构建的广告部

随着广告业的完善和发展,企业的广告组织大多数已经独立门户,比较正确地归属到相应的部门下,或直接由最高负责人管理。同质化产品剧增以及激烈的市场竞争,迫使企业走上以营销为导向的现代企业之路。这样一来,广告在企业中的地位也随着提高。同时,对企业广告部门人员的专业知识的要求也相应提高。这就要求在企业从事广告工作的人员必须具备行政管理的专才,才能维持本部门的有效运作;必须具备营销观念,以便向本企业和广告代理公司提供正确的营销方向及广告目标;必须具备广告实务经验,唯有深入了解广告运作,才能有效监督广告代理公司的工作及效果。

四、广告主委托代理的方式

综合各国的实际情况,广告主委托广告代理公司,寻求专业帮助的方式主要有以下三种:

第一,委托一家综合广告代理公司全权代理、处理广告事务。这种方式的优点是方便、单一,与广告公司容易沟通,便于广告公司全面掌握企业整体情况。缺点是容易受制于一家广告代理公司,缺乏应变的弹性。

第二,将企业的产品分散委托不同的广告代理公司。这种方式的优点在于广告代理公司之间会形成良性竞争的风气,可以确保为广告主服务的质量。此外,这种方式还有分散风险的作用,不会因为一家广告代理公司的失败而导致全盘皆输的损失。其缺点是广告代理公司之间会发生争执,彼此的广告策略有时会产生冲突。

第三,广告主负担一部分广告工作,不足的部分再分别委托给广告代理公司,即部分代理。部分代理是指企业将依靠自身的力量不可能独立完成的广告运作环节,委托广告代理公司代理,如广告策划与广告制作等。

不管采用哪种方式,只要广告主的广告组织设置得当,广告部门机能健全,就可以扬长避短,达到较好的广告效果。

第三节　广告主与广告代理公司的关系

广告计划的两端维系着广告主和广告代理公司,两者之间的关系融洽和谐,才能使广告计划执行得更加完美。广告主应如何保持与广告代理公司的关系?这是广告主需要深思的一个问题,除了雇佣的关系,还应该有些什么?广告主在计划执行前应该想到,若想使其广告施行顺利并取得成果,除了选择优秀的广告代理公司之外,还得与其保持友善的关系。

一、广告主应如何保持与广告代理公司的关系

广告主可以采取以下措施以保持和广告代理公司的和谐工作氛围与友善关系:

第一,确保其负责与广告代理公司联络的行政人员具备相当的广告知识,可派员到短期培训班接受相关专业训练。

第二,应当将广告代理公司看成营销上的左右臂,能够随时将有价值的情报(如年报、对内刊物、价格变更或配销方式变更之情报、包装样本、公司标准字规定等)给予广告代理公司参考运用。也就是说要坦诚相见,彼此交换意见。

第三,在获得广告代理公司的服务时,应按照合同规定向广告代理公司付款。

第四,不要将广告代理公司视为仆役。

第五,在适度的情况下,可允许广告代理公司为本公司产品的竞争品策划广告。因业务增加,诚实的广告代理公司对客户广告业务的管理反而会完善。

第六,不要经常与广告代理公司举行不必要的会议,也不要经常要求改稿,更不要派许多人员与广告代理公司的人员接洽,以免人多嘴杂,难有定论。

第七,不要滥用特权,将本身创作上或媒体选择的意见施加在广告代理公司

头上，强迫后者接受。因为这会使广告代理公司变得唯唯诺诺，不敢有所建议。

第八，不要干涉广告代理公司的人事安排。一方面避免因自己的影响而使广告代理公司的某些人员离职；另一方面不要将亲友推荐给广告代理公司，使其碍于情面不得不因人设事。

第九，在对广告代理公司的服务感到不满而想结束彼此间的关系时，不可操之过急。因为，这样做对广告代理公司打击甚大，而新的广告代理公司可能也需要时间熟悉本企业的广告工作。

第十，要信任广告代理公司，可能营销并非是广告代理公司的专长，但在创作或媒体等方面却具有专长，应当让其尽量发挥。

以上措施十分重要，尤其是在情报方面。以往广告主为了企业生存而保密，不愿将某些情况告诉广告代理商，岂不知此种做法，会使广告代理公司不知广告主的详细情况，而难以创作出优秀的广告。

二、广告主如何选择广告代理公司

本书第五章已对广告代理公司的选择进行了较详细的阐述。在这里，我们从广告主与广告代理公司的关系的角度，对这个问题做进一步的阐述。

（一）选择广告代理公司应考虑的因素

选择一家合适的广告代理公司并尽量与之保持良好的关系，这是广告主的重要工作之一。选择广告代理公司的标准或条件很多，一般地讲，广告主在委托或终止与广告代理公司的合作关系时，应着重考虑以下几个主要因素：

1. 相容性。广告公司是否有自己的经营原则？该原则是否与你的公司或品牌相容？广告公司的规模是否符合广告主的要求？

2. 广告公司的构成。广告公司的工作人员都是些什么人？他们在广告业中的声誉如何？进一步讲，将为你服务的工作小组都是些什么人？他们是否还承担着别的工作？是否能指派足够的人员替客户提供良好的服务？广告公司的人员培训工作如何？员工更新情况如何？

3. 稳定性。广告公司的稳定性如何？尤其是它的财务记录、为现有客户提供的服务范围以及每年的业务量如何？

4. 经验。广告公司过去是否接受过同类产品的广告业务？其工作成果如何？

5. 能力。广告公司如何为其现在的客户服务？从广告策划、创意战略、媒体策划与实践、调查研究与市场营销、传播方案等所有因素的协作能力来看,该广告公司有哪些优势和弱点?

6. 报酬。广告公司要求客户付出的酬金对客户的公司和对广告公司本身是否合适?如何处理与广告公司未来的合作关系?

7. 财务。广告公司的财务状况是否良好?

8. 信誉。广告公司的信用是否可靠?

(二)选择广告代理公司的方法

选择广告代理公司是企业广告成功的第一步,因为广告代理公司是广告主的长期事业伙伴。一般来说,选择广告代理公司可遵循下列方法:

1. 把你的需要列出来。用书面写出你的问题,或是公司目前的状况,并请公司决策阶层过目,取得他们的同意。如果此刻想更换广告公司,应对现在的广告公司开诚布公地直说,这样可能将双方所受的损失减至最小。

2. 做一些准备工作。客户公司可从杂志、报纸或电视上发掘一些令人心动的广告,打听那些广告是出自那几家广告公司。从这份名单中,必须排除那些正为本企业的竞争者工作的公司。同时逐个分析剩下的这些广告公司的背景、规模、组织、财务是否健全。

3. 会见名单上的广告公司。安排时间与每家广告公司的经营层、创意指导或将来可能为本企业服务的主要负责人见面。必须能感觉到彼此之间是否有可能真正沟通及了解,如此才可能有愉快的合作与结果。

4. 最后选定几家广告公司。同他们分别会谈,把他们所要知道有关本企业的一切告诉他们,使他们能集中精力思考你的特定要求,看他们有什么力量和方法解决本企业目前的问题。

5. 要保持谨慎。要向你未来可能选用的新广告公司表达诚意。

6. 按照你的需求来做最后的抉择。鼓励他们提出一些非正式的建议及坦率的分析。在这个阶段中,提问题比作回答更有益。提防那些肤浅的东西,比如说快速的办法、轻易地承诺及过头的热心。

7. 审查你所做的第一选择。同那家广告公司目前的客户或过去的客户谈谈,会有很大的帮助。认真谈妥付款的条件,然后再和他们签一个长期合约。当你选定了合作伙伴后,双方就应坦诚相处。

三、广告主如何做简报

广告主为广告公司做简报是它的应尽责任，这项工作成败与否，直接影响广告策略及作品的形成。有些广告主认为，广告公司为广告主做广告，应该由广告公司去搜集资料。其实这种观念是错误的，因为充分的资料可使广告公司对你更加了解，尤其是一些内部资料。以下是广告主在做简报时，应注意的问题：

第一，应向广告公司提供有关部门调查、产品、市场等充分的资料。

第二，确定合适的参加企划的人员（通常称他们为 AE）、AE 的主管、主要的创意人员。

第三，让广告作业人员亲临工厂进行观摩，这样，可使其深入了解你的产品，使双方有关人员充分沟通。

第四，保持热忱的态度，因为广告主的热忱是广告工作的动力，应与对方推心置腹，互信互重。

第五，对本企业的情况进行详细说明，包括历史、成长、组织、公司文化、公司理念等。

第六，仔细解释产品，包括成分、特点、尺寸、形状、包装、口味，以及消费者认为首要的利益点、其购买动机是感性或理性等。

第七，探究消费者对产品的看法，例如，根据调查资料，了解消费者对产品有何议论，感觉如何。

第八，品牌的历史，包括何时开始销售，过去的营销策略、广告策略结果如何，市场占有率的变化如何，价格的变化及反应如何，促销及广告活动的反应如何。

第九，市场的整体状况，包括市场容量、发展趋势、季节性、区域性、通路状况等。

第十，竞争分析，包括竞争品牌的占有率、产品差异、促销、价格、包装、何种品牌威胁最大、优势品牌成功的原因以及广告策略成功的主要原因等。

第十一，分析你的消费者，例如，谁在使用或可能使用、谁在影响购买、谁在购买、重复使用者是否占有主要的购买量。

第十二，产品的通路系统，包括直销与经销商的比例如何，如何训练业务代表，购买地点的特性如何，你的通路系统与竞争者的有何区别。

第十三，产品地位，包括用起来怎样，印象如何，有无改进计划。

第十四，营销目标及策略，包括销售目标及获利目标，商品化及促销计划，广告在你的计划中所占的分量与角色，广告预算是否具有竞争力。

第十五，让广告公司为你的广告作效果评估，包括事前测试、追踪测试等。

第十六，最后的建议，包括要求广告公司为你的公司建立简报档案，并不断更新资料。通常每年最少做一次正式简报。

本章小结

本章阐述了广告主的定义和特征，以及广告主的广告管理及管理组织、广告主和广告代理公司的关系等，从广义上诠释了广告主的内涵与外延。

在广告运行及管理等过程中，广告本质上是由一个相互作用的组织机构系统构成的，所有这些组织机构都在广告过程中担任一定的角色。广告主位于这一系统的中心位置，广告主的经营思想和广告观念会在很大程度上对广告活动的质量产生影响。

本章还介绍了广告主企业在日常经营活动中应如何管理和组织广告部门，各种方法有各自的组织方式和优缺点，这就导致了各自的功能不同，具体采用哪种方法要根据企业的经营方式和销售目的而定。不论采取哪种方法，只要组织得当，总会收到良好的广告效果。

另外，广告代理机构是除广告主之外，开展广告活动的两极因素之一。它控制机构系统，以多种方式对广告主的决策行为产生影响。所以，研究广告主与广告代理公司的关系，其最终目的就是为了广告活动的顺利开展。

思考题

1. 作为广告主应该具备哪些条件？

2. 假设一家国有大型钢铁企业欲设置广告部门，请问应该如何管理该广告部门？

3. 通过阅读本章内容，请用自己的话总结广告主与广告代理公司的关系。

案例选编

优秀公益广告策划案例分析

引言：公益广告用创意获得巨大成功的案例并不在少数，公益广告从各种人性、情感和心理的角度出发，往往能够取得绝佳效果。

同样作为广告，公益广告是其中较为特殊的一种，因为它不带有商业和盈利目的，而以为社会提供免费服务为目的，是具有公益性质的广告活动。一般来说，公益广告都是由政府来做，但很多企业也会参与这样的公益事业，因为可以令企业的品牌形象更加具有正面的影响力。所以，公益广告对于企业来说，是建设、加强与大众沟通的有力渠道之一。

通过一些经典的公益广告案例，我们可以看到成功的公益广告是如何做到的。

案例一：公益广告《给妈妈洗脚》

小时候看电视时，我们总能看到这样一支广告：一位年轻的妈妈为年幼的儿子洗脚，还一边讲着小鸭子的故事，母亲和孩子之间的互动温馨而感人。而为孩子洗完脚后，妈妈并没有自己去休息，而是不顾辛苦又打了一盆水，为婆婆洗脚。小男孩从门缝中看到这一幕，心有感触，在妈妈忙完后也效仿其举动端来一盆水要为妈妈洗脚，小小的身躯费力地端着一大盆水，还溅到了自己身上，令人动容，妈妈也为他的举动感动得笑了。广告在孩子为妈妈洗脚和讲小鸭子的故事的氛围中结束。

这样一支看似平凡但却温暖的广告触动了很多观众，尤其是对于年纪尚幼的孩子们来说非常具有教育意义。很多小孩在这支广告播出后还被要求写一篇观后感作文，成为一代人的童年回忆。这支广告在十几年后看来依然充满着正能量，可见其成功之处。这支广告的情节非常简单，一位既是母亲也是女儿的女性在日常生活中对孩子和父母精心照顾，并且通过洗脚这一小小的的举动，将这份孝心传递到了下一代人的观念中，让孩子从小就懂得母亲的伟大和及时行孝的重要性，塑造了温馨和谐的一家。广告通过一个温柔善良的母亲形象和一个懂事纯真的孩子形象，以朴实的情节和细腻的演绎传达出了“孝”得理念和家庭教育中父母言传身教的重要性。

这支经典的电视公益广告在网络不发达的年代，取得了非常广泛的传播效果和影响力：不仅是借助了电视这一主要的传播媒介，更是借助感人的故事，戳中了很多人对于母爱、亲情和传统孝道理念的情感共鸣，从而令很多人获得了深刻的感触，达到了公益的效果。

案例二：公益广告《筷子篇》

央视的公益广告中，总是可以看到很多新颖的创意、紧俏的拍摄和感人的画面，而其公益主题也更为多样，让很多人意识到了生活中习焉不察的一些问题。比如，为2014年春节联欢晚会打造的公益广告《筷子篇》不仅打动了知名主持人董卿，也让大众从广告中关注到日常饮食中用到的筷子，感受到了这一双筷子所蕴含的传统文化和家庭情感，深切契合了春节团圆的主题，并弘扬了筷子所代表的分享和感恩的内涵。

《筷子篇》是春节回家系列公益广告中的一支，紧扣“春节”和“回家”的主题。从中国人的餐桌入手，放眼于一双普通的筷子，以其为线索，贯穿起了几个家庭、几组故事，使其蕴涵的含义层次分明地由画面传达给观众。传承、感恩、礼仪、思念、守望、友善等中国人传统理念中所看重的情感，都通过筷子展现了出来。在广告中，不同的家庭和人群借助筷子体会着生活中的冷暖与酸甜苦辣，既有牙牙学语的儿童在学习使用筷子中的新奇体验，也有耄耋老人由餐桌和筷子所体会到的天伦之乐，有重逢的人加几双筷子感受到了团聚与相知的幸福，更有孤独的人借由筷子感受到人情的温暖。一双筷子承载着几千年的味道，是中国人餐桌中必不可少的工具，也是传统文化和国人情感的重要见证。通过一帧帧似曾相识的画面，无论男女老少，都能够从一双筷子中解读出一份情感。在祖国的各个地方，在不同的家庭餐桌上演绎出丰富、生动而又温馨的故事，诠释出了幸福的味道。《筷子篇》也与“春节”和“回家”的主题紧密相连，与春节期间人们期待家庭和家人、渴望团圆和温暖的感情不谋而合。

这一公益广告一播出，就感动了无数人，并且在社交平台上形成了非常火热的讨论话题。其成功之处并不难看出，不仅由筷子这一熟悉的事物牵扯出文化和国人的情感，引发共鸣，同时也由精致的制作和创意的情节设计，以小见大，真实取景，传达出浓烈的生活气息和真实感，进一步渗透人心。

案例三：泰国环保公益广告

泰国的公益广告向来为人所称道，也总能成功为人所关注和讨论，形成刷屏或者火爆内容平台。而在泰国的这些公益广告中，各种广告的主题也是多种多样，从母爱、父爱、感恩、环保、励志等多个方面来对社会进行警示和劝诫，以创意吸引观看和重视，用催泪将正能量对群体产生影响，成了近年来公益广告领域的典范。下面以泰国的一个环保公益广告为例，我们来看看泰式公益广告的特点。

在这支公益广告中，一开始出现的画面和情节是一个小姐姐在路边买寿司，并邀请路过的陌生人品尝，但很多人品尝后却非常不满，因为寿司中包裹着塑料袋，因此小姐姐也受到了很多人的责骂。路人的普遍态度很明确地显示，塑料是无法消化的、有害的，是不能吃的东西，而后画面却突然一转，展示了在自然界中，不同的动物们在误食塑料后致死的惨痛命运，向人们警示：人不能吃塑料，其他动物也同样不能！而在现实中，自然界里遗留下的大量白色垃圾都是人为造成的，所以造成动物这些惨境的罪魁祸首其实是人类，要让动物不再误食塑料，减少自然中的污染，就必须靠人类的环保意识和行动。

广告的情节性并不强，但却依靠一开始强烈的冲突和悬念吸引了很多人的观看和注意。而在观察了很多路人的反应后，冲突激化到了极点，此时画风一转，让人们看到了动物们饱受丢弃塑料折磨的惨痛景象。巨大的反差和视觉的冲击激发出了人们的同情和悲悯之情，也让人们认识到丢弃塑料对自然界造成的危害和深深的愧疚，从而自思想层面发生转变，树立起环保和责任意识。借助这一具有冲突性和看点的创意，以及深具感染力的切换和主题凸显，这支广告触动了很多人，并迅速传播开来，获得了极大的曝光度，进一步将公益的力量传递到更大的范围。

案例四：可口可乐《不一样的我们，一样的在乎》

众所周知，可口可乐是广告营销中一大巨头，对于公益广告也毫不含糊。2018年推出的中国市场系列公益广告《不一样的我们，一样的在乎》就非常成功并引发热播。这一系列公益广告的主题分为“男孩喝水篇”和“女孩上学篇”，其公益主题是“让每个孩子都能喝上干净的水”，而《不一样的我们，一样的在乎》正是说明了在喝水权益这件事上，我们每个人都必须得到同等重视。通过两个篇章的传播，这个系列很快在网络上形成了较大的讨论度，在李连杰、高晓松等名人的影响下，这一广告的传播和讨论力度更大。在广告中，借助两个孩子纯真和天然的演绎，本就能够收获很多好感和关注，而“干净饮水”这一严肃的问题，更是引发了很多人的注意和响应。除了名人助阵和主人公外，广告片中的音乐和画面也值得一提，里面响起的童谣是家

案例选编

喻户晓的歌曲《甜蜜蜜》,而其编曲也是由知名的音乐团队打造,形成了非常魔性、具有深刻记忆点的背景音乐,并与画面中出现的动物口型达成一致,营造出了可爱的效果,令人忍俊不禁;同时,在画面中出现的奶牛,为其“关键部位”打上了马赛克,堪称神来之笔,成为观众津津乐道的“彩蛋”和热梗,使广告的知名度和曝光度进一步增强。

可口可乐的这一系列公益广告,成功地让人们开始注意到干净饮水的重要性,以及这一问题在一些地区所存在的不足,让人们主动去帮助这些地区的孩子们,达到了公益宣传的目的。另一方面,可口可乐借助公益建立起了正面的品牌形象,提升了品牌在大众心中的好感度和影响力。

从以上这些案例来看,成功的公益广告案例都具备以下几点要素:

(1)创意。好的灵感和创意才能够吸引观众,取悦观众,带来传播量。

(2)内容。用优质的内容承载和诠释主题,才会有更强的感染力和说服力,达到公益传播的效果。

(3)情感。契合人们的普遍情感需求,引发共鸣,让人们在同情、感动等层面上形成公益认知。

(资料来源:优秀公益广告策划案例分析[EB/OL].[2019-10-15]. http://www.gongguanzhijia. com/article/3434. html)

第七章

广告信息

本章重点及学习要求

从传播学的角度来看,广告活动在本质上是一种信息传播活动。这种信息传播活动包括广告的主题与定位、创意与表现。广告的表现又是通过广告的文案和构图来实现的。广告信息的要素包括主导信息要素和辅助信息要素两个部分。主导信息要素是广告信息的基本要素,辅助信息要素是对主导信息起辅助作用的要素。

通过本章的学习,要求能够基本了解广告信息的要素及其内容,掌握广告主题的构成与确定广告主题的要求;熟悉广告定位理论的发展过程及几种常见的定位策略;了解广告创意流程与思维方法及其向广告表现的转化;掌握广告文案和构图的原则、方法与技巧。

第一节 广告信息的要素

广告作为信息传播活动,传达的要素包括了很多方面,但主要分为主导信息要素和辅助信息要素两大部分。

主导信息要素是广告信息的基本的或者必备的要素,而辅助信息要素是对主导信息要素起烘托、渲染、衬托、美化、协调等辅助作用的,根据广告媒介的不同,这两种要素在使用上会有所差异。

一、主导信息

广告的主导信息是广告信息的主要组成部分,也是广告中必不可少的。广告的主导信息要素,一是语言文字,二是构图形象。其中,广告语言是广告信息的主体,它适用于一切广告媒介,研究广告信息,就应该首先研究广告的语言艺术。广告的构图形象也是广告的主导信息要素,它包括了画面、造型、模特、实物等多种要素,并且占有越来越重要的地位。

(一)广告语言

任何广告都离不开语言,广告中语言文字信息的作用是极为重要的。一切不能用可视形象直接表达的信息都可以用文字加以补充说明。广告文案的主要作用是显现商品名、商标、厂家等,由此反映出商品的特性和时代风尚。

广告的语言文字与广告的成功与否密切相关。从广告设计的步骤来看,应该是先写文案,然后根据文案的内容,用图画或照片来引起人们的注意。广告的布局和图案等其他部分,则是作为附加的装饰。因此,广告语言要能够吸引读者,让人从看到广告的第一眼就能被吸引,并持续到读完这则广告,这才是成功的广告文案作品。

广告信息是广告的重要组成部分,它要用简洁、生动的语言来表明商品的特性,满足消费者的愿望和要求;它还应该用富有感情色彩的语言来吸引读者,使读者了解和信任产品。因此,广告语言运用得好坏直接关系到广告信息传达的效果,要在第一时间抓住读者的注意力,并引导他们继续受到感染,最终引发购买行为。

在不同的媒介中,广告的语言可以用书面文字的形式传达广告内容,也可以用口头语言的形式传播广告信息,它不仅可以传达直接的信息,还能够传达间接的信息。

在广告语言的创作中,容易出现只有共性没有个性的情况,也就是广告语言千篇一律,没有独特的风格。在撰写广告语的过程中应该尽量避免这种情况。此外,还有的广告文字容易夸大其词,或者自卖自夸,这样,反而给读者留下不好的印象,不容易被接受。

例如,“钻石恒久远,一颗永流传”(A diamond is forever)这句广告语已经成为20世纪广告语的经典,这是纽约著名广告公司NW Ayer于1940年为国际钻石推广中心(DTC)创作的。1990年DTC携“钻石恒久远,一颗永流传”这句经典的广告语成功地进入中国,并历经超过10年的时间使中国消费者开始广泛接受钻石文化。这一句经典的广告语也从此改变了中国人婚庆佩戴黄金、翡翠的传统方式,进而形成了中国新婚夫妻“无钻不婚”的全新理念。

(二)广告构图

广告构图是广告中的画面与文字的布局方式。广告构图的版面包括了插图、商标、商品名、标题、说明文、标语、公司名、轮廓等图形和文字。这些要素通过不同方式的排列,组合成千差万别的视觉信息。

1. 插图。插图又称为广告图案或广告图画,在整个广告构图中是最具美术意义的部分。在广告中常用的插图有黑白画、彩色画、油彩画、摄影照片等。插图的设计必须既要实现视觉效果,又要实现传达广告内容的作用。

2. 商标。商标具有信号的作用,是广告构图中最容易认识的视觉形象。相对于其他构图要素,商标的造型是单纯的、统一的,具有点的集中效果。优秀的商标应该简明易认,符合易记、易读、一目了然的要求,还应该独具一格,并且具有永久性,能经得起时间的考验。

3. 商品名。商品名是广告中商品名称的显示要素,商品名不仅要便于消费者称呼和书写,还应该给人以鲜明的视觉效果并留下深刻印象。商品名要与广告内容有关,同时也应该注意发音和字形是否利于传播。

4. 轮廓。轮廓指的是广告图形的外框,其主要作用是控制读者的视野范围。轮廓能够明确区分自己的广告和其他广告的界限,迅速捕捉读者的注意力并控制读者的视线，使其不致转移到其他广告上。使用统一样式的轮廓，能加强版面的重复印象。如果配合其他因素，还能增强视觉效果。轮廓通常用各种线条或花边构成，但是注意不要过于突出，以免喧宾夺主，影响读者对广告主要内容的关注。

二、辅助信息

广告中的辅助信息要素是为主导信息要素服务的，对主导信息起到补充、说明的作用。常见的辅助要素有色彩、音乐、灯光、节奏等。

1. 色彩。色彩是在各种要素中对视觉神经刺激最大的一种。色彩信息的差异性和人的视觉对色彩的敏感性，决定了人们在日常生活中容易从物体的色彩入手去进一步了解和熟悉它。色彩设计的信息性处理，主要从色彩的物理学角度出发，应用不同颜色的色光效果、波长或频率的差异，形成所谓"视觉冲击"的效果。

广告的色彩设计要把色彩的美感统一于产品信息，发挥其冲击效果，刺激消费者的心理需求。在使用色彩的过程中，应该注意色彩与商品信息的结合，把冷色、暖色等色彩的属性与商品的特征配合起来，使其达到协调一致。同时，尽量调和色彩的注目性，合理运用色彩的亮度和纯度，并使面色和底色配合适当，以产生良好的视觉效果。

研究表明，人们在判断产品的过程中，最开始的注意力集中在"注视"的 90 秒，对品牌最直观的也是最初的评价是建立在色彩基础上。通常来说，红色代表热情、奔放，比如可口可乐的品牌颜色一直都是红色；绿色代表自然和朴实，比如星巴克的品牌商标虽然几经演变，但是都维持了绿色；蓝色代表聪明、自由、冷静等，比如 Facebook 的品牌形象。这些品牌形象不仅仅起到识别的作用，运用色彩对产品进行区分、促进产品销售的案例很多。例如，宝洁公司旗下沙宣、海飞丝、飘柔和潘婷四个系列洗发水，分别采用了不同颜色的外包装，如沙宣是紫红色系，符合其高端专业美发产品的定位；海飞丝是蓝色系，突出清凉清爽的感觉，凸显其去屑的功能；飘柔的草绿色系给人带来青春柔顺的感觉；潘婷的黄色系给人营养丰富的视觉效果，展示其"从发根渗透至发梢，使头发健康亮泽"的营养滋润型定位。

2. 音乐。在电视、广播广告中，经常会用到音乐。音乐与色彩一样，是广告中独特的艺术形式。音乐不仅能引起丰富的感觉与联想，而且容易记忆和传唱。

不同类型的音乐可以创造不同的意境,比如古典音乐、交响乐、轻音乐和流行音乐所引起的感觉和制造的氛围是有很大区别的。在运用的过程中应该注意它们之间的区别,找到合适的音乐类型。

熟悉的音乐一般都能使听众产生特定的感觉和联想,怎样将其与特定的广告主题和商品、企业特性联系起来,是音乐运用的关键。好的音乐能够促进广告主题的深化,使广告创意表现得淋漓尽致。

3. 灯光。灯光的运用也是广告中一个比较常见的辅助手段。同样的广告内容,可以根据灯光的色彩选择和明暗变化,从不同的角度表现出不同的样式和风格。现在的广告已经越来越注意到灯光运用的重要性。

此外,广告的韵律节奏、线条等也是辅助信息要素。随着广告手法的发展和丰富,激光技术、电脑应用等要素都将在广告的制作和艺术表现上发挥它们的优势和功能。

第二节　广告主题与广告定位

在广告活动中,首先要确定广告的主题,它是整个广告的灵魂,是广告创意、设计、制作等创作活动的基础。而定位则主要研究如何准确地表达广告主题,它贯穿于整个广告活动的始终。

一、广告主题

(一)广告主题的定义

广告主题是指广告所要宣传和明确表达的中心思想,也是广告为达到某个目的所要说明和传播的基本观念。

广告主题就是广告的中心思想。一则广告或者一个广告活动要涉及许多方面和许多问题,而且这些方面的各种因素还要构成一个统一整体。在这个统一整体中,必然有一个构造中心将其他各种因素凝聚起来构成整体。这个构造中心就是广告主题。其他各种因素都是围绕着广告主题这个中心而配置的。而且在广告的各个构成部分中,从广告创意到广告语言和画面形象,都是为了表现广告主题的,广告主题处于中心地位。

同时,广告主题又是广告所要说明或表现的基本观念。企业和产品之所以要做广告,是想达到某种特定的目的,而广告能实现这个目的,因为广告传播时将某种基本观念传达给受众并使他们接受了。广告主题的确定,就是要确定一个明确的能被受众所接受的基本观念,并以这个基本观念为核心去组织广告传播的内容。

(二)广告主题的地位和重要性

广告主题一旦确定,便成为所要传播的广告信息的核心,成为广告的灵魂。

首先,广告主题像一条红线,贯穿于整个广告活动之中。广告创意要以广告主题为依据,所有的广告创意、构思都必须以能表现广告主题为其原则,广告策划也是为了寻求表现广告主题的最佳方式,广告媒介计划及组合同样也要为表现广告主题服务,广告作品的设计、制作,都是为了表现广告主题。广告效果的产生是由广告主题对受众的影响和刺激而引起的,所以说在广告效果测定中也有广告主题贯穿其中。

其次,广告主题在广告作品中具有统率作用。这主要体现在广告作品的所有构成要素都必须服从于广告主题,凡是与广告主题相抵触的或者与广告主题关系不密切的因素,都不能为广告作品所容纳。同时,广告作品中的各个要素并不是凌乱的堆砌,而是由广告主题把它们联系起来,构成一个完整的广告作品,它们都从不同的角度以不同的方式为广告主题服务,都依赖于广告主题才能在广告作品中得到其存在的一席之地。可见,广告主题是促成各种广告作品要素有机结合成为整体的关键。

再次,广告主题使消费者产生心理共鸣。这是广告效果产生的关键,也是广告成功的关键。一则广告的生命力全在于其主题是否正确恰当,消费者的注意焦点也集中于广告主题。广告主题越好,越鲜明突出,便越容易引起消费者注意并产生心理共鸣,广告效果也就越好,广告的生命力也就越强。

最后,广告主题还决定广告诉求力量的强弱。任何广告都追求强大的诉求力量。广告的诉求力量来源于两个方面:一个是诉求焦点是否正确,一个是诉求方式是否高明。广告诉求焦点的选择必须与广告主题相吻合,只有符合广告主题的诉求焦点才是正确的。因此,广告主题对广告诉求焦点的确定有强制的力量,并保证了广告的诉求力量。广告诉求方式与广告主题在根本性质和存在意义上是一致的。对诉求方式的选择,是广告主题的内在要求和本质体现。只有按照广告主题的表现要求去选择诉求方式，才能更好地表现广告主题，有力地传达诉求焦点，也就发挥了广告诉求方式的强大诉求力量。所以，广告诉求力量的强弱，归根到底是由广告主题来决定的。

因此，广告主题在广告活动中处于统帅和主导的地位。广告主题是创意的基础，是相继而来的广告表现、广告效果测定等活动的总体指导。

（三）广告主题的构成要素

广告主题主要是依据产品的本身特点来确定的，有时也是在与其他同类产品的比较或者对消费者需求的分析中制定的。广告主题是广告目标、信息个性和消费心理三者的有机结合。广告目标是广告主题的基础和依据，信息个性是广告主题的诉求重点，消费心理是广告主题引起共鸣的活力所在。

1. 广告目标要素。广告目标是整个广告战略的核心，在广告活动中具有相对的独立性，它并不包含于广告主题之内，而是单独列于广告主题之外。但是，广告目标只有融入广告活动并通过广告活动去实现，才具有实际意义。广告目标要融入广告活动并得以实现，就必须借助于广告主题，只有融入广告主题，并成为广告主题的构成要素，广告目标才能与广告效果之间真正联系起来。

同时，广告目标又限制了广告主题的表现，广告主题必须为实现广告目标服务。确定广告主题，必须以广告目标为依据，针对要实现的广告目标而提出广告的基本观点和主要内容。广告主题必须能够体现广告目标，服从和服务于广告目标。这样两者才能达成统一与协调。

2. 信息个性要素。信息个性是指广告所宣传的产品、企业和观念的与众不同的特点，是一种独特的利益。信息个性是广告诉求的焦点，是广告主题的依据。商品或企业的任何一点差别都是选择广告主题所应特别注意的。广告主题正是从这些差别中才挖掘到的。

对于商品的宣传，不同的商品可以突出不同的个性，相同的商品也可以从不同角度表现不同的个性。在广告主题中，富有个性的事物最具有吸引力，能够在人脑中形成深刻的记忆，从而进一步获得消费者信任，只有这样，商品销售才有广阔的前景。

3. 消费心理要素。消费心理，是指广告决策和信息个性要符合消费者的心理需求，才能被他们接受，达到广告的目标。常见的可以融入广告主题的心理因素主要有关于健康、安全、爱心、地位等方面的需求。

广告主题只有融入消费者的心理因素，才能使广告诉求适应消费者的心理需求，使他们从广告主题中切身体会到广告产品与他们的利益密切相关，由此使消费者对广告主题产生心理共鸣，实现广告的诉求力量。

4. 广告主题构成要素之间的关系。广告目标是广告主题的出发点，离开广告目标，广告主题就失去了方向；信息个性是广告主题的基础和依据，没有信息个性，广告主题就失去了诉求焦点；消费者是广告主题的角色要素，不能适合消费心理的广告主题，就不能调动消费者的心理力量，不能引起心理共鸣，也就使广告主题失去了诉求效果。这三个要素相互融合，而不是简单相加。

（四）确定广告主题的要求

广告主题的确定在整个广告活动中都有举足轻重的作用，因此，为了准确地选定广告主题，必须注意以下几点：

1. 广告主题必须独树一帜。广告主题要有自己的独特之处，便于记忆，才能给人留下深刻的印象。

2. 广告主题必须简洁有力。商品本身的功能特点可能很多，商品能给消费者带来的利益与满足也可能是多方面的，但在广告宣传中必须分清主次，突出消费者最关心的诉求点。

3. 广告主题必须新颖刺激。要以不断创新的手法，引起消费者的兴趣，刺激消费者的购买动机。

4. 广告主题必须醒目统一。注意选择那些能够引人注目的主题，以吸引目标受众的注意。还可以与企业或商标名称、标志等不变的东西结合起来，这样便于形成易识易记的概念，有助于在更大范围内建立起企业或产品的形象。

二、广告定位

所谓广告定位，就是根据企业的整体定位策略，通过广告表现企业、产品和劳务中符合市场消费者需要的某些特性，从而确立企业在广告竞争中的有利位置，树立良好的企业形象和品牌形象。

（一）广告定位理论的发展

广告定位理论主要研究如何准确地把握和确定广告主题，表达广告的中心思想，以科学有效地提高广告效果。广告定位理论的发展经历了三个阶段，即20世纪50年代基于产品定位而形成的USP理论，60年代中后期基于形象至上的品牌形象论，以及70年代以后基于生活导向和市场定位而盛行的现代广告定位理论。

1. USP理论。USP(Unique Selling Proposition，独特的销售主张)理论是罗素·瑞夫斯在产品至上的20世纪50年代提出的影响深远的广告定位理论。这个理论的重点在于找到产品所拥有的相对于其他品牌的独特性，以及消费者能够得到的特殊利益。

USP理论的核心是明确的概念、独特的主张和实效的销售。

所谓明确的概念，是指在广告创意过程中努力寻找并提炼出产品本身可以给购买者带来的特殊功能和利益。

所谓独特的主张，是指广告信息必须有一个根植于品牌深处的、未曾被提出的独特承诺。它是其他竞争者无法提供或未曾提供的方法主张，它能够提供给消费者的最终利益必须是独有的。

所谓实效的销售，是指广告商品必须对满足消费者的需求有实际和重要的意义。广告能以其特殊的说服力和感染力与消费者沟通，能在实际中诱导其购买行为。

在产品至上的时代背景下，广告的主要任务就是向消费者传达消费此产品的独特好处或利益，把这种差异化利益诉诸消费者心里。因此，USP理论在当时引起了强烈的反响。瑞夫斯为美国玛氏公司的M&M巧克力所写的广告词——“只溶在口，不溶在手”，就是这个理论运用的典范。

20世纪90年代，达彼斯(BATES)广告公司拓展了UPS理论，将其运用到品牌塑造中，形成所谓的“达彼斯模型”。运用UPS理念创作的广告作品，应该具备以下特点：创意是否简明，令人信服；创意是否是独有的；广告是否来源于关于品牌的事实；广告是否包含了一个独特的利益点或利益区别；如果去除技术成分，创意是否存在；是否是同类产品中最出色的、最有推销力的广告。

2. 品牌形象论。20世纪60年代后期，科学技术推动了生产力的发展，产品日益增多，产品同质化使得USP理论无法发挥作用。形象至上成为当时的时代特点，在这个背景下，美国著名广告大师大卫·奥格威(David Ogilvy)提出的CI(Corporate Identity)理论成为最具代表性的品牌形象理论。他主张“每一广告都是对品牌形象的长期投资”，通过广告树立特别的品牌形象以达到营销目标。CI设计就是将一个企业的经营理念与精神文化、组织行为等方式和外在形象通过一整套传播系统传递给消费者，从而获得一种亲和力与认同感。

品牌形象论主要包括了以下几个观点：

(1)广告活动的目标就是力图塑造并且维持一个高知名度的品牌形象。奥格威认为，产品形象广告应该既具有产品广告的特征，又具有企业形象广告的特征。每一条广告都应该认真考虑广告创意是否对产品的形象有利。也就是说，广告活动所表现的广告作品必须保持一以贯之的形象风格。

(2)任何一个广告创意作品都是对品牌的长程投资。从长远的观点来看，广告必须去维护一个好的品牌形象，甚至应该以牺牲短期利益来获取品牌的长远利益。其中努力塑造产品的品质形象是极其有效的方法。

(3)塑造并传播品牌形象比单纯强调产品的具体功能特征要重要得多。随着同类产品的差异性减小，品牌之间的产品品质的同质性越来越大，消费者选择品牌的时候所运用的理性就越来越少。因此，在广告活动中，塑造并传播品牌形象远比只是单纯强调产品的具体功能特征要重要得多。

(4)广告创意应该重视运用形象来满足消费者的心理需求。奥格威认为，消费者在购买产品时追求的是“实质利益+心理利益”，因此，对某些产品和某些消费者而言，运用广告创意的形象来满足消费者的心理需求是广告活动走向成功的关键因素。

品牌形象理论对广告的发展也起到了较大的指导作用。这一时期最脍炙人口的是奥格威为“哈特威”衬衫创作的戴眼罩的男人形象和李奥·贝纳为“万宝路”香烟创作的牛仔形象。

3. 现代广告定位理论。20 世纪 70 年代以后，世界市场进入“生活导向”时代。企业不仅要考虑消费者需要什么，还需要从消费者的角度出发为其“设计与创造”生活。在此背景下，现代广告定位(Positioning)理论由两位广告专家莱斯(Al Ries)和屈特(Jack Trout)提出，具有划时代的意义。

所谓“定位”，按照两位专家的说法，“并不是要你对产品做什么事，而是对未来潜在顾客下功夫，即把商品定位在你未来潜在顾客的心目中去”“定位是从产品开始，可以是一件商品，一项服务，一家公司，一个机构，甚至于是一个人，也可能是你自己……”“定位是在我们传播信息过多的社会中，认真处理怎么样使他人听到信息等种种问题之主要思考部分”。

定位理论的核心就是主张在广告策略中运用一种新的沟通方法，创造更有效的传播效果。其基本要点有以下三个方面。

（1）广告活动的目标是使某一品牌在目标受众的心目中占据一席之地。这种理论认为，定位就是为品牌在消费者心目中寻找一个有利的位置，使消费者一旦产生某种需求的时候，首先想到的是已经在他们心目中占有特定位置的某一品牌，从而达到理想的传播目标。

（2）通过广告创造出有关品牌资讯的“第一说法、第一事件、第一位置”。广告创意要尽力表达“第一”的概念。因为人们往往习惯先入为主，如果某一产品能够以第一位置进入消费者大脑，他们往往会将某类产品等同于第一品牌。所以，广告创意最为理想的传播目标是使广告产品在潜在消费者心目中占据第一的位置。

（3）广告创意必须表现出品牌之间的区别。定位理论认为，广告创意应该避免去寻找产品功效、性能等的差别，而应努力在广告创意上表现出广告品牌与其同类品牌的差别。把广告定位的基点建立在消费者的心理上而不是产品个性上。这就是“从外向内”的定位思路，即从商品、企业自身出发转向从消费者、市场出发，这是广告定位理论、定位策略的重要发展。

不管是USP理论、品牌形象论还是现代定位理论，都是在市场的不断发展和变化中，在产品竞争特点不断改变的情况下，对广告的创作策略和产品营销策略所作的调整，它们在理论上都是一脉相承的。进入20世纪90年代，整合营销传播理论逐步兴起，进一步从传播学的角度探索如何与消费者进行接触沟通，把广告表现策略和媒体策略等有机结合起来，把广告定位理论推向了更高的层次。

（二）广告定位策略

广告定位是广告活动顺利进行的基础和前提，为广告作品的创作提供方向和题材，也是与消费者沟通和促成购买行为的关键，有利于进一步巩固企业的产品定位。常用的广告定位策略有实体定位策略和观念定位策略。

1. 实体定位策略。实体定位就是从产品出发在产品中找出新价值，并在消费者心中建立相应位置的定位方法。其特点是突出产品的新价值，强调的是产品与消费者的联结点。主要包括以下几种：

（1）功效定位。选择与其他产品有明显区别的特点加以表现，突出产品的特殊功效和非同一般的使用价值，对消费者进行诉求。如多芬香皂利用功效定位所建立的“有美容功效的香皂”的位置。

（2）品质定位。品质定位主要从产品的品质着眼，通过强调产品的优良品质而建立起品牌位置，这是一般产品广告中最常用的一种定位方法。如麦斯威尔咖啡“滴滴香浓，意犹未尽！”就是从产品品质出发做的定位。

(3)价格定位。它是在消费者心中寻找价格空隙，找到适合的价位以建立产品位置的定位方法。它又分为高质高价、高质低价、低质高价和低质低价四种。例如，Joy 香水的口号——“世界上最贵的香水只有 Joy 香水”，就是高质高价的典范。

(4)渠道定位。它是指针对产品的配销渠道来建立产品位置的定位方法。首先要找出有利的产品配销渠道，并以此来占据消费者心中的空隙，建立自己的位置。如著名的 L' eggs 丝袜，是第一个配销到超市的女袜品牌，就是利用了渠道定位方法。

2. 观念定位策略。观念定位是指在发展定位策略时，强调商品的新观念，借以改变消费者的习惯心理，形成新的消费观念。这主要包括以下几种：

(1)是非定位。它是指提供新的判断标准以改变消费者的原有观念，把产品和市场简单地加以区分的定位方法。即指出品牌是什么而不是什么，以影响消费者的认知。比如，七喜汽水用“非可乐”(uncola)为自己定位，并以此来对抗可口可乐，成为非可乐饮料的领导品牌。

(2)比附定位。比附定位就是借用其他已经存在的、已知的强势品牌，来说明本产品的位置的定位方法。也就是虽然承认自己不是领导品牌，但是将自己比附在较强的竞争对手身上的定位方法。比如 AVIS 出租车公司的广告语——“我们只是第二，我们会更加努力”，就是品牌比附的成功案例。

(3)逆向定位。它是指通过强调产品的所谓缺点在消费者心中建立产品位置的方法。它是利用了消费者的逆反心理和好奇心，用逆反的方法达到促销效果。比如，金龟车的广告“Think small！”(想想还是小的好)，就以逆向思维赢得了市场。

(4)重新定位(reposition)。重新定位即打破产品在消费者心目中所保持的原有位置与结构，使之按照新的观念在消费者心目中重新排位，以创造一个有利于自己的新秩序。比如，原为女士香烟的万宝路，重新采用西部牛仔形象进行广告宣传并将其重新定位为男性香烟，就获得了成功。

(三)广告定位的注意事项

广告定位要讲求策略和艺术。这就要求广告定位要始于商品的实质性东西，要以实际情况为基础,不能故弄玄虚,欺骗消费者,同时也应该讲究艺术性,使消费者易于接受,给人留下深刻印象。

广告定位还应该注意内在统一性和前后连贯性。内在统一性就是要使每个策略都通力合作,共同促进广告活动的进行。前后连贯性是指保证广告活动的主题核心保持不变,为广告策略的长期性和整体性服务。

第三节　广告创意与表现

广告的主题和定位仅仅是一种思想或观念,如何把它们表现出来,如何在广告作品中反映出广告的各种策略,怎样表现得更富有感染力,就是广告创意和表现要回答的问题。这是指广告设计、制作者根据广告主题,经过精心思考和策划,运用艺术手段,用所掌握的材料,塑造成一个形象或一个意念的过程。

一、广告创意

(一)广告创意的内涵

对于广告创意的理解,人们从不同的角度,有不同的说法。

1.广告创意是一个点子,一个主意,一种观念。美国广告专家大卫·奥格威说:“要吸引消费者的注意力,同时让他们来买你的产品,非要有很好的点子不可,除非你的广告有很好的点子,不然它就像快被黑夜吞噬的船只。”奥格威所说的“点子”就是“创意”的含义,一个好点子往往能使广告获得意想不到的效果。

2.广告创意是将“原来许多旧要素作新的组合”。詹姆斯·韦伯·扬指出,广告创意完全是把原来的许多“旧”要素作“新”的组合。组合的根据是各种“旧”的要素间的相互联系。这里,“旧”的要素是指已收集到的各种要素的资料;“新的组合”是通过广告人的想象,将散乱的广告材料,以独特的艺术表现手段,有机而完美地组合起来,是广告创意从分散的“点”走向聚合的“意”的过程。

3.广告创意是一种建立某种关系的艺术。李奥·贝纳曾说:“模糊不清的所谓创意的真正关键,是如何用有关的、可信的、品调高的方式,在事物之间建立一种新的、有意义的关系之艺术。而这种新关系可以把商品某种清新的见解表现出来。”也就是说,在构成广告的现成的诸多材料中“建立一种新的有意义的关系”,

然后将这些关系用艺术形式表现出来就是创意。

另外,有的人称广告创意为“伟大的构思”“创造性的思维劳动”“以艺术创作为主要内容的广告活动”等。

我们认为,广告创意是通过人们的构思,创造能表现主题思想的、具有实际和情感作用的艺术表现。广告创意的过程是对现实进行抽象的过程。创意是围绕广告主题的深化、艺术化和主题化而展开的,它是一种创造性思维活动。广告创意的性质是在于提出独特的推销主张,并围绕主题把推销对象观念化、情感化,以最大限度地打动和说服消费者付诸行动。

(二)广告创意的流程

广告创意的主要任务是创造意境和塑造商品个性,达到为主题服务的目的。在影响广告创意的诸要素中,广告创意人员是最关键的,他是创意中唯一具有能动性,能进行思维,能对客体进行分析研究,甚至于重新组合乃至再创造的因素。“人”是广告创意过程中的主体。相对于广告人的其他因素,即商品、消费者和竞争对手的广告,均为广告创意的客体,是广告人进行分析研究的对象,是广告创意的依据。

现代广告创意是建立在广泛而准确的统计资料的基础上,分别取得对各要素的生动、形象、准确的集中映像,再由广告人进行形象的再创造的过程。即先确定说什么,对谁说,再确定如何说。

在以“人”为中心的智慧联网中,广告创意的形成有以下四个阶段:

1. 积累准备阶段。广告创意始于分别对广告商品、消费者以及竞争广告的考察。创意的基础是同时获得有关商品、消费者、竞争广告等及时、准确的资料,进行细致的统计调查,并加以融会贯通。广告创意应该建立在广泛占有资料、充分把握相关信息的基础上。搜集资料不仅要搜集与创意有关的特定产品或服务、消费者以及竞争者的资料,而且要特别注意日常生活素材,以及一般性知识和信息的积累。广告创意实际上是一个综合调动广告人生活知识、经验以及记忆,并将这些信息按照特定意图进行重新组合的过程。

2. 分析酝酿阶段。对搜集来的资料进行归纳分析,按照广告目标,列出广告商品与竞争商品的共性、优势或局限,通过比较分析,从而找出广告商品的竞争优势以及给消费者带来的利益点,以寻求广告创意的突破口。也就是创意者从产品特质与人性需求的关联性去寻求诉求点,积极思考,把积累的知识和信息进行各种排列组合。

3. 启发思考阶段。对有关资料进行调查分析之后，开始在思考、酝酿、综合的基础上勾勒出一种创意的形象。在这个创意过程中，可能会提出很多个新的创意，要注意把每一个好点子或闪光的灵感都记录下来。经过长时间的思考和酝酿，脑中形成的大体印象和思维内容经过某种外在的刺激就会一触即发。

4. 验证评定阶段。对于前面提出的多种创意方案进行比较、提炼、深化、成型与完善，这是创意完成的最后阶段。经过多方研究与评定，如果该创意符合广告总体策划与目标的要求，就可以进入广告的表现阶段。创意形成以后，需要对创意构思进行进一步完善，这时应该联系广告活动的实践进行验证，使之不断成熟和完善。

综上所述，广告创意的有序性、和谐性和能动性，体现在创意的流程中，是广告公司各部门成员协调工作、默契配合的过程。由人组成的创意主体把各种要素进行新的组合，直到创意脱颖而出。

（三）广告创意的思维方法

1. 形象思维与抽象思维。按照创造性思维所借助的媒介不同，思维方式可分为形象思维与抽象思维。

形象思维又称直觉思维，是借助具体形象的生动性来进行创造性思维的一种方式。它以直觉为基础，通过某一具体事物引发想象而产生创意，是广告创意最常用的思维方式。

抽象思维又称为逻辑思维，是借助于概念、判断、推理等抽象形式来反映现象的一种概括性的思维方式。抽象思维贯穿于广告创意的全过程，特别是在广告准备酝酿阶段，要运用逻辑思维去归纳分析。在广告创意中往往用抽象化手法表现具体事物和观念，使广告的内涵有更大的理解张力。

2. 顺向思维与逆向思维。按照创造性思维的常规性，可以将广告创意的思维方式分为顺向思维和逆向思维。

顺向思维是按照常规定势的传统思维方法，也就是按照常规从上到下、从小到大、从左到右等等进行思考，这样使人容易接受。

逆向思维是指反常规、反传统的思维方式，运用这种思维方法在广告创意中往往能找到出奇制胜的新思路。

3. 发散思维与聚合思维。按照创造性思维的方向，可将思维方式分为发散思维与聚合思维。

发散思维是一种由一点向外联想、发散思考的方式。它可以充分调动大脑中积累的素材,运用丰富的联想产生新的想法。

聚合思维是以某个问题为中心,归纳集中,由外向里服务于这个中心的思维方式。聚合思维能够保证创意的不同角度、不同方面的全面性和系统性。

4. 垂直思维和水平思维。按照创造性思维的过程,可将其分为垂直思维和水平思维。

垂直思维是指根据事物本身的发展过程,按照既定的思考方式,向上或向下进行垂直的分析和研究。这种思维方式是一种按部就班的传统思维方式,它依照掌握的有关信息进行思考,有利于体现创意的深刻性和系统性。

水平思维是指不用直接从事物本身找思路,而是从与该事物相关的其他事物的分析比较中找到突破口,从另一个侧面分析问题、激发创意,从而产生新构想,收到意想不到的效果。

5. 灵感、顿悟和直觉的思维方法。按照创造性思维的不同特性,可将其分为灵感思维、顿悟思维和直觉思维。

灵感思维是将潜意识转化为实际想法的一种特殊的表现形式。灵感思维的特征是具有突发性、跳跃性、瞬时性、创造性。

顿悟思维是一种具有突发性的思维现象。它是创造者对客观事物的规律性获得直觉认识的一种外在表现,是一种理性思维在经验积累的基础上产生的结果。

直觉思维是一种对所具有的经验的共同理解,是一个敏锐的逻辑判断过程。直觉是对事物内在本质规律的一种深刻理解,它来源于平时的经验积累,是在此基础上所呈现的一种理性的结果。

二、广告表现

广告创意形成以后,就应该用某种形式把它表达出来。广告表现就是通过一定的表达方式或表现方式,用语言文字、图形、色彩或者其他方式,把有关商品、劳务和企业的信息表现出来,实现广告的目标和促成消费的目的。

(一)广告表现策略

广告表现策略就是运用语言和图像等形式把广告创意反映在广告作品中的

诉求方式。表现策略通常可以分为以下几种：

1. 理性广告表现策略。理性广告表现策略是指直接向消费者说明产品的功能、特点、好处等理性因素，让消费者进行理性思考，做出逻辑判断和选择。

2. 感性广告表现策略。感性广告表现策略是指运用图像、音乐、文字的技巧，诱导消费者的情绪变化并促使其产生购买欲望、形成购买行为的一种广告表现方式。

感性广告表现策略经常使用一些日常生活中容易引发人们感情共鸣的细节，运用生活片段、夸张或幽默等手法，与消费者进行感情较量。

3. 情理交融的广告表现策略。这种表现策略就是综合运用前两种方法，在广告宣传中既向消费者讲道理，又与消费者进行感情交流的策略，也就是做到“动之以情，晓之以理”。这种表现策略融合了理性和感性表现策略的特点，使其共同运用于广告信息的传播和广告创意的表现中，以达到良好的广告效果。

（二）广告表现的基本要求

广告在运用各种手段和方法来表现广告信息内容的同时，也应该遵循一些基本的原则和要求。

1. 广告表现的内容必须真实和准确，不能有虚假和欺骗的成分。虽然广告表现不可避免地要用到一些艺术手法，但是也要以实际情况为基础，不能脱离广告信息内容的真实情况，不能虚构或者无限夸大，给消费者一些无法实现的承诺。

2. 广告表现形式应该力求新颖、简洁。应做到各种艺术手段和信息符号的综合运用和有机结合，应该以新颖的方式和简洁的表达方式使读者眼前一亮，给读者一种新鲜感。

3. 广告表现要能引起预期的联想。广告表现本身就能直接或者间接地传达一些产品和企业信息，所以广告表现的各个要素都应该能够引起相应的联想，从而引导人们把想法与广告信息联系起来。

4. 广告表现应该符合公共利益，要考虑到对社会产生的影响，提倡积极向上的生活观念和方式，不能违反道德规范，一味地追求经济利益。

第四节　广告文案创作

广告中的语言文字表达部分称为广告文案。广告中文字所传达的信息的作用是非常重要的,它可以补充其他视觉形象所不能直接表达的信息。广告文案的信息的作用在于显示企业名称、产品名称、商标、使用说明等,并由此反映出商品的个性、风格、时代特色等。同时,语言文字具有自身的真实性,这也为广告信息的可信性提供了某种程度上的保证。

广告文案是广告的重要组成部分,它要抓住消费者的愿望和要求,用简练、生动的语言形象地表达企业和商品的特色和性能,来吸引读者了解和购买商品。因为,广告文案的好坏直接关系着广告的成功与否。

一、广告文案创作的基本要求

(一)广告文案创作的过程

广告文案的写作是一项具有创造性的工作,必须要经过一系列的准备活动和深入的调查研究,才能写出切合实际的、成功的文案作品。大体来说,广告文案的创作一般分为以下几个阶段:

1. 准备阶段。广告文案的写作需要有一定的根据,在动笔之前,必须深入研究与广告产品有关的各种资料,比如,商品的性能、制造过程、原料、市场分布和竞争情况,消费者的自身特征和购买习惯等等。

2. 消化阶段。收集了资料,就要加以消化吸收。关键是要把有关的资料进行分析和组合,把各种不同来源的资料进行分析综合,发掘其中值得注意和运用的地方,进行整合,加强各种资料之间的联系,找到最适合的部分用于文案的写作。

3. 构思阶段。经过了前两个步骤的准备和分析以后,就要开始对广告文案的写作设想不同的方案,并且做好记录。应该注意的是,最好不要对这些方案立刻做出选择,而应该先沉淀一下,等到思想成熟以后,再做出决定,这样可能会产生更好的创作思想。

4. 定案阶段。从各个角度综合分析和选择,得出一个最合适的信息焦点后,就可以选择一个主题突出、符合产品特征和消费者需求的方案确定下来。同时也可与以前的不同方案做比较,进行核查,看看有没有需要修补完善的地方,然后就可以提交广告客户和有关部门进行审核,为广告的最后制作做好准备。

(二)广告文案撰写的一般原则

广告文案的写作应该本着诚实的态度,善于引导消费者,通过丰富的想象创作出适合市场情况、社会环境以及消费者需求的广告文字,从而使广告语言达到

吸引力强、感染力深、鼓动性大和传播面广的目的。概括起来,广告文案的写作有以下几个原则:

1. 准确简洁。广告文句应力求准确简洁,才能快速、集中、鲜明地传递商品信息。准确,即要求广告以事实为依据,科学地、巧妙地运用语言艺术,使广告最大限度地产生说服力和感染力,广告用词要贴切,某些夸大性的词如"最好""最先进"等,要尽量避免使用。简洁,即要求广告主题单一,使用文字简明,要以最少的词汇传递最多的信息,突出每个广告宣传的主题,在消费者心中留下深刻的印象。

2. 生动形象。生动形象是广告语言是否具有艺术性的重要标志。生动形象的广告语言可以使人产生浓厚的兴趣,激发消费者的联想,给人强烈的鼓动性与感染力,从而留下美好的回忆。枯燥无味的文字会对广告产生负面效果。但是,生动形象要以真实可信、合情合理为基础,不能仅仅玩文字游戏。

3. 便于记忆。广告语言要便于记忆,能给消费者留下深刻印象。要尽可能地增强广告的艺术性,使之成为一种人们喜闻乐见、使人赏心悦目的艺术形式。为了使广告语言有利于记忆,可采用音乐、诗歌、警句等方式。

4. 重点突出。广告语言必须有很强的针对性,重点突出商品的特点和能够给消费者带来的好处,从而吸引消费者产生兴趣并做出购买决定。

此外,广告语言还应该考虑传播媒体的特点。例如,大众化媒体和专业性强的媒体,其受众对象有所不同,在使用广告语言的时候就要考虑媒体的特点以及受众的身份、兴趣等因素,从而采取相应的方法。

二、广告文案的写作要求

广告文案一般包括三个组成部分:标题、标语和正文。其中,标题是首先引起读者兴趣的部分,标语是标题的进一步补充,而正文是广告文案的主体部分,承载了广告的主要内容。这三个部分共同构成了完整的广告文案。

(一)标题

好的广告标题,能够起到画龙点睛的作用,为广告正文增添光彩,有着震慑人心的艺术魅力,能给人留下深刻难忘的印象。

广告标题的写作应注意以下几个方面的问题:

1. 主题突出。广告标题是广告正文的高度概括,所概括的广告主题和信息必须鲜明集中，人们看到标题，就能明白广告主要是讲些什么。标题要将广告内容中的精髓直接、清晰地展示给消费者，使消费者确定是否符合自己的切身利益，从而激发购买欲望。

2. 通俗易懂。广告标题中不宜使用艰涩难懂的词语，应当浅显易懂。恰当地运用口语，往往可获得较好的广告宣传效果。

3. 新颖独特。要选择能为人们提供最新信息的标题，在“新”字上下功夫。标题的“新”包括了内容和形式两方面。标题内容要独特，要尽量找出商品的特点，甚至要制造与商品有关的特点，写出标新立异的标题。在表现形式上，标题的字体、字形、用字与位置，都应考虑视觉化的要求，以独特的表现方式满足消费者的好奇心，感染消费者。

4. 简短有力。标题的语言一定要简练，不宜过长，从记忆的规律看，一般认为不超过10个字为合适。当然，这还要根据不同的媒体和不同的广告目标来定，不必过于拘泥。如果文字太多，可以分为主标题和副标题。

（二）广告正文

广告正文是广告作品中主要的介绍说明文字，它是广告文案的中心部分，也是广告内容的具体体现。如果说广告标题的主要功能在于吸引消费者，那么广告正文的作用则在于说服消费者。消费者在广告标题的诱导下，进一步从广告正文中得到可靠的信息并加以证实。广告正文写作的基本要求包括以下几个方面：

1. 真实可信。广告提供的信息真实可信，是消费者的共同要求，也能够为人们的生活提供方便。广告处于科学与艺术的交汇点上，它首先必须以事实为依据，严格而准确地表述商品的品质和功能，然后再去考虑以艺术表现为手段，取得消费者的认同感。广告文案的目的是推销商品，最重要的是要求语意准确可信，而不能随意夸大，要做到言不虚发。

2. 突出重点。广告正文要强调的重点，就是产品最重要的“销售点”。广告写作要进行周密的准备，在写作前必须对产品或服务特性、消费者的心理和需求以及市场状况等进行详细分析，从而抓住诉求重点。为了突出重点宣传，可以适当运用语言的重复艺术，强化和巩固广告正文中主要信息的印象痕迹。

3. 措辞得当。广告正文不仅要流畅，更重要的是要注意表达的准确性，即选取与广告内容相适应的广告形式，使不同层次的消费者产生认同感。比如：针对儿童的广告,正文应该形象活泼;对文化程度低的消费者,广告正文最好通俗易懂;对文化层次高的消费者,广告正文则可含蓄婉转。

4. 富有魅力。广告应该尽力做到新颖独特,传达给读者最新的信息。还要注意情真意切,这样才能打动人心,最好能够平易近人,缩短供求双方的距离。这些都能增强广告的魅力,达到良好的传播效果。

(三)广告标语

广告标语又叫广告口号,通常情况下是用几个字组成一句富有感染力的话,来传达商品、服务或企业形象的信息。在广告中,广告标语可以独立设置,可以与标题合并,也可以不设标语。广告标语是对标题的补充说明,其写作应该注意以下几点:

(1)广告口号应该尽量简短有力,字数不要太多,大多数广告口号在 5 个字左右。

(2)应该尽量做到易读易记,注意口号的节奏感和韵律感,有助于记忆。

(3)尽量口语化,采用人们喜闻乐见的语言和形式,贴近群众生活。

(4)应该具有冲击力和竞争性,发挥鼓动激励的作用,利于引导消费。

(5)尽量把企业、产品或劳务名称放到广告口号中,从而大大提高公司或产品的知名度及广告宣传的效果。

当然,上面所说的广告各个部分的写作要求并不是硬性规定,在进行文案创作的时候,应该根据广告产品内容、市场状况和媒体投放等情况的不同而采取灵活的方式。

文案赏析

诚品敦南店古董笔特展

重温握笔的感动

一支竹笔沾了尼罗河的水,填满了埃及的历史哀荣。

一支钢笔沾了日夜思念的泪水,写成了阿拉伯语哀绿绮思的情书。

一支彩笔沾了大溪地的水,画出了高原的原始野性。

笔因气候而有情绪,人因情绪而有灵感,笔因灵感而有生命。

在每张白纸的童贞前,百支有年份、有来历、有气味、有流传的古董笔,更显珍贵。

6 月 15 日至 6 月 30 日,诚品敦南店古董笔特展,邀请你重温握笔的感动。

文案赏析

文案前的思路：

写字的人不说话，一段关于笔的二三事。

曾几何时，工厂统一规格的笔，取代手工制笔，让不同的受众习惯一种握笔，一种表达。

曾几何时，电话取代了书信往来，一分钟90字的效率，取代纸上耕耘的笔记；过耳即忘的冷漠，取代永志于心的感动。文字失去了入木三分的感情线条，人失去纸上刻镂思绪的力道，而笔，失去了人的气味。

史学家的笔，第一次写字的笔，父亲送的笔，签约用的笔，专家用的笔，代表身份的笔……古董笔展，重新端详每一支有年份的笔，重新思考另一种无声的情绪表达，重温握笔的感动。

思考题：

1. 诚品敦南店古董笔特展的广告运用了哪些表现策略？

2. 分析诚品敦南店古董笔特展的文案特点。

第五节　广告构图技巧

广告构图是指在广告中画面与文字相配合的方法。广告构图按照商品的特性、市场情况和消费对象心理因素等来对广告信息进行编排和布局，把分散的、个别的广告要素按照信息传播和艺术设计的要求组合成统一的整体。

一、广告构图的设计原则

广告构图中的各个要素都传递了不同的信息内容，都有各自的功能。如何把这些分散的因素结合起来，尽量发挥它们的整体功能，以适当的表现手法创作出富于个性的广告作品，有效地传达广告内容，引起读者的兴趣和注意，从而产生购买行为，是广告构图所努力追求的。因此，广告构图的设计应该遵循一定的原则。

（一）构图设计的战略性

根据不同的广告要素内容，广告的设计首先应该从总体上进行构思，包括应该采用什么方式，突出什么重点，如何安排视觉流向和步骤，怎样撰写标题警句等。然后再进一步计划用什么方法能够抓住观众的注意力，如何诱导他们继续关注广告的内容和传达的信息。最后完成对广告目的和对观众的印象等的策划。这是构图设计的整体战略。

（二）构图设计的战术性

构图中的各种视觉元素都是可视的，在视觉流程中，相邻要素的间距对视线的流动速度有很大影响，这就需要掌握视觉流程的节奏来提高其可视性。而说明文字的处理也要注意其可读性，要特别注意字体、字形、大小比例、横竖位置、字距行间等因素，对它们进行妥善安排。

（三）构图设计的统一性

广告主要是通过形象的直观图像、抽象的文字概念或者形与色的感性印象以及其引发的心理感受来实现信息的传达。而承载这些信息的载体，包括图形、品名、标志、标题、说明文字等，也应该遵循视觉运动法则进行编排、组织和处理。广告的传达内容要有中心，表现形式要有特点，流程要有节奏，编排要有条理。而且，各种要素的组合要统一起来，简明、迅速地传达广告信息，完成信息传达的任务。

二、广告构图的类型

广告构图执行的功能不仅仅是表现美感，更重要的是要传达商品信息，它应该是以传达广告信息为目的的视觉传达设计。因此，广告构图要通过对形式美的追求，达到空间美、对称美、分割美、组合美，并给人以一种稳定感、庄重感、信任感、亲切感。下面是常见的广告构图形式：

标准型：图在版面的上端，其次是标题，然后是广告文字与商标字体。我们平常所见到的广告，大都是标准型。这种构图首先用图片吸引读者的注意，然后利用标题来诱导读者注意广告文字以及商标字体。标准型有一种好处，就是可以使读者养成阅读图片说明的习惯，标题置于版面的中央位置，比通常置于上端，更容易使人注意而乐于阅读。标准型是基本、简单而规则化的构图形式。

标题型：标题在先，接着是图片、广告文字和商标字体。有很多广告文字需要将标题置于图片的上端，作为图片的序言，这就是标题型的构图，这种构图形式旨在使图片被看到之前，让人先注意其标题，接受最重要的信息。

图片左置型：图片纵向置于左边，标题与广告文置于右边。图片在构图中占有重要的地位，是否比广告文更重要，得视具体情况而定。有时广告主题需要纵长的图片，就得采用“图片左置型”；纵长的图片与横向的字行，成为很有力的对比。在没有图片的时候，则可用一行不太明显的装饰字体纵向排列，可增进构图的美感。

图片左右型：图片放在左边或右边，或者同时左右边都有。在前一种类型中，图片是放在左边，可将读者的视线引导到广告文上。如果遇到一张报纸上同时登载了多个广告，那么这种类型可以用来隔开在左边的任何竞争性的广告。但是如果是全页的杂志广告，图片放在右边比较好。读者的眼光会很容易地接触到广告的正文，同时利用人们从左到右的阅读习惯，读完一行以后，图片就可以把它挡住，并强迫他去继续读下一行。

斜置型：构图时全部或主要部分斜向右边或左边。为了使广告能引人注目，设计者可将广告歪斜地放置，达到与众不同的效果。斜置型具有动感和富有活力，将版面稍微往右或往左斜，可增加其易见度。

自由型：比如报纸的版面、连环漫画或者杂志读物的广告可以不拘形式地编排。设计者可以利用人们视觉感受的共同习惯，把大众已经习惯了的一些东西，设计成报纸版面、杂志读物、连环漫画、电报、信件、备忘录、请帖、账单或支票等形式，一般的读者就会凭习惯去读。

反常型：对标准型的排列次序加以变化，或者是与标准型排列刚好相反。有些广告是把商标字体放在上端，或与标题结合成一体。这种形式可以把企业的情况先介绍出来，而不是将它藏在广告文中，从而很快引起人们的兴趣。

交叉型：图片置于一个方向，广告文字反方向与之交叉。这种构图类型的主要特点在于将图片置于画面的其中一个方向，而广告文字则反方向与图片交叉，利用这个交叉点制作出一个广告画面的集中点，把广告的重要信息置于此。

纵条型：整个版面分成深浅不同颜色的纵条形格子。在广告设计中，采用纵条型构图方式，可以使呆板枯燥的广告文字变得生动，使读者产生兴趣，从而避免了读者对单调的广告形式的厌烦。

指示型：标题或图片指向广告内容。这种构图是运用图片或文字，吸引和引导读者的目光，指示他们去阅读广告内容。

中轴型：标题、广告文、图片与商标字体交叉放在轴心线的两边。广告构图的各个要素放在两边，紧挨着轴心，这种类型容易产生安静感，且有较好的平衡感，但不一定要用线条作为轴心，也可利用中间的空隙来表示。

文字型：以字体为主，图片仅仅是版面的点缀。现在的广告经常大量地使用图片，以配合消费者极其有限的阅读时间。但这样的设计有的时候会冲淡广告信息，所以很多广告以文字为主打，只是稍微用图片点缀一下。只要充分考虑到不同字体的搭配和位置的安排，就仍旧能够产生灵活、生动的效果。

字图型：图形排列成字体形状，即用其他的图像排列成字体的样子，加强字体的图像性，以达到增加吸引力的广告效果。

字母图示型：将标题或商标字体图片化。这种设计形式是以字体的编排和运用作为构图的主要部分。这种构图方式常常用于制作费用不太充裕或者无法利用图片的情况。

重复型：同样的一个单元做三四次或者更多次的重复。重复是指在同一幅广告中，同一个意念重复出现，或者是同样的形式反复出现。重复具有强调、加强注意以及使整个广告更加统一的作用，当然也应该注意不能滥用。

全图型：图案占了几乎全部的版面，没有或很少有文字，或者将仅有的文字嵌入图片之中。这种广告形式一般比较适合人们已经比较熟悉的商品，同时，广告的图案要能传达文字所传达的信息。

三、广告构图的要求

广告构图的好坏直接影响着人们的感觉和宣传内容的传达，对于宣传效果的好坏也起着关键作用。为了保证构图对广告作品的强化作用，提高广告构图的科学性与艺术性，应该注意以下要求：

第一，重点突出，引人注目。广告构图必须能够迅速吸引人们的注意力，为了能够达到这个目的，广告的图画、文字以及产品形象都要重点突出，引人注目，才能在第一瞬间抓住人们的目光。

第二，整体均衡，布局统一。广告构图作为一个整体，必须从大局着眼，照顾到各个方面的比例和安排，遵循美学原则，体现艺术效果，并充分运用视觉规律，引导人们的视觉方向与广告所要表达的信息相统一。

第三，目的明确，形神合一。广告构图的所有结果都是为传达广告信息服务的，一定不要忘记这个原则，要明确表现广告信息的目的。不要喧宾夺主，要把形式和内容统一起来，用适合的形式强化内容的表现和传达。

此外，针对不同的媒体，在具体的构图过程中还应分析具体情况，采用适当的形式，最大限度地发挥构图对广告信息的表现作用，为广告作品的完成添上精彩的一笔。

本章小结

广告活动可以从很多不同的角度来诠释，而本章的着眼点就在于从传播学的角度来把握整个广告信息的形成与传达过程，使广告活动的信息传播本质一目了然。

广告信息包括了主导信息与辅助信息。主导信息主要指广告文字与构图，辅助信息则包括其他的一些内容，并且随着社会科技的发展而不断丰富和完善。

广告的主题与定位是一般广告活动中处于中心地位的部分。广告主题是广告的灵魂，统领了广告活动的其他一系列环节。而广告定位则涉及广告所要传达的企业、产品的形象，需要找到最适合的表现内容和表达方式，这也是关乎企业和产品长久利益的重要部分。

广告的创意与表现是广告信息传达的实际操作过程。创意是在主题与定位确定的前提下对广告信息的表达方式作的探索和尝试。创意的好坏关系到广告信息传达的准确、到位与否，好的创意能提升广告信息的传播效果，反之则有损于信息的传播。广告表现是对创意的实现过程。广告表现的两个最重要的手段是广告文案的创作和构图的设计。广告文案是广告中的语言文字部分，它是广告信息传播的主要承担者，其构成有广告标题、正文、标语等，它们在信息传递中分别发挥着不同的作用。构图形象是广告的整体设计部分，构图的好坏直接关系到广告是否在第一时间对消费者具有吸引力，从而影响到广告传播的第一印象。

广告信息的传播过程在以上几个部分的共同作用下得以实现，而这些部分也共同组成了一个完整的信息传递过程从抽象到具体的转化，使广告信息的传播顺利完成并走向广告活动的下一步。

思考题

1. 广告信息的要素包括哪些内容？

2. 广告主题的作用是什么？
3. 简述广告定位理论的发展过程。
4. 广告创意的思维方式有哪些？
5. 广告表现的基本要求是什么？
6. 简述广告文案的创作要求。
7. 广告构图主要有哪些类型？

案例选编

“天与空”广告公司的创意四维模型

你还记得电影《肖申克的救赎》中的这个情节吗？安迪的好朋友瑞德在入狱第20年、第30年时的假释申请都被驳回了，而在第40年的时候，假释申请终于通过。为什么？因为面对同一个问题“你认为你改造好了吗？”时，相比前两次苍白无力的回答，瑞德在第三次回答的时候讲述了一个“寻找并教育好以前的我”的故事，最终审判人员在假释文件上盖了“Approval”（批准）的戳。这就是文案的力量。

文案作为直接与受众沟通交流并进行劝诱的信息载体，在一则广告中占据中心地位。好的文案创作源于一个伟大创意（great idea）。在广告行业呼吁让创意回归到行业本质的“天与空”广告公司，成立近7年来，一直用一种非常具有背叛意味的方式升级传统4A倡导的独立创意并试图让创意跨越一切沟通平台。他们的作品屡获金投赏、长城奖、艾菲奖、4A金印奖等重量级广告大奖。“天与空”的广告作品有时候会提醒妈妈们“洗衣服，多一步”，有时候却让消费者在支付的时候省掉几步“不打开APP就支付”。偶尔让线上观众体验长城上的深夜食堂，偶尔又让线下购物者在shopping mall里目睹怒睛鸡啄出天机。见识过了会唱歌的缝纫机，也见识了会作诗的POS机……

在这篇文章里，我们试图还原“天与空”的创意方法论——可以简单地概括为创意四维模型。创意四维模型：伟大的创意都离不开对消费者的洞察、对社会问题的洞察、对产品差异化的洞察以及对竞争对手的洞察。洞察是创意的前提，也是基础工作。洞察之后便是创意作品的构思，有四个可供构思的思考方向，也就是所谓的创意四维模型，四个维度分别是元素、场景、人和时间，每个维度之下又会涉及不同的工具式思维方法。

一、元素：旧的元素，新的组合

品牌Logo、产品、颜色、诗歌及歌曲、星球、古建筑、器具、文具、云朵、植物、动物、礼物、艺术作品、生活用品、童话故事……这些都是“天与空”创意作品中常采用的元素，每个元素都可以延展开进行创意构思，通过一定的方法可以找到它们新的组合。

1. 反差法。创意看上去总是天马行空的,“天与空”经常将若干个反差很大的元素组合在一起,并往往产生一些新的功能。新的功能不是随意产生的,而是找到了元素之间的连接点,可以直观地体现产品的特点或者品名的含义,而有时候这个新的功能本身就是连接点,并能够直击受众的痛点。缝纫机与乐队本是毫不相关的元素,《缝纫机乐队》这部电影的名字是一个新鲜的组合,但一时之间不太好理解。在看电影之前如何能直观地向大众解释其中的含义呢?干脆就让一台缝纫机唱歌吧!历时30天,工作人员将一台上海老式缝纫机改装成了一个乐器,只要一踩动脚踏板就能发出音乐,还能打印出歌词。这是缝纫机的新功能,也是嫁接缝纫机与乐队两个元素之间的连接点。

《缝纫机乐队》

POS机是一个硬生生的金融工具,诗歌却内含着一个美丽的远方。诗歌和POS机这两种元素之间存在连接点吗?在洞察到大山里的孩子创作的诗歌就是大城市里的成年人回不去的那个远方这个痛点后,POS机作诗这个新功能作为一个连接点就产生了。将平常的POS小票,冷冰冰的消费数字变成一首首孩子们创作的温暖小诗,在这些诗歌POS机背后,尽是童真和诗意,温暖了每一个匆忙的城市赶路人。

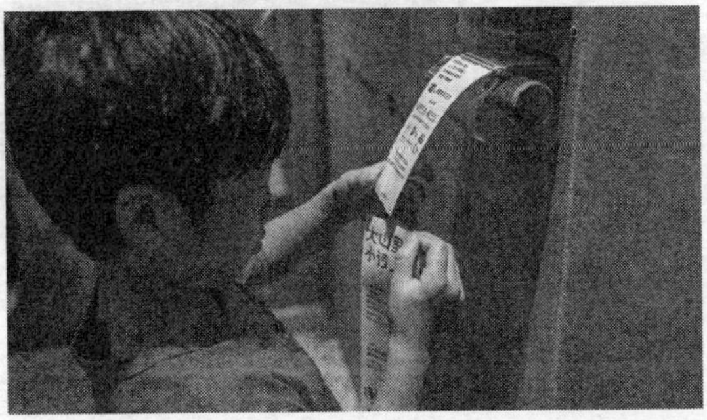

POS机广告

2. 嵌入法。将不同的元素嵌入到同一个画面当中有时会产生惊艳的效果，同时增强了品牌的说服力。问题是这个画面为什么需要这个元素呢？有时候这个元素定义了时间或地点，有时候这个元素强调了品牌。好的啤酒要花时间慢慢酿，“天与空”为青岛啤酒旗下的“经典 1903”啤酒量身打造主题为“好事不怕晚”的深夜食堂 IP 整合战役。如下图，他们在长城上策划了一起深夜食堂事件，引爆了社交网络。从上空俯瞰，北京慕田峪长城烽火台上，惊现了一个大型月亮装置，宛若天外飞物，定义了活动的时间——深夜。而另一侧的深夜食堂招牌则强调了定制罐这一品牌特征，画面太美了。

青岛啤酒“经典 1903”啤酒广告

“天与空”为滴露打造的品牌故事大片《松木巨人和细菌王国》里，传说只有松木巨人才能拔出信任之剑，消灭细菌保护小朋友。而如果你注意到滴露的 Logo 里就一直藏着这把信任之剑，你就会知道将信任之剑嵌入这个故事画面，主要是为了强调滴露杀菌的强大功效，这就赋予了信任之剑生命，同时增强了品牌说服力。而松木巨人名字的由来则是因为使用了滴露除菌液后手上会留下松木香味。

滴露广告

3. 隐喻法。隐喻是一种思维方法，隐喻的主体往往借助隐喻载体特点的转移和拼接使主体本身具有新的特点和含义。关键点在于寻找隐喻主体和载体之间共通的部分,避免产生认知风险。17 世纪中期,欧洲的第一个咖啡馆在牛津大学建立,立即成为人们交流思想、激发智慧的聚集地。咖啡馆也因此代表了智慧的成长。而在中国,“喝墨水”是一个家喻户晓的俚语,意味着你读过很多书,文化底蕴高。在洞察到现在的年轻人对文化类节目充满热情之后,“天与空”为腾讯新闻文化类访谈节目《十三邀》策划了一场在 COSTA 卖墨水瓶咖啡的沙龙活动。《十三邀》和 COSTA 咖啡合作推出一款可以喝的“墨水”,让“喝墨水”变成现实,给了年轻消费者一个新鲜的体验。墨水瓶咖啡赋予咖啡新的含义,同时透过瓶身设计让观众对《十三邀》这个节目产生更大的兴趣。

《十三邀》与 Costa 墨水瓶咖啡广告

不同的花有不同的花语,寓意着不同的美好。特别是对年轻妈妈来说,喝好奶粉,补充身体所需营养,才能更好地迎接新生,享受生活的美好。在这一点上,没有什么比一朵奶粉做的鲜花更能代表对年轻妈妈的礼赞。“天与空”为年轻的妈妈们定制了“花式炫酷”的新生礼——史上首款奶粉花,寓意她们像花儿一样绽放新生,并致以“酷启新生”的美好祝福。奶粉花卉是用惠氏启韵奶粉,以经典英式手工技法创作而成,每一朵都独一无二。奶香扑鼻,温柔美丽。

惠氏启韵奶粉广告

案例选编

二、场景:置身其中,感同身受

场景思维是广告片里的套路思维模式,王老吉经典广告“怕上火喝王老吉”就采用了熬夜看球、烧烤排挡、野外聚餐等几个易上火的场景来突出广告诉求。而在“天与空”创作的广告作品中,我们可以看到场景的大量使用。这些场景主要分为生活场景、职业场景和问题场景。

1. 生活场景。生活场景基于对生活的洞察,并在此基础上发挥想象力,上升为广告应用场景。产品适用的生活场景越普遍,广告中使用生活场景越能突出产品的卖点。广告中的产品应具有生活普适性,但需要选出典型生活场景。

作为国民支付工具,支付宝具有随时可用、无缝体验、安全可靠、崇高品牌内涵、理财服务、公交卡、水电煤缴费等多个品牌必备之选。2017 年,为了在全国范围内普及“无现金支付”的概念,“天与空”推出了“支付就用支付宝”的传播主题,所拍摄的广告中涵盖了逛街、便利店、吃饭、买菜、办政事、校园、景区、骑车八大典型生活支付场景,八张平面广告在全国数 10 个城市投放,从一线城市铺到五线城市,让“支付就用支付宝”深入人心。

支付宝广告

2. 职业场景。人的职业和工作在人的一生中占据了大量的时间,所以职业场景也是一个非常重要的应用场景。一定情况下,广告中使用职业场景能够对产品进行差异化的定位。比起,在淘宝网成千上万件商品中找到一件真正称心的衣服无异于大海捞针,时间成本相当惊人,而蘑菇街的优势不在店铺数量,在于“做挑选的能力”。一个“淘”,一个“挑”,深深戳中了淘宝和蘑菇街的用户体验差异点。这归功于蘑菇街处心积虑打造的终极大杀器——时尚买手!

案例选编

2014 年,“天与空”为蘑菇街重新进行战略定位——“时尚买手第一街”,提出品牌主张——“蘑菇街,我的买手街”。五支意想不到的买手视频:赴汤蹈火只为时尚、河东狮吼来砍价、飞檐走壁捕获原创、“蛇”战群儒抢购限量版、勇闯虎穴寻情报……这些常人眼里堪称逆天的行为,却真实展现了蘑菇街买手的日常工作。

蘑菇街广告

3. 问题场景。产品最初的定义就是用来解决消费者现实生活中存在的问题的。生活中、职业中都会存在不同的问题场景,广告巧妙引用问题场景能够直观地突出产品的功能性价值。移动支付是很方便,但是每次支付的时候我们都需要打开手机、打开 APP、找到二维码、再刷二维码、再输入密码认证,最终才能完成支付。整个过程分了至少五个步骤。因此这会导致在生活中一些问题场景的产生:和朋友吃饭后结账的时候,你突然忘记了支付密码,是不是很尴尬?你因赶时间急着通过地铁闸机的时候,怎么也找不到二维码,是不是很心急?为此,“天与空”为银联手机闪付提出“不打开 APP 就支付”的全新品牌定位,广告中巧妙地化解了以上问题场景出现的尴尬。

银联手机闪付广告

三、人：多少人？名人？

“天与空”的作品中很少出现代言人，但不排除他们的营销活动会吸引明星或者KOL的主动参与，所以这里的“人”主要是指广告或营销活动中的演员、模特、普通人和名人参与者。在考虑人的因素的时候，需要思考两个问题：是用多数人，还是只用少数人？是用名人，还是选用普通人？因为这涉及几个心理效应：同理心、名人效应、羊群效应。

1. 同理心。同理心（empathy），亦翻译为“设身处地理解”“感情移入”“神入”“共感”“共情”。泛指心理换位、将心比心。广告中没有比使用当事人视角来陈述更能激发受众的同理心的了。

2016年8月，“天与空”为顾家家居发起了年度大促“全民顾家日，8.16不加班”行动，传递品牌“因为顾家，所以爱家”的生活理念。在广告视频中，四位孤独人妻含泪讲述了自己的孤单历程及对正常家庭生活的渴望，引发受众内心深处的共鸣。线下，“孤独沙发”行为艺术在上海地标环球港广场震撼上演。40名孤独人妻站上沙发，向过度加班的丈夫喊话，希望他们能早点下班回家。

顾家家居年度大促“全民顾家日，8.16不加班”广告

2. 名人效应。广告作品或者营销活动中借用名人可以起到诠释品牌内涵、信用背书及良好的带头示范效应，容易引发群众跟随，简称名人效应。除了考虑名人本身的社会影响力外，在选用名人的时候更多应考虑其与产品特征、品牌调性的契合，从而使名人效应得到最大的发挥。在为青岛啤酒打造的“好事不怕晚”整合营销战役中，“天与空”邀请到六位各领域的KOL拍摄视频，有酒也有故事，结合名人背景创作出"好事不怕晚"的广告文案,这些文案都是岁月沉淀下来的精华,以名人自身的故事表达了主题内涵。

案例选编

青岛啤酒"好事不怕晚"广告

在2014年4月2日国际自闭症日,"天与空"为壹基金发起了"今天不说话"行动,换位思考,号召中国人在这一天以沉默的方式为自闭症儿童募捐。许多名人热烈响应与支持,带动超过160万中国人加入"今天不说话"运动,影响人群超2亿。

壹基金"今天不说话"行动广告

3. 羊群效应。用大多数人影响大多数人,激活受众的从众心理产生羊群效应。调查显示,在80、90后的年轻一代中,不想洗碗的人群占到了90%以上,越来越多的人自曝为"懒癌"患者,为了逃避洗碗引发"家庭战争"的事例屡见不鲜。另一方面,当下洗碗机市场尚处消费者培育阶段,观念上的缺失成为最大的阻力。"天与空"为西门子洗碗机架构的营销思路,从找到消费者的痛点开始,激活每个人隐而不发的"我不想洗碗"情结,借助社交沟通利器,从而拓展西门子洗碗机的认知度,确立西门子市场领导者的品牌地位,"我不想洗碗"的阶段话题应运而生。

案例选编

“我不想洗碗”

2014年8月22日，西门子家电官方微博做出承诺：只要在碟子上创作“我不想洗碗”，通过微博、微信、线下三大平台参加晒碟照，就有机会赢得西门子洗碗机，隔天送一台。此举引发了微博上的全民“晒碟”行动，“我不想洗碗”战役效果出乎意料，短短十多天收到全国各地网友的碟子创作数千件。截至9月4日，已送出洗碗机六台，媒体总曝光量过亿次，微博转发过10万次，评论超过五万次，微信阅读量接近八万次。

四、时间：顺势而为，巧借天时

时间在任何情况下都是一个很重要的概念，对于营销来说则更加重要。社会上出现的热点转瞬即逝，谁能在第一时间抓住，用最快的速度跟进，就能蹭到一波热点红利。当然，并不是所有的营销都需要蹭热点，有时候是常规的时间节点，比如节日营销；有时候是大事件节点，比如春运、奥运会等。不管怎样，营销应该顺势而为，巧借天时。

1. IP热点。一部动漫、一部电视剧、一部电影的上映都可以成为品牌借助的IP热点营销时间，有利于增强营销的话题感以及全民跟进。“天与空”为青岛啤酒设计的“深夜食堂”定制罐就是在中国版《深夜食堂》电视剧播出期间投放的，而这个话题竟然有两种截然不同的讨论和反响，一方是迎来网友高度一致差评的电视剧版《深夜食堂》，一方则是刷屏朋友圈的“长城上的深夜食堂”。此次营销效果并未受到电视剧版《深夜食堂》的差评影响。另外，上文提到的会唱歌的缝纫机，本身也是为了在电影《缝纫机乐队》上映期间给电影造势。

案例选编

2. 大事件节点。社会大事件几乎关系到社会上的每一个人，比如春运、世界杯，大家都能参与其中。2017 年初春运之际，“天与空”为生活家家居发起了三波“别等家也老去”跨媒体传播。2016 年 12 月 25 日，《白发装置艺术展》亮相北京，2 000 多位老人用他们的白发拼成一个巨大的“家”字，呼吁子女回家过年，别等家也老去。2017 年 1 月 2 日，《白发家书》亮相苏州，三位老人花费 40 多天，用自己的白发绣成白发家书，呼吁子女回家过年，别等家也老去。2017 年 1 月 10 日，推出《不回家的理由》社会实验纪录片，拍摄了五组父母在不知情的情况下，意外得知儿女不能回家团聚的真实反应。“别等家也老去”成为 2017 年第一个刷屏级的营销事件。

“别等家也老去”营销案例

2018 年世界杯来临之际，腾讯体育举办了超级企鹅足球名人赛，赛事集结了参与过 2002 年世界杯的国内外退役足球巨星，为世界杯整体推广预热造势，希望借此拉动中国消费者对世界杯及腾讯体育的关注。而近十几年中国队无缘世界杯，让消费者渐渐忘却了当初的热血和激情，“天与空”和《体坛周报》合作，在《体坛周报》2001 年到 2002 年的所有电子版新闻中精选了 50 个版面，在 16 年后重新印刷了 5 000 份报纸，最后拼成了一幅巨型海报，投放在上海虹口足球场地铁站，将一块广告牌变成了“报刊亭”，用旧报纸做新广告的创意，重新燃起了人们对足球的热情。

腾讯体育“超级企鹅足球名人赛”广告

3. 节日时间点。从天猫双 11、京东 6.18、银联 62 节这些人造的节日中就能感受到节日对于营销的重要性。天赐的节日当然是最好的营销时间点。5.20,我爱你,不仅是一个恋人之间表达喜爱的节日,更可以成为社会对弱势群体表达关爱的节日。2015 年 5 月 20 日和 2016 年 5 月 20 日,“天与空”联合安利公益基金会分别向社会发起“白饭行动”和“头顶食物”活动,呼吁大家为中国 2 600 万没菜吃、天天吃白饭的贫困儿童和 1 000 万营养不良的贫困儿童募捐。

“白饭行动”和“头顶食物”活动

最后说两句,以上列举的案例仅是“天与空”广告公司的部分代表作品,还有其他优秀作品因为篇幅有限未做分析。需要指出的是,我们提出的创意四维模型不是一个平面模型,而是一个空间模型。四个维度,每个维度代表一个平面,每个平面仅是一个维度的思考方向,而品牌在做创意的时候需要综合考虑四个维度的变量才能使价值最大化。

(资料来源:7 年 100+广告,“天与空”的创意方法论[EB/OL].[2021-05-15].http://www.gongguanzhijia.com/article/4990.html)

第八章

广告媒体

本章重点及学习要求

广告媒体是指传递广告信息的物质技术手段，它伴随着科学技术的进步而日益丰富。旧的媒体不断地发展或被淘汰，新的媒体形式也不断产生。由于各种媒体的功能特性不同，因此在信息爆炸时代，媒体的科学组合运用至为重要，必须熟练掌握广告媒体的组合运用与策略手法。

本章概述各种广告媒体的特性，指出选择广告媒体时应注意的因素、选择广告媒体的标准及具体方法、媒体计划书的撰写及媒体的计划安排。本章对广告媒体的投放策略作了较详细的介绍，并对未来广告新媒体的发展提出了前瞻性的看法。学习本章时，除了要掌握媒体的基本知识外，还必须实地考察了解媒体运作情况，以增加感性认识。

第一节 广告媒体概述

一、广告媒体的含义与功能

（一）广告媒体的含义

媒体，又称媒介（media），它是指将信息传播给大众的工具。从广告信息传播角度看，广告媒体是指任何已存在或未发现的能承载广告信息、达到广告目标的一种物质技术手段，即凡能刊载、播放广告作品，在广告活动中起传播信息作用的物质和工具，都可以称为广告媒体。如电视、广播、报刊、互联网、游戏、手机短信等等。

（二）广告媒体的功能

广告媒体具有多方面的功能，既有传播功能，也有文化功能，还有经济功能。广告媒体功能的多样性，是由广告活动的复杂性决定的，但其主要功能还是经济功能，其他功能从属于这一功能。

1. 广告媒体的经济功能。广告媒体能带来巨大的社会财富，其一，通过对媒体时间、空间的二次售卖能获得媒体本身生存发展的经济利益，广告媒体（或者说媒体）经济正成为21世纪公认的朝阳产业。其二，通过传输广告内容，引导、刺激消费，促进整个经济的发展，广告已成为企业营销不可或缺的手段，因而广告媒体的经济功能也成为其主要功能。

2. 广告媒体的文化功能。“文化”是一个内涵丰富的概念，对“文化”内涵的界定多达上百种，这里指人类社会历史发展过程中创造的物质财富和精神财富的总和，也特指人类所创造的精神财富，如文学、教育、艺术、科学等。广告媒体的文化功能主要表现在以下三个方面：

其一，实现对广告的艺术创造。詹姆斯·韦伯·扬认为，广告在本质上是一门从事传播创意的艺术，广告媒体与广告创意是广告活动中的两个重大因素。所有的广告创意都需要广告媒体来表现，完美的创意只有找到适合的媒体才能转化为销售力。

其二,丰富社会文化生活。广告媒体是广告信息的载体,同时也是文化的载体,能起到丰富人们文化生活的作用。

其三,体现不同的文化色彩和社会心理。不同时代、不同国家的广告媒体具有明显的时代和国家的差异,如古代的酒旗与现代的互联网都具有鲜明的时代特点。

3. 广告媒体的传播功能。广告媒体的传播功能是媒体存在的理由。其一,广告媒体通过商品信息,通过感性或理性(或二者兼具)的诉求,立体地传递商品的各种信息。其二,传播价值观念,倡导一种文明。广告传播中的价值观念、生活观念等会对人们的人生观、价值观等产生不同程度的影响,积极价值的传播有利于社会文明的建设。其三,知识教育、引领生活。广告媒体在传递商品信息的同时,也是在传递一种知识,在引导或创造一种时尚。

二、广告媒体的分类

现代社会缺乏的不是媒体而是发现新媒体的眼光。随着社会的发展,各种广告媒体层出不穷,从传统的四大媒体到互联网、手机短信再到商务楼宇联播网,品类繁多,不胜枚举,对其的分类也是各执一词。较常用的分类方法有以下几种。

(一)按物质属性分类

按媒体的物质属性差异,可将其分为以下七种:

1. 电波媒体,包括电影、电视、互联网、广播等。

2. 印刷媒体,包括报纸、杂志、书籍、传单、小册子、说明书等。

3. 户外媒体,包括路牌、霓虹灯、灯箱、交通工具、招贴、气球、飞艇、候车亭等。

4. 邮政媒体,包括商品目录、订购单、销售书、说明书等。

5. 销售现场媒体(又称 POP),包括门面、橱窗、货架陈列、实物练习、店内广告等。

6. 人体媒体,包括时装模特、广告宣传员等。

7. 其他媒体,包括包装、礼品以及其他利用现代科技的烟火、激光等。

(二)按覆盖范围分类

按媒体的覆盖范围差异,可将其分为以下两种:

1. 大众媒体。受众广泛,其视听受众没有明显的职业、年龄、性别、文化、消费能力、消费心理等统计学和社会学意义上的差距。如电视、广播、一般性的报纸。

2. 分众媒体。它是具有明确的指向的媒体，如一些专业性杂志、报纸及频道。

（三）按时效性分类

按媒体的时效性差异，可将其分为以下两种：

1. 长期广告媒体，指本身使用时间较长，不会轻易更换或被淘汰的媒体。包括：户外广告媒体，如路牌、霓虹灯等；印刷广告媒体中的杂志、书籍、说明书等；电波广告媒体中的互联网等。

2. 短期广告媒体，指本身使用或传播时间较短的媒体。主要包括报纸、广播、电视、包装纸等广告媒体。

（四）按受众感觉分类

按媒体受众的感觉差异，可将其分为以下三种：

1. 视觉广告媒体，包括报纸、杂志、广告牌、互联网、说明书、模拟物、橱窗、霓虹灯、灯箱、交通工具等，广告媒体多属此类。

2. 听觉广告媒体，包括广播、录音带、电话及各种形式的口头宣传等。

3. 视听觉广告媒体，包括电视、电影、光盘、VCD、录像等媒体。由于这类媒体具有综合性传播功能，所以被视为最受大众欢迎的媒体。

（五）按影响范围分类

按媒体的影响范围差异，可将其分为以下三种：

1. 国际性广告媒体。

2. 全国性广告媒体。

3. 地区性广告媒体。

以上是较常用的媒体分类方法，但绝不只限于这几种分类，尤其是随着新媒体的不断出现，广告媒体的分类也不断有所变化。

三、主要广告媒体的特点

（一）报纸广告媒体的特点

报纸是以文字和图片形态为传播手段，以刊载新闻为主的广告借用媒体，是现代广告五大媒体中最早发布广告的媒体。早在 1625 年，《英国信使报》便刊出了一则图书出版广告，被人们认为是最早的报纸广告。在我国，鸦片战争之后不久，各种报纸也相继刊登广告。长期以来，报纸一直占据着广告媒体的首要地位。在我国，报纸广告的营业额仅次于电视广告。

1. 报纸广告的优势：

(1) 传播范围广。报纸的发行量一般都比较大，尤其是全国发行的综合性日报，如《人民日报》《工人日报》《经济日报》《光明日报》等，发行量都在百万份以上。大城市的晚报则深入绝大多数家庭。报纸的读者一般比发行量多几倍甚至几十倍，男女老少几乎都能接触，它广泛联系着全国城乡各个角落的读者。

(2) 传播速度快。目前，我国实行的是多渠道邮发报纸，无论交通邮递发行，还是自办发行，发行速度都比较快。日报、晚报每天发行一次，当天便可把信息传到四面八方。

(3) 选择性强，传播信息详尽。除极少数报纸外，大多数报纸都有较强的地理区域选择性和读者对象选择性。报纸媒体传播广告，可以较详尽地展示广告信息。

(4) 简便灵活，便于受众存查。报纸广告不需要复杂的制作程序，从稿件处理到制版印刷，时间都很短。报纸是定期读物，可以按照广告主的意愿和要求进行有计划的广告活动。同时，报纸是印刷品，不易消失，便于使用者随时查阅自己喜欢的广告。

(5) 可信度高。一般说，报纸的社会信用是比较高的，特别是有影响的报纸，所发布的新闻信息具有一定的权威性，在读者心目中享有较高的信誉。

2. 报纸广告的局限性：

(1) 寿命短暂。一般情况下，报纸以新闻报道为主，生命力以天计算，报纸在读者阅读完毕之后便失去了其价值，被再次阅读的机会微乎其微。

(2) 注目率低。报纸内容具有综合性，以刊发新闻为主，广告一般不可能占有突出位置。因为读者在翻阅报纸时首先注意阅读的是具有吸引力的重要新闻或与自己有关的材料，往往容易忽略广告，即使看了广告，也常常是一瞥而过，并不去详细阅读，除非是读者特别关心的和醒目的广告。

(3) 印刷效果欠佳。报纸多是以特制的、质地较粗糙的新闻纸印刷，很难取得好的印刷效果。

(4) 感染力差。报纸广告与其他几大媒体所表现的广告相比，对受众的感染力要差一些，往往不易打动读者，不易引起读者对产品的兴趣。

但是这些不足之处也是相对的，尤其是最近几年，报纸的印刷、制版技术大有改进，报纸的广告也越来越精美。

（二）杂志广告媒体的特点

杂志是刊登某一方面或某一门类的知识性或娱乐性的文章、图片等供读者研究或消遣的出版物。与报纸等其他印刷媒体相比，杂志广告媒体在广告传播、吸引受众等方面有其独到之处。

1. 杂志广告的优势：

（1）针对性极强。杂志读者一般都是对某个专业、某个部门、某个领域感兴趣的读者，这样广告主便可以根据所宣传商品的性质，较准确地选择那个领域的杂志来做广告，把广告内容同消费者的爱好、兴趣紧密联系起来。

（2）有效期长。刊载在杂志上的广告，被读者注目的机会会增加，广告的效果自然也就较持久。

（3）广告对象理解度高。杂志的读者一般文化水平较高，或者是某一方面的专业研究人员，对杂志的内容有专门的研究，其家庭的消费能力也普遍较强。

（4）广告内容含量大。

（5）印刷精美。杂志广告的纸张质量一般较好，可以选用上等纸张或精细的铜版纸。

2. 杂志广告的局限性：

（1）灵活性小。

（2）成本费用高。在杂志上刊载广告需要较多的制作费用和刊载费用。

（3）受众有局限性。

（三）广播广告媒体的特点

1. 广播广告的优势。广播广告媒体是利用电波把广告信息变成各种声音的纯听觉媒体，广播广告的优势主要体现在以下五个方面：

（1）传播速度快。广播广告的传播速度，在五大媒体中可以说是最快的。广播不需要经过复杂的编排制作与录像录音过程，不受地区、交通、距离、气候等条件的限制，能以最快的速度将新闻与广告传播到城市、农村及世界各地，使听众及时收听到广告。

（2）覆盖面广。广播广告的覆盖面是电波所及的范围，不受地形的限制，无论是城市乡村，还是空中地下，只要收音机在广播的发射功率范围内，就可以收听到广播的内容。

（3）灵活性强。任何可以用声音来表达的内容，都可以通过广播来传播。广播广告制作十分灵活,内容可长可短,形式多种多样。

(4)成本低廉。广播广告以声音陈述为主,制作不复杂,播出十分简单,在现代广告五大媒体中,广播广告媒体的收费是最低的。

(5)移动性强。

2. 广播广告的局限性:

(1)广告信息易逝。一则广告随声音传出,也随声音的消失而消失。

(2)形象性差。广播广告的内容只能通过声音来表现,不能通过图片、色彩等视觉效果给人直观的感受。

(四)电视广告媒体的特点

电视是一种兼有听觉、视觉的现代化广告媒体,它能集文字、图像、色彩、声音等于一体,是现代广告媒体中最有生命力的媒体之一,同时也是广告主最热衷的媒体。

1. 电视广告的优势:

(1)形象生动,颇富感染力。电视广告集听觉形象与视觉形象于一身,不仅可以具体生动地反映商品的特点,而且富有强烈的表现力和感染力,给观众以美的享受,并在某种程度上有意识地说服人们去购买广告宣传的商品。

(2)辐射面广,渗透力强。电视机进入每个家庭之后,电视广告媒体是最大众化、渗透力强并能赢得观众的媒体。

(3)传播迅速,时空性强。电视节目的传播不受时空限制,只要在覆盖范围内有接收工具,就能收到电视节目。

(4)直观真实,理解度高。电视广告用真实的画面介绍商品,并有生动的语言解说,有的还有广告模特的示范表演,直观真实,即使是文盲或小孩,也都能看得懂广告内容,从而加强对广告所介绍商品的了解。

2. 电视广告的局限性:

(1)信息有效时间短。与广播广告一样,电视图像也具有即逝性的特性,无法保存。

(2)信息量相对较小。与报纸、杂志上的一些广告相比,电视所传播的广告其容载的信息量相对较小。

(3)广告制播费用高。电视广告需要动用编辑、导演、美工、作曲、演员、摄影、场记、音响等众多人员,因此,电视广告的制作费用高。对于大多数中小企业来说,尚无实力使用电视广告,这也造成了电视广告的垄断。

(4)受众选择自由度低。电视广告常插在黄金时段或黄金节目的中间播出,不管观众喜欢与否,都不得不观看那些插播的广告。

(五)网络广告媒体的特点

随着科学技术的进步和商品经济的发展,传递广告信息的媒体和形式越来越多,媒体种类不断丰富,其中有一种就是互联网。网络广告就是以互联网络为传播媒体的广告。互联网向用户提供的广告服务主要有电子邮件(Email)、远程登录、网络新闻(Usenet)及网络信息服务等。

1.网络广告的优势:

(1)覆盖范围广泛,双向互动。传统的大众媒体往往局限于某一特定区域的传播,而互联网则是以自由方式扩张的网状媒体,连通全球,只要目标受众的计算机连接到互联网上,公司的广告信息就可以到达。网络广告真正地实现了双向沟通。

(2)不受时间、空间限制,信息容量大。网络广告信息的内容非常丰富,可以涵盖从企业概况、各类产品的性能、价格、型号、外观形态到企业促销、公关等活动的详细信息,网络用户可以在任何时候在相应的网页上查到所需广告信息的具体细节。

(3)交互传递。中国新媒体行业发展前景广阔。据中国互联网络信息中心官网消息,2022年2月25日,中国互联网络信息中心(CNNIC)在京发布第49次《中国互联网络发展状况统计报告》(以下简称《报告》)。《报告》显示,截至2021年12月,我国网民规模达10.32亿,较2020年12月增长4 296万,互联网普及率达73.0%。10亿用户接入互联网,形成了全球最为庞大、生机勃勃的数字社会。网络广告的交互性,使广告受众的主动性加强,能够满足受众的自我需求。

(4)形式多样。随着计算机多媒体技术和网络编程技术的提高,网络广告已经能够做到集文字、动态影像、声音、全真图像、表格、动画、三维空间、虚拟现实等多种表现形式为一体,根据广告创意进行任意的组合创作,从而最大限度地调动各种艺术表现手段,制作出生动活泼、能激发消费者购买欲望的广告,为网络浏览者创造身临其境的感觉。

(5)广告投放准确,计费灵活。网络媒体投放广告的准确性表现在两个方面:一方面是企业投放广告的目标市场准确;另一方面表现在广告受众的准确性上。网络广告媒体的这一特性赢得了广告主的青睐，据统计，2011 年中国网络广告的规模为 512.9 亿元，超过了报纸 453.6 亿元的规模，直逼电视广告的 724.4 亿元的规模。

(6)投入效率高。在网络媒体上发布广告，广告主支付的广告费用以实际记录到的到访人数来定，由于观看详细广告资料的读者基本上是对该产品有兴趣的潜在顾客，所以广告主也愿意支付较高的费用，这也大大提高了广告的投入效率。

2. 网络广告的局限性：

(1)条件要求高，严重地限制了网络的覆盖面。

(2)上网费用居高不下。

(3)主动性差。网页可供选择的广告位置有限。

(4)视觉效果不佳，创意有限。

(六)其他广告媒体的特点

1. 户外广告媒体。户外广告媒体的历史十分悠久。近几年来，户外广告媒体的发展速度很快。随着户外环境的改观，尤其是道路两旁高大建筑物及高速公路的出现，新型户外广告媒体层出不穷。户外广告媒体大致分为电子类和非电子类两类。电子类，如霓虹灯、电子显示屏、Q 板、DV 等；非电子类，包括路牌、招牌、看板、空中广告等。最引人注目的是电子类户外广告媒体，它不但传递了广告信息，而且美化了城市环境。

(1)户外广告的优势：①重复出现，强化印象。户外广告的使用期限一般较长，有的甚至为 1 年左右，因此可以在广告受众面前反复展示。②成本低廉。在所有广告媒体中，户外广告媒体提供了最为低廉的每一单位信息的传递成本。③选择性强。广告客户可以在自己认为最需要开展广告宣传的地区、地点，布置不同类型的户外广告，以满足广告客户的不同要求。

(2)户外广告的局限性：①广告信息量有限。通常过往行人与户外广告放置处之间都相隔一定距离，为使过往行人清楚地了解广告信息的内容，字体不宜过小，而字体增大，户外广告上包括的广告信息容量就要相应减少。②媒体形象较低。大多数人认为，户外广告媒体是一种大众化传播媒体，难以借此增加商品对目标顾客的吸引力，尤其是高档、能显示身份地位的产品。因此，广告主在选用户外广告媒体之前，应慎重考虑企业自身形象的要求。

2. 交通广告媒体。交通广告媒体是指包括汽车、火车、地铁、船舶、飞机等在内的可以承载广告的交通工具。

(1) 交通广告媒体的优势:①注意力集中度高,容易引起受众注意。②表现手法多样,具有多种发布方式的优势。③选择性较好。广告主可以根据广告目标的要求,选择目标消费者经常使用的有关的交通工具的路线、场所进行广告宣传。④新兴交通媒体发展迅速,如“双面电视车”,它不受天气等条件限制,把户外媒体和电视媒体的特点演绎得淋漓尽致,极富冲击力。

(2) 交通广告媒体的局限性:①受众范围有限,流动性大,不稳定;②信息容量小;③不能引起立即购买。

3. 直邮广告媒体。直邮广告是指通过邮政系统将广告直接寄送给受众,其形式有:随报刊加送;由专业邮递公司寄送;根据顾客名录采取信件寄送;雇人派送。直邮广告媒体的特点是:选择性强、较强的灵活性、费用低廉、广告效果可测。直邮广告媒体的局限性有传播范围小、易引起受众反感等。最近两年,直邮广告繁荣,越来越多的企业尝试这种受众传播形式。

第二节　广告媒体的选择

所谓广告媒体的选择,就是通过具体分析评价各类媒体的特点及局限性,找出适合广告目标要求的媒体,从而使广告信息顺利地到达目标顾客。

一、广告媒体的评价指标

对广告媒体进行评价,是选择适当媒体的基础性工作。企业、广告公司和广告媒体单位,都需要在一定程度上对广告媒体进行评价。企业评价媒体是为了在内部进行广告规划时,对外界媒体有一个大致的了解,同时对广告公司提交的媒体选择方案作出判断。广告媒体的评价指标有如下几个。

(一) 受众规模与发行量

每个广告主都希望最大限度地拥有受众量,在进行媒体策划时最关心的也是受众规模。受众规模最基本的计算方法是:用媒体的发行量乘以每册读者数(readers per copy,简称 RPC),得出的结果就是整个受众群。

（二）广告印象次数与视听率

广告印象是指广告信息接触受众成员的一次机会。一旦知道受众规模便可以计算出某一媒体广告排期中广告总印象次数。

广告总印象次数=受众规模×广告信息次数

如果排期很大，总印象次数可能会达到几百万次，处理起来非常不方便。于是，人们习惯用另一种计量办法——视听率。

视听率是指接收某一特定电视节目或广播节目的人数（或家庭数）的百分比。这一术语最初是用来调查广播、电视节目的收视情况的，后被广告主用来分析广告节目的收视情况，据此预测广告效果。通常情况下，视听率越高，广告发布费用也就越高。印刷媒体则用阅读率来表示。

视听率=收视（听）者÷电视机、收音机的拥有量×100%

阅读率=阅读者÷发行量×100%

（三）信息力度与毛评点

将几种媒体的视听率相加，便可以判断某一排期的信息力度。但最常见的还是计算"毛评点"（gross rating points，GRPs）。毛评点也称"毛感点""总视听率"等，是各次广告传播之后，接触该广告的人数与传播范围内总人数的比例之和，是一则广告在媒体推出数次后所能达到的总的效果。

毛评点=广告发布的次数×视听率

例如，一则广告在电视上播出两次，分别获得40%和20%的收视率，在广播电台播出3次，3次都获得15%的收听率，那么这则广告的毛评点应该是：

40%+20%+3×15%=105%

毛评点是可以重复记数的，即一个人如果同时接收到同一则广告10次，那么这10次接收效果都应记入毛评点的计算当中。这与到达率的计算是不同的。一般来说，毛评点要经过具体的调查统计才能得出，它既可以综合反映每则广告的总效果，又可以反映同一广告中不同媒体的推出效果及媒体的使用价值。所以，毛评点是一个很实用的媒体评价指标。在电波媒体中，毛评点一般以1周或1个月为计算单位；在印刷媒体中，以整个活动的广告数目为计算单位；对于户外广告，则以天为单位。媒体策划人员可以依据毛评点来确定广告活动预算的上限。一般说来，购买的毛评点越多，费用越高。但由于市场竞争的原因，有时购买的毛评点多，支出反而会下降，可以根据投资回报率（ROI）确定最佳目标。

（四）到达率

到达率（Reach）这一指标有三个特点：第一，接触某一广告的人数不可重复计算，一个人可以多次接收到广告，但也只能算一个人。第二，到达率是对传播范围内的总人数而言的，并非只对有可能接触到广告媒体的人数而言。第三，到达率所表现时间的长短依媒体的不同而不同。就广播、电视媒体而言，到达率一般以 4 周表示，这是因为研究资料的收集、提供，通常以 4 周作为到达率的计算周期加以制表。就杂志、报纸来说，一般以阅读寿命作为计算标准。如杂志刊发到最后读者的阅读时间大约持续 11～12 周，所以，杂志的到达率一般以 11～12 周为计算标准。户外广告到达率的表现时间，要经过 1 个月。

（五）暴露频次

暴露频次（frcguency），也称频次或频率，是指在一定时期内，每个人（或家庭）接收到同一广告信息的平均次数，表明媒体排期的密度，以媒体或者节目重复暴露为基础。频次的计算以个人（或家庭）接触媒体的平均数计算。

平均频次＝总接触次数÷受众到达率

广告要达到理想暴露频次是很困难的，一是因为各影响因子对频次的影响不等值，二是因为营销、创意、媒体三因素的影响。营销因素包括品类的生命周期状态、市场份额、品牌忠诚度、购买周期、使用周期、品类关心度；创意因素包括信息沟通复杂度、创意冲击力、广告运动形态、销售立场、创意版本数量、创意单位大小；媒体因素有媒体、媒体注目率、媒体排期、媒体间的分散度、媒体工具的重复使用度。在量化这些指标时还要照顾到品牌形象、目标市场阶层、广告目的等因素的特殊性。

（六）有效到达率

有效到达率是用来描述媒体暴露质量的，衡量接受足够暴露并确实接收到信息的人数百分比。纳普勒斯（Michael J. Naples）对最佳程度的广告暴露频次做了大量的研究，得到与广告的有效到达率有关的一些重要结论：①广告宣传暴露一次没有任何价值；②第二次暴露才会有一些效果；③在 1 个月或 1 个购买周期中，需要 3 次暴露，才能产生预期的广告效果；④广告宣传在达到一定的暴露频次以后，宣传效果递减；⑤广告宣传在达到某一程度的暴露频次时，广告效果为零，甚至会产生负效果。

（七）千人成本

千人成本（cost per thousand criterion）是广告信息到达 1 000 个人（户）平均所

要付出的费用成本。其公式为：

每千人成本＝广告费÷广告到达人数×1 000

这是从媒体费用和达到效果的相互关系来考察媒体成本效果的指标，是对媒体的效益评价，也是媒体选择的主要参数。

二、选择广告媒体应考虑的因素

企业及广告代理公司在选择广告媒体时，除应考虑上述媒体评价指标外，还应考虑媒体自身以及与媒体相关的诸多因素，并经过严格的论证，才能决定使用何种媒体。概括地讲，在选择广告媒体时还应考虑以下因素。

（一）媒体的品质与传播效果

目前中国的媒体发展进入了新的竞合时代，媒体的品质成为媒体竞争的关键。不同的广告媒体有不同的特点和局限性，这是广告主选择媒体时首先要考虑的。媒体的市场范围不同，发行数量不一，会影响到媒体受众人数；媒体的社会文化地位不同，对广告传播效果会产生极为明显的影响；媒体的社会声望不同，会影响到广告的影响力和可信度；媒体的信息生命周期的长短及媒体是否受某些方面的限制等，也会在一定程度上影响广告效果。

（二）广告商品的性能和使用范围

商品的性能即商品的性质和作用，商品的使用范围包括地域范围和使用者的阶层范围。不同的产品有不同的性能和不同的使用范围。选择广告媒体时，要考虑广告商品自身的特点、使用价值、所处产品生命周期及质量、价格、产品包装等，以选择最合适的广告媒体。

（三）目标消费者的消费和收视情况

选择广告媒体，要充分考虑目标市场上广告受众的生活习惯、职业、年龄、文化程度、收入水平、宗教信仰等。因为其生活习惯、文化程度不同，经常接触的媒体也不同，所以，选择媒体首先要考虑的就是消费者的媒体接触情况。一个产品必定要面对一定的目标消费者，因此，一定要根据统计学知识和社会学条件分析目标消费者的媒体接触习惯，做到有的放矢。其次，根据目标消费者视听率的高低选择媒体时间。目标消费者经常接触不同的媒体，各媒体的广告效果比较不容易判断，但是可以根据目标消费者的视听率的高峰低谷来确定媒体。再次，根据消费者的记忆规律来选择。各种媒体在知晓、理解、记忆三个层次上的效果不同，例如广播广告有利于知晓，报纸广告有利于记忆。

（四）市场现状和消费趋势

选择广告媒体，市场也是必须考虑的一个重要因素。广告主和广告代理公司要认真研究市场，研究产品竞争状况、消费状况和消费的发展趋势，以决定选择何种性质的媒体。如果某一商品的市场状况良好，竞争力强，现实购买率极高，宣传这一商品就要选择简捷快速的媒体。

（五）广告的制作和成本费用

选择广告媒体，还要了解广告的制作程序，估算广告的成本费用特别是每千人成本费。广告的制作程序与广告的发布速度、成本费用有关。衡量媒体广告费用的高低，要用科学的眼光，既要看广告费用和广告所创造经济效益的比值，又要看广告媒体的每千人成本，综合分析，从而选择适当的媒体。

三、广告媒体的选择方法

广告媒体的选择是一个复杂的过程，如果仅靠个人的知识、经验及对广告媒体的定性分析，很难获得满意的结果。20 世纪 60 年代以来，西方广告专家已越来越多地运用高等数学方法，为选择广告媒体建立数学模型，这既提高了媒体选择的科学性，又提高了广告效果。下列几种方法是广告人员选择媒体时最常使用的。

（一）线性规划法加科学评价

线性规划法加科学评价是由美国的米勒（D. W. Miller）和斯塔（M. R. Star）二人在 1964 年与杨罗必凯（Y&R）广告公司共同开发的。利用线性规划法建立数字模型，寻求能达到最有效暴露频次的媒体组合的数学方法，是分析媒体选择问题的一种常用方法。

这种方法可以用于必须同时满足好几个限制条件的问题。在媒体选择中，常见的限制条件有：广告预算规模，某种特定媒体及其最大、最小使用限制，对不同的目标顾客的最小满意暴露频次等。

（二）顺序探索法

顺序探索法，是指根据广告媒体有效暴露频次的大小顺序来依次选择媒体的一种方法。其基本思想是：在一年中的第一个星期，从所有可采用的媒体中选择最好的一种做广告。作了这个选择后，对其余可供选择的媒体重新评估，并对媒体受众重复现象及媒体的可能折扣情况加以考虑。如果这一周所达到的暴露频次低于原定的有效暴露频次的最佳水平,那么在同一周就要作第二次选择,以替代第一次的选择。有效暴露频次的最佳值是许多营销变量、媒体变量的函数。此过程继续下去,直到达到该周的最佳暴露频次为止,并以此为基础考虑下个星期新的媒体选择。

(三)实验解决法

实验解决法是一种由电子计算机模拟求解的广告媒体选择方法,1962 年开始应用,近期有新的发展。其中比较典型的是由日本电通广告公司开发的 DMAP 模型,它是依据广告媒体的目标值、广告单位、个别媒体及其他等变量的限制,决定出最适当的媒体组合。近期研究出的具有多种功能的 DMAP 模式 805,其新的特点有:可以预测行动效果,可以按照商品、广告形式的不同选择模式以及广告表现的冲击力被模式化等。用电脑选择媒体,只能作为广告媒体选择、判断决策的一种辅助手段,而不能取代决策本身。

第三节 广告媒体的组合策略

一、广告媒体组合策略的含义

广告媒体的组合策略是指广告策划者根据广告对象(产品、劳务、信息)的特点确定广告媒体使用的策略,包括确定广告媒体的目的、投放的方法以及组合方式等。它是广告策划者进行广告宣传的蓝图。媒体策划者在进行广告媒体策划时,要先了解广告媒体的目的。广告媒体的目的是指广告媒体在一定的预算下,传递给目标市场消费者的是什么。一般要回答目标视听众目的和媒体信息目的两个问题。目标视听众即广告传播的目标受众。广告产品的目标视听众一般根据统计学数据(如年龄、性别、收入、教育、种族、职业、社会阶层等)和产品购买者、使用者的心理特征、生活形态特征来确定。此外,如果存在两种或两种以上的目标视听众,要明确指出不同目标视听众的重要程度。例如,某美容产品的目标视听众是 18~45 岁的女性,其中:18~25 岁的占 20%,26~35 岁的占 50%,36~45 岁的占 30%,这在广告媒体的组合策略中就要予以体现。媒体信息目的是通过广告媒体向目标视听众传播有关产品、企业的信息的目的。例如,是要提高品牌的知名度还是想改变消费者的某种态度,是向消费者推介一种新产品还是要巩固老品牌的忠诚度,是与同类新产品展开竞争还是加强拓展新市场,媒体的信息目的要明确。

此外,还要确定广告的投放时间,确定广告的投放地点,确定广告的投放量等。

二、广告媒体组合的目标

广告媒体组合的目标就是达到效益最大化。具体要求是:①到达单一媒体无法覆盖的受众人群;②获得最佳的初步到达率和二级媒体推广的持续重复暴露;③整合各种媒体,产生增效效应,使综合的效应大于部分效果之和;④利用附加媒体的天然的价值扩大广告活动的创意效果。

三、广告媒体组合的原则

(一)目标原则

所谓目标原则是要求媒体组合目标要与广告目标、广告战略乃至整个营销计划一致,这是媒体策划的根本原则。目标原则强调媒体组合应当服从和服务于整体的广告战略、媒体战略的需要,广告战略是影响媒体组合原则的重要因素。

(二)适应性原则

适应性原则是指根据情况的变化,动态地调整媒体组合的具体方案,以期媒体组合或所选择的媒体处于最佳的状态。其包含两层含义:一是广告媒体的选择与产品相适应;二是媒体的选择、组合与外界的环境相适应。

(三)优化原则

所谓优化原则是指选择最好的媒体或是最佳的媒体组合,达到最佳效果。这就要求媒体策划人员要善于权衡、比较,善于在纷繁复杂的媒体中找到受众规模大、注目率高、适合本产品或本次广告活动的媒体组合方式。

(四)效益最大化原则

效益最大化原则是指以最小的投入获得最大效益的广告媒体组合方式。使组合既有科学的广告成本运作能力,又有具体广告活动具体分析的能力,要让每一分钱都花在刀刃上。

四、广告媒体组合的方式

广告媒体组合的方式是指媒体策划人员在策划和投放过程中对媒体的搭配方式。在大多数情况下,广告活动很少只使用一种媒体,一般都是几种媒体联合发布。媒体的组合不是针对某一类企业或某一企业产品,而是从媒体功能以及从产品宏观的角度出发去探讨各媒体之间的关系和搭配。

(一)根据媒体的组合

从媒体的角度出发,媒体的组合方式包括以下三种:

1. 媒体类别的组合。在现在的广告运作中,广告主对媒体的选择余地很大,为了达到最佳的广告效果,广告主一般都是跨媒体投放广告。如报纸+电视组合、电视+广播组合、电视+户外媒体组合、电视+杂志组合、传统媒体与网络等新媒体的组合以及综合媒体的组合等。

2. 具体媒体载体的组合。同一类媒体又有不同的载体,比如电视媒体就包括中央电视台和省、市级电视台和省卫视台;报纸、杂志国内也有几千家。具体媒体间组合方式有全国性电视台、报纸和地方的电视台、报纸的组合,重点城市的户外媒体和非重点地域户外媒体的搭配,电视台、报纸、杂志的组合等。

3. 媒体单元的组合。不同的媒体由不同的单元组成。例如:电视媒体要考虑时段、栏目以及广告时长的组合;黄金时段、品牌栏目一般要与非黄金时段和普通栏目相搭配;5 秒、15 秒、30 秒的组合及其相互间的交叉组合;报纸、杂志媒体涉及的是版面、版位的组合;户外广告可能是视图与文字、地点的合理组合。这些都是广告效果和广告预算的客观要求。

(二)根据其他条件的组合

比如说,在产品的生命周期中,导入期、成长期的广告媒体的组合有所不同。其他的环境条件、政策条件以及资源等也都制约着媒体的组合方式,都要求因地、因时制宜。

五、广告媒体的组合策略

广告媒体组合策略是实现广告目标的途径,是媒体目的的实现过程。广告媒体的组合策略有以下几方面。

（一）地域分配策略

广告媒体的地域分配策略主要有四种类型：第一，广告预算投放在全球的媒体；第二，投放在全国性媒体；第三，全国性媒体与地方性媒体相结合使用；第四，只使用地方媒体或者绝大部分广告投放在地方性媒体。何时选择何种范围的媒体，业内习惯采用“品牌发展指数法”和“品牌与类别对比法”。

品牌发展指数法：该方法是以说明某品牌产品销售与某类产品销售的关系，来显示在整个市场中品牌在哪里销售得多、哪里销售得少。计算公式为：

品牌发展指数=某品牌产品销售百分比÷某类产品的销售百分比

品牌与类别对比法：将不同地区某一品牌的销售趋势和这一类产品的销售趋势进行比较，以确定广告媒体在地区上的分配情况。通常是把不同的目标市场根据一定的标准进行分类以决定是否在该地区进行广告投放。

（二）时间分配策略

媒体广告投放的时间策略可分为长期投放策略与短期投放策略。

1. 长期投放策略。广告策划者按季节和广告预算来安排一年的广告投放。一般可以顺着季节的变化（或逆着季节的变化）调整广告投放量，也可以全年平均使用广告费用。相应的广告媒体投放进度安排的方法也有先多后少法、滚雪球式渐次加强法和水平支出法三种。

（1）先多后少法（big early, little late method）。这种投放进度是先投入较多的广告费用，选定合适的地域和媒体，在一个时期内展开猛烈的广告攻势。当产品建立起一定的知名度后，再逐渐地缩减广告媒体的投入。

（2）滚雪球式渐次加强法（snow balling or cresond method）。这种方法是采用探测性的投放方式，先在某一特定的市场范围运用几种比较接近的目标市场的媒体，将产品的特点逐渐、渐次进行广告诉求认知，以加强人们对某品牌产品市场竞争能力及其在同类产品中地域差异性的了解。在摸清市场的消费需求后，逐渐增加媒体投放的频度和投放的范围，使广告信息的影响越来越大，像滚雪球一样。

（3）水平支出法（level expenditure method）。这种方法是指每次广告活动的媒体投入基本相同。除了特殊的节日可能会有所变化外，一般情况下广告媒体投放基本上不变。

2. 短期安排策略。短期安排策略是指将产品的广告安排在一段时间内，以期达到最大的广告效果。运用此方法一般要考虑以下几个因素：其一，购买者的频率；其二，购买频率；其三，遗忘频率。在推出新产品时，广告策划者应在连续性广告、集中性广告、时段性和脉冲性广告间做出选择。

（三）目标消费者设定策略

媒体投放要以目标消费受众为依据。

首先，确定目标消费受众有两个依据：社会人口统计学的角度，如人口、性别、职业、教育、收入等；消费行为学的角度，如心理特征、生活习惯、消费习惯、兴趣偏好等。分析目标受众常用的数据有“原始数据”“百分比”“指数”三个数据。其中，“原始数据”的来源为社会综合统计数据，作为媒体投放的市场参照；“百分比”是使用具体目标的具体参照；而“指数”是以百分比和权重关系来确定投放策略的参数。

其次，目标消费者的结构描述。在进行目标消费者结构描述时要考虑两点：一是媒体投放的重点。通过一系列的市场调查研究和特定的数据分析区隔出消费者的消费梯度，重点是确定重度消费者群的核心价值取向和媒体选择的取向。二是考虑消费者与产品的关系。区分产品的消费者、使用者和消费的影响者，进行有效的传播。

再次，考察目标受众的媒体接触特征。综合前面的目标消费者的社会统计学数据和消费行为学，分析目标受众的媒体接触习惯，确定媒体投放的策略。

（四）竞争品牌媒体的投资策略

在规划媒体策略的过程中，有一个因素一定不能忽略，那就是竞争对手的媒体策略，尤其是在产品或品牌受到挑战时，更要相机而动。策划者要清楚地了解竞争对手的以往和现在的媒体策略，包括媒体预算、媒体的选择策略、媒体的组合策略以及投放策略等，然后制定本产品的广告媒体策略。企业常常会在产品销售好的地区投入多于竞争对手的广告媒体费用，传播更有效的信息或者拓展更新颖的传播方式，创造更新式的传播组合。此外，在媒体的策略运用中还需要富有创意性的策略来协助获得成功。例如：可以争取绝对优势目标受众目标到达率；到达不同的人口统计的目标市场；提高媒体的暴露频次；利用有新闻价值的事件造势。

（五）媒体类别策略

媒体类别策略主要看媒体的权威性和媒体传播对象以及环境、权威性、美誉度、覆盖率、相关度等,这些都是媒体选择的依据。至于如何根据这些标准进行选择,本文前面已有论述。

第四节　广告媒体计划的撰写与执行

广告媒体计划是媒体策略形成后的执行方案和指导蓝图,是营销计划的重要一环。媒体是消费者与品牌的桥梁,是品牌展示的舞台,因此可以说,做媒体在某种意义上来说就是在做品牌。

一、广告媒体计划的撰写内容

一个完整的广告媒体计划方案应该包括以下内容:

第一,主题、摘要和目录。

第二,情况分析。这包括:市场的形势、所承担的任务、拥有的资源、有利和不利因素、产品的性质特点、企业的营销目标、广告的整体策略等全面而细致的分析。

第三,媒体目标。这包括受众目标、地理分布、季节分布、到达率目标、排期/资金目标等。

第四,媒体策略。媒体选择、组合策略,包括媒体组合与媒体类型、媒体形式与细分类型(战略、说明)、媒体的购买因素(地理因素、分布排期、达到率与频次等)、媒体预算方案、媒体的评估计划、媒体策略的论证等。它主要解决对谁传播、在哪里投放、投放的量多大、媒体的选择和组合、媒体的预算以及投放的顺序等问题。

第五,媒体计划细则和说明。这包括确定媒体价值的标准陈述(所使用媒体的预算控制和最佳选择),具体媒体的费用、频次表以及其他的各种相关"率"表。

第六,媒体流程图和发布日程安排表。这包括投放的节奏及投放密度。

二、广告媒体购买计划的实施与购买时需考虑的因素

第一,要实现广告预算成本效益最大化。媒体策划人员要掌握各种不同媒体的费用的计算技巧,尽可能地降低成本和以最适宜的办法来实施计划。

第二,要把握媒体购买和媒体供应商的关系。在媒体交易中,媒体策划者要十分清楚二者的关系,这是购买媒体、降低成本的信息资源。

第三,要进行购买媒体成本评估。不同的媒体有不同的价格、标准和定价规则。例如:报纸杂志类媒体,是以版面为售卖单位的,在确定具体媒体后还要确定具体投放的版面位置;而网络类媒体是以像素、字节等为售卖单位;广电类是以时段、波段为售卖单位的。这就要求媒体策划人员要拥有专业的经验和高超的运作技巧。这几点是媒体购买时应该重点考虑的因素。但媒体的价格不是一成不变的,不同的年份、不同的季节,价格会有所不同,同时,企业的媒体购买量、媒体关系也起着决定性作用。

三、广告媒体投放排期

广告媒体投放的排期实际上是指广告的排期,即根据媒体策略和媒体预算安排广告的具体播放/刊载时间、广告的暴露频次及广告的密度等。这主要包括以下几点。

(一)广告的投放时间

广告的投放时间一般有以下三种方式:

1. 前期投放。商品没有上市之前就进行广告投放,广造声势,以期使潜在顾客形成一定的购买欲望,待产品上市时能够形成认牌购买的高潮。此外,这种广告投放方式也适合一些季节性消费的商品,在旺季到来之前就开始做广告,达到形成旺季旺销的局势。但有一点要特别注意,就是前期广告投放的“预热期”不要太久,否则会得不偿失。

2. 同步投放。广告媒体投放基本与商品的上市推广保持同步,这种方式比较适合一些老产品,或者是那些求过于供的产品,目的是在告知或提醒消费者。但这种投放方式不太适合激烈的竞争环境。

3. 滞后投放。这种广告媒体投放方式并不常见,一般只适合那些没有太大把握的新产品,厂家根据市场的反应再适当地增加或放弃广告投入。

(二)广告的发布时机

广告的发布时机是指广告的投放要把握一些机会,如重大活动。重大的活动一般都可能形成巨大的消费潮,如体育赛事、文娱活动、重大的会议等,这些就是推出广告的好时机。

（三）广告的发布频率

广告的投放频度和推进方式也要周密安排。总的来看，同样数量的广告（如以一年的广告投放为例）有集中型投放和分散型投放两种。集中型投放是指把广告投放集中在一个月或几个月内；分散型投放是将广告均匀地逐次投放。两种投放方式各有利弊。从具体的角度而言，媒体的投放安排有下列方式：其一，固定频率式。即在一段时间内广告基本均衡播出或刊出，又可分为均匀序列型（广告的频率在投放时间内平均分布）和延长序列型（广告频率固定，但间隔越来越长）。其二，变动频率式。在广告计划投放期内，广告的投放频率不同，时多时少，又可分为波浪型渐进式和递减型。

第五节　广告媒体的发展趋势

20 世纪末，媒体的态势发生了巨大的变化，从昨天的买方市场变为今天的卖方市场。尽管目前已经有了性能优越的大众传媒，也有其他形形色色的媒体可以传播信息，但是人们还是对以移动互联技术为依托的新媒体更为关注。于是，传统媒体（报刊、广播、电视、书籍等）不得不与移动互联产生融合，形成各类所谓融合媒体，适应并同时也改变着人们的视听、阅读体验。移动互联基本特征是数字化，最大优势就是便于携带，具备交互性、功能强大、信息获取量大且快速、传播即时、更新快捷等基因。

广告新媒体是基于互联网而存在的新型媒体。我国互联网的发展已经较为普及，移动互联网以及手机的用户规模都非常巨大，截至 2021 年 6 月，我国互联网网民规模突破 10 亿人大关，达到 10.11 亿，互联网普及率达到 71.6%，我国新媒体的发展基础已经非常成熟。网络时代下，受众接受信息的方式更加多样化，新媒体技术的发展促使媒体环境更加丰富，这为广告业的发展带来极大冲击，也带来无限机遇。

一、新媒体是什么

新媒体是指以数字技术、计算机网络技术和移动通信技术等新兴技术为依托，以网络媒体、手机媒体、互动性电视媒体、移动电视、楼宇电视等新兴媒体和新型媒体为主要载体,按照工业化标准进行生产、再生产的产业类型,是文化创意产业的重要组成部分。就外延而言,新媒体产业涵盖的范畴极其宽广。如果从动态的角度研究新媒体,应该指的是新兴媒体(emerging media),目前也叫“交互式数字化融合媒体”,它向用户提供信息和娱乐等服务,信息技术是新媒体必要的技术保障;用户多元化、个性化的信息需求是新媒体产生的社会基础;新媒体变革着人们的生活方式,用户从以往的被动接受媒体到可自主进行媒体传播。

新媒体时代,媒体与受众的关系从单向灌输向双向互动转变。媒体与用户之间,随时都在进行信息、观点、情感的交流、交锋、交融。从简单交互,到深度参与,直至出现如微博、微信、抖音、快手这样几乎完全由用户提供内容的产品,媒体与用户日益成为信息传播共同体、价值判断共同体、情感传递共同体。用户的数量、停留时长、参与程度,代表媒体对受众的聚拢吸附能力、社会动员能力和行为塑造能力,构成媒体视为生命的传播力、引导力、影响力、公信力。

传统媒体和新媒体的结合趋势已经不可阻挡。因此,传统媒体行业纷纷开始主动进行转型,新媒体行业的发展已经成为不可阻挡的潮流。媒体的“新”与“旧”是相对而言的。一般地来看,新媒体是相对于传统意义上的报刊、广播、电视这些大众传播媒体而言的,是指随着传播新技术的发展和传媒市场的进一步细分而产生的新型传播媒体,主要是指宽带互联网络、手机两类新媒体,而且重点是两者的增值服务这一块,也有人把这两类媒体分别称之为第四、第五媒体。

互联网进入了3.0时代后,广告更充分地凸显出“规模化的人性互动交流”、营销平台的社区化和营销场景的沉浸式体验的特点。人工智能等新技术日新月异发展,俨然成为撬动广告业创新与蜕变、阵痛与重构的新支点。在新技术的迭代创新、新业态的不断重构、新冠疫情的持续冲击背景下,广告业经历着新的历史机遇和挑战。人工智能与大数据的深度融合,广告凸显出新传播语境下的精准性、交互性、整合性和沉浸式体验性特征,也昭示着未来广告业的重要发展趋势。

二、广告新媒体应用

近年来,随着计算机技术、网络技术和多媒体技术的深入应用,不断催生以互联网、移动互联网和户外电子媒体为代表的新兴媒体形式,以互联网广告为代表的新媒体广告获得快速增长,市场地位日趋提高,成为拉动全行业增长的主要力量。新技术将利用电视媒体、平面媒体和互联网媒体之间的融合实现“跨屏联动”,使广告产业更加集约化,多种广告表现形式间的全面融合成为趋势。大数据、移动互联网、社交媒体是全球新媒体发展的主要动向,已经形成相关联的新媒体产业。该产业基于互联网、电信网等数字化网络,通过实时、互动、点对点的自由传播模式为主体,形成借助规模化内容产品的生产、传播为主业的各类经营实体,以及相关价值链集群体,产业前景巨大。在这个技术与创意高度集中的新媒体行业,行业引领力量将会诞生,并发挥强劲的引领价值。

智能化驱动下的广告业发展新态势。广告的智能化与网络化发展实现了广告信息传播的精准推送和精准匹配,以及智能化媒介购买,数据逻辑已经成为当下广告的思维方式。在用户与资源的智能化配对的支撑下,人工智能、大数据、区块链等技术,使广告的精准化数据挖掘和精准化传播成为可能,并呈现出新的特征,即用户的精准筛选、数据的精准挖掘、信息的精准推送、实时信息的精准跟进、用户与产品的精准匹配。这表明了数据的智能化运用,已经渗透于广告产业链的各个环节和各个场景之中,媒体和 AI 技术的结合,已经由早期概念进入产品形态。机器人撰写文案、智能精准推荐、语音识别、视频感应器等技术的应用,正在重塑广告信息传播各个环节。

短视频与直播电商的崛起,为广告业引入了新的传播元素与传播方式,带来了媒介策略和创意形式的改变。短视频和直播电商具有真人秀娱乐媒体的特征,更容易诱导消费者陷入沉浸式体验,并建立信任感,消解消费者理性消费的动机。从人类表演学的视角来看,短视频与直播电商中的主播更多的是表演性的行为,把广告信息传播与表演结合起来,这已经超越了传统广告与媒体的传播范式,建构了一种全新的广告传播形态,对于传统广告而言自然具有结构的意义。随着 5G 时代到来,拍摄、制作、上传的门槛大大降低,短视频将迎来爆发性增长。由用户上传,将移动化和社交化相结合的社交小视频,将有可能创造增长神话。

随着短视频行业用户规模触顶,平台的战略重心将会逐步从拓展用户规模,向深度挖掘单个用户价值、增加用户黏性的方向转移。

微信公众号作为信息爆炸时代新媒体转型方向之一,在粉丝数量增长、内容变现、维持运营等方面发展仍不成熟。微信公众号刷量事件在行业内曝光后,作为媒体行业普遍盈利模式的广告转化,也出现瓶颈。在新媒体盛行时代,用户更加接受自主化阅读体验,为了争夺用户市场,部分传统媒体通过自建 APP 完成转型。未来传统媒体转型 APP 将成为继微信公众号之后新风口,在一定程度上解决微信公众号发文数受限,维护粉丝难等问题。未来公众号等新媒体将成为内容付费变现主要渠道之一,内容付费时代已然来临。

靠大数据技术在互联网行业的实践应用,广告品牌主得以实现用户数据的统一管理、分析和应用,最大程度发挥数据的商业化后端价值。且通过程序化购买的形式,能够使得自己的广告投递到精准的客户群体,甚至根据不同群体的不同兴趣、需求,投放不同的创意广告。这样的数字化广告营销,让品牌主和消费者实现双赢,让品牌深入人心。

广告媒体市场广阔,影响力日渐凸显,正吸引资本大规模流入,其营销价值增强。与此同时,其国际化竞争也加剧,整体相关产业向纵深挺进。概言之,目前所谓广告新媒体已然发展成为全球最具发展活力与潜力十足的前景产业。随着各类新媒体的不断涌现,不仅人们的生活方式被潜移默化地改变,世界传播新秩序也不断被重塑。当前,在全球化趋势下,对广告新媒体产业现状与趋势的研究尤显必要。

三、广告新媒体的发展趋势

纵观媒介发展的历史,每一次科技的进步首先带来的是传播方式的变革:印刷术的发明带来报纸的诞生;电子信息技术的发展以及电视的发明带来了广播和电视媒体的兴起;互联网时代的到来为网络媒体的发展提供了基础,而5G的来临更让新媒体获得了非常广阔的发展前景。随着5G时代的到来和人工智能等技术的不断进步,新媒体商业的前景越来越广阔,短视频平台、直播平台、内容电商的崛起,让他们极有可能抢占更多移动互联网流量,为企业广告营销带来无限机遇。

广告新媒体渗透人们未来的。在新的传媒时代,新媒体更加广泛地渗入人类社会生活,从“互联网+”到“+互联网”都重要,从“万物互联”到“万物智能”,电商、人工智能,各类 VR(virtual reality,即虚拟现实,简称 VR),AR(augmented reality,即增强现实,也被称之为混合现实技术)将极大地改变人们未来的生活。我们正在从“万物互联”走向“万物智能”,如何通过技术感知场景,使用户连接服务变得更加智能,而且让人机交互不为人们所意识,这是未来广告新媒体的系统工程。

媒体对人们未来生活产生重大影响。新媒体发展进入大数据时代,“智慧云”成为各类企业走向世界的路径;移动互联网持续创新改变着新媒体发展态势;

社会化媒体依然是新媒体发展焦点,分享经济的媒体创意经济形成。上述是未来媒体突破的靶向,这些靶心较为明显地预示全球媒体未来的发展趋势。

未来广告行业发展趋势在以下几个方面表现突出:

1. 新媒体广告市场增长迅速。受我国网民人数增长、数字媒体使用时长增加、网络视听业务快速增长等因素推动,我国网络广告规模将迅速扩张,网络广告营销收入将保持较快速度增长。同时,随着移动互联网的发展、短视频行业的流量快速增长及商业化进程的加速,大量广告主向短视频平台倾斜明显。受新冠肺炎疫情影响,流量进一步向移动端倾斜,广告主伴随用户关注度转移,我国移动广告市场占互联网广告比例将逐渐上升。

2. 广告营销更加精准。在大数据、云计算、多媒体等技术快速发展的背景下,综合型广告公司通过对各种数据的收集、整理和分析,可以获得定制化营销需求数据,为后续的媒介计划及传播策略等提供依据,推动广告营销向精准化方向发展,并最终达到降低营销成本,提升广告投放价值的目的。因此,未来广告行业内龙头企业将在市场调研、消费研究、媒体监测、效果评估等方面不断加大投入,提高媒介计划和传播策略的精准性、科学性和有效性,推动行业技术水平的不断提升。

3. 新的媒体营销方式层出不穷。互联网媒体从表现形式上可以细分为综合门户、垂直门户、搜索引擎、视频、社交、移动互联网等多种类型,随着技术、模式、创意的不断发展,各种新兴媒体形式还会不断涌现。未来,新技术将逐步构建媒体无缝衔接,实现消费者更多、更细的媒介接触机会,相应地,广告营销模式和投放侧重点也会随之变化。目前,从互联网媒体营销传播市场竞争格局来看,社交广告越来越受到广告主的重视,成为中国广告主最看重的媒体资源之一,用户规模及社会化传播价值成为广告主选择媒体的关键因素,移动、社会化和大数据成为中国互联网媒体营销的三大核心趋势。

4. 新技术发展加速各类媒体的融合。近年来,随着计算机技术、网络技术和多媒体技术的深入应用,不断催生以互联网、移动互联网和户外电子媒体为代表的新兴媒体形式,以互联网广告为代表的新媒体广告获得快速增长,市场地位日趋提高,成为拉动全行业增长的主要力量。新技术可以实现图像、声音和文字等多种信息同时传输,并将各种媒体形式在单一的渠道中展现出来,有效地弥补了传统媒体所欠缺的互动性和精准性。新技术将利用电视媒体、平面媒体和互联网媒体之间的融合实现“跨屏联动”,使广告产业更加集约化,多种广告表现形式间的全面融合成为趋势。

5. 5G 及物联网引领广告行业变革。

历史证明,通信技术的不断发展为新媒体营销行业带来了革命性的改变,从 2G 文字网络信息时代,到 3G 图片信息时代,再到 4G 开启了直播和视频时代。每一次通信技术及终端的进步都带来了新媒体营销行业媒体介质和形态的质的变化,也开启了广告行业不同阶段的生态。2019 年 6 月,工信部下发我国第一张 5G 牌照,意味着我国正式进入 5G 时代。同样地,新媒体营销行业亦将进入新的发展时代。新媒体和 5G 的结合、应用,将带动整个 5G 产业链的发展,将大幅度地增加广告媒体的传播范围和影响力,充分利用好 5G 时代的网络能力,可以更好地汇聚新媒体产业发展的合力,创新广告媒体内容制作和传播方式,从而促进更大范围、更深层次的广告产业发展。

本章小结

广告媒体是指任何已存在或未发现的能承载广告信息、达到广告目标的一种物质技术手段。广告媒体研究是增加市场销售、增加企业市场竞争力和加大企业品牌传播力度的基础工作,必须“精耕细作”。

在现代市场营销理念下,媒体投资已成为企业营销策略及广告传播策略的一个有机组成部分,媒体运作的重心从简单的媒体购买演变成计划与购买并重。广告媒体的选择和运用,要注意掌握相关媒体和消费者调查数据,并且进行媒体的整合运用来强化与消费者的沟通。四大广告媒体及其他广告媒体具有各自不同的特点;互联网等新兴的媒体,具有传统媒体不可比拟的优势。

广告媒体策略包括媒体选择策略、媒体目标策略、消费群与目标消费梯层设定、媒体投资地域性策略、竞争品牌媒体投资策略。影响媒体选择的因素多样,要掌握各类媒体的特点,在众多的媒体中根据相关的影响因素,选择最适合传达广告目标的媒体;具体广告媒体传播目标的制定,要与市场销售目标和营销策略相对应,达到建立知名度和加深品牌理解度、建立和维护品牌形象的目的;对目标消费群受众的确定及对其结构、媒体接触习惯的掌握,有助于广告媒体的选择和运用;媒体投资地域性策略的实质,是从各区域市场的获得空间来评估各区域市场的投资价值;在充满竞争的市场环境里,不能忽视竞争性的策略。

媒体计划是实施广告计划的具体步骤和蓝图,其目标是如何在广告预算允许范围之内,对运用广告媒体来传达广告信息进行周密安排及协调实施,最终目的在于促进销售。媒体组合是要组合能直接产生效果的媒体,实现各类媒体的相辅相成、优势互补;在做出媒体购买决定之前,广告主应做好成本预算,尽量降低成本;根据媒体策略和媒体预算,科学合理地安排广告推出时间、发布时机及频率。

思考题

1. 现代广告活动中媒体运用的特点有哪些?
2. 电视广告媒体相对于其他三大广告媒体的优势何在?
3. 为什么说商务楼宇联播网的优势是传统媒体不可比拟的?
4. 在众多的媒体中选择最能传达广告目标的媒体,要考虑的因素有哪些?
5. 在媒体策略中,为什么要考虑媒体组合的问题?
6. 谈谈广告推出时间策略的几种方式。

案例选编

农夫山泉打赢心智预售

2020年9月8日农夫山泉上市,市值高达4 453亿港元,其创始人钟睒睒一举夺得中国首富之位。

一石激起千层浪,除了再次打破人们心中“卖水不赚钱”的认知之外,还引来各大媒体纷纷撰稿,探讨农夫山泉的成功之道。

有人认为它的成功靠广告,有人认为它的成功靠产品,有人认为它的成功靠渠道,还有人认为它的成功靠的是一套组合拳。

以上都有其道理可言,但都忽视了十分关键的一点,即商业竞争的本质是赢得顾客,是让顾客选择自己而不选择竞争对手。也就是说,消费者为何会更多选择农夫山泉而不是其他饮用水品牌呢?

让农夫山泉从几千家饮用水品牌脱颖而出的，是其创造出了差异化的价值，并利用“中心化媒体+社交媒体+公关事件”的组合打法抢占心智，持续不断地在心智上做投资，从而实现了心智预售，在消费者的心智中赢了娃哈哈、怡宝等竞争对手。

一、农夫山泉称王的真正武器是实现了心智预售

不妨想象一下你买饮用水时的场景：是在进入门店之后，在货架前纠结来纠结去要买什么品牌？还是进店之前就想好要买什么品牌，然后直接去货架拿货、结账、走人？

我想大部分人都是第二种情况，而且被他们选择的品牌叫——农夫山泉。

事实上，也正是如此，相关数据显示，农夫山泉天然水在饮用水市场独占四成，可以说每卖出 10 瓶饮用水，有 4 瓶是农夫山泉。

农夫山泉商标

这就是心智预售的威力。心智预售指的是在消费者去终端货架之前，就已经有了考虑、有了选择的品牌。比如，你想买更安全的汽车，你可能会更考虑沃尔沃；想旅行拍婚纱照，你可能会更考虑铂爵旅拍。

需要注意的是，心智预售是结果而不是过程，不是说农夫山泉到今天才实现心智预售，实际上，当消费者有了上述表现，农夫山泉就已经实现心智预售了，只不过随着时间的积累，心智预售这个行为会更加强烈。

那么，凭什么说消费者买农夫山泉饮用水，关键是因为农夫山泉实现了心智预售呢？

品类特性决定决策机制，饮用水的价格 1~3 元不等，作为日常消费品，消费者在买水的时候介入度是非常低的，往往从需要到决定购买哪个品牌，不超过三秒钟的时间。

这就决定了消费者的购买路径和决策机制主要有两种：第一种，认识到买水的需求—头脑中有了水的品牌—进入终端，直接选择头脑中的品牌；第二种，认识到买水的需求—进入终端—在极短的时间内从货架中选择一个品牌。

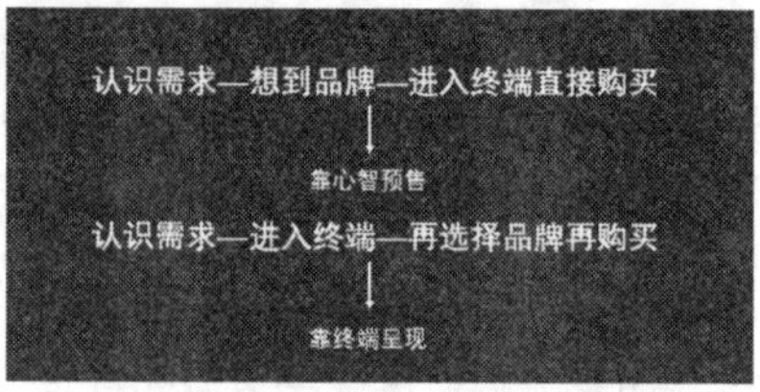

消费者购买路径和决策机制图

前者靠的心智预售，消费者提前做出了选择；后者靠的是终端呈现，包括产品的价格、包装、渠道的覆盖等。

从价格上看：农夫山泉的核心产品定价是2元，同一价位的还有娃哈哈、怡宝等品牌。2元价位以下的有康师傅、冰露等品牌，2元价位以上主要有百岁山。

在高中低三种价位都有的情况下，由于人们往往受到“折中效应”的影响，中间价位也就是2元价位的饮用水会更受欢迎，但2元价位的不只有农夫山泉，所以价格并不是消费者购买农夫山泉的关键。

从包装上看：饮用水这类产品，高颜值、有特色的包装确实能够激发消费者的购买欲望。虽然2元价位的农夫山泉，其整体的红色包装相对比较突出，但真的论起包装来，娃哈哈、怡宝等品牌各有特色，不输农夫山泉，所以包装还不足以成为消费者购买的关键。

从渠道上看：渠道的覆盖程度是饮用水品牌中相当重要的一个要素，它决定了多少人能买得到。但当同一终端出现多个品牌，也就是没有唯一性的时候，渠道的优势就没有那么明显了，今天几乎所有的终端门店，都在卖多个饮用水品牌，所以渠道也不是消费者购买的关键。

从产品味道上看：几乎所有饮用水的共同特点就是没有味道，在味道上的差异让消费者几乎难以感知。所以，味道也不是消费者购买农夫山泉的关键。

这就说明，绝大部分消费者都是在走进终端门店之前就已经决定或者考虑要买农夫山泉了，而不是等进去之后再做选择。

超市矿泉水货架

即使消费者是进门店之后才决定要买农夫山泉的，那几乎也是因为看到农夫山泉之后，心智中关于农夫山泉的信息得到激发和释放。因此，消费者购买农夫山泉的关键是农夫山泉实现了心智预售，而不是依靠终端呈现的优势赢得了消费者的选择。但价格的合理、产品的品质、渠道的完善都是农夫山泉实现心智预售的基础。

二、创造差异化价值是农夫山泉实现心智预售的前提

说起农夫山泉，你能想到什么？可能会有很多联想，比如“农夫”两个字让你感觉憨厚、踏实，比如“山泉”两个字让你感觉纯净、健康。你可能还会想到“天然水”的产品特性和“农夫山泉有点甜”和“我们不生产水，我们只是大自然的搬运工”这两句非常经典的广告语。这正是农夫山泉的差异化价值，是让你在进入终端之前就选择购买的关键，也是农夫山泉能实现心智预售的前提。

农夫山泉广告

心智预售直白一点讲就是提前销售。这里面就有两个关键点：一个是能够被想起，也就是消费者有需求的时候能够快速想到你；另一个是想起你之后，还要想到你的价值并且这个价值要能够促进销售，概括性地讲就是要有记忆点和价值点。

为什么当有购买二手车需求的时候，更多人会优先考虑瓜子二手车呢？原因就在于瓜子二手车的记忆点和价值点优于其他品牌。从记忆点来看，瓜子二手车比人人二手车、优信二手车更容易被人记住。从价值点来看，“没有中间商赚差价”的口号更能够促进消费者购买。

瓜子二手车广告

而在饮用水江湖的争夺里，当其他品牌都还在打“纯净水”概念的时候，农夫山泉率先提出了“天然水”的概念。在众多的饮用水品牌中，具有足够的差异化和突出点，但记忆点还不够，也不具备传播性，价值也不够具象和可感知。

而“农夫山泉有点甜”和“我们不生产水，我们只是大自然的搬运工”，是天然水的创意化表达，就同时具备了记忆点和价值点，既有利于被消费者快速想起，也能够促进他们购买行动的发生。

说到这，你还能想到其他饮用水品牌吗？可能有娃哈哈、怡宝等，你想到的往往是品牌名，它们充其量只满足了记忆点，但是没有满足价值点，所以往往很难实现心智预售。

再看看它们的口号，娃哈哈纯净水的广告语是“爱你到永远”，怡宝的广告语是“你我的怡宝”，两者都非常注重与消费者情感上的沟通，在记忆点上还说得过去，但在价值点上存在不足。

怡宝广告

消费者买水是用来喝的，更多注重的是产品利益，而不是情感利益，传达情感利益不是促进销售的关键点。

消费者有需求时，想不起你，心智预售就不能够实现；即使想起了你，如果你没有让消费者想要行动的价值，心智预售也不可能实现。

农夫山泉能实现心智预售的前提是它创造出了差异化的价值，与其他饮用水品牌形成了绝对的差异化，再通过两句广告语将差异化的价值变得更有记忆点和价值点。其他很多品牌，不能实现心智预售的根本原因是品牌没有记忆点和价值点。

在信息繁杂的环境里，在同类产品多如牛毛的情况下，能够被消费者快速想起，依然是品牌最需要下功夫的一点。

三、持续的塑造认知是农夫山泉实现心智预售的保证

为什么在消费者有喝水需求的时候，会优先想到并且选择农夫山泉呢？

这件看上去很容易的事情，事实上并不简单，很多品牌“穷极一生”都无法做到，这意味着农夫山泉必须要在消费者的心智中赢得其他所有的品牌。农夫山泉创造出了差异化的价值，让价值本身更容易被记住，还只是实现心智预售的前提，是万里长征的第一步；其几十年如一日地在心智上做投资，持续地塑造认知，打赢心智战争才是它能够实现心智预售的保证。

而在抢占心智、塑造认知的过程中，农夫山泉整合中心化媒体和社交化媒体，组合公关事件的打法，真正地做到了力出一孔，将自身“天然、健康”的品牌价值在消费者的心智中打透。

1.“广、快、深”，农夫山泉在广告上的高举高打。“广”指的是覆盖人群要广。饮用水作为日常消费品，面向的消费者是广大人群，不合适做窄告，广告必须要广，要让更多的人知道。“快”指的是出击必须要快，要快过竞争对手。饮用水市场竞争非常之激烈，慢一步都可能错失市场机会，成为竞争对手的垫脚石。“深”指的是要长时间坚持品牌价值的输出，做到广告信息的深入人心，让广告影响消费者更深更久。

农夫山泉从 1996 年产品上市伊始就是央视等各大卫视的常客，经常利用央视等权威媒体打广告：一来当时的央视覆盖的人群极为广泛，可以极大程度地让消费者知道农夫山泉；二来央视往往就是权威的象征，对于当时诉诸“天然水”概念的农夫山泉来说，无疑能更好地提升信任度。

农夫山泉广告

除了央视之外，农夫山泉也非常青睐电梯媒体，曾多次与分众传媒合作，不管是推出新品还是在重要的时机时，农夫山泉都会利用分众来引爆、来触达，以达到快竞争对手一步以及让广告信息持续影响消费者的效果。

2014 年，农夫山泉推出的《一个你从来不知道的故事》广告片，就选择在分众媒体上大量投放。虽然视频有 3 分钟的时长，消费者很难把整个视频看完，但农夫山泉看重的，主要是电梯媒体覆盖的人群非常之广，其次在电梯狭窄的空间里，消费者的沉浸感是非常强的。

农夫山泉《一个你从来不知道的故事》广告片

2020 年 2 月份，农夫山泉第五款生肖瓶登录分众的电梯媒体，引爆全国多个城市。最近，农夫山泉旗下的东方树叶又在分众的电梯媒体来回滚动，抢占消费者的心智。

农夫山泉充分利用了分众电梯媒体高频、低干扰、覆盖范围广等特点，在激烈的竞争中，做到了更快、更久的影响消费者，在心智上得到了进一步的巩固。

农夫山泉广告

除了在央视和分众上的高举高打之外，农夫山泉还非常擅长细水长流般的输出品牌价值，其广告片就有《美丽的中国，美丽的水》《20 周年纪念》等多个系列。这些广告片的目的不是短时间内提升多少销量，而是从另一个方面不断地塑造认知，让农夫山泉"天然、健康"的价值深入人心。

2. 公关事件化，让品牌价值更加深入人心。农夫山泉除了在广告的打法上不给对手留余地之外，其在公关的打法上更是令人拍手叫绝，曾一度让竞争对手无力还手、元气大伤。

2000 年，农夫山泉开始了公关战的第一战，面对当时的老大娃哈哈，农夫山泉用实验对比法来证明天然水比纯净水更健康。虽然其科学性有待考证，但天然水更健康的认知已经钉在了很多消费者的心智中。

农夫山泉天然水比纯净水更健康对比广告

2007 年，面对当时的老大康师傅，农夫山泉同样采取了实验法，以水的酸碱性来作为评定水质量的方式。一时间，农夫山泉凭借着自己天然的弱碱性水，将自己"天然、健康"的价值又一次在消费者的心智中强化。

广告讲的是要拉长线，要长期不断地进行价值输出；公关讲的是短平快，要打得干净利索，要深入人心。不得不说，农夫山泉在广告和公关的组合打法上堪称一个绝佳的典范。

回顾农夫山泉的成长路径，真的可以说是一个"狠"角色，所到之处，"天然、健康"的声音不绝如缕。

但不管是最开始在央视上的轰炸，后面打击竞争对手的公关事件，还是现在越来越钟爱分众这样的中心化媒体以及在社交媒体上的长期输出，农夫山泉始终是在心智上做投资，让心智资源可积累、可沉淀，形成品牌资产，以至于实现心智预售，脱离货架之争。

随着时间的累积，农夫山泉在消费者心智中的能量势必会越来越强，在行业的竞争壁垒也会更加坚固。

世间所有事情皆有因果，农夫山泉称王是“果”，而持续20多年在心智上的投资便是“因”。

四、写在最后

不得不说，农夫山泉的称王之路并不顺利，尤其是在饮用水市场本来就有娃哈哈等品牌主导的情况下，可以说是在夹缝中求生存。

但这也告诉了我们一个道理，消费者不认谁是老大，只认谁能给他创造更有利的价值，农夫山泉也正是凭借着差异化的价值杀出了一条血路，一路走到今天。

此外，在产品本身同质化、渠道布局完善化和流量价格趋高化的今天，真正能实现突围的是在心智上突围，在心智上做投资，达到心智预售的结果，来摆脱流量之争、货架之争。

今天的农夫山泉，不仅代表天然饮用水，更代表“天然、健康”的理念，旗下的很多产品都会因为“农夫山泉”这个符号，激发和释放出沉淀在消费者心智中的势能。

（资料来源：这才是农夫山泉称王的真正武器！[EB/OL].[2020-09-29].http://www.gongguanzhijia.com/article/4897.html）

第九章

广告受众

本章重点及学习要求

广告受众指广告信息的接受者,是整个广告传播活动的信宿。广告作为一种传播活动,其目的在于通过传播达到改变或强化人们的观念和行为的目的。因此,研究广告受众,了解广告受众的基本特征、心理规律及消费行为特征,从而提高广告信息的有效到达率,对于达到广告的最终效果有着重要的意义。

通过本章的学习,应掌握对广告受众进行分类的不同方法和依据,以及广告受众接受信息的特征;了解广告与消费者行为之间的互动关系,以便找到提高广告效果的更有效的方法。

第一节　广告受众的特点与分类

广告受众是广告活动的“目的地”，是广告信息的接受者。广告作为大众传播的一种工具，其信息的接受者具有同大众传播中的受众相同的特点，但其本身又具有独特性。通过对广告受众的分类，了解不同类别受众的基本特征，是制定广告传播策略的重要依据。

一、广告信息接受者的特点

广告信息传播是以广告受众为中心的“信息暴聚”模式，广告受众处于各种媒体的信息轰炸中心。在传播过程中，传播主体即广告主虽通常处于主动地位，但广告受众也并非单纯处于被动地位，他们可以通过信息反馈来影响传播者。同时，广告受众在传播过程中有选择地过滤并接受信息，也显示出受众居主动地位的另一面。

广告传播作为大众传播的一个组成部分，其受众包括听众、观众和读者。因此，广告受众具有大众传播中受众的共同点：

第一，广泛性。作为社会传播活动的广告传播，其受众的数量是巨大的，受众分布的范围也相当广。

第二，复杂性。广告受众分布面广，必然使广告受众的构成混杂不清。广告受众可以分别来自不同的社会阶层，其成员具有不同的社会属性，对广告信息的反应也各不相同。

第三，流动性。作为广告信息传播的接受终端，广告受众并不是一成不变的。广告受众的范围时有变化，其成员是流动的，即使是对某种具体媒体而言，其受众结构也是流动变化的。

第四，隐匿性。同大众传播的受众相同，广告传播的受众通常是不知名的。传播者可以通过市场细分等方式大体描绘出广告受众的轮廓，但传播者无法知晓具体的传播受众个体。

第五，分离性。传播者和受众在时间和空间上是相分离的，彼此分隔，没有直接的接触。

二、广告受众的分类

广告信息传播的目的是使广告传达的信息为受众所接受并最终促成受众的购买行为。针对不同受众的特征和需求进行广告传播是提高广告传播效果的有效途径，因此，对不同的受众进行划分对于广告传播活动来讲是必要的。广告受众分类的意义在于：通过受众分类，认识不同受众的基本结构、心理特征和行为特征，从而为广告运作中针对不同受众的广告策略提供理论依据。

对广告受众进行分类的依据主要来源于以下三个方面：一是大众传播学对受众的分类研究，涉及不同受众在媒体接触和媒体选择方面的规律；二是心理学（包括普通心理学、社会心理学、消费心理学）对不同受众心理活动规律的研究；三是市场营销学对消费者的分类研究，涉及广告受众的消费规律。因此，对于广告受众的类型划分，我们进行了以下几个方面的归类。

（一）大众传播学关于广告受众的区分

从大众传播学的角度对广告受众进行区分，主要以不同媒体接受者的特性为划分的依据：不同的媒体有不同的受众群体，不同媒体的受众群体有各自的特征。随着网络、手机等崛起为新媒体，我们可以依据不同的广告媒体把广告受众划分为报纸受众、杂志受众、电视受众、广播受众和新媒体受众。广告主可以依据不同的媒体受众的特征来对媒体进行组合，以达到最佳的传播效果。不同的媒体受众具有不同的心理特性，如报纸的受众接受广告的主要心理特性表现为受众阅读的主动性；而广播的受众则相反，他们具有收听的被动性；电视则以其刺激丰富及多变性、充分性和逼真性等特点成为拥有最庞大受众群的龙头媒体。

（二）心理学关于广告受众的区分

1. 主动型和被动型受众。从广告受众接触广告的心理动机来看，广告受众大体可以分为两种不同类型的受众群体。一类是有明确的内在需求，主动寻找广告信息以满足需求的受众。如正打算购置家具设备的受众，期望满足目标消费的受众，这一类我们称其为主动型广告受众。另一类是无明确的内在需求且无特定的广告信息需求，只是被动暴露于广告信息下的受众，我们称其为被动型广告受众。在实践中，广告受众多被假想处于被动型的角色地位，广告主力图采用一些传播技巧、方式，结合广告策略运作，以期让更多的被动型受众能接受信息。

2. VALS2 价值观和生活行为模式区分。近年来，由美国斯坦福研究所（SRI）开发的 VALS2 生活方式分类模式被广泛地使用来细分市场，为开发广告和产品策略提供指导。VALS2 模式根据价值观将广告受众进行分类，并确认受众与价值观相关的行为。这是一套基于心理特征的系统，它区分出三种不同的自我认同倾向类型，即原则、身份和行为；并根据资源的多少进行垂直排列，这些资源包括收入、教育、自信、健康、购买欲望和精力水平。受众在资源和自我导向轴线上的未知，决定了其属于八个分类中的哪一类：实现者、满足者、信仰者、成就者、奋斗者、体验者、制造者、挣扎者。不同类型的受众有不同的价值观，保持不同的生活方式。因此，对广告主来说，了解消费者的心理描述情况对决定广告信息应针对哪部分受众是有意义的。

VALS2 模式中八类受众的特点可分述如下，他们之间的关系可如图 9-1 所示。

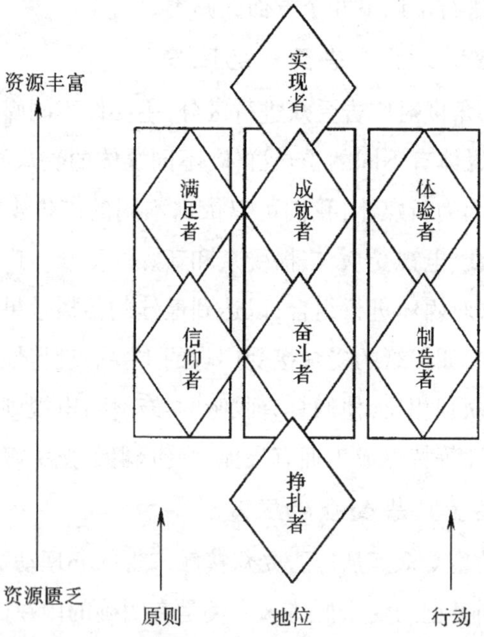

图 9-1　VALS2 网络[①]

（1）实现者。资源丰富且关注原则和行为，追求卓越品质，善于接受新事物，

① John C Mowen、Michael S Minor 著，黄格非、束珏婷译：《消费者行为学》，北京：清华大学出版社，2003 年版。

经常阅读许多不同的刊物，不常看电视。对广告持怀疑态度。

(2)满足者。资源丰富且关注原则。成熟、满足、消息灵通，对形象和声望兴趣不大。在家庭产品消费上超出一般消费者。喜欢教育性和关于公共事务的节目。广泛并经常地阅读。

(3)信仰者。资源缺乏且关注原则。传统且注意道德，改变习惯很慢，寻找便宜货。比一般人看更多的电视。阅读关于退休、家庭和园艺以及一般兴趣的杂志。

(4)成就者。资源丰富且关注身份。事业的成功者，偏好低风险，尊重权威和身份，易被有奖励的产品所吸引。注重产品的多样性。一般的电视观众。阅读商业、新闻和自助的刊物。

(5)奋斗者。资源缺乏且关注身份。冲动且有时尚意识，努力寻求机会认同。注意外表。与阅读相比，更喜欢看电视。

(6)体验者。资源丰富且关注行为。年轻热情，喜欢运动和冒险。冲动购物者。注意广告。

(7)制造者。资源缺乏且关注实用的行为。保守且现实，为了舒适、经久耐用和价值而购物。听广播及阅读有关户外活动的杂志。

(8)挣扎者。贫穷，几乎没受过高等教育。谨慎但忠实的购物者，对品牌忠心。使用优惠券并注重降价活动。经常看电视及阅读小报和妇女杂志。对广告很信任。

（三）市场营销学对广告受众的区分

1.根据消费者的购买行为类型，按消费者接受广告后理性参与购买的程度可以分为非理性购买行为的受众与理性购买行为的受众。

(1)非理性购买行为的受众，又可以分为忠诚性购买行为的受众、诱惑性购买行为的受众和从众性购买行为的受众三种不同类型。具有忠诚性购买行为特征的受众对产品品牌的态度已形成偏好，不愿花较多的时间去进行品牌比较。而诱惑性购买行为的产生是来源于产品本身的刺激，如新奇的样式、独特的包装。从众性购买行为是指受众受周围情境的影响而产生的冲动型购物行为。

(2)理性购买行为的受众。这类受众在掌握必要的商品信息的基础上，为了达到一定的目的，经过思考、计划，方才采取购买行动。这类受众往往通过广告来寻找所需的商品、服务信息，以便满足其想对产品有较充分了解的需求。

2. 根据消费者使用商品的数量或次数来区分，可分为低使用率的受众、中等使用率的受众、高使用率的受众以及不使用的受众。广告主总是力图通过市场调查区分出不同使用率的受众，然后对各用户群进行人口统计学和心理学方面的研究，以达到通过有效的营销组合来提高消费者商品使用率的目的。一般而言，广告主的广告活动策略会倾向于针对高使用率的受众，以维持这部分受众的品牌忠诚度，保持产品在市场上的竞争地位。

（四）人口统计学意义上的区分

人口统计学意义上的区分，即按年龄、性别、种族、收入、教育程度、职业、婚姻状况、家庭人口、宗教等因素，对广告受众进行分类。

人口统计学细分的变量可单独或组合起来描述各种亚文化，一种亚文化的成员共享某种价值观、需求、礼仪和行为。例如，可以运用人口统计中的年龄、婚姻状况、子女数量这些变量的组合来获得关于家庭生活周期的估计。家庭生活周期指以家长为代表的一个家庭生活的周期过程，一般分为单身阶段、新婚夫妇阶段、满巢期、空巢期和鳏寡期。在家庭生活周期的不同阶段，受众对商品的兴趣、需求和购买及媒体接触特征均有明显的不同。例如：单身阶段的广告受众由于较为年轻，并无过大的经济负担，消费观念紧随潮流，对时尚类产品和娱乐产品有较强的购买欲；而处于新婚夫妇阶段的家庭对于家庭耐用消费品的购买力是相对较高的；满巢期的家庭随着子女的成长，其购买需求、习惯及对广告信息的态度有明显的变化；空巢期的家庭由于子女已经独立生活，家庭的经济状况较好，对于消费品的购买也日趋谨慎；鳏寡期的家庭由于经济收入降低，消费需求集中在生活必需品上。

按广告受众的年龄划分，可以分为老年期广告受众、中年期广告受众、青年期广告受众和儿童期广告受众。由于不同年龄的受众在经济收入、生活方式、购买习惯、自我概念上都存在着差异，因而对广告信息的接受态度及对商品的需求也不同。一则成功的广告，应该通过产品和服务的目标年龄受众惯用的媒体来传达广告信息并尽量使其被目标年龄受众所理解。心理学的研究表明，年龄是决定人们心理和行为差异的一个极为重要的因素。不同年龄阶段的受众，在心理和行为方面不同，而同一年龄阶段的受众则存在类似的需求和行为方式。例如：中年期受众，他们往往购物谨慎，理性色彩浓厚，注重商品的质量、功能和价格，购买以获得商品的使用价值为主；而老年人则倾向于选择舒适、庄重和实用的消费品，偏好旧品牌和老字号。同时，传播学的研究表明，年龄是影响受众进行媒体选择和媒体接触的一个重要因素。因年龄段的不同而造成的广告受众的心理特征、行为特征和媒体选择特征也直接反映在广告受众在广告接受活动中的心理活动、行为方式和媒体选择等方面。

按性别对广告受众进行区分，对于广告主确定广告目标受众同样具有重要意义。性别反映出心理和生理的双重区别。在长期的人类发展中，由于男女两性本身及其社会分工的不同，使他（她）们在消费心理、消费行为等各方面均表现出不同的特征。女性在消费方面的心理特征主要表现为爱美、感情丰富和行为、态度易受情境影响，她们是化妆品、家居日常用品的主要购买者。男性在消费时往往注重商品本身的内在品质，希望商品具有男性气质，他们是香烟、剃须刀的主要消费者。同时，性别差异也表现在媒体选择和接触方面，如女性受众倾向于阅读时尚类杂志，男性受众则易相信专业媒体所传播的广告商品信息。

（五）地理区分

消费者由于生活的地理区域不同，其消费需求和购买方式也不同。地理区分可以按一个国家的地区、省、市来进行，也可以按地理分布、气候情况、人口密度等因素，将受众划分为城市广告受众、农村广告受众、北方广告受众、南方广告受众等不同群体。在我国广告受众划分的具体实践中，经常利用的一些基本地理指标有地域（如华中、华南、华北、华东、西南、西北）、城市规模、经济发展程度等。在经济全球化的背景下，地理细分的方法也逐步扩展到了国际范围。

第二节　广告受众的信息接受特征

虽然广告受众是被动暴露在大众媒体的包围中，但广告信息是否被广告受众所接受，其决定权仍在于受众。从传播学、心理学和市场营销学的角度综合研究广告受众的信息接受特征，对广告信息突破传播障碍，顺利为广告受众所接受，实现广告目标具有重大的实践意义。

一、传播学对广告受众接受信息特征的研究

（一）不同媒体的广告受众接受特证

媒体是广告信息的载体，广告信息能否有效地传达给受众的关键因素之一就

在于媒体。不同的媒体具有不同的媒体特性,其受众群也不同。研究不同媒体的广告受众的接受特征,对于广告有效地传播有着重要的实际意义。

1. 报纸受众的信息接受特征。报纸的受众广泛,是一种主动阅读且传阅率高的媒体。从报纸阅读人群的角度分析,其受众主要有两类:一类是主动阅读的受众;另一类是被动阅读的受众。一般来说,主动型的受众往往具有计划性,乐于从报纸中寻找信息。报纸所刊载的广告属于视觉广告,读者在阅读报纸时广告进入读者的视野,引起受众的心理反应。受众对于感兴趣的广告会仔细阅读。广告因此可以借助不断变化的信息内容来刺激受众的阅读兴趣。而被动阅读的受众,其阅读活动并没有计划性也并非出于了解信息的需要,这类受众阅读的随意性较大,广告进入受众的视线也具有很大的随机性。

2. 广播受众的信息接受特征。广播是一种依赖于受众听觉的媒体。受众在收听广播时,信息通过人的感官对受众形成一种听觉刺激,从而对受众心理产生影响。广播的受众在收听广播时存在着一种普遍的随意性状态。广播的受众表现出的媒体接触特征有:收听时间的随意性,即收听的时间不确定;波长选择的随意性,即受众在收听广播时一般没有明确的波长选择,具有很大的盲目性;意识选择的随意性,即收听的过程中并不表现很强的专注性;收听姿势的随意性,即在收听的过程中伴随着各种行为姿态,没有接受信息的固定模式。广播受众接受信息的随意性促使广播广告应在较短的时间内抓住受众的听觉注意力,增强广告节目的吸引力和感染力。

3. 电视受众的信息接受特征。电视的出现使得广告传播的媒体有了质的突破。电视是集文字、图像、声音于一体的媒体。电视受众的主要接触动机是为寻求娱乐和获取知识。但电视受众接触媒体同样具有随意性的特点,接受电视广告信息的时间、场所、意志均有很强的偶然性。目前,电视受众的构成有两个突出的变化,即受众日趋年轻化及文化水平普遍提高,这就要求电视广告更要做准做精,不断提高其趣味性、知识性和艺术性,以吸引受众的注意力。

4. 杂志期刊受众的信息接受特征。杂志期刊是专业性较强、受众划分比较明显的大众媒体。得益于印刷精美、内容丰富、具有较高权威性以及保存性好等特点,杂志期刊一直是那些对专业内容有所选择、对视觉效果要求较高、对信息量和深度要求较高的读者的喜爱。杂志的受众一般都比较固定,忠诚度较高,即使不是订阅用户,也大多有定向购买倾向。受众的年纪多为中青年以上,少年以下较少。杂志期刊因为其制作的灵活性，使得广告的表现手段更为多样化。一些很有创意、表现新颖、冲击力强的广告成为读者的一道视觉盛宴。

5. 新媒体受众的信息接受特征。网络是建立在电子计算机和互联网基础上的新兴媒体。自从 20 世纪 90 年代在我国兴起以来，随着计算机和智能手机的普及，经过 30 年的发展，已经成为受众人数仅次于电视的第二大媒体。网络是充分融合了声音、文字、图画、动画为一体的多媒体形式。其最大的特征就是时效性强、传播速度快、信息量大、信息形式丰富、互动性强。网络的受众目前大多数为中青年以及青少年，其行为特征主要表现为：使用时间长、媒体使用黏性强、使用频率高。网络广告制作成本较低，具有丰富多样的表现形式，便于多次传播。手机受众具有使用人数多、使用频率高、使用地点自由、互动意识强等特点。

（二）受众进行信息接受的选择性理论

美国传播学者克拉伯提出了针对受众接受、理解和贮存信息的选择性理论，它包括选择性接触、选择性理解和选择性记忆三个层面，认为受众接受信息的心理呈现出注意—理解—记忆的线性过程。这一理论是建立在受众的“选择性心理”的基础上。所谓“选择性心理”，是指在接受信息的过程中，人们会根据个人的需要对信息有所选择，并趋向于乐于接受同自己已有观点或立场一致的信息内容。广告主对于广告受众的“选择性心理”过程感兴趣，因为这影响到消费者是否会记住它们的广告。

1. 选择性注意。选择性注意又称选择性接触。注意是受众接受信息的第一步。通过接触信息，消费者的感觉器官开始活跃，信息处理的过程也随之开始。接触阶段的一个特征就是它的选择性，即广告受众是主动地、有选择地去注意自己需要的信息，同时回避与其观点相抵触和那些自己不需要的信息。这就提示广告主应更多地了解受众的需要，只有当广告作品传达的信息与受众的实际需要相一致时才能引起受众的注意，达到广告传播的目的。

2. 选择性理解。广告是一种传播活动，是一种信息的编码和译码过程。受众对于接触到的信息会依据自己的价值观念和思维方式做出自己的理解。驱使受众译码的因素是社会、经济、文化和心理等因素的组合。同时，由于信息符号本身的多义性也是导致受众进行选择性理解的原因，因此，广告主在制作广告时应主动接近受众的理解方式，要找准与广告受众共通的语义空间，尽量避免使用有歧义、难理解的符号来创作作品。

3. 选择性记忆。选择性记忆是广告受众根据自身的需求，在已接收和理解的信息库中选择对自己有用、有利的信息并存储在大脑中的过程，它包括对广告的识记、保持、再认和回忆四个基本环节。广告受众的选择性记忆是其思考问题、做出购买决策必不可少的条件。广告受众的选择性记忆受需要、态度、情绪等心理因素的影响，也受信息传播环境、作品形式以及信息刺激程度等客观因素的影响。这就提醒广告主要选择容易引起受众感兴趣并易于记忆的信息传播方式和手段，以加深受众对广告信息的记忆。

（三）使用与满足理论

使用与满足理论把受众成员看作是有着特定需求的个人，把他们与媒体的接触活动看作是基于特定的需求动机来使用媒体，从而使这些需求得到满足的过程。施拉姆曾做过如此一个比喻，受众接触媒体如在自助餐厅用餐，个人根据自己的喜好和口味来挑选食物，而自助餐厅则提供大量的餐饮食品。这个比喻说明了在传播活动中，受众是真正的主角，受众如何选择及选择多少信息，媒体是无权决定的。受众接触各种媒体是基于一些基本的需求，包括信息需求、娱乐需求、社会关系需求以及精神和心理需求等。如受众对电视媒体进行接触是为了满足其心绪转换、自我确认、环境监测等方面的需求。

二、心理学对广告受众接受信息特征的研究

研究广告受众接受广告信息的心理效应模式对于促进和推动广告运动的有效性有着重要意义。针对广告受众接受广告信息的特征的心理学研究从 20 世纪初就开始了，学者们已经提出了几十种模式用来描述广告受众在接受广告信息时的心理特征，但真正得到广告界认同的是勒韦兹和斯坦纳（Lavidge & Steiner）模式，简称 L&S 模式。

L&S 模式认为，广告受众对广告的反应由三个部分组成，即认知反应、情感反应和意志反应，与之对应的是三个心理过程，即认知过程、情感过程和意志过程。

（一）广告受众的认知过程

受众接受广告信息的过程是受众对广告作品中所含的各种因素进行个体感觉并加以联系和综合反映的过程，是受众通过感觉器官获得有关商品和服务的各种信息、资料及其属性的过程，这个过程主要由感觉、知觉、记忆和思维等心理活动来完成。然而，这个过程并非只是对客观事物的被动反应，而是在反映客观事物的同时不断地去主动认识、了解事物。由于受众个体所处的社会、文化、生活环境和自身的素质、需求有所差异,因此对同样的事物会产生不同的理解。广告受众对广告信息的接受过程也是这种主观因素和客观因素综合作用的过程。

受众借助于感觉器官来接受各种广告的信息,这些信息通过其神经系统,从感觉器官传递到受众的大脑。感觉器官的发挥会出现此强彼弱的不均衡现象,如在噪声大的环境里,人的视觉器官可能会相对削弱。在这个过程中,感觉是广告受众对广告信息留下的首次印象,先入为主的感觉常常是受众做出购买决策的重要基础。

受众在感觉的基础上产生知觉。知觉是受众对外界客观事物刺激所引起的对事物各种属性之间有机联系的整体性、综合性反映和认识的心理过程。受众的知觉形成对事物的整体印象。人的知觉具有选择性,即受众的知觉能将不同对象的信息区分开来,并选择对自己有意义的信息加以处理。同时,受众会根据以前所获得的知识和经验来解释新接受的信息。

受众借助认识、保持、回忆和再回忆等记忆过程,来预期和有选择地接触那些他们可能遇到的新刺激。广告主面临的一个重要问题是如何帮助受众从记忆中提取出有关其产品的信息。广告所唤起或保留的关于商品和服务的信息的记忆通过受众的思维,使他们进一步认识广告信息的一般特征,最终使受众把握广告所传播的商品和服务的整体形象。

(二)广告受众的情感过程

受众对于客观现实事物能否满足自己的需要而进行的态度体验就是受众在接受广告信息时的情感过程。情感是指受众对客观事物较长期、较稳定的态度,它的目标指向性明确,如受众追求对美的体验,追求对爱的体验。情感过程贯穿于受众开始接受广告信息和产生购买行为的评定阶段和信任阶段,会对广告效果产生重要的影响。

受众的情感大体有两类,即肯定和否定。具体可表现为积极性与消极性、肯定性与否定性、激动性与平静性,这些情感通过受众在接触广告信息时的神态、表情、语气和行为表现出来。广告主通过广告传播活动力图激发受众的积极情感,打动受众的心,调整受众的情绪,使广告信息愉快地被广告受众接受。

(三)广告受众的意志过程

意志是指受众自觉确定需求的目标,并主动调节、支配其购买行为以实现需求满足的心理过程。意志过程是内心思维活动导致的结果,是受众内心活动向行为转化的准备过程，是人们行为决策的最直接原因。

广告受众接受广告信息的意志过程有三个特征：一是目的性，指在接受广告信息后，受众在经历了认知过程和情感过程后已经出现了要达到某种目的的欲望，这种欲望指导着受众的购买行为。二是坚持性，指受众确定了需求目标后，会通过各种途径和方法，坚持不懈地努力实现自己的目标。三是调节性，指的是受众自身的意志对其购买行为的决策有发动与制止的作用，受众要达到预定的目标，会通过意志来控制与调整自己的行为。

广告受众接受信息的三个心理过程是密切联系的。认知过程是基础，是产生情感和明确意志的前提；情感过程是认知过程的延续，也是意志过程的基础；意志过程有赖于认知和情感过程，同时又能促进认知和情感过程的发展变化。

三、市场营销学对广告受众接受信息特征的研究

（一）需要与动机理论

在影响消费者行为的众多因素中，需要和动机占有特殊的地位。受众的消费活动是指在日常生活中对各种物质产品、服务产品、精神产品需要的消耗与满足过程。受众绝大部分的需要与满足是通过市场购买行为来实现的。在受众的心理活动过程中，当某种未被满足的需要被激活时，这种需要就会转化为动机；在一定动机的驱使下，受众才会去寻找满足其需要的各种途径，才会主动去接触、接受广告信息。

1. 需要。需要是指受众对某种事物或目标的渴望与欲求，是其为了延续与发展生命以及对某些客观事物的占有、使用、消耗、体验、享受等诸方面的要求与愿望。每个人都有其独特的需要，有些是天生的，有些是后天获得的。天生的需要是生理上的，包括对食物、水、空气等的需要，这些需要是维持生命所必需的，它们被称为是首要需要。后天的需要是受众从文化和环境中学习到的，它包括尊重、声望、影响力、权力及学习等的需要，这些被称为是次要的需要。广告主试图了解的是在给定的情境下，哪种需要对受众来说是最重要的。

(1)马斯洛的“需要层次理论”。美国心理学家马斯洛提出了“需要层次理论”。该理论把人的需要看作是一个多层次的组织系统，是由低级向高级逐渐形成和实现的。该理论大体上把人的需要分成五个层次：①生理需要。人对食物、空气、睡眠等的需要都属于生理需要。这类需要是人类生存的必要条件，它们得

不到满足则生命无法延续。②安全需要。在危险和恐惧中对自由的需求,要求有一个安全有序的环境。③社会需要。例如,对社交及被社会认可的需要,爱的需要和归属的需要。这类需要与人的民族、社会环境、宗教等因素有密切的关系。④自尊的需要。如对成就、力量、权力、名誉、声望和地位的需要。⑤自我实现的需要。包括对个人成长或充分发展的需求,求知和理解的需求,发挥潜力的需求,审美和欣赏的需求,以及了解自己和周围世界的需求等。

马斯洛认为这五种需要是由低级到高级按层次发展的。只有较低级的需要得到满足后,较高级的需要才会出现并起主导作用。马斯洛的需求层次理论有其一定的科学性和合理性。但由于其理论的基础是人本主义的观点,仅仅将人的行为归结为满足个人的需要,未能从社会共同需要的角度来分析人的需要,因此还显得过于机械和片面。

(2)马克思主义的需要观。马克思主义把人类的需要划分为三大层次:①生存需要。即人为了生存需要获得各种基本物质条件,用来维持劳动力再生产。这类需要依靠人类自己去生产、创造。②发展需要。即人类为了改造客观世界,需要不断发展自身的智力、体力、能力、创造力等,以及促进社会进步发展的本领,因此形成了对这些方面的需要。③享受需要。人的享受必须以生存需要和发展需要的实现为前提。享受的需要若是合法、正常和合理的,即是无可非议的,但若片面追求享乐则应该反对。

在对需要进行层次划分的同时,我们还应注意到需要的特性。需要往往是自发的,是受众自我意识的结果。受众需要的对象呈现多样性,具有周期性、伸缩性和可引导性。广告主在注意到广告接受者正是按照物质的、精神的需求层次来选择大众传播媒体信息的同时,也应注意受众需求所出现的新变化。

2. 动机。动机指人们所处的能导致有目的行为的一种被激活的状态,它是以需要为基础的。当人的某种需要没有得到满足时,人们就会努力去寻找满足需要的对象,从而产生活动的动机。从这个意义上说,需要是行为发生的深层次原因,需要通过转化为动机来影响人的行为。动机体现了客观要求对人的激励作用。内在的主观需要与外界的刺激或各种诱因的影响都是动机产生的条件。动机激发的基本程序是:充分意识到需要→发现满足对象→具备实现条件→激发行动力量→采取实际行动→达到满足需要的目的。

人的动机常常因个体满足需要的强烈程度不同而表现出不同的动机强度,不同的动机强度所导致的行为结果也不同。强度大、稳定性高的动机通常称为主导动机，强度弱、不稳定的动机称为非主导动机或次要动机。动机强度大小由需求的紧迫性程度决定。动机具有目的性、主动性、内隐性、驱动性、多样性和可转移性等特征。

受众的基本购买行为动机大体可以分为三种：

第一种是生理性购买动机。即为了维持生命的延续或保护生命的动机。这类动机表现在人们对日常生活用品的需求及为了获得生活资料而需要购买的劳动资料，以及为了生活安定及后代繁衍而产生的各种需求。

第二种是心理性购买动机。即一些与认识、情感、意志、兴趣、个性等心理因素相关的购买动机，这类动机又分为为了满足情绪、荣誉、审美、道德等人类高级需要而产生的情感动机，以及人们基于对商品的理性认识而形成的理智需要而产生的理智性动机。

第三种是社会性购买动机。即指人们由于受到所处的社会自然条件、民族文化背景、政治经济水平、风俗习惯、流行因素等社会因素引发的需求动机。

受众的这三种基本购买动机是交织在一起的，在研究受众接受商品信息并付诸购买行动的过程中研究其动机，应综合这三种基本动机进行分析。在实际的购买行为中，常见的受众购买行为的具体动机包括求实、求便、求利、求廉、求新、求变、求名以及从众购买等。广告主的广告应尽可能激发受众，使其产生对某种商品和服务的需要，并展示给受众某种诱因，激发他们产生购买的欲望。

（二）关心点理论

在有关广告受众接受广告信息的研究中，除了建立在需求和动机基础上的一些理论模式外，我国广告学研究人员还于 1986 年提出了关心点理论。该理论认为，消费者的消费心理和消费活动，都集中反映在其“关心点”上。所谓的关心点，就是指消费者对于本产品或服务的关心焦点或关心重点。它是由消费者的需求、经验、兴趣和利害关系等因素所决定的。

关心点理论认为，消费者的关心点是由几方面的原因形成的：一是需求，即认为需求是形成关心点的根本基础。二是经验，即认为消费者的各种经验积累形成其对服务或产品的特定关心点。三是兴趣，认为兴趣是消费者关注趋向的重要因素。四是利害关系，即利害关系的强弱决定了关心点的受注意程度。关心点理论认为不同的消费者的关心点各自不同，且随着时间的流动而变化，具有很强的时代性。

虽然消费者的关心点是不断变化的，但存在于消费者的消费心理和行为中依然有一些容易成为普遍关心点的方面：

1. 热点。消费者往往对流行的消费模式有较高的关注度，对于流行的行为模式有很高的热情，对于这类形成热点的商品和服务，消费者的购买往往显得冲动和缺少计划性。

2. 近点。产品或服务与消费者的自身需求和动机越接近，就越容易吸引消费者的注意力，形成关心点。

3. 新点。求新的心理是消费者的一个普遍心理，不断更新的产品和服务容易引起消费者的注意，较易成为消费者的关心点。

4. 难点。消费者在消费过程中所遇到的难以使消费顺利进行的方面也容易构成消费者的关心点。

5. 疑点。消费者有时会对产品或服务心存疑点，这些未解的疑点容易形成消费者关心的焦点。

6. 歧点。消费者对于产品或服务往往会有不同的看法和理解，这些有争议的方面也易形成消费者的关心点。

关心点理论对广告活动的意义在于，广告活动主体应了解并重视消费者在消费心理和消费行为上的关心点，巧用"关心点"进行广告活动。在"注意力经济"时代，广告创意中的创意主题更应该体现消费者的关心点，抓住受众的眼球，利用有利于产品或服务的关心点来进行广告传播，善于转化消费者不利于产品或服务的关心点，变弱势为优势。广告活动的运作也应从不同消费者的关心点出发，采取不同的广告策略，以达到较好的广告效果。

第三节 广告与消费者行为

广告受众不仅是广告信息的接受者，更重要的是广告产品或服务的消费者。广告活动的最终目的是促使广告受众产生消费行为，因此，进一步了解广告与消费者行为的关系、消费者购买行为的特征，以及影响消费者购买行为的因素是必要的。

一、广告与消费者行为的互动关系

广告作为市场营销的一个手段,其目的在于使企业的商品或服务的信息能顺利到达广告受众并为之接受,促使广告受众采取消费行为,使广告受众转化为企业商品或服务的消费者。反过来看,作为企业商品或服务的消费者的购买心理和购买行为,也为企业如何运用广告来进行信息传播提供了参考的依据。因此,广告与消费者行为之间是互相影响的互动关系。

广告是消费者接触商品或服务信息的主要渠道之一,广告对消费者行为的影响表现在以下几个方面:

第一,改变观念。广告通过传达商品或服务的信息,通过持续的诉求,达到潜移默化地改变消费者消费观念的目的。广告倡导新消费,引领新的消费观念已成为广告的一大魅力,并对消费者的生活有着重要的影响。

第二,唤起需求。广告通过有针对性的、有说服力的诉求,可以唤起消费者内心的需求,从而使消费者产生购买产品的欲望和需求。也就是说,广告具有创造需求的作用。

第三,改变行为。消费者的购买行为是因时、因地、因情绪等各种变量而变化的。广告通过有说服力的诉求,能改变消费者的购买行为。如通过广告引导消费者在超市购买绿色食品,摒弃传统的在小市场购买未经检疫的食品的习惯。

第四,确认满足。广告通过对产品附加值的宣传加深了消费者购后的满意度,从而鼓励了消费者对产品或服务的持续购买。

广告在影响消费者的购买行为的同时,消费者的购买行为也反过来影响着广告主体的广告运作。这主要表现在以下几个方面:

第一,消费者自身的特性为广告运作中目标市场的选择和诉求对象策略提供了依据。不同的消费群具有不同的消费特性,产品或服务的信息要顺利到达广告受众,广告主体应明确目标消费群的特性,以确认产品或商品服务信息的诉求策略。

第二,消费者的需求和动机为广告策划的诉求重点提供了依据。广告信息只有满足消费者需求的特性,才能吸引消费者的注意。消费者的潜在需求与实际需求又为广告策划如何使广告信息更为有效提供了依据。

第三,消费者的具体购买行为为广告运作的多层次开展提供了依据。消费者的购买行为因时间、地点、情绪而发生变化，这不仅提醒广告主体在适合的时间、地点，利用适合的媒体进行广告传播，还为广告主体开展更多层面的广告活动提供了依据。如提高现场销售场地 POP 广告的醒目度，营造现场销售场地的销售气氛等。

二、消费者购买决策过程

（一）消费者购买决策

消费者购买决策是指消费者为了实现满足需求的目标，在购买过程中对是否购买商品或服务以及对影响购买决定的相关内容进行评价、选择、判断和决定等一系列活动。购买决策在购买行为中居核心地位，起着支配和决定作用。

购买决策的内容因人、条件及所处环境的不同而各不相同，但消费者购买决策的内容大体都离不开以下几个方面：

1. 为什么买？即权衡购买动机。例如，对于购买一部新型功能的手机，有人为追赶潮流，有人为方便，有人为了炫耀，不同的消费者购买的动机不一样。

2. 买什么？即确定购买对象。这是决策的核心和首要问题。决定购买的目标时，主要会考虑包括品牌、规格、质量和价格等多方面的因素。

3. 买多少？即确定购买数量。购买数量一般取决于实际需要、支付能力和市场的供应情况。

4. 哪里买？即确定购买的地点。购买地点是由多种因素决定的，如商家的信誉、购买场所的便利程度、服务态度等。这类决策与消费者的求廉动机和求速动机有关。

5. 何时买？即确定购买时间。它与主导购买动机的迫切性有关。在消费者的多种动机中，往往由需求程度高的动机来决定购买时间的先后缓急。同时，购买时间也与购买场所的经营时间、消费者的消费习俗等有直接关系。

6. 如何买？即确定购买的方式。例如，是函购、邮购、预购还是代购，是付现金、刷卡还是分期付款等。

（二）消费者购买决策的基本程序

消费者的购买决策是在特定的心理和机制驱动下，按照一定程序发生的心理与行为活动过程。对消费者购买决策各个阶段的了解，有助于广告主体发现并设计针对消费者心理和行为特性的广告机会。

消费者购买决策的基本程序如下：

引起需要→信息收集→选择评估→购买决定→购后感受

1. 引起需要。消费和对某类商品的购买需求源于消费者自身的生理或心理需要。当需要未得到满足时，满意状态与实际缺乏状态之间的差异会构成一种刺激，促使消费者发现需求的所在，进而引发寻求满足需求的方法和途径的动机。需要可以由内在或外在的刺激引起。广告主体应了解广告产品或服务所能满足需要的层次和范围，并能巧妙地利用广告适时适当地激发消费者的需要。

2. 信息收集。在认知需求的基础上，消费者受满足需要的动机驱使，开始寻找或接受各种关于能够满足需要的商品的信息资料。收集信息的渠道包括接触各种信息媒体，接受他人或群体行为方式给予的启示及调动个人记忆储存或经验中的信息。广告在这个阶段应不断加强消费者的注意。这种注意既包括有意注意也包括无意注意。广告应通过不同的媒体，广泛影响消费者的有意注意和无意注意，帮助消费者记忆广告的内容，以完成消费者接受广告的认知心理过程。

3. 选择评估。消费者在收集资料的基础上对资料进行分析、对比，做出选择。评估的标准因消费者价值观念的不同而异。例如：有人以价廉为基本尺度；有人以新颖独特为选择标准；有人注重质量；有人因从众心理明显而倾向于选择大众化产品等。广告在此阶段应有助于突出商品或服务有形的或无形的特性。

4. 购买决定。消费者对各种购买方案进行选择评估后，便可从中选择最优方案并进行购买。确定购买是消费者购买决策中的实质性环节。在这一阶段，广告主体应向消费者提供有关商品或服务更详尽的信息，加深消费者对商品或服务的印象和好感度，并通过各种销售服务，为消费者的购买提供便利条件，促成消费者购买行为的实施。

5. 购后感受。消费者在购买并使用了商品或服务后，会有某种程度的满意或不满意，这将直接影响消费者做出是否继续或反复购买的决策，并影响品牌和消费者的关系。购买后的评价一般指向所购商品或服务，评价标准也以效用为主要内容。广告在此阶段可以使消费者对某个品牌产生适当的期望，消除消费者购后的认知失调，帮助已购买了广告宣传的商品的消费者建立良好的购后感觉。

（三）消费者制定购买决策的原则

消费者在决策过程中总是会依据一定的标准对各种方案进行比较选择。实践中，消费者可依据几种不同的原则制定购买决策。

1. 最大满意原则。一般而言,消费者总力求通过决策方案的选择、实施,使某方面的需要得到最大限度的满足。然而,受消费者主观条件和客观环境的限制,消费者无法占有全部的商品或服务信息,同时,受心理因素和环境变化的影响,消费者的主观标准也不是一成不变的。

2. 相对满意原则。该原则认为,在大量信息中消费者不可能花费过多的时间、精力和金钱去收集制定最佳决策所需的全部信息,况且人的欲望是不断变化和无止境的。因此,在实践中,消费者只需做出相对合理的选择,达到相对满意即可。贯彻相对满意原则的关键是根据所得与所费的比较,合理调整选择的标准,使之保持在适度可行的范围内,以便以最小的代价取得较大的效用。

3. 遗憾最小原则。运用该原则进行决策时,消费者常要估计各种方案可能产生的不良后果,比较其严重程度,从中选择情形较轻的方案。该原则用于减少风险损失,缓解消费者因不满意而造成的心理失衡。

4. 预期—满意原则。有些消费者在进行购买决策之前便形成对商品的心理预期,在进行购买决策时挑选与其心理预期标准吻合度最高的方案。这一原则能缩小消费者的选择范围,加快决策进程。

三、影响消费者购买决策的因素

消费者的购买决策受到其不同的社会、文化、个人和心理因素组合的影响,研究影响消费者决策的主客观因素,对于广告主体如何将广告做准做精有着重要的意义。

(一)文化因素对消费者购买决策的影响

广义的文化指人类创造的一切物质财富和精神财富的总和;狭义的文化指人类精神活动所创造的成果,如哲学、宗教、科学、艺术和道德等。亚文化则是指某一文化群体所属次级群体的成员共有的独特信念、价值观和生活习惯。亚文化包括民族亚文化、宗教亚文化、种族亚文化和地理亚文化。每一种亚文化都会坚持其所在的更大的社会群体中大多数人特有的文化价值观和行为模式。文化作为广告主体所面临的宏观环境因素,对消费者行为具有巨大的影响。文化的各个要素,如价值观、规范、习俗、物质文化等,对消费者的行为均有一定的影响。由于价值观在文化中居核心地位,所以它对于消费者的行为是最具有根本性的影响的。文化渗透在消费者购买决策的五个阶段中。

第一,在不同的文化背景下,消费者有的需要是受到社会认同和支持的,有的需要则是被否认和反对的。例如,中国传统文化主张“谦、良、恭、俭、让”,因此,勤俭消费的观点在中国消费群中较为普遍。同时,文化价值观也反映在人们对外在刺激的态度上,如中国人反对过度的性诉求广告。文化的影响在消费者认知信息的第一阶段就起到了过滤的作用,影响着广告是否能为消费者所接受的第一步。

第二,在消费者的信息收集过程中,文化因素也起着重要的作用。不同的文化背景下,人们对各种信息来源的依赖和信任程度不同。从中国文化的特点来看,中国的消费者趋向于更易相信和接受非商业来源的信息,特别容易接受口碑传播,那些符合特定社会文化价值观的广告内容,也更容易引起消费者的关注。

第三,在选择判断阶段,消费者同样会受到文化价值观的影响和制约,从而形成消费者心中的熟知品牌组。在中国,强调身份地位、追求自我实现的消费者在购买中倾向于选择知名度高的品牌,而崇尚节俭的消费者则会选择低价格的商品。

第四,经过评价后消费者产生了一定的购买意图,在进行购买决策时,文化价值观的影响得到了实际行动的体现。例如,中国文化强调集体主义,要求个人服从组织,在进行购买决策时,消费者往往不会独断专行,而是会参考家庭和群体的价值标准。

第五,在消费者的购后评价阶段,不同文化背景下的消费者会有不同的表现和处理方式。例如,以前的消费者在购后不满意时,往往自认倒霉,忍气吞声,而随着社会文化价值观的进步,通过投诉及法律等方式来表达购后不满意的消费者则越来越多。

(二)社会阶层对消费者购买决策的影响

社会阶层指一个社会中具有相对同质性和持久性的群体,他们是按等级排列的,每一个社会阶层的成员具有相似的价值观、兴趣爱好和行为方式。产生社会阶层的直接原因是个体获取社会资源的能力和机会的差别。同一社会阶层的消费者在需求、偏好、价值观念和行为模式上会有某些共同之处,也就是说社会阶层会影响消费者行为。

不同社会阶层的消费者在心理上的差异及社会地位的不同会影响其对产品的选择和使用。例如,各个阶层的妇女对时装都感兴趣,但上层和下层的妇女会分别选择适合各自消费水平的服饰,同时上层的妇女更垂青于知名的服饰品牌。

由于不同社会阶层的消费者偏爱的媒体和信息不同,他们对信息搜寻的类型和数量也不同。处于底层的消费者的信息来源相对于高层消费者来讲比较少,在信息搜索中他们可能更多地依赖亲戚、朋友提供的信息。同时,不同社会阶层的消费者购物的方式和场所也会不同。社会阶层不同所引发的消费者购买决策的不同,提醒广告主体要结合商品和服务对目标市场进行选择,并对商品和服务进行合理定位。

(三)家庭对消费者购买决策的影响

家庭是指以婚姻、血缘或收养关系为纽带而组成的一种社会生活组织形式或社会单位。家庭作为社会的基本单位,具有很多功能。例如:经济功能,即为每个家庭成员提供生活福利和保障;情感交流功能,家庭是思想和情感交流最充分的场所;社会化功能,家庭成员的社会化尤其是儿童的社会化是家庭的主要功能。

家庭是影响消费者行为的主要因素之一。家庭成员的角色不同。一般而言,在家庭决策购买中可能出现六种角色,即倡议人、看门人、影响人、决策者、购买者和使用者。通常倡议人和使用者多为同一个人,他们提出建议和要求。看门人为家庭购买决策提供信息,实际购买者有时也承担提供信息的任务。例如,家庭中的孩子提出要购买一台电脑,其父母对这个需求进行了商讨,经过孩子的恳求且其父母也认为购买电脑对孩子学习有帮助后,父母开始收集有关电脑的信息并选择了其中一款,购买给孩子学习用。

当然,在家庭的购买决策中,家庭成员是相互作用的。学者戴维斯和里高克斯根据夫妻在购买决策中的相互关系,区分了四种家庭购买决策方式:自主决策,即对于不太重要的购买,由丈夫或妻子独立做出购买决定;丈夫主导决策和妻子主导决策,即在决定购买什么的问题上,丈夫或妻子起主导作用;共同决策,即夫妻双方共同作出购买决定。①

(四)参照群体对消费者购买决策的影响

参照群体指一种实际存在或想象存在的、可作为个体判断事物的依据和楷模的群体,它通常在个体形成观念、态度和信念时给予重要影响。参照群体是消费者形成购买决策时用作参照、比较的群体。参照群体最初指家庭、朋友等与个体

---

① 王长征:《消费者行为学》,武汉:武汉大学出版社,2003年版,第336页。

有直接互动的群体，但现在也涵盖了与个体没有直接面对面接触但对个体行为产生影响的个人和群体，如影视明星、政治领袖等。

参照群体对消费者行为的影响可分为规范性影响、信息性影响和价值表现性影响。规范性影响指由于群体规范的作用对消费者的行为产生的影响。规范是指在一定社会背景下，群体对其所属成员行为合适性的期待。为了获得赞赏和避免惩罚，个体会按群体的期望行事。例如，一些广告宣称若使用某种商品就会得到社会的认可和赞许，利用的便是参照群体的规范性影响。信息性影响指参照群体其他成员的观念、意见和行为被个体作为有用的信息予以参考，由此在其行为上产生的影响。价值表现性影响指的是个体自觉遵守或内化参照群体所具有的信念和价值观，从而在行为上与之保持一致。个体经常利用参照群体来表现和提升自我形象，如购买名人使用的产品，模仿其消费方式等。

参照群体的作用已在广告中得到了大量的体现和运用，其集中体现在使用形象代言人来影响目标受众上，如名人型代言、专家型代言、普通型代言等。广告主体利用参照人群的不同特征和说服力，来对潜在或目标受众进行劝服。

（五）意见领袖对消费者购买决策的影响

所谓“意见领袖”，是指某人或某组织，其信仰或态度受那些与之在某些具体活动中有相同兴趣和趋向的人的尊重，并能更多、更频繁地向其他消费者提供信息，从而影响消费者的态度和行为。

意见领袖一般具有以下共同特征：①意见领袖对某种产品或服务有较多的知识，他们往往比较积极主动地搜寻关于此类产品的信息。②意见领袖通常是消费创新者，他们会基于自己对新产品的使用经验，来为他人商品或服务的购买提供信息帮助和决策指导。③意见领袖偏爱专业型的趣味读物，比其他消费者更多地接触到他们所感兴趣的信息。④意见领袖在个性、社会阶层和人口统计特征等方面具有共性，如他们往往具有较强的社交能力以及较高的职业地位等。

广告主体挑选意见领袖充当代言人时，必须对广告的目标市场有细致的了解，并善于发现意见领袖。广告主体应尽可能直接将信息传播给那些最有可能进行“传话”的意见领袖，善于刺激意见领袖和控制口头传播，利用意见领袖拥有的专长、知识、权威、参考和安全这五种力量来影响广告目标受众的购买决策。

本章小结

广告受众是广告传播活动中信息的接受者和译码者,广告传播活动的最终目的是使广告受众接受广告信息并产生消费行为。对广告受众进行分类,是广告传播活动具有针对性和有效性的前提条件之一。不同类别的广告受众具有不同的特征,其接受广告信息的心理及行为方式也不同。广告和消费者行为之间是互相作用的关系,在广告影响消费者行为的同时,消费者的行为对广告策略的制定也有着重要的影响作用。广告渗透在消费者的购买决策过程中,制定有效的广告策略要善于利用影响消费者行为的因素,使整个广告传播活动有的放矢,达到最佳的广告效果。

思考题

1. 广告受众有哪些主要分类?

2. 如何从传播学、心理学和市场营销学的角度研究广告受众的信息接受特征?

3. 请分析如何运用广告受众在接受广告信息过程中的情感过程进行有效的广告传播。

4. 请结合参照群体影响消费者行为的因素,讨论名人广告的利弊。

案例选编

利用快思维激发消费者的购买冲动

利用这篇文章里,我就来说一说广告对消费者快思维的影响。

首先,我以苹果手机为例说一说消费者被广告影响的过程。

小明每天下班,都会开车走高速回家。自9月以来他在回家的路上每天都会看到一块苹果手机广告牌,第一次看到时,非果粉的他对苹果手机没有太多的印象,只是觉得手机很漂亮。

但每天在下班路上看一次广告,让他对苹果手机的印象越来越深。

某一天他在坐电梯上楼时,发现电梯广告也换上了苹果的最新产品。在晚饭后刷朋友圈时,再次看到了苹果的广告。

案例选编

他可能并不知道这是苹果开新品发布会后进行的全渠道广告投放，为的就是最大规模、最高频率地覆盖和影响像他这样的消费者。

经过多轮广告触达，小明对苹果手机有了从 0 到 1 的了解。但因为他并没打算在这个月换新手机，因此他对苹果手机的了解依然停留在广告印象上。

每年的电商大促双 11 即将来临，小明想趁着双 11 换一个新手机。前期多渠道的苹果广告已经让小明对苹果手机比较熟悉，他知道苹果手机是市面上最优秀的手机之一，并且第一次看到苹果广告时，产品的漂亮外观就一直让他印象很深，但他并没有下定决心花 6 000 多元去买一个手机，他对手机的心理预算只有四五千元。

双 11 那天，小明在淘宝闲逛，突然发现最新的苹果手机在当天的促销活动中降价 500 元，这样一部苹果手机售价只有 6 000 元出头，距离他的心理预算只多了 1 000 多元。更重要的是，活动还支持分期免息，小明算了一下，每个月只要不到 300 元，最新款苹果手机就到手了。于是他果断“剁手”。

小明从第一次见到苹果手机广告到下单，经历了两个多月的时间，在这两个多月里，苹果的各渠道广告一直对小明的最终消费决策发挥着作用。

关于广告促进消费的路径，业界已经有比较多的研究，不管是 AISAS（注意、兴趣、欲望、记忆、行动）还是 AIPL（认知、兴趣、购买、忠诚）都是正确的模型。

但我这里想说的是，快思维在消费者的决策路径中发挥的作用，目前这一点在广告、营销领域并没有得到重视。

一、快思维在广告中的作用

首先回顾一下快思维及其作用。丹尼尔·卡尼曼在《思考，快与慢》一书中，将人的思维分为两个系统：

系统 1：其运行是无意识且快速的，不怎么费脑力，没有感觉，完全处于自主控制状态，可以称为快思维。

系统 2：将注意力转移到需要费脑力的大脑活动上来，如复杂的运算，可以称为慢思维。

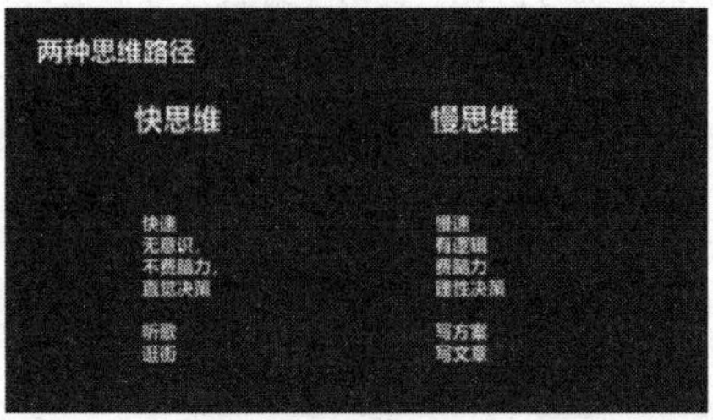

两种思维路径

广告的作用就是利用人的快思维促进消费者做出有利于自己品牌的决策。

再来回顾一下小明的消费决策路径。

首先，苹果手机的广告在小明的心智中建立了外观“漂亮”的印象。随后，苹果广告全渠道触达小明，让小明对苹果手机的熟悉度越来越高，苹果手机在他的大脑中停留的时间越来越长。在双 11 当天，立减 500 的促销广告再加上分析免息的工具(24 期分期免息，四舍五入等于不要钱)助推小明“剁手”。

当小明真正用上苹果手机后，他很可能会进入苹果的品牌社群中，与同类人交流，不自觉地将自己视为苹果手机的信徒，即所谓果粉，建立了较强的品牌忠诚度。

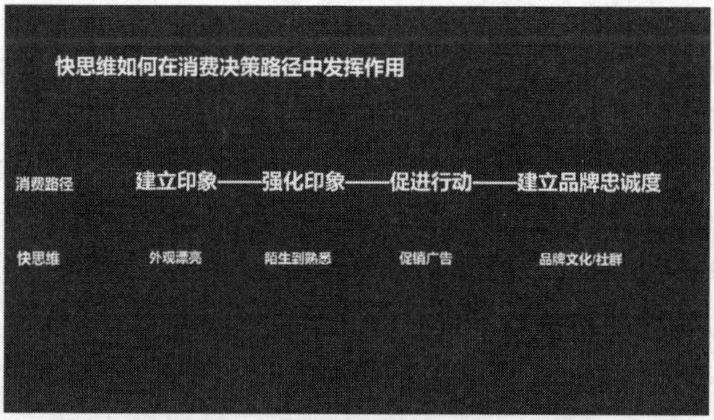

快思维如何在消费决策路径中发挥作用

在小明的四个阶段决策路径中，快思维都发挥了作用。

广告的触达、快思维让小明建立了苹果“外观漂亮”的感性认知。

高频广告触达，加强了小明大脑对苹果的熟悉度。

促销广告+金融工具，让小明的快思维觉得苹果手机便宜，从而“剁手”。

最终，小明成为果粉，建立了自己的身份认知。

苹果广告在几个月前就在小明的大脑中种下的种子并开花结果，而这些广告对于小明大脑的影响几乎是不动声色的，小明在不知不觉中从一个苹果品牌的陌路人变成了果粉。

二、品牌如何在消费决策的各个阶段利用人的快思维

直觉思维在消费决策路径上发挥着作用，在小明这个例子中很有代表性，下面分四个阶段来逐个分析。

第一阶段：广告建立感性认知。

案例选编

在如今的广告中,品牌越来越诉诸感性。下面两种购买笔记本电脑的思考路径,你是哪一种?

A:我想要机锋网上评分 4.8 分以上的笔记本电脑,英特尔 10 核处理器,显卡型号,MX450,4G RAM,250G 固态硬盘。

B:我想要那款粉色的轻薄笔记本电脑。

大部分女生可能会被粉色轻薄笔记本所吸引,并不怎么关注它的配置。事实上,大部分笔记本电脑的广告都会突出笔记本的外观、颜色、轻薄、时尚等元素,很少有笔记本会在一张户外广告中大篇幅描写它的配置。

普林格尔与费尔德做过一项研究。他们比较了走感性路线与走理性路线的传播活动最终所创造的利润增长差异。结果发现,感性路线创造的平均增长是 31%,相对于理性路线的 16%,效果几乎翻番。而如果传播方式是感性路线与理性路线的结合,利润的增长是 26%。

进行这项研究的学者,将感性广告能够带来较高利润增长的原因归纳为两点。

第一点,人的大脑不需通过认知就能接收情感性的信息。

第二点,我们的大脑特别容易受强烈的情感刺激吸引,并且比较擅长"记录"这类刺激,留下记忆。

归根结底,感性信息影响的是人的快思维,而快思维恰恰对消费者的决策影响更大。

一则啤酒广告中,展示了一名男子坐在沙滩上喝啤酒,身旁依偎着一位美女的情景。最后,这个啤酒会与一个非条件刺激(美女)配对在一起,啤酒本身则变成了条件刺激——于是,受众会跑去买这一个条件刺激(啤酒),因为它与非条件刺激(美女)强烈地联系在一起。

啤酒与美女联系,也是为了在消费者的快思维中建立此品牌啤酒=吸引美女的直觉。

定位理论很大程度上就是利用人的快思维,将产品与一项感性特点联系起来,在消费者脑中建立心智。

比如,近年大火的元气森林就直接将自己的产品与无糖、健康联系起来,其包装上的 0 糖、0 脂、0 卡路里非常明显。元气森林与无糖的连接,直接占据了消费者的快思维,以至于很多人误以为喝元气森林可以减肥(顺便告诉你一个减肥秘诀:少吃多运动,跟喝不喝元气森林毫无关系)。

元气森林包装

第二阶段:广告强化印象,提升品牌熟悉程度。

一个人对另一个人越熟悉就可能对这个人产生好感,熟悉程度能扭转一个人对另一个人的看法,就像歌曲《生活因你而火热》中唱的:格子间的女孩,时间久了也很美。

品牌也是一样,一个消费者若决定买某款产品,大部分时候是建立在对这款产品比较熟悉的基础上,消费者对品牌越熟悉,就越可能进行消费。

心理学家扎荣茨曾做过一个实验,他让不会中文的实验对象学汉字。给被试者看一些汉字,一些被试者看了5遍,一些看了10遍,一些看了25遍。在实验结束时,实验对象要猜测这些字是褒义还是贬义。被试者不懂汉语,因此汉字对他们来说没有任何意义,但他们一致认为看到的大部分汉字都是褒义的,并且看的次数越多的被试者对汉字的感觉越好。扎荣茨的多次研究发现,人们越频繁地接触某物,越认为它们是积极的。

这就是心理学的曝光效应。

大部分品牌若想让消费者更加熟悉自己,最简单的方式就是多打广告。很多品牌喜欢在分众的电梯广告上做大量广告,其背后的依据就是让每一个坐电梯的人都能在一天内多次看到他们的广告,从而加强他们对品牌的熟悉程度。

依然拿元気森林举例,其在电梯上的大量广告不仅加强了消费者对品牌的熟悉程度,0糖、0脂、0卡路里的特点还加强了消费者对品牌的好感。

元気森林电梯广告

知乎上有人提问，可口可乐都这么有名了，不打广告行不行？当然不行，太长时间不打广告，消费者会降低对品牌的熟悉程度，曝光效应会越来越弱，并最终影响销售。当然，广告并不是越多越好，它需要有一定的度，也需要有一定变化。过度曝光会产生广告疲劳。

如下图信息重复的双因素理论所示，随着曝光次数的增加，消费者的积极影响不断扩大，但当超过一定数量，消极影响将快速扩大，最终让净效果变差。

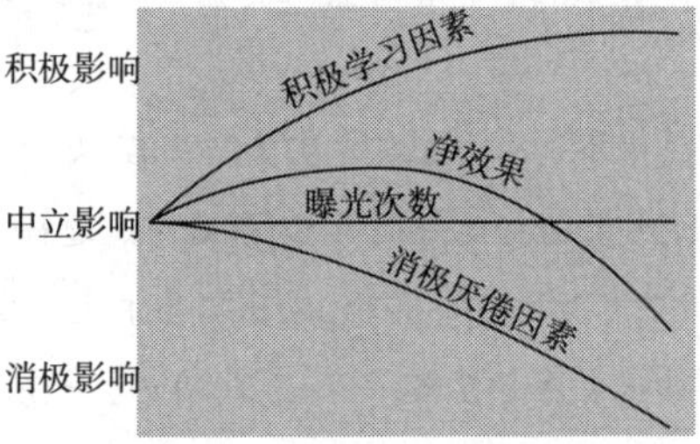

信息重复的双因素理论(《消费者行为学》第12版)

因此大部分品牌都会隔一段时间换一个新广告，或者减少广告时长。毕竟铂爵旅拍那样的广告看多了，确实会带来负效果。

第三阶段：多渠道广告促进行动。

一般来讲，传统广告不大可能直接促进消费者实现瞬间购买行为，如上文所述，它的作用是逐渐促进消费的快思维。

但在今天，广告的形式多种多样，线下店促销广告、信息流广告、电商广告等新形式广告都能快速促进消费者下单。在线下店促销广告中，最有效的就是诸如“第二件半价”“满1 000减300”这样的促销广告，它们往往让人丧失理智。有一次我到便利店买“味全”时,看到一瓶7.5元,2瓶11元的广告。理性的选择是我喝一瓶就够了,因为它正好满足我的需求;但快思维告诉我买一瓶不划算,再买一瓶,第二瓶就相当于3.5元了;最终我选择买两瓶。但事实上,买两瓶恰恰是浪费的,因为一瓶已经满足需求,第二瓶往往喝不了硬喝,不仅不健康,还多浪费了3.5元。当我在面对两瓶更便宜的诱惑时,早已丧失了理智思考:我当下的真实需求是一瓶足矣。

这就利用了心理学的损失厌恶,像“不要错过”“只剩两件”“数量有限,欲购从速”“第二件半价”等会让你觉得不买就损失了。文章开头小明花了6 000多元买了苹果手机,促进他临门一脚的就是损失厌恶,因为便宜了500多元,并且还有24期分期免息。如果在这种情况下不买,对于他来说就是一种损失,这种快思维促使他“果断剁手”。

虽然促销广告有用,但前提是前两步的品牌广告已经在消费者头脑中建立了的印象,并让这种印象不断加深,没有这两步,单有促销广告是没用的。

第四阶段:建立品牌忠诚度。

每一个品牌都希望消费者对自己的品牌有忠诚度,这样才能让自己的生意永续经营。

消费者在进行消费决策时,一定是选择一个,放弃另一个。当他选择A产品后,一般都会合理化自己的选择,特别是在他的选择看起来并不那么明智的时候,他会认为自己选择的A产品相对B产品各方面都更好。

这就是决策后失调。

打个比方,假如你决定喜欢一个人,但这个人的某个行为或特点让你感觉不舒服,为了维持你喜欢这个人的观点,你会为这个人的这个行为或特点找理由,以便让自己继续喜欢他/她。

品牌也是一样。

聪明的品牌会强化消费者选择的合理性,比如送上一些跟竞品相比更有优势的攻略,比如提供更好的售后咨询服务,比如邀请消费者进入品牌社群等。举个例子,一个在蔚来汽车和燃油车之间犹豫但最终买了蔚来汽车的人,可能会有决策后失调,这时蔚来会告诉消费者将为其提供更长时间的24小时换电服务。这时消费者的心理活动可能是这样的:虽然蔚来相比燃油车有里程焦虑,但24小时换电服务一定程度上解决了这个问题,并且这个车的加速、科技感更有优势,我的选择很正确。

如果在广告中强化这一点,用户就不会对自己的消费决策有后顾之忧。

案例选编

有些品牌在与消费者接触的早期就致力于建立品牌忠诚度。宜家的大部分家具需要消费者自己组装,相对于那些现成的家具,消费者对自己组装的宜家家居忠诚度更高,这就是宜家效应。

宜家卖场

宜家效应指当消费者高度介入某件产品的时候,更容易产生品牌忠诚。

这一点总的来说是为加强消费者对于品牌的参与度,消费者对品牌的参与度越高,忠诚度也就越高。不少品牌会让消费者加入自己的品牌社群,长时间与消费者建立联系。

因此,很多广告不是售卖产品,而是号召消费者参与品牌活动,消费者对品牌活动参与越多,越容易产生消费行为。

三、结语:广告的作用是潜移默化的

品牌广告的作用,不仅仅是宣传这么简单,它还利用心理学的快思维在消费者决策的各个阶段产生着潜移默化的影响,大部分品牌广告的作用是在消费者的大脑中不知不觉地种下种子,并在某一天开花结果。这种影响往往是不动声色的。

(资料来源:品牌广告是如何利用人的快思维来激发购买冲动的? [EB/OL]. [2020-12-03]. http://www.gongguanzhijia.com/article/4937.html)

第十章

广告效果

本章重点及学习要求

广告效果是一个综合性的概念，它包括广告的经济效果、心理效果和社会效果。广告需要一定费用来保证预期结果的实现，广告的目的就在于投入适当的广告费用后，能够得到与此相应的效果。然而，广告效果不一定与广告费成正比，广告投入与销量之间不存在特定的因果关系。因此，在广告投放期间更需要有效监测，及时调整广告策略，这样才能使广告发挥更好的效用。

本章主要针对广告效果的概念、类别、影响因素及特性进行概述，并重点分析几种测定广告效果的模式和常用方法。除了应了解广告效果测定的意义和发展史外，还需对广告效果测定中存在的问题进行探讨。

通用食品公司的老板、公司的前广告经理查理·莫蒂默(Charile Mortimer)曾说:“不把钱花足好好做广告是广告宣传中最大的浪费。就像买票去欧洲,只买了全程的2/3,你花的钱虽然不少,但是你却未能到达欧洲。”毫无疑问,广告需要一定费用来保证预期的效果,尤其在现代社会中,要在各种媒体进行大规模的广告宣传,就得耗费更多的广告费用。广告的目的就在于投入大量的广告费用后,能得到与此相应的效果。然而,广告效果不一定与广告费成正比,广告与销量之间不存在特定的因果关系。因此,在广告投放期间更需要有效地监测,及时调整广告策略,才能使广告发挥更大的效用。

第一节　广告效果概述

一、广告效果的概念及分类

所谓广告效果,是指广告活动目标的实现程度,是广告信息在传播过程中所引起的直接或间接的变化总和,包括广告的经济效益、心理效益和社会效益等。①

众所周知,广告活动是一种目的性很强的传播行为。围绕着广告目标,企业投入一定的物力、人力和财力,希望得到预期的“产出”。这种说法认定广告是促进产品销售的一种手段,因此,产品既然作了广告,销售状况就必须改善。其实产品的销售跟众多因素有关,有点类似“台球效应”。企业开始做广告,经济上的连锁反应便开始发生,但结果却不一定如预期命中目标,“击球”的力量以及球与球之间的相互碰撞,也会影响球的前进。广告只是促销的一大推动力,销售额的增长还与商品质量、厂家信誉、消费者心理、价格等因素密切相关。

广告效果是个多维的复合型概念,从不同角度可进行不同的归类。

(一)按照影响范围划分

按照影响范围划分,广告效果可分为宏观效果和微观效果两种。

1. 从宏观角度细分,广告效果包括经济效果、广告传播效果和社会效果。

(1)广告经济效果。广告经济效果,指广告活动对社会经济结构和消费者经

---

① 倪宁:《广告学教程》,北京:中国人民大学出版社,2001年版。

济生活的影响。[①] 广告主运用各种传媒介绍或推广产品，会对生产、流通、分配、消费等社会经济环节产生影响，如广告对企业竞争力的影响、对产品价值的影响、对价格的影响、对经济周期的影响等等。而且广告也在有意无意地改变着消费者的需求和选择，从而扩大商品的市场份额，增加企业利润。广告经济效果是广告效果最基本的内容，直至 20 世纪 60 年代，经济效果一直是评价广告好坏的唯一标准。

（2）广告传播效果。广告的传播效果也叫“本身效果”，是指接收广告的人数、接收的人对广告的印象以及引起的心理效应。它并非直接以销售情况的好坏作为评价广告效果的依据，而是以广告的收视收听率、察觉率、兴趣与欲望、产品知名度等间接促进销售的因素为依据。如一个赠奖活动在报纸广告刊出后，获得读者的反应；又如，因为播放了好的电视节目而使广告视听率大为提高。通常这种情形就被认为达到了广告的“本身效果”，而不一定要促进产品的销售。

（3）广告社会效果。广告社会效果是指除商品或服务本身的信息之外，广告信息对社会法律、法规，社会价值取向，文化时尚，传统道德等各种社会精神方面的影响。

2. 从微观角度细分，主要是从广告受众的角度进行分类。广告受众接触广告活动或多或少会受到不同程度的影响，按其轻重可分为广告到达效果、广告认知效果、心理变化效果和促进购买效果。

（1）广告到达效果。广告到达效果，即目标受众对特定广告作品的接触及其程度。这主要考察广告的注目率。这其中也包含了目标受众对特定媒体的接触，如是否阅读刊载该广告的报刊，是否收听、收看播有该广告的广播、电视。这些可通过统计发行量、收视率或仪器实验等方法测定。

（2）广告认知效果。广告认知效果，主要是关注广告的理解率和记忆率，即通过广告作品的刊播，消费者对广告作品本身的认知和理解的程度如何，以及由此引起的对产品本身的感知和记忆程度如何。一般通过记忆再认法、生理反应法来测定。

（3）心理变化效果。消费者通过接触广告并产生一定认知，对产品可能会产生好感乃至有消费欲望。因此，根据广告在消费者心中引起的不同程度的功效，

① 翟年祥，邹平章：《广告学教程》，成都：四川人民出版社，2001 年版。

一般可分为注意效果、兴趣效果、记忆效果、理解效果、动机效果、行为效果等等。主要的调查方法有态度尺度法、购买动机调查法等。

(4)促进购买效果。促进购买效果，是指广告引起消费者的认同和好感，刺激其购买欲望，并产生实际行动的结果。这也是任何广告主的终极目标。正如前面提到的，销售的结果是多种因素作用的结果，所以，这个阶段的广告效果测评更需要客观真实。

(二)按照影响的作用时间划分

按照影响的作用时间的长短，广告效果可分为即时效果、长期效果和短期效果。

1. 即时效果。广告发布后，马上就能产生社会反响的效果就叫即时效果，如商场的优惠酬宾、厂家的让利促销等广告活动。这类广告容易激起消费者的兴趣，并促使其即时购买，而且这类广告信息的传播速度快、传播频率高，所以见效明显。

2. 长期效果。长期效果，也称潜在效果，指广告发布后在很长一段时间后才显现的隐性影响。这种影响不是直观的，而是通过反复宣传，改变或强化消费者的某种消费或生活观念，塑造企业和品牌形象，在悄无声息中逐步占领市场份额。

3. 短期效果。相对于长期效果，短期效果是指广告发布后，在较短时间内(一个月、一个季度，最多一年)取得的广告效果。大部分广告的目的主要是追求短期效果。

(三)按照广告活动的构成因素划分

按照广告活动的构成因素不同，广告效果主要分广告原稿效果和广告媒介效果两种。

1. 广告原稿效果。广告原稿效果，又称广告表现效果，指广告剔除媒介作用后仅由广告作品本身带来的效果，即广告原稿达到预先制定的认知率、显著程度、理解度、记忆率、唤起兴趣、形成印象等具体目标的程度。[①] 同时，依据广告原稿构成要素的不同，广告原稿效果还可以进一步分为广告标题效果、广告画面效果、广告语言效果和广告口号效果等。

2. 广告媒介效果。广告媒介效果是指纯粹由媒介自身给广告带来的效益。[②]

---

① 马广海，杨善民：《广告学概论》，济南：山东大学出版社，2002 年版。

② 马广海，杨善民：《广告学概论》，济南：山东大学出版社，2002 年版。

不同的媒介有各自的宣传优势，只有当广告所要宣传的信息符合其所在媒介的优势时才能达到最佳效果。

二、广告效果的主要影响因素

广告活动本身是一个开放性的系统，从制作开始直至实施的每一个环节都在与外界不停地产生互动。外在环境因素和内在作品因素共同制约着广告效果的产生。

（一）外在因素

1. 宏观上，影响广告效果的因素主要有政治、经济、社会文化、法律等诸多社会上层建筑的因素。广告作为特殊的文化现象，有商业广告和非商业广告之分。以非营利性为特点的非商业广告，其受社会意识形态或观念形态的影响是毋庸置疑的。然而，商业广告作为以营利为目的的商业行为和经济活动，不能脱离社会及其所处的时代，必然受到上层建筑的影响和制约。任何社会制度下的商业广告，都必须维护和巩固现存的社会秩序，至少不能削弱或破坏现存的社会秩序。

2. 微观上，具体广告的制作、实施环境也是制约广告效果的关键要素。这里主要指媒介环境。广告媒介的选择、发布时机、发布量等等一系列问题都将影响广告效果。就单纯的广告作品而言，自然属于人类的精神生产范畴，这不仅仅是创作者个人的思想、情趣和才能，而且必须体现和服从广告主的意志，服从商业运作的规律。因此，要强化广告的消费诱导功能，强化广告信息传播的有效性，作为广告载体的媒介，更是有着不容忽视的影响力。

（二）内在因素

影响广告效果的内在因素，主要是就广告作品本身而言的。关于影响广告效果的作品因素，从理论上讲可以分为功能性和结构性两种。所谓功能性要素，是指广告中提供“有用性”信息量的多少。广告提供的有用信息越多，越能激发消费者的兴趣。所谓结构性因素，即广告信息的表现形式。[①] 新颖独特的创意、巧妙的编排形式、适当的音响效果都是吸引消费者注意力、诱发购买冲动不可或缺的要素。

---

① 星亮：《广告学概论》，上海：上海古籍出版社，2003 年版。

三、广告效果的特点

内外因素共同制约着广告活动,从而使广告效果的形成越发复杂。因此,在考察广告效果时,应该注意到以下几个方面的特点。

(一)滞后性

广告对消费者的影响具有明显的滞后性。一般情况下,某一具体的广告活动效果并不随着活动的结束反映出来,而是经过一段时间后才能反映出来。除特定场合外,大部分广告传达的信息会转瞬即逝,而且大部分消费者在接触广告后并不会马上购买。而随着时间的推移,广告信息在消费者心中会逐渐积累,所以广告效果的产生具有明显的延迟性。

(二)累积性

从纵向上看,广告信息从被接受到形成刺激、促使消费者改变态度并有所行动这一系列效果的产生,实际是过去一段时期内经过多次重复性的刺激叠加的结果。累积性还可以是横向截面上的。同一广告在不同媒体组合的同时催化累积的结果,促进购买行为的发生。

(三)复合性

广告活动是一项综合的、复杂的信息活动,内在多种影响因素的作用决定广告效果的复合性。此外,作为营销的手段,广告在配合企业整合营销传播的同时,也会受到公共关系活动等的影响。所以,在考察广告效果时,也要考虑其他传播方式相互配合的复合效果。从广告自身看,在产品生命周期的不同阶段,市场和竞争形势不同,也在很大程度上决定了广告效果的好坏。

(四)层次性

广告效果不仅仅是指整个活动的最终结果,而是一种呈现多层次的结构。这不仅表现为整体目标完成情况,还表现为不同层面的具体效果,如影响范围层面的,影响作用时间层面的等等。

(五)竞争性

广告是竞争的手段,其效果也具有竞争性。强者为王,谁的竞争力大,影响力强,谁就能赢得消费者的青睐,成功树立形象,得到更多的市场份额。当竞争对手制造强大的广告攻势,转移了消费者的视线时,本企业的广告效果就会被削弱,企业就得付出更高的代价来巩固市场地位。

第二节 广告效果测定的意义与发展

一、广告效果测定的意义

基于广告效果层次性的特点,所谓广告效果测定具有两个层面的含义:一是广告活动整体效果的测定,指对广告活动目标实现水平与广告费用比例的综合评价;二是广告作品本身效果的测定,即对广告作品和广告发布的效果进行的评价。[1]

对广告效果进行测定是十分必要的,其意义有以下几点:

第一,广告效果测定是实现对广告活动进行目标管理的必要条件。广告活动是一种目的性很强的传播行为。广告主投入大量的物力、人力和财力,是希望能实现既定的广告目标。为了实现广告活动的整体目标,人们还为广告的每一阶段或步骤确定了不同的子目标。通过对各子目标进行测定考核,与广告策划方案中的原有目标进行比较,衡量其实现程度,发现问题、解决问题,确保广告活动始终围绕目标开展。

第二,广告效果测定为正在进行或以后的广告活动提供指南。通过对各层次、各环节广告效果的测定,总结经验和教训,及时修改活动计划,确保本次广告活动的顺利进行。同时,这份宝贵的实战经验也为下一次广告活动的开展提供了指南。并在此基础上构思更为精密的战略,使广告诉求更有效,节省广告成本。

第三,广告效果测定有利于企业提高自身的广告意识。广告效果测定摒弃了企业以往凭主观经验或感觉做事的习惯,使广告活动规范化、科学化,也有利于企业有效地选择媒体,更好地利用传播手段来提升企业自身形象。

第四,广告效果测定有利于促进广告公司的工作水平。广告公司的工作水平最终反映在广告效果上。广告效果的测定有利于评估广告公司的工作水平,督促广告公司提高自身业务能力。

所以,广告效果测定是一项多方获利、必不可少的广告运作工具,有利于促进

① 星亮:《广告学概论》,上海:上海古籍出版社,2003 年版。

整个广告业的良性发展。

二、广告效果测定的发展

有关广告效果测定的发展,大致可以分为三个阶段①:

第一阶段(1900—1960 年)。此阶段的广告效果测定多以实验心理学方式进行。这期间的代表作有 1900 年盖尔(H. S. Gale)的《广告心理学》,1903 年斯科特(W. D. Scott)的《广告心理学》,1913 年霍林沃斯(H. L. Hollingworth)的《广告与销售》,1914 年斯塔奇(Daniel Starch)的《广告原论》等。但这些著作中的广告研究都偏重广告文案测定,而且都在实验室进行。

第二阶段(1961—1968 年)。此阶段传播效果的测定方法引入了广告效果测定。例如,1961 年 R. H. Colley 开发的 DAGMAR 模型。

第三阶段(1968 年至今)。此阶段广告效果提升到测定广告对销售的影响度。1969 年坎贝尔(R. H. Compbell)的《广告对贩卖及收益的效果测定》一书,即是其代表作之一。如今,广告效果测定已经被完全纳入市场调查的领域。

第三节　广告效果测定的原则与步骤

一、广告效果测定的原则

在广告效果测定中,首先,应该遵循严谨的科学原则和步骤,根据测定目标的不同,采用不同的测定方法或模式,以保证广告效果测定的准确性和科学性。

(一)目的性原则

效果的复合性和层次性特点要求我们对广告效果测定的目标要具体明确。例如:是长期效果还是短期效果,是整个广告活动效果还是广告作品本身的效果;如果是广告作品本身的效果,是测定广告到达效果还是广告认知效果;如果是广告认知效果,是测定消费者对广告作品的认知效果还是对产品特性的认知效果;等等。

---

① 黄升民,黄京华,王冰:《广告调查——广告战略的实证基础》,北京:中国物价出版社,1997 年版。

（二）可靠性原则

可靠性是定性数据使用的一个术语。测定的结果只有真实可靠，才有助于企业进行决策，改进原有广告策划，增加经济效益。因此，在测定过程中一定要本着认真的态度，对样本量的确定、采集以及数据资料的统计、加工都要层层把关。

（三）综合性原则

影响广告效果的因素复杂多样，有可控因素，也有不可控因素。可控因素是广告主能够改变的，如广告预算、媒体的选择、广告刊播的时间、广告播放的频率等；不可控因素是广告主无法主导的外部客观因素，如国家有关政策的颁布、消费者的习惯、目标市场的文化水平等。① 而且，不同因素之间相互联系、相互作用，无论是测定广告活动哪个层面的效果，都不能孤立地看待问题，都要综合各种相关因素的影响。例如，考察某一具体广告作品的效果，除了测定广告作品本身各构成要素的效果以外，还应结合媒体组合的性能，以及时空等条件的影响。

（四）经常性原则

广告效果的滞后性、累积性特点要求我们对广告效果测定不能抱有临时性或一成不变的事后评估态度，而应对广告的前期情况和其他营销活动及效果的全部资料进行分析评估，才能真正地把握现实广告的效果。

（五）经济性原则

广告效果测定，从根本上说是从为下次广告活动积累经验、节省成本的目的出发的，所以广告效果的测定要坚持经济、高效的原则，尽可能利用已有资源多办事、办好事。为此，搞好广告效果测定的预算、核算工作也是十分必要的。

二、广告效果测定的步骤

为了确保广告效果测定高效地完成，保证结果的质量，必须合理安排测定的步骤。广告效果测定的程序大体可以分为如下几个步骤：

第一，确定测定目标。广告效果测定人员要把广告宣传中存在的最突出的效果问题作为测定的重点，设立测定目标。

第二，制定测定计划。为保证广告效果测定有计划地进行，要制定测定计划。

---

① 李东进：《现代广告——原理与探索》，北京：企业管理出版社，2000年版。

测定计划一般包括:测定目标与要求、具体实施步骤、测定项目与指标、人员分工、测定费用与预算等。

第三,收集资料,分析整理。对已收集的信息资料进行分类整理,最后汇总,进行统计分析,得出问题和结论。

第四,撰写测定分析报告。

第四节　广告效果测定的主要内容

一、广告活动整体效果的测定

广告活动整体效果的测定,是指从宏观上评估广告活动目标的实现水平,以及对社会、经济等相关方面进行综合评价。它主要有经济效果测定、传播效果测定和社会效果测定三个方面。

(一)广告经济效果测定

广告经济效果测定,主要针对广告投入费用与广告发布后带来的销售额、利润额的比例关系。所以,销售额和利润额是衡量广告经济效果的两个基础指标。

1. 广告经济效果测定模型。它具体又包括以下四种模型:

(1)UP 模型。使用牵引率(Usage Pull ,UP),是由广告专家瑞夫斯(R. Reeves)在其 1961 年出版的《广告现实》中首先提出的。

UP 的基本原理是,通过在大范围内进行抽样调查,将所得样本分为两类,一类是未受广告影响却真正在使用本产品的人,计算出该部分人的比例为 $X\%$;另一类是受广告影响深刻并且也正在使用该产品的人,计算出该部分人所占的比例为 $Y\%$。通过 $(X-Y)\%$ 的差额,即可看出广告引导购买的影响力,这个差值就称为使用牵引率。

(2)PFA 模型。沃尔夫(Harry Dean Wolfe)的 PFA 模型(Plus for AD),实际上是把瑞夫斯的 UP 模型进一步细化,通过询问调查的方法,将被调查者划分为接触广告与未接触广告两大群体,进而甄别购买者与未购买者的人数,由此测量因广告带来的销售效果。

$$\text{PFA 购买率}=\frac{\text{接触广告后购买的人数}}{\text{接触广告的总人数}}\times 100\%-\frac{\text{未接触广告而购买的人数}}{\text{未接触广告的总人数}}\times 100\%$$

$$\text{总体 PFA(即全体人口 PFA 购买率)}=\text{PFA 购买率}\times\frac{\text{接触广告的总人数}}{\text{受调查的总人数}}$$

$$\text{PFA 购买者人数}=\text{总人口数}\times\text{总体 PFA 率}$$

(3)NETAPPS 模型。NETAPPS(Net AD Produced Purchases)即纯广告销售效果模型,是由美国学者斯塔齐(Daniel Starch)首创的。它是以销售量作为效果测定的指标,比 UP 和 PFA 模型更为精确化。

斯塔齐认为,阅读广告与购买之间不一定有直接的因果关系。NETAPPS 模型的操作原理就是在假定未看到广告者中却采取购买行动的百分比与看到广告者“非因广告刺激而购买”比重相等同,依据统计分析结果,计算 NETAPPS 分值,以此测定广告的销售效果。例如,测定某商品在某一杂志上的广告效果,可依以下步骤进行:

第一步,通过调查,确定阅读该广告人数的百分比(如 30%)和未阅读过该广告的人数的百分比(如 70%),阅读该广告并购买该商品人数的百分比(如 15%)和未阅读广告却购买该商品人数的百分比(如 10%)。

第二步,计算得出以下数值:

$$\text{阅读广告者中的购买者比例}=30\%\times15\%=4.5\%$$

$$\text{未阅读广告者中购买者比例}=70\%\times10\%=7\%$$

$$\text{购买者比例}=4.5\%+7\%=11.5\%$$

第三步,计算得出以下数值:

$$\begin{matrix}\text{阅读广告但非因}\\\text{广告而购买者比例}\end{matrix}=\text{阅读率}\times\text{未阅读广告而购买比例}=$$

$$30\%\times10\%=3\%$$

$$\begin{matrix}\text{受广告影响而}\\\text{购买者比例}\end{matrix}=\begin{matrix}\text{阅读广告者中}\\\text{的购买比例}\end{matrix}-\begin{matrix}\text{阅读广告但非因}\\\text{广告因素而购买比例}\end{matrix}=$$

$$4.5\%-3\%=1.5\%$$

第四步,最终得出 NETAPPS 分值:

$$\text{NETAPPS 分值}=\frac{\text{受广告影响而购买比例}}{\text{购买者比例}}=\frac{1.5\%}{11.5\%}\times100\%=13\%$$

(4)AEI 模型。广告效果指数(Advertising Effectiveness Index,AEI),实际上是在综合以上各评估模型的基础上,更为一般化、更有涵盖力的综合模型。假定 A 是接触广告而购买的人数,B 是未看过广告而购买的人数,C 是看过广告而未购买的人数,D 是未看过广告也未购买的人数,见表 10-1。

表 10-1

广告接触情况 / 购买情况	接触广告人数	未接触广告人数	总　计
购 买 者	A	B	$A+B$
非购买者	C	D	$C+D$
总　计	$A+C$	$B+D$	$N=A+B+C+D$

从表 10-1 中可以看出,即使没有接触广告也有 $B/(B+D)$ 比例的人购买该产品。所以要从看到广告并购买的 A 中,减去因广告以外因素的影响而购买的 $(A+C)\times B/(B+D)$ 人数,才是真正因广告而导致购买的效果,将这个人数以全体人数除之所得的值,称为广告的效果指数。

通常 AEI 大多是指总体 PFA 比例,即

$$\text{AEI}=\text{总体 PFA}=[A-(A+C)\times B/(B+D)]\div N$$

2. 广告经济效果测定的常用方法。这些常用方法主要包括下列三种：

(1)数据统计法。它具体又包括以下三种方法：

①广告费用比率法。通过测定一定时期内某商品广告费与该商品销售量的比例,来评估广告计划期内某商品广告费对该商品销量的影响,或企业广告的总开支对企业销售效果的影响。广告费比例越低,广告的经济效果越好。其计算公式为：

$$\text{广告费比率}=\frac{\text{广告费}}{\text{销售量}}\times 100\%$$

②广告效果比率法。这是利用广告活动结束后销售额或利润的增长比率与广告费用比率做比较,测定广告效果的方法。广告费增长率越小,广告效果比率就越小,广告效果就越好。其计算公式为：

$$\text{广告效果比率}=\frac{\text{销售额/利润增长率}}{\text{广告费增长率}}\times 100\%$$

③广告效益法。又称广告费促销法,这种方法是计算每元广告费对商品销售的影响程度,以便用商品增销计划额编制广告预算。其计算公式为：

$$\text{广告效益}=\frac{\text{本期销售额}-\text{广告前销售额}}{\text{本期广告费用额}}\times 100\%$$

(2)历史比较法。又称事前事后法或历史销售效果测定法,这种方法通过测定刊播广告前后销售情况的变化来说明广告效果。

(3)实验比较法。实验比较法是研究者通过控制某一个或某几个自变量(如

价格或广告)的变化,来观察这些自变量对因变量(如销售量、品牌态度等)的影响。实验比较法主要用于探究现象之间的因果关系,如包装对产品销量的影响等,也适用于广告效果测定。当运用实验比较法时,必须努力控制、排除或平衡实验变量之外的其他一切影响因素,即所谓的无关变量。无关变量有两类:第一类是研究者可以加以控制的各实验单元之间的差别,如商场规模、地理位置、消费者的购买力等;第二类是研究者难以控制的,如气候、季节、商业情况、竞争对策和行动等。实验只有通过实验单元的随机抽样来减少或消除它们对因变量的影响。在测定广告效果时,随机选择的实验单元(实验销售地)的人口总数、消费者购买力等无关变量都应相当,这样的实验结果才具可比性。实验比较法包括以下具体方法:

①区域比较法。选择两个条件类似的地区,只在其中一个地区发放广告,通过比较两个地区销售额的变化来检测广告的经济效果。

②费用比较法。在几个条件类似的地区中,投入不同规模的广告费用来比较广告经济效果的差异,从而更好地制定广告费用预算。

③媒体监测法。这主要是在几个外界条件类似的地区中,运用不同的媒体组合,通过比较各地区的广告效果,从中选择更优化的媒体组合。

此外,还有分割接触法、促销法、销售反应法等,它们都是运用不同实验手段设定不同的参照对象进行比较分析,从而测定何种情况下的广告经济效果更好,并加以选择、运用。

(二)广告传播效果测定

广告传播效果测定,即对广告活动对目标受众心理的影响程度的评估。广告信息作用于消费者后会引起一系列心理效应,许多学者依据这些心理效应,提出不同的广告传播效果的层次模式。

1. 广告传播效果模型。它具体又包括以下三种模型:

(1)DAGMAR 模型。美国广告学专家科利(R. H. Colley)在 1961 出版的《确定广告目标以衡量广告效果》(Defining Advertising Goals for Measured Advertising)中,提出了著名的 DAGMAR 模型(通称达格玛模型),即“知名—理解—好感—行动”的传播四阶段说。

达格玛理论主张建立层级分析模式,以总目标为基点,层层分解为各个子目标,形成一个多层次的广告目标系统。每一项广告活动的运作都围绕着具体子目标展开。广告活动结束后,根据事先确立的子目标的量化指标来衡量广告的传播效果。所以,这种方法又称为“目标与任务法”(objective-and-task)。

广告承担的传播任务,是指向消费者传达广告信息,并使消费者对广告信息在一定程度上有所了解,进而产生好感,采取行动。DAGMAR 理论将广告传播效果设定如下表(见表 10-2),这一效果阶段称为“communication spectre”。[①]

表 10-2

知　名	消费者知悉品牌名称
理　解	理解该产品的特色和功能
好　感	确立选择该品牌的信念
行　动	请求赠予说明书、要求参观该产品展示会、访问经销商等

达格玛模型要求在广告活动开始前,根据上述“知名”“理解”“好感”“行动”四个项目对消费者进行调查,作为比较参数。在广告活动开展周,定期对四个因素进行测定,并与参数比较分析,其增减变化便是传播效果。

由于达格玛模型是围绕广告传播目标提出的,因此在实施目标管理上有着明显优势。[②] 但它是关于态度尺度的测定,隐性的不可控因素较多,在量化问题上比较难以掌握。就测定传播效果的总体程度而言,在广告效果评估中确实是一种操作性强的测定模式。

(2)L&S 模型。勒韦兹(R. Lavidge)和斯坦纳(J. Steiner)在 1961 年美国期刊《市场杂志》上,提出了“从知名到行动的进展”的 L&S 模型,即“认知的(从知名到理解)—情绪的(从喜爱到偏好)—意欲的(从信服到购买)”层级模式。1971 年,罗伯逊(E. Roberson)对此模型进行了补充修订,提出了消费者最终采用其产品或服务前经过的“知名—了解—态度—认为—合理—试用—采用”七个阶段模式,又称“采用过程模式”或“采用分级模式”,认为广告是一种必须把人们推上一系列阶段的力量(见图 10-1)。

L&S 层级模式用于评估广告效果,可以归纳为四个项目,即知名与了解、回忆、喜欢、态度改变。

①知名与了解是广告传播效果的初级阶段,是指广告信息广为人知,但不代表被广为接受。因此,判断广告在这一阶段是否有效的最基本办法就是看它是否

① 樊志育:《广告效果研究》,北京:中国友谊出版公司,1995 年版。
② 张金海,姚曦:《广告学教程》,上海:上海人民出版社,2003 年版。

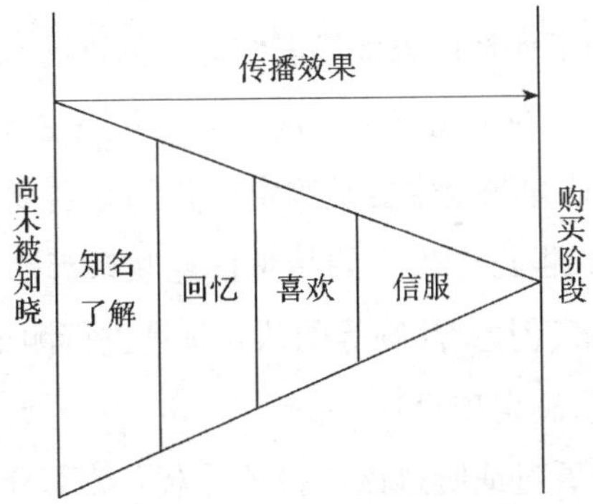

图 10-1 L&S 层级模式

能给人留下认知遗留物或品牌信息。这种信息多以多种形式出现，如歌谣、口号、产品符号或单纯的品牌名称。测试时就必须以回忆度和识别度为主。

②广告效果具有滞后性和累积性，如果广告效果能发生作用，它就必须使人们能够在头脑中重视广告的主要销售信息。因而回忆就成了广告传播要达到的第二个层次的目的。

③广告效果的第三阶段是喜欢。自 20 世纪 20 年代的情感广告问世以来，就一直存在着这样的观点，即认为人们对某条广告的情感反映比思维反映更为重要。因此，如果消费者对某一产品广告已有一定程度上的喜好，态度就会有所改变，会对本产品给予肯定态度。但这并不意味着消费者会采取购买行动。所以，广告效果测定可以把广告引导态度或改变态度的效果当作判断它的关键点。

④传播效果的最高阶段是信服。消费者对广告信息完全肯定，在受到同类竞争产品的广告信息干扰时，对该产品仍保持一定的偏好。当需要购买此类商品时，对该品牌的偏好便会转嫁到行动上。

(3) AIDAS 模型。20 世纪 20 年代，E. S. 路易斯(E. S. Luis)最早提出 AIDA 模式，即"Attention—Interest—Desire—Action"。认为有效的人员推销应该能吸引消费者的注意力，激发消费者的兴趣，从而有所行动。后来，美国广告顾问白德尔(Clyde Bedell)在此基础上提出 AIDAS 模型(Attention—Interest—Desire—Action—Satisfaction)，又称"广告因果理论"或"有效广告理论"。

在 AIDAS 理论中，白德尔认为广告的效果是由广告主体、广告活动和其他广告以外的多种因素共同作用的结果，即

广告效果=广告主体+广告活动+其他外界因素影响

这种理论模式推动了评估广告效果思维方式的进展,但操作性不强。

2. 广告传播效果测定的常用方法。这些常用方法主要包括下述几种:

(1)认知测定法。认知测定主要是测定广告的知名度,也就是消费者对广告信息的认知程度,并把广告与广告中的品牌信息联系起来,从而判断其效果。它主要针对广告图像、文案、创意、品牌等的认知程度进行测定。认知测定按照不同层次,可细分为以下几个测定项目:

①注目率——曾经看过或听过该广告的受众人数百分比。

②阅读率(包括视听率)——在测定中,能较清楚地联想出部分广告信息要素的受众人数百分比。

③精读率——在测定中,能清楚回忆广告50%以上内容的受众人数百分比。

认知测定一般采用抽样调查,对样本对象进行个别访问或电话询问,定期对广告阶段的传播效果进行监测。或者借助二级数据资源,即借助现有信息资源获得的信息,例如闻名遐迩的Poper Starch广告阅读调查。Starch服务跟踪调查刊登在1 000种消费者出版物、农村出版物、报纸和商业期刊上的7万多条广告的阅读情况。它采用了一种认知测定方法,参照每条广告预计应该引起的阅读量评出其等级。另外,它还详细记录了广告标题、文案及其他元素方面的数据。

(2)记忆测定法。广告效果的滞后性和累积性,使得广告传播效果调查的一个重要内容就是针对消费者对广告内容以及商品特性、商标等的记忆情况,以此评估广告传播效果。迄今为止,最普及的广告效果的评估方法就是回忆度测定。

①自由回忆。即对受测者不提供任何提示,由他们自由回忆,以测试记忆情况。目前运用最广的电视广告效果测试是波克日后回忆法(Burk' Dayafter Recall),即在电视广告发布24小时后,要求受测者回答一系列问题,确定他们记住了哪些广告和广告的哪些内容。

②引导回忆。最经典的方法是由盖洛普与鲁宾孙(Gallup & Robinson)发展出来的"盖洛普—鲁宾孙事后效果测定法"。受测者在接受测试员提示的广告要素或商品的一系列信息的情况下进行回忆测试。

(3)态度测定法。典型的态度变化调查采用在广告暴露前和暴露后对广告进行测试的设计方案。调查人员从目标市场中请来一些受测者，记录下他们在接触广告前对被测广告的品牌和竞争品牌的态度；然后，让他们接触实验广告和一些广告样本后再次测量他们的态度。以此推测特定广告版本在改变品牌态度方面的能力。[①]

①语意差异法。这是由美国伊利诺伊大学奥斯古（C. E. Osgood）创设的。其基本原理是：准备几组关于公司或商品的正反形容词，如喜欢、厌恶、美丽、邪恶等，然后把这些形容词分为七个等级。要求受测者在等级标尺上标出自己对该公司或商品形象的态度。这样的调查便于获得公众对调查对象的大概印象。这种方法多用于测定商品、品牌、企业标识等。

②态度标尺法。态度标尺法（Equal Appearing-Interval Method）也称为“桑士顿等距间隔法”。桑士顿（L. L. Thurston）与蔡夫（E. J. Chave）两位学者将精神物理（Psycho Physics）的测定法引入社会态度的测定。后来，广告学者又将其导入广告态度调查，并普遍推广。其基本工作原理是：人类对社会的态度复杂多变，在两个极端之间还分布着不同程度的态度。按照态度倾向的不同程度，人为地在态度标尺上划分出等距离的间隔加以区分，故称为等距间隔法。

③态度量表法。其又称为“李克特量表法”（Likert Method），是一种被广泛运用的问卷调查方法。其操作原理是：首先设计一份有 20 个左右问题的调查问卷；选项分为非常赞成、赞成、不确定、反对、坚决反对五个量度（甚至更多）；越正面的意见，分数比重越大，然后统计总分；分析结果时以总分之高低作为计算标准。

（三）广告社会效果测定

广告作为一种大众传播活动，对社会、文化和人们的思想、意识及行为产生影响。人们在接受广告信息的同时，也改变着自身的思想、态度和行为。因此，测定广告的社会效果应该综合考察评估。而且，社会效果一般不能量化，只能通过一些已经确立的法规或约定俗成的基本法则来评价。广告社会效果的测定主要有以下几个测定标准。

1. 真实性。测定广告社会效果首要的是测定广告内容的真实性。发布广

---

① ［美］托马斯·奥吉恩（Thomas C. O'Guinn）、克里斯·艾伦（Chris T. Allen）、理查德·塞梅尼克（Richard J. Semenik）著，程坪、张树庭译：《广告学——从 IMC 的视点重新审视现代广告活动》（原书第二版），北京：机械工业出版社，2002 年版。

告应该以真实诚信为原则，向消费者实事求是地提供企业和商品的有关信息，不能弄虚作假，也不能只提供部分事实，故意隐瞒可能对消费者不利的信息。广告诉求内容的造假，不仅会侵害消费者的利益，而且也背离了社会伦理道德和精神文明的发展方向。所以，检测广告的真实性，是考察广告社会效果最重要的内容。

2. 合法性。广告的运作应该符合国家的各项法规政策。广告作为一种思想传播渠道和竞争工具，各个国家都对其设置了相关的法规条例，以确保广告活动在有利于本国稳定发展的轨道上运行。所以，广告的投放应该遵守该国或该地区的法规。当然也有一些国际公约性质的规则条例等，如《国际商业广告从业准则》就是世界各地都要遵守的。

3. 社会规范性。由于不同地区、不同民族所体现的文化特征、风俗习惯、伦理道德等会有差异，因而也有不同的广告效果评判标准。总体来说，是否继承和弘扬民族文化，是否尊重民族习惯，是否遵循传统伦理道德等都是评判广告社会效果的重要尺度。

二、广告作品本身效果的测定

对广告作品本身效果的测定，主要是评估广告原稿对广告受众的影响力以及媒体发布情况。

（一）广告原稿效果测定

对广告作品的评估，一般分为事前评估和事后评估两种。事前评估主要是为了检验广告的预计效果。在正式发布前先在小范围内进行测试、修改，故又叫预审法。这种实地预审法能有效地避免广告费用的浪费。事后评估主要是为了评估广告作品对受众的实际影响，进行总结性的测定，为下一阶段的广告活动积累经验，又称复审法。

广告原稿效果测定主要是测试广告语言效果、广告画面效果、广告标题效果、广告创意效果、广告音响效果等。

广告原稿效果测定常采用实验评估的方式，常见的方法主要有如下几种：

1. 投射法。投射法（Projective Techniques）的设计方式使消费者得以在间接的、下意识的状态下反映出自己对某一理论中中立的刺激物的映象。投射法与弗洛伊德的心理学有着历史的渊源，依赖于对潜意识或被压抑的思想的解释。这种方法具有间接性和隐蔽性，常用来测定广告受众的深层动机和欲望，多用于测试广告原稿中视觉要素的效果。此方法又可分为以下三种：

(1)完成投射法——提供部分文句或画面，要求受测者将其补充完整，以分析受众对广告的态度和倾向。

(2)文字联想法——提供相关广告词句或形容词，要求受测者进行自由联想或限定联想，如心情联想、印象联想、场所联想等。

(3)主题统觉法——要求受测者根据广告画面或广告词，想象、描述或解释其中的情景、人物关系等。

在此类探索性测定中，如今变得日益流行的一种特别方法是比喻推导法，(Zaltman Metaphor Elicitation Technique，简称 ZMET)。这种方法要求受测者用比喻的方法想象某一产品或品牌，从而得出他们对该产品或品牌的潜在看法和感觉。例如，杜邦公司为许多连裤袜生产商提供原材料，而在它的一次调查中，某人交给调查人员的图片是掉落在地上的冰激凌，这反映出其在发现裤袜上的一处脱丝时对产品的失望。①

毫无疑问，人们的实验反映的确映射出某些东西，但这些技巧的可靠性、效度以及效用却仍让人质疑。

2. 生理测量法。生理测量法具体包括以下四种：

(1)视觉流程法。视觉流程法(Eye Camera Rest)是用一种眼球动向跟踪系统(Eye-tracking Systems)来监测眼睛在掠过广告作品时，关注广告作品各个部分的时间长短与顺序，以及瞳孔缩放状态和眼球的运动方向，由此分析广告作品的布局、插图及文案的合理性。

(2)视镜研究法。视镜研究法(One-way Mirror)是在特别设计的测试室里进行的。测试室与准备室之间用一面单向视镜相连，准备室内堆放一些供受测者等待时阅读的杂志，主测者在测试室详细记录受测者所阅读该杂志的具体内容，然后有针对性地进行提问。利用这种方法取得的信息更为直观、可信。

(3)节目分析法。借助“节目分析器”(Program Analyzer)，多位受测者以按键方式表示自己对所接触广告的喜好程度。根据仪器统计结果，来推断广告效果的

---

① [美]托马斯·奥吉恩(Thomas C. O' Guinn)、克里斯·艾伦(Chris T. Allen)、理查德·塞梅尼克(Richard J. Semenik)著，程坪、张树庭译：《广告学——从 IMC 的视点重新审视现代广告活动》(原书第二版)，北京：机械工业出版社，2002 年版。

好坏。

(4)皮电测量法。由于外界刺激能引起人汗量的增加,测试员利用皮电测量仪(Psychogalvanometer)测试受测者在接触广告作品时,因情绪卷入导致汗量增加而引起的电阻变化,借以判断其对作品的情绪变化。这种方法的适用范围较广,如广告音响效果、广告画面效果的测定等。

但所有的生理测量手段都有共同的缺陷。虽然我们可以探明受测者对广告的生理反应,但却无法判断这种反应是针对广告的还是针对产品的。如果无法把具体的效果与广告的其他方面联系起来,生理测量方法就没什么价值了。

除上述实验方法外,还有认知列表、影院测试、调查车测验等,它们都是针对受测者对广告作品的注意和记忆情况进行有关测试,然后根据所取得的相应指标值,对广告作品的效果进行评价。

(二)广告媒体效果测定

广告效果与发布广告作品的媒体直接关联。通过对广告媒体效果的测定,可以了解消费者的媒体习惯和了解有效到达目标消费群的媒体。由于大量新媒体的不断涌现,广告可以利用的载体也纷繁多样,不同的媒体都有各自的特点。因此对不同类型的媒体,应该采用不同的指标和方法进行评估;但不管哪种媒体,都可以用到达率、暴露频次这两个指标衡量一则广告信息送达的人数或家庭数,从而评估广告效果。

到达率是指在一定时间内暴露于某一特定媒体的特定广告信息中的人数。而且计算到达率时,每位受测者无论他暴露于特定广告信息中多少次,都只计算一次。

暴露频次,指受测者暴露于广告信息中的平均次数。

$$暴露频次=\frac{总视听率}{到达率}$$

以下介绍的是对不同媒体效果测定中常见的测评指标。

1.广播、电视广告效果测定。广播、电视广告效果主要通过收视(听)率、总收视(听)率和总收视点来测定。

(1)收视(听)率(Audience Rating)。收视(听)率是指在一定时间内,收视(听)某一特定电视节目或广播节目的人数占总抽样人数的比例。这是测量广播、电视效果最重要的数量指标。广告主和广告公司根据该指标判断他们的广告信息将能达到多少人,以及这些人将会多少次暴露于广告信息之中。

(2)总收视(听)率(Gross Rating Points,简称 GRPS)。总收视(听)率是指在一定时期内某一广告在特定媒体刊播的收视(听)率总数,其公式可表示为:

总收视(听)率= 收视(听)率×播放次数

(3)总收视点。总收视点是指整个广告活动期间,所有收视(听)率之和。

2. 报刊广告效果测定。报刊广告效果主要通过印刷量、发行量和读者结构等指标来测定。

(1)印刷量,即每一期报纸或杂志的印刷数量。

(2)发行量,即每一期报纸或杂志的发行总量,包括订阅发行量、零售发行量等。

(3)读者结构,即报刊的阅读者在年龄、性别、职业、收入等多方面的情况。

3. 网络广告效果评估。网络广告效果主要通过访问量和回应率来评估。

(1)访问量,即累计浏览广告所在页面的人次。

(2)回应率,即对广告产生兴趣,进一步点击操作实施购买的人数占点击量的比例。

目前网络广告效果评估主要通过以下两种方式来获得数据:

第一,通过使用访问统计软件获得评估数据。使用一些专门的软件可随时监测网民对网络广告的反映情况,并能对他们进行分析,生成相应报表,广告主就可以随时了解相关的信息。目前权威的网络广告监测公司 Double Click 和 Netgraphy 就是用一定的统计软件来获得广告曝光、点击次数以及网民的个人情况的一些数据。如今,在美国比较流行的 AdIndex 软件可以跟踪网民对产品品牌印象变化的情况。同时,广告主非常希望网络广告在网站上刊登时具有针对性,这就需要获得每个网民的 IP 地址和消费习惯, Cookie 技术提供了实现这种想法的可能。Cookie 技术可以区别不同地址甚至同一地址不同网民的信息,以此来为广告主提供不同类型的统计报表。这种方式是目前普遍采用的,但是这种方式存在很大的作弊危险。

第二,委托第三方机构进行监测来获得评估数据。广告效果评估特别强调公正性,所以最好由第三方机构独立进行。传统媒体广告在这方面已经形成一套行之有效的审计认证制度,并且也有专门的机构来从事这一工作,如美国的盖洛普、中国的央视—索福瑞等。国内有像 Media Metrix 这样的网络调查公司,利用对网民的随机抽样,来评估网上广告行为,获得效果评估数据。

截至 2021 年 12 月,我国网民规模达 10.32 亿,较 2020 年 12 月增长 4 296 万,互联网普及率达 73.0%。在如此庞大的网民面前,网络广告效果不容忽视。目前网络广告效果的评估标准和体系还不完善,相信随着社会对这个问题的关注度的提高,网络广告的效果评估体系将逐步确立。随着数字技术与智能技术的逐步应用,网络广告的效果评估将会更加客观与精准。

广告媒体效果测定可分事前测定和事后测定两种。在广告发布前,可在一个小范围内对不同媒体进行实验哪种形式的广告效果比较好,再正式投入大批量广告;而事后媒体效果评估可以为下一阶段的广告活动积累经验和提供指南。

本章小结

19 世纪成功的企业家约翰·瓦纳梅有一句经典名言:“我明知自己花在广告方面的钱有一半是浪费了,但我无法知道浪费的是哪一半。”广告效果成了广告主们关心的重点。在广告早期兴起的时候,广告主们都急功近利地追求销售效果,却不知销售效果不仅同广告有关,还同广告之外的其他营销因素有关。

广告效果也不仅仅局限于销售效果,它本身是一个内涵丰富的概念。所谓广告效果是指广告活动目标的实现程度,是广告信息在传播过程中所引起的直接或间接变化的总和,包括广告的经济效益、社会效益等。根据不同归类方法,广告效果可分成许多层次。同时,广告活动是一个开放性系统,许多内外在因素共同影响广告活动的开展,因此也影响着广告效果的生成。这也决定了广告效果复杂的特性。广告效果具有明显的滞后性、累积性、复合性、层次性和竞争性特点。

广告效果测定具有两个层面的含义:一是广告活动整体效果的测定,指对广告活动目标实现水平与广告费用比例的综合评价;二是广告作品本身效果的测定,即对广告作品和广告发布的效果进行评价。

在广告活动中,广告效果测定具有十分重要的意义。随着广告业的成熟和发展,广告效果测定也形成了自身特定的测试方法。针对不同广告效果有不同的测定模型,并形成了较为规范的评估步骤。但任何事物都是辩证发展的,广告效果测定也存在不足之处,因此客观上需要分析仪器的进一步精确,主观上也需要我们在原有的理论基础上，不断改进评估方法。

思考题

1. 简述广告效果的含义及其特点。
2. 简述广告效果测定的含义及意义。
3. 广告经济效果的主要测定模式和方法有哪些？
4. 广告传播效果测定的常用方法有哪些？
5. 如何评价达格玛模式？
6. 目前网络广告效果评估的主要方式及其不足之处有哪些？

案例选编

企业广告投放如何做到科学有效？

引言：广告至今依然在企业品牌的营销推广中发挥着非常重要的作用，无论是投放于线上、线下，都需要科学有效的投放方案。

对企业来说，广告是其品牌发展和产品销售中必不可少的一环，从确定推广计划到在社会上产生影响，其间经过了一系列的策划、制作、投放等流程，而这些步骤之间都是相互关联、难以分割的。对企业来说，这种推广手段的成本相对当下其他的营销手段来说要更高，且需要一定的创意设计门槛，如何高效地将这些投入转化为效益，就必须要做到科学有效地投放。

那么,企业应该如何科学有效地进行广告投放呢?最为首要的其实是要考虑一些不可抗的限制,那就是预算,所以其策划和投放都必须在成本预算的范围内来进行。

在预算范围内,广告中的六要素5W1H可以作为投放的重要参考和依据,也是整个制作过程中必不可少的环节。

一、明确进行传播推广的目的

广告推广的目的是什么,也就是为什么要进行宣传(why),是在进行广告制作和投放之前要考虑好的,不同的广告目的也决定了广告形式和投放媒介的不同。一般来说,广告的目的主要有以下几种:

1. 传达促销活动信息。当企业开展促销活动的时候,需要向大众告知具体的活动信息时,广告是一种很好的方式,用足够的利益点吸引消费者,可以有力地促进销售。

2. 宣传介绍产品服务。可以用来推广产品或者服务,让其更加广为消费者所知,同时也让消费者对此产生期待和兴趣。一般来说,每当有新品推出时,企业都会对其进行全新的特别推广,向消费者介绍其性能、特点和优势,并突出其核心卖点,让初次接触到的消费者对其产生尝试的愿望。

3. 提升品牌形象和影响力。有时候广告可以代表一个品牌向社会展示其风貌、理念和态度,由此来塑造品牌形象或是提升品牌在社会大众间的知名度和美誉度。

我们在日常生活中见到的每一条广告,基本上都带有以上一个或几个目的,但很多兼顾三者,或能明显看出其宣传目的所侧重的一点,而这些具有不同目的的广告也将会选择不同的表现方式和传播媒介。

二、明确传播的对象和受众

在确定了具体目的之后,通常也会明了所面对的受众和对象是哪些群体,这也就是"向谁传播(who)"的问题。

在确定受众的问题上,如果目的是推广产品和促销,那么就应该找到产品所对应的消费群体,而品牌领域所对应的消费圈层也基本上是广告的主要受众。根据推广目的锁定消费群体后,还需要进行全面深入的市场调研,对目标受众进行客户画像的信息收集和分析,了解受众群体的特点,包括总体需求、文化程度、思维习惯等,更重要的是还需要了解清楚所针对的人群对于媒体的选择和使用上普遍存在怎样的偏好和习惯。

根据受众的特点和媒体偏好，企业可以投其所好，针对性地进行策划、设计、制作和投放，这样既可以做到有的放矢，让广告能够更容易为目标群体所接触和接受，更进一步减少了资源和成本预算的浪费。

三、确定广告所要宣传的内容

明确了目标和对象之后，就需要考虑表达的问题，那就是广告要传达给大众的内容是什么(what)。普遍而言，它要传达的内容主要包括品牌、产品的名称以及向消费者所传达的核心信息。

向受众表达的核心信息就是诉求点，一般而言它可以从以下这些原则出发来设计：

1. 关注社会热点和受众所关心的事物。目标消费群体所在意的焦点、追求的个性、审美等，都可以成为切入点，投其所好，触动其买点，可以有效提高广告的关注度和有效率。

2. 诉求点是广告目的具体表现。在突出诉求点时不应太多太繁杂，也不能经常更换，否则很容易失去重心，难以让人获得准确的信息和意图。

3. 在传达诉求点时应该要有实际的、符合描述的产品、配置和价格来作为支撑，这样才会具有真实性和说服力。同时其诉求点也应与产品一致，以免让人产生虚假宣传的质疑。

4. 在表达诉求时，还应参考同类竞品的诉求，取长补短，挖掘其中潜在的差异。并在诉求点上体现出这种差异性优势，让推广的品牌和产品更加具有独特性，更容易让大众记住或是产生兴趣。

5. 若要围绕产品来表达诉求，除了要有匹配的产品为支撑，还应根据产品的成长周期来确定不同的诉求点。一般来说，当下以产品进入市场的生命周期来划分的广告类型主要有导入期、成长期、成熟期、衰退期。不同时期的产品的市场目标不同，相应的广告也应当各有侧重。

四、设计广告的表达方式和形式

明确了广告想要表达的内容诉求，还需要考虑以何种方式和形式来将这些信息传达给大众，即“如何说”(how)的问题。方式、形式或创意可以影响大众对其信息的关注度和接受度，甚至可以直接影响目标群体的消费心理。

当下，在各种创意广告中，我们可以明显地注意到不同类型、市场的产品在信息传达的形式上有较为明显的差异，比如，一些价值比较低的商品，如零食饮料等产品，在宣传上经常会突出情感和情怀；而一些较为贵重的商品，如汽车、电器等，往往会更

多突出产品的性能优势和利益点，一般我们将前者称为感性产品，将后者称为理性产品。前者由于价值较低，消费者往往不需要经过深思熟虑就很容易激发购买行为，而后者价值较高，消费者往往需要经过理性的思考和比较才会购买。

感性产品和理性产品分别对应的是感性诉求方式和理性诉求方式。也就是说，在广告创意上，感性产品可以更加突出心理情感上的冲击，触动或满足受众对内容的感性需求，让其产生对产品的好感，而弱化产品的具体功能和利益，在这一方面，企业主可以有很大的创意发挥空间。而对于理性产品，企业更多的是要突出产品的品质和利益点，其创意空间受限，并且一旦产品同质化严重，广告也同样受其影响，容易变得单一化，所以理性广告要做出彩，首先要有差异化明显的产品作为支撑。

五、选择传播的地点范围以及媒介

广告制作完成后的下一步是投放，如何尽可能地让受众接收到广告信息，就要考虑投放的地点范围或者传播的介质(where)。总的来说，广告投放的点统称为广告信息传播的接触点，主要有媒介选择和媒介组合，而不管是单一的媒介投放还是组合式的传播，都需要根据实际的需求来选择。要选择合适的投放媒介，可以根据这些因素：

1. 推广的目的。如果是以促销活动信息为主要目的，通常可以考虑电视广告、横幅、海报、报纸、广播等形式，或是借助这些介质迅速地传播信息，或是将信息详尽地传达给大众。如果是以介绍宣传产品为目的，可以采用能够容纳信息承载量大、表达形式灵活的介质，如报纸、杂志，不仅接触量大，运用硬广和软广也较为方便有利。如果是以提升品牌形象为目的，最好采用视觉效果好，更容易营造出冲击感和创意性的媒介，如电视、电子屏、户外广告牌等。

2. 根据受众群体的特点。针对不同圈层消费者的特点和媒介习惯来选择，比如，如果产品的针对群体是青少年，这个群体感性色彩浓厚，具有较强的叛逆心理，追求个性，追逐潮流，习惯使用较为热门的互联网产品和平台，此时广告就应更多地考虑新兴的网络媒介，以及传统媒介中具有时尚感的板块。

3. 根据媒介调性与产品的匹配度。高端产品通常会与品味较高的媒介和板块契合，比如电子屏、电视、杂志等，而户外广告中的小报张贴较为低俗，很容易拉低品牌的档次。

4. 考虑其他广告带来的干扰。

在选择投放的介质或者场所时，还需要考虑到其他可能出现的广告所带来的干扰，尽量避免同类竞品扎堆，也不要放在竞品的后面。

案例选编

六、确定广告传播的时间

广告传播的时间很重要，什么时候开始传播(when)，带来的推广效果也不同，在电视广告中，一直有“黄金时间”的说法，可见其的确非常重要。以电视媒体为例，黄金时间播出的电视剧时段，往往是汇聚千万目光的宝贵时间，但对于广告来说，其实是不合时宜的，所谓的“抽水马桶现象”指的就是在电视黄金时间内插播广告，观众们纷纷以上厕所来逃避。

真正的黄金时间应该是尽可能地在合适的时间里，让更多的受众接触到。不同的群体，大量接收信息的时间点也不同，对于家庭妇女们来说，晚上19、20点是黄金时间，而对于商务人士来说，晚上23、24点才可能是最佳的时段。

总的来说，广告投放的要点并不仅仅在于某一个环节，而是贯穿于整个广告落实的过程当中，因为每一步都是紧密相关的，要做到科学高效地进行投放，必须从整体上进行考量。

(资料来源：企业广告投放如何做到科学有效？[EB/OL].[2019-11-01].http://www.gongguanzhijia.com/article/3543.html)

第十一章

广告组织

本章重点及学习要求

广告组织是指从事广告经营或其他广告活动的经济组织和社会团体。它包括广告主、广告公司、媒体组织、广告团体等。广告组织是一个系统，其中，广告主、广告公司和媒体组织，是广告业的三大主体。这三大主体之间的关系协调与否，对于整个广告组织系统的运转至关重要。只有三大主体相互之间保持协调适应、平衡互动的关系，广告业的生态环境才可能向良性、健康的方向发展。

本章着重论述了企业广告部门、广告公司、媒体组织、广告团体的意义与作用，以及它们在广告组织系统中承担的不同角色。通过本章的学习，应掌握广告组织的相关知识，提高驾驭能力。

第一节 广告组织系统论

一、广告组织的定义

何谓组织？学者们从不同的角度对组织下了许多定义，综合来看，主要有以下三个不同的视角：

第一，组织的实体定义。组织指的是人们为实现共同目标而各自承担不同的角色分工，在统一的意志之下从事协作行为的持续性体系。

第二，组织的过程定义。从这个视角来看，组织指的是对活动的安排和协调的过程。

第三，组织的结构定义。此时，组织用来指系统内部要素的安排、联系方式。

这里从组织的实体定义出发，对广告组织的概念界定如下：广告组织是指广告人以及广告相关人士，为了实现共同的目标而组成的，具有稳定的社会关系和活动关系的，从事广告或广告相关活动的集合体，包括广告主、广告公司、下游公司、媒体组织、广告团体等。

二、广告组织系统的构成

系统科学认为，世界上一切事物无不处于一定的系统之中。所谓系统，指的是由相互联系、相互制约的若干部分结合在一起并且具有特定功能的有机整体。社会系统论涉及的主要要素包括：结构与功能、目标与资源。

事实上，不仅每个广告组织单元本身是一个系统，作为各广告组织单元之集合的广告业，其本身也是一个系统。在广告组织系统内部，各广告组织单元之间相互制约，相互依赖，共同构成广告业内部的生态环境。同时，广告组织系统还生存于一定的社会环境之中，它不断地与外部环境之间形成互动，实现资金、物质、技术、信息、知识和人力资源的流动与交换。

图 11-1 所显示的是一个相对完整的广告组织系统内部结构，在该系统中，最主要的广告组织主体为：广告主、广告公司、媒体组织。图 11-1 左边的直线表明，

广告主并不是任何时候都在利用广告公司的服务，有些广告主直接让媒体机构发布自己的广告，有时仅仅在准备广告的过程中接受一点技术(而非创意)上的帮助。

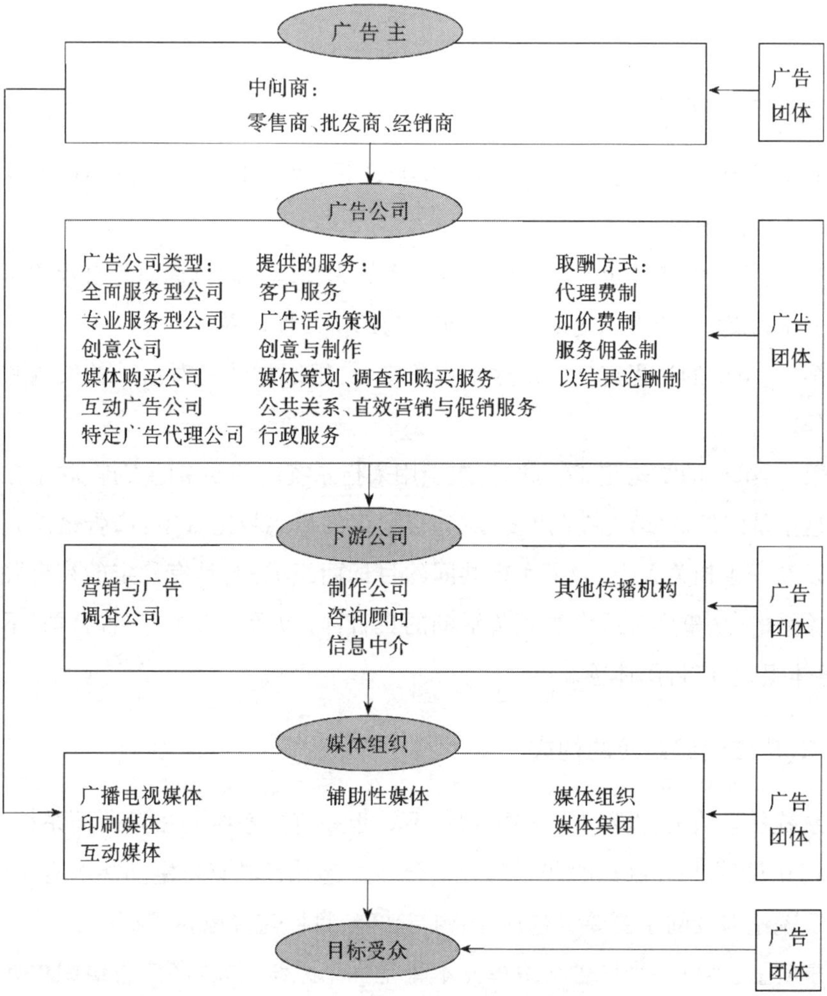

图 11-1　广告组织系统内部结构图

三、广告主、广告公司、媒体组织三大主体之间的关系

广告业作为一个系统，其内部三大主体之间的关系协调与否，对于整个系统的运转至关重要。对此，我国台湾地区的广告学者樊志育认为，三者之间存在着

四大空间,如图 11-2 所示。

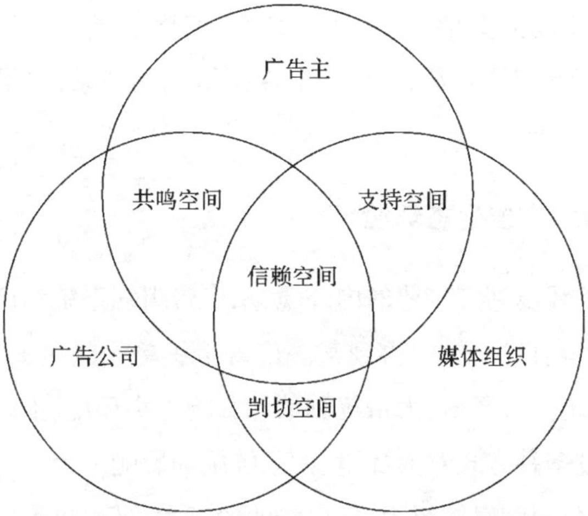

图 11-2　广告主、广告公司、媒体组织关系图

首先,广告主和广告公司之间存在着“共鸣空间”。广告公司与广告主的正确合作关系,应是一种良性的互动关系,即广告主与广告公司在思想上、观念上有所接近,而最关键的在于彼此的共鸣和尊重,也就是良好的沟通。有的广告人将此比喻为“夫妻关系”。美国广告学者威廉·阿伦斯认为,广告主与广告公司的关系受诸多因素的影响,通常可将这些因素分为 4Cs:化合因素(chemistry)、沟通因素(communication)、操作因素(conduct)和变化因素(change)。

其次,广告公司与媒体组织之间存在着“剀切空间”。所谓剀切,是指双方事理的一致性。广告公司和媒体组织都为广告主服务,双方的利益是共同的。在如何利用媒体的版面或时间上,媒体组织应给予广告公司充分的理解。由于媒体上的版面和时间常被广告公司买断,其他广告公司只能通过买断者才能安排广告,有时就不能获得想要的版面或时间。因此,广告公司和媒体组织之间若不建立剀切关系,往往会产生许多问题,只有双方达成共识,才能产生对双方都有利的结果。

再次,广告主和媒体组织之间存在着“支持空间”。广告主和媒体组织各有自己的目的,广告主希望通过高收视率的媒体来扩大知名度,为产品促销,而媒体则希望提高节目收视率或内容的阅读面而承揽更多的广告。有时,媒体组织为了赢得高收视率而播出低俗节目;有时,广告主为了赢得利润而刊播不良广告。这些做法都会招致非议而损害两者的关系。因此，双方必须相互协调，才能共同发展。

最后，这三大空间的支持点，则是所谓的“信赖空间”。广告主、媒体组织和广告公司只有在相互信赖的基础上，才能保持协调的关系，使得广告活动取得良好效果。

四、培育和谐的广告生态环境

从广告业的外环境到广告业的内环境，从广告组织系统到广告主、广告公司、下游公司、媒体组织、目标受众，再到某一广告组织单元，每一个处于外围的系统都是大环境、大系统。大环境、大系统制约和影响着小环境、小系统，小环境、小系统反过来也可通过多种方式对大环境、大系统施加影响。

广告主、广告公司和媒体组织，是广告业的三大主体，也是广告生态环境中最关键、最能动的主体。只有三大主体相互之间保持协调适应、平衡互动的关系，广告业的生态环境才可能向良性、健康的方向发展。而要建立三者的协调平衡关系，首先有赖于广告主、广告公司、媒体组织自身良好的经营意识与经营状况；其次有赖于三者在产业链中的位置与能量资源交换关系。另外，三者的协调平衡关系，还受宏观经济环境、广告行业政策等外部环境的影响。例如，中国加入世界贸易组织，不仅是左右中国广告业未来发展最重要的外部环境，也必将对三大主体之间的关系产生深远的影响。

第二节　广告主

一、企业广告部门的角色定位

在广告组织系统中，企业广告部门的角色定位和职能是什么呢？这主要包括以下几点。

第一，参与企业的战略决策。在现代企业的营销活动中，广告的地位日渐突出，企业的广告部门应协同生产、销售等其他职能部门，共同参与制定企业的长期规划和发展方向。

第二，确定广告活动的整体计划。在企业营销战略的整体部署下，广告管理部门应制定明确的广告战略目标，并据此确定广告活动的整体计划，包括广告战略的确立、广告预算的编制、委托广告代理公司的计划等，以有效地组织和控制整体广告活动。

第三，具体实施广告以及与广告有关的各项活动。这些活动主要有市场调研、广告策划、创意制作、广告投播以及促销、公关活动等，这些活动可划分为策划、创意、执行三个环节。

第四，选择委托广告代理公司。事实上，企业广告部门往往难以包揽整体广告活动的服务，所以就有必要选择和利用专业广告代理公司。企业广告部门一方面要将广告公司的业务范围、能力评估、媒体关系、收费情况等向企业领导层汇报；另一方面，也要将企业及产品的情况、广告活动的具体要求等传递给广告公司，做好企业与广告公司的沟通工作。

第五，对整体广告活动进行监督和控制。为了保证广告活动的顺利进行，企业的广告部门要及时对广告计划实施中和实施后的结果进行检验和分析，并根据检验结果制定改进措施，及时调整广告计划和策略。这主要包括两个方面的工作：一是企业广告部门对自身进行控制，保证自己承担的广告业务的质量；另一方面还要对广告代理公司的代理情况及时跟踪了解，根据前期广告效果以及市场的变化情况，随时与广告代理公司协商，并作必要的调整，保证企业的广告活动获取最大的收益。

第六，协调企业各职能部门之间的关系。企业广告部门作为企业管理系统中的重要一环，应注意协调好与企业内部各职能机构的关系：一方面，应协调好与销售、公关、市场等营销系统各部门的关系；另一方面，也应注意协调与生产、财务、人事等职能部门的关系，促进企业生产经营系统的高效运转。

另外，企业广告部门还要与有关广告团体保持良好关系，关注并做好广告部门的人员补充、广告工作人员的能力开发等工作。

二、广告部门在广告主组织中的地位

虽然大部分公司都设有某种形式的广告部门，但广告部门的重要与否还要取决于公司的规模、公司所处的行业、广告在该公司营销组合中扮演的角色，以及上层管理人员对广告的重视程度等。以下是广告部门在广告主组织中地位的主要类型。

第一,总经理直辖型。广告部门与其他职能部门地位相同,广告部门经理直接向总经理负责。这种类型在中、小企业或高度重视、依赖广告的企业中较为多见。

第二,营销总监直辖型。广告部门是从属于营销部门的二级部门,广告部门经理向营销总监负责。适用于多种营销方式、多种促销手段配合的企业。

第三,广告部门集权型。大型企业在总公司领导下,有多个分公司(子公司、分部),总公司只设立一个广告部门,经营全部广告工作。这适用于设有分公司(子公司、分部)的大型企业,以及组织结构采用事业部的企业。

第四,广告部门分权型。大型企业下属各分公司(子公司、分部)都设立广告部门,专司分公司(子公司、分部)的广告工作。这适用于分公司(子公司、分部)规模较大的企业。

第五,集权分权混合型。总公司设置企业广告部门,所属分公司(子公司、分部)也各自设立自己的广告部门,承担自己的广告活动,但在业务上接受总公司广告部门的指导、监督与协调。这适用于运行机制较完善的大企业。

三、广告部门内部的结构

第一,职能组织模式。此模式是按广告部门的各种职能来分工的。广告部门根据相应的职能,配有专门负责市场调研、搜集信息的调查科,从事广告制作的制作科,从事促销的促销科,以及与媒体单位接触的媒体科等。对于很多规模小或对广告不怎么依赖、重视的企业来说,某个职能的工作通常由一个人承担,甚至有可能一人同时承担几个方面职能的工作。

第二,产品(品牌)组织模式。这是一种以企业的产品(品牌)来进行内部职能分工和组织划分的模式,也叫品牌经理制。在该模式下,功能性质、定位迥然不同的产品(品牌),可以在品牌经理的组织与计划下,开展广告宣传工作,为每一种主要产品(品牌)提供更多、更好的服务,如宝洁公司的广告组织结构(具体参见图 11-3)。目前国内部分企业也逐渐采用该模式,尤其是具有多品牌的企业,如上海家化等。

第三,区域市场模式。该模式以产品销售地区市场的分布来进行职能分工和组织划分。产品品种单一而又同时销往各个不同市场的企业,采用这种组织形式

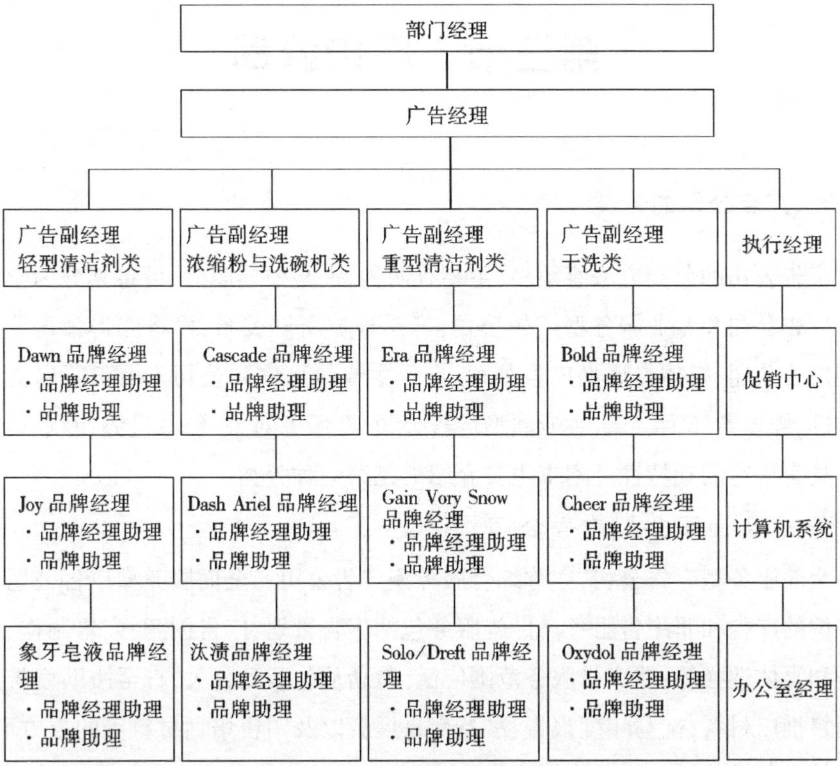

图 11-3 宝洁公司的广告组织结构

最为有效,因为该组织形式可以根据各个不同地区的市场特点而分别施以不同的广告战略与战术,使广告诉求针对性强,效果显著。

第四,广告对象模式。这种组织类型是以广告对象来分工的,在企业产品销售对象较为集中、销售量又大的工业企业与批发商企业中较多采用。由于企业可以根据不同消费对象的消费动机与购买行为分别采取不同的广告诉求,因而可以收到较好的广告宣传效果。

第五,广告媒体模式。该模式是按不同媒体的要求,对其内部进行职能分工和组织划分的。这种形式有利于广告部门熟悉所使用的各种媒体,便于对媒体的特点、媒体的效果与媒体单位的关系等方面的情况全面掌握,从而提高媒体的使用效果。

第三节　广告公司

一、广告公司的分类

广告公司的分类方法有很多，主要有两种：一是根据职能，可将其分为全面服务型广告公司和专业服务型广告公司；二是根据所属关系，可将广告公司分为独立型广告公司、媒体专属型广告公司、广告主专属型广告公司。由于所属关系的特殊性，媒体专属型、广告主专属型广告公司，在服务对象、资源优势、专业运作等方面具有一定的独特性。本书主要介绍的是第一种分类。

（一）全面服务型广告公司

全面服务型广告公司，亦称综合服务型广告公司。全面服务型广告公司提供全方位的广告和非广告服务。广告服务包括广告策划、广告创意、广告制作、市场调查和媒体选择等；非广告服务范围广泛，包括从包装到公关，直至协助广告主制作销售推广材料、撰写年度报告、准备交易展会以及销售培训材料等的方方面面。随着整合营销传播（IMC）的日益普及，很多全面服务型广告公司都在向整合营销传播代理方面发展。

（二）专业服务型广告公司

1. 创意策划公司。创意策划公司一般侧重于创意概念的开发、文案和广告表现艺术的服务。广告主可以利用这种公司，在信息主题或独立广告中注入更多的创意。正如国外一位广告专家所说："如果客户想要的就是创意，大量的创意，以便从中进行挑选并按照自己的心愿组合，那么，他们就不会想要传统的全面服务公司，他们会去找手脚麻利、光彩夺目、收取创意费的点子工厂。"创意公司就是这类"点子工厂"。此外，还存在一种独立创意服务。一些广告客户聘用一些高级创意人员，以兼职或单个项目的形式，开展业务合作。许多创意工作人员也在他们的业余时间做一些自由职业性质的创意工作。

2. 媒体购买公司。媒体购买公司是一个独立的组织，专门为广告公司和广告主购买广告时间或空间，尤其是广播和电视时间。由于媒体形式的日益丰富，媒体购买成了一项日益复杂的工作。在这种情况下，广告公司或广告主可以承担媒体发布的战略策划工作，然后将实际购买时间和空间的任务交给媒体购买公司。利用媒体购买公司的另一个好处是，由于媒体购买公司购买的媒体数量多，所以常常可以拿到价格比广告公司和广告主低得多的媒体时段或广告位置。此外，媒体购买公司还可以利用与媒体的特殊利益关系，为广告主做一般广告公司做不到的事，譬如，媒体购买公司甚至可以在广告发布前的最后一分钟替广告主安排广告。在我国的广告市场上，这样专门的媒体购买公司很活跃，如实力媒体、传力媒体等，近年来，这些公司纷纷试图实现从单纯的媒体买卖角色向投资顾问角色转换。

3. 互动广告公司。新媒体纪元创造了新的广告公司形式——互动广告公司。互动广告公司协助广告主开展新媒体(如网络、手机、互动电视等)上的传播活动。这些新型广告公司拥有许多传统的全面服务公司所没有的专业人才和专家。互动广告公司的技术人员会帮助广告主开展新媒体的传播活动，这些公司还拥有其他专业人才维护电脑的文档服务器，这些服务器不仅掌管着与客户的互动传播活动，还为客户建立数据库，供客户将来在新媒体和传统媒体中使用。在中国，随着互动媒体的兴起，互动广告公司的蓬勃兴起将是一大趋势。

4. 专业型广告代理公司。这类公司一般以特定的广告业务为中心，提供有关服务内容，如房地产广告公司、公共交通广告公司、地下铁路广告公司、户外广告公司等。由于这些公司在客户源、运作经验、各类资源等方面颇有优势，因此在广告市场上占有一席之地。

二、广告公司的角色定位

按照美国广告代理商协会(4A)的定义，广告公司是指由专门从事广告和营销计划、广告作品以及其他促销工具的制作和准备的创意人员和工商人员组成的独立机构。广告公司代表不同广告主或卖主——即广告公司的客户——向各种媒体购买广告时间和空间，为他们的商品和服务寻找顾客。这一定义有助于理解为何有如此众多的广告主要将广告业务委托给广告公司。具体说来，广告公司的角色定位可由以下几方面来体现：

第一，广告公司是独立的，不属于广告主，不属于媒体，也不属于任何下游公司，因此，能给广告主的业务带回客观的外部观点，而这是广告主自身绝对无法做到的。

第二，广告公司雇用的员工，既有工商业方面的人才，又有创意方面的人才，包括行政管理人员、财务人员、营销主管、调研人员、市场/媒体分析人员、文案人员和美工等。他们每天都与公司外部专门进行图片创作、摄影、修版、广告拍摄、录音和印刷等工作的专业下游公司保持着联络,社会资源更为丰富。

第三,广告公司还为客户提供另一种服务,即进行调查,代客户与各种印刷、电子媒体和数字媒体进行谈判,签订广告时间、空间合同。正是因为其出色的媒体专业化服务,广告公司为客户节约了时间和资金。

第四,广告公司不为媒体和下游公司服务,他们的道德准则、伦理准则、财务政策和法律准则,都决定了他们只能为自己的客户服务。正像一家经营良好的企业向律师、会计师、银行家或经营专家寻求专业帮助一样,广告主利用广告公司也是出于维护他们自身利益的考虑,因为广告公司在创作广告和选择媒体方面比广告主自身更有能力。现在,无论其规模大小,几乎所有的广告主都依赖广告公司提供专业化的、客观的咨询和独特的创意技巧,作为自己的“品牌保镖”。

第五,好的广告公司由于每天接触的营销面很广,又了解国内外发生的最新动态,因此能给客户提供各种服务,加之现代科学技术使企业活动得以轻松地跨越国界,广告业也随之在全世界各地蓬勃发展起来。

在市场竞争日益激烈的21世纪,广告公司的角色将由被动变为主动,广告公司必须是一个观察者、思考者、创造者和行动者,广告公司的功能也必须从单纯的执行层面向全方位的沟通转换,从平面的服务向立体的服务过渡。

三、广告公司内部的职能分工

全面服务型的广告公司为了满足客户的整体广告需求,一般设有客户部、营销/调研部、创意制作部、媒体部、行政部。本书以下对广告公司内部的职能分工介绍(见表11-1),主要参照的是跨国广告公司。本土广告公司的职能分工大多没有跨国广告公司那么明确和详细,还有待提高和改善。

表 11-1 全面服务型广告公司内部的职能分工表

部门	职位	英文表述及简称
客户部	客户总监	Account Director (AD)
	客户经理	Account Manager (AM)
	客户主任	Account Executive (AE)
	客户主任助理	Assistant Account Executive (AAE)

续表

部门	职位	英文表述及简称
营销/调研部	市场营销总监	Marketing Director (MD)
	市场调研员	Researcher
创意制作部	执行创意总监	Executive Creative Director (ECD)
	资深创意总监	Senior Creative Director (SCD)
	创意总监	Creative Director (CD)
	副创意总监	Associated Creative Director (ACD)
	助理创意总监	Assistant Creative Director
	资深撰文指导	Senior Copy Director (ScoD)
	撰文指导	Copy Director (CoD)
	副撰文指导	Associated Copy Director (AcoD)
	助理撰文指导	Assistant Copy Director
创意制作部	资深撰文	Senior Copy Writer (SCW)
	撰文	Copy Writer (CW)
	助理撰文	Assistant Copy Writer
	资深美术指导	Senior Art Director (SAD)
	美术指导(美指)	Art Director (AD)
	副美术指导	Associated Art Director (AAD)
	助理美术指导	Assistant Art Director
	资深设计	Senior Designer (SD)
	设计师	Designer
	助理美术设计	Assistant Designer
	作业室经理	Studio Manager
	制作经理	Production Manager
	完稿	Finish Artist (FA)
	制片人	TV Producer
媒体部	媒体总监	Media Director (MD)
	媒体主任	Media Supervisor
	媒体策划	Media Planner
	媒体购买	Media buyer

续表

部门	职位	英文表述及简称
其他部门	客户策划①	Account Planning (AP)
	流程员②	Traffic Control Specialist (Traffic)

(一)客户部

客户部是整个广告活动的组织中心。客户部的职位有客户总监、客户经理、客户主任、客户主任助理，他们与客户共同决定如何使客户的产品或服务最有效地利用广告。客户部负责明确客户的产品或服务能够提供哪些利益，这种产品或服务的潜在目标受众是谁，以及这种产品或服务的最佳竞争定位在哪里，然后设计出一套完整的广告计划。有时，广告公司的客户部还可以提供基本的营销和消费行为调查，有的还拥有分析人员，可以进行基本的消费行为和消费者价值观调查，测试产品概念。

客户部还与客户一起,通过广告公司的创意部,将文化价值观和消费者价值观转换成信息。最后,他们还要与媒体部一道制定出有效的媒体战略,以便以最佳的方式发布广告,使之到达目标受众。客户部要使公司内的不同部门(创意制作部、媒体部等)在预算内按照计划完成广告任务。在许多广告公司,客户部的服务被称为客户管理活动。客户部协调运作系统参见图 11-4。

(二)营销/调研部

营销/调研部的工作包括四个领域:①调查;②销售推广和活动赞助;③直销营销;④公共关系。营销/调研部为客户实施的调查一般由商业调查机构实施,这些调查涉及客户的市场或广告目标。广告公司调查小组会帮助广告主理解调查结果,并将客户理解的意思传达给创意人员和媒体人员。广告公司真正实施的多是另一种调查:从目标受众中挑选出一些消费者来评估备选广告的不同版本,然后判断广告信息的传播是否有效。

---

① 简言之,AP(客户策划)就是在广告策划、制作和实施过程中消费者观点的代言人,以保证广告能充分反映消费者的声音,同市场策划、广告策划概念既有联系又有区别。AP 于 20 世纪 60 年代最早产生于英国,并于七八十年代为欧美各国的一些广告公司所采用,部分广告公司甚至设有 AP 部门。截止到 2003 年,中国内地除国际 4A 广告公司外,AP 制尚未形成气候。由于 AP 的工作涉及客户管理、创意、市场研究等领域,因而不时会引发所属领域的纷争。有的公司的 AP 职位具有客户服务(Account Service)和客户企划(Account Planner)的双重职能。

② 流程员的职责是督促广告作业的进展,监督各部门是否按计划进行,实现客户部与创意部的对接,并负责内部作业的建档和档案管理。

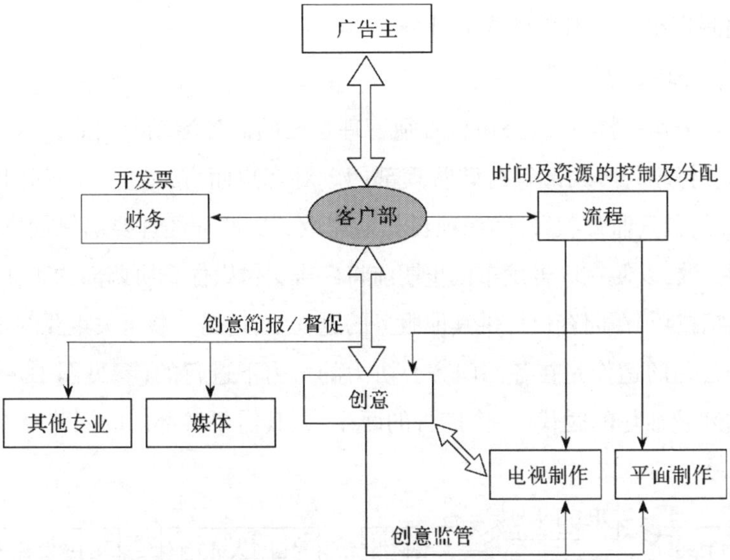

图 11-4 客户部协调运作图

营销/调研部提供的销售推广服务和活动赞助营销服务，包括为客户设计竞赛、抽奖或特别赠送活动以及为商品开发预备资料等。这些营销专家协助客户确定是否应该开展赞助活动、如何开展赞助活动。

有些广告公司设立了专属营销部，为针对客户的直邮和电话营销活动服务。专属营销部策划直效营销活动，并将这些活动与企业的主要广告活动整合起来，而直邮或电话营销活动则可以瞄准那些需要特殊广告信息的受众。

在当今这个整合营销传播盛行的时代，广告公司发现，越来越多的客户要求将所有的传播形式与广告整合为一体。有些全面服务型广告公司正在自己的营销业务范围中增加公关项目，希望能够更多地控制客户的营销传播，确保整合营销传播的真正实现。

(三)创意制作部

创意制作部人员的职责，就是用有趣而难忘的方式表达企业品牌的价值。简单地说，就是创意小组负责制定创意信息。广告公司的创意小组一般由创意指导、艺术指导、文案、设计师等组成。

(四)媒体部

媒体部负责发布广告，他们面临的核心难题在于决定用哪种方法使客户的信息最有效地到达目标受众。媒体人员需要审查大量的媒体，然后在客户预算允许的范围内制定出一个有效的媒体计划。

（五）行政部门

和其他公司一样，广告公司也必须管理自己的商务活动。因此，广告公司也设有人事部、财务部、协调部等行政管理部门。对客户而言，最重要的部门要数协调部，这个部门负责监督项目，确保项目如期完成。协调部经理要确保创意小组和媒体部协调一致，以便在广告发布截止期前将广告交付媒体。协调部的工作要求具备大量的组织技巧，在向客户提供其他服务的过程中，这是一项至关重要的工作。

广告公司的运作是在各部门齐心协力的努力下进行的（参见图 11-5）。在这个分工越来越细化的时代，一个广告的诞生，尤其需要各部门的团队合作。

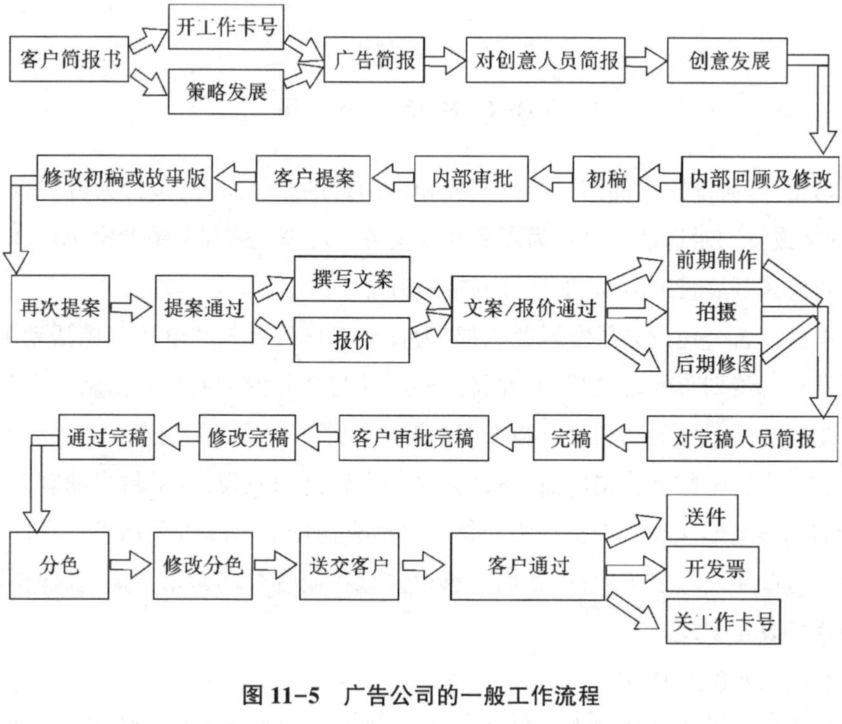

图 11-5　广告公司的一般工作流程

四、广告公司的结构形态

（一）按基本职能设置部门

任何一个公司的基本职能，都要包括生产、销售、财务以及人事等几个方面，广告公司也不例外。一般来说,按照职能设置部门,这种组织结构有利于组织日常的业务活动,所以,广告公司也较多地按照职能来设立其内部结构(参见表11-1)。这种组织结构形式多见于综合型的广告公司。

按职能设置部门有利于公司的系统化运作,调动各职能部门主管的积极性和能动性,使其各负其责,各显其能;有利于充分发挥公司的人力资源优势,提高效率;有利于业务专门化的施行,简化人员培训工作。但是,这种组织结构有时不能满足客户的特殊要求,另外,业务人员因工作环境的影响,容易形成狭隘认识,更重视本部门利益而忽视公司整体利益,缺乏全局观念。

在实际运作过程中,由于广告公司一般都拥有两个以上的客户,广告公司通常在职能式的组织中,采用矩阵式的管理模式,即每一个专业人员按其专业性质归部门管理,而每一项目(或客户)则由不同部门的人组成项目小组或客户服务小组。

(二)按客户设置部门

按客户设置部门亦即"小组制度",即公司按客户和项目组织专门的部门,客户代表、创意人员长期服务于某些客户,由服务客户的主管直接领导。

这个组织系统根据客户情况设置,一般由AE(客户服务)、广告创作人员、广告设计人员组成,单独从事客户联络、策划广告活动、制作广告作品等工作,如同客户所属的小公司,按照客户的要求工作,故也称为"专业制度"。小组规模根据客户的业务量大小而定。

小组作业的组织结构更能满足客户的特殊要求,人员之间沟通更便利,服务更周全,同时,还能节约大量的人员培训成本。但小组同公司内部以其他方式设置的部门沟通联系不够,协调起来较为困难,人员和设施的利用率不高,一旦出现跳槽或"挖墙脚"的情况,往往会给公司业务带来问题。

(三)按地区设置部门

按地区设置部门主要适用于一些地理上比较分散的全国性以及全球性的广告公司。对于一些规模大的广告公司,通常把按地区设置和按职能设置结合起来。

用这种方法设置组织机构,有利于提高办事效率,能与客户共同感受地区人文特征,彼此容易沟通,方便联络,能够达到较好的交流效果;能够节约运营成本。但这种设置使公司管理增加了难度,业务小组难以快速地会商讨论有关课题,对各地区的业务主管素质要求也要更高一些。

（四）按公司自身状况设置部门

按公司自身状况设置部门即不按职能或地区，也不按客户，而是根据本公司的实际情况进行组合，按照经营定位来设置部门。例如，有的公司仅设立经营中心和创作中心，彼此分工不是很细，互相配合，机动灵活，效率较高。这种方式不多见，但也不失为一种做法，值得规模较小的广告公司尝试。

是否有某种组织结构更有利于创造性思想的产生？经过学者数十年对该领域的研究，发现有些组织有利于创造性的发挥，这种组织的特点是：管理宽松，管理权利分散并愿意承担风险。繁多的条条框框、越来越多的层级管理、对失败者的处罚等，都不利于创造性思想的产生。

五、广告代理制

（一）广告代理制的概念

广告代理制是国际通行的广告经营与运作机制。在广告活动中，广告客户、广告公司和媒体之间明确分工，广告客户委托广告公司实施广告宣传计划，广告媒体通过广告公司承揽广告业务，广告公司处于中间地位，为广告客户和广告媒体提供双向服务，起主导作用。这种广告主、广告公司、媒体组织三方在委托—代理关系的基础上，实现广告交易行为的制度称为广告代理制，又称代理费制。代理费是广告代理制的核心内容之一。

（二）实行广告代理制的意义

实行广告代理制的意义有以下三个方面：

1. 能消除企业广告活动无整体计划、效益不佳等种种弊端，帮助企业科学合理地使用有限的广告经费，取得较好的广告效果。

2. 能促进媒体全面提供信息服务，合理有效地发挥资源优势，促进传播业的繁荣和发展。

3. 能突出专业广告公司在广告活动中的主导作用，使其能超越不同媒体所具有的功能，向客户提供全面的优质服务。

（三）广告公司的双重代理

一方面，广告公司全面代理广告客户的各项广告活动，如广告调查、广告策划、广告创意与制作、广告实施与发布、效果测定与反馈等；另一方面，它又代理媒体广告版面与时间的销售,为广告媒体提供业务来源。广告代理制突出了广告公司在广告运作中的中心地位与作用。

(四)广告代理制对广告公司的要求

“代理广告业务”是广告经营的一种方式,要事先经过国家广告管理部门的批准。广告公司要获得代理广告业务的资格,必须具备国家规定的资质条件,向工商行政管理机关提出申请,经审查批准,取得“代理广告业务”的经营权,方可从事广告代理业务。

广告主对广告公司的要求是能为其提供全面服务。

媒体单位对广告公司的要求是:广告公司为媒体承揽广告业务,应有与媒体发布水平相适应的广告设计、制作能力,能够提供广告主对广告费支付能力的经济担保,广告公司必须对广告主负责,对媒体负责。广告公司的设计、制作能力要上档次,上水平,送交媒体发布的广告,在技术上要符合媒体的要求。媒体发布广告后,广告公司要按合同支付广告费,即使客户因故不能按时支付广告费,广告公司也不能以此作为不履行媒体合同的理由。

(五)我国广告代理制的主要内容

我国的广告代理制是从 20 世纪 90 年代发展起来的。1993 年 7 月, 国家工商行政管理局发布《关于在部分城市进行广告代理制和广告发布前审查试点工作的意见》, 决定从 1993 年下半年起在全国进行广告代理制试点。试点媒体为报纸、广播、电视, 对分类广告即礼仪、征婚、挂失、书讯、节目预告等, 媒体可以直接承揽。试点地区为全国一些经济发达的大中城市, 包括直辖市、省会城市、计划单列城市以及沿海开放城市。

我国广告代理制的主要内容有:

1. 广告客户必须委托有广告代理权的广告公司代理广告业务,不得直接通过报社、广播电台、电视台发布广告,但分类广告不在此列,可直接委托报社、广播电台、电视台办理。

2. 兼营广告业务的报社、广播电台、电视台发布的广告,必须委托有相应经营资格的广告公司代理,媒体本身不再允许直接承揽广告业务(分类广告除外)。

3. 代理广告业务的公司,要为广告客户提供市场调查服务及广告活动全面策划方案,提供并落实媒体计划。广告公司为媒体承揽广告业务,应有与媒体发布水平相适应的广告设计、制作能力,并能提供客户广告费支付能力的经济担保。

4. 实行广告代理制后,广告客户和广告媒体可以自主地选择服务质量好的广告公司为其代理广告业务。

六、广告公司取酬方式

(一)代理费制

代理费率的标准一般都有法律规定,各国间有所不同,多为15%。我国《广告管理条例施行细则》规定:"承办国内广告业务的代理费,为广告费的10%。承办外商来华广告付给外商的代理费,为广告费的15%。"

在过去的十几年里,代理费制是否明智一直受到广告主和广告公司的质疑。实际上,来自广告业界的各种数据表明,仍全面采用传统的代理费方式的广告主和广告公司已越来越少,而且代理费的比例也大大下降,甚至出现了"0代理"的现象。如何看待"0代理",以及广告代理制何去何从等问题,是广告学界和业界关心的焦点问题之一。

(二)加价费制

广告公司取酬的另一种方式,是广告公司在从其他公司那里购买来的各种服务上,加上一个百分比的加价。很多时候,广告公司会把美术、插图、拍摄、印刷、调查以及制作委托给其他公司,然后,广告公司再按客户同意的条件,在这些服务费上加上加价费。广告业内加价费流行的原因在于,许多服务公司不像媒体那样付给广告公司代理费,因此,除了加上一个百分比的加价费之外,广告公司没有其他方法得到因购买公司之外的服务而应该有的补偿。国外通行外购服务加价费的比例一般为17.65%~20%。

(三)服务佣金制

目前采用的服务佣金种类很多,一般可以分为两大类:

1. 固定佣金。这是指广告主与广告公司共同认可的,由广告主按预定年工作量或者按某个项目,确定付给广告公司的一定数量的酬金。一般来说,佣金按年定下来后,每月按相同数目支付,而不论当月的工作量多少。采用这种制度,广告公司和广告主双方必须明确商定广告公司应提供哪些服务,由广告公司的哪个部门提供服务,在什么时间内完成。此外,双方还必须商定哪些必需品、材料、交通费和其他开支不包含在固定费用内,而应该得到补偿。由于存在着众多变量,意料之外的事情时有发生,因此固定佣金制很容易导致双方关系的破裂。

2. 计时服务费。广告主和广告公司以小时为计价单位,商定不同服务的费用。计时费既可以各部门的平均工资来决定,也可根据双方认可的某种计时费率来决定。

(四)以结果论酬制

近年来,许多广告主和广告公司都在尝试根据广告公司是否达到了双方商定的结果而支付广告公司报酬的方法。由于“结果”往往被狭义地界定为销售额,因此,广告公司历来不同意按“结果”来评估自己。影响销售结果的关键取决于广告公司无法控制的一些因素,如产品特点、定价战略和分销方式(也就是说取决于整个营销组合而不仅仅是广告)。最近才出现的以结果论酬制,将广告公司的报酬与双方预先商定的特定目标的完成与否绑到了一起。广告公司可以按销售水平的实际情况来获得报酬,但它们往往将传播目标,如产品或服务在目标受众中的知名度、品牌识别度或品牌特征当作评判“结果”的标准。

七、跨国广告集团组织

跨国广告集团,即人们常说的“广告公司巨无霸”,拥有遍布全球的办事处或者办事处网,为它们的客户提供便捷的服务。1986 年,一个小型的伦敦广告公司——盛世广告公司在短短两年内,发展成为一个“广告公司巨无霸”,拥有超过 135 亿美元的资本收入。它的成功为广告业带来了显著的变化,并且真正改变了全球的广告业。目前,全球最大的广告集团有:WPP 集团、奥姆尼康集团(Omnicom)、国际公众企业集团(Interpublic)、电通集团(Dentsu)和盛世广告集团。

跨国广告集团组织除了庞大的规模之外,也为它的客户提供了一些有利条件。其中最重要的是,它能够提供一个巨大的人才库,并且能够不经过旷日持久的、通常让人不知所措的广告公司审核,而直接实现客户从一个广告公司到另一个广告公司的转移。当然这种组织形式也有不利于广告客户的地方,其中最重要的一点就是存在竞争关系的客户之间的利益冲突。

在制作广告时,规模本身并不具有什么优势或者劣势,所有的广告代理公司无论规模大小,都是由为特定客户服务或者客户群服务的小单元或者小组组成。小组的能力以及小组对于创意和职业卓越方面的贡献,是由该小组每个组员的才能和创新能力决定的,而不是由他们公司的规模决定的。

2000年前后,中国的广告业已经开始出现集团化的萌芽。经过几年的发展,一些广告公司已经有了集团化的雏形,还有一些公司正在逐步向集团化方面迈进。

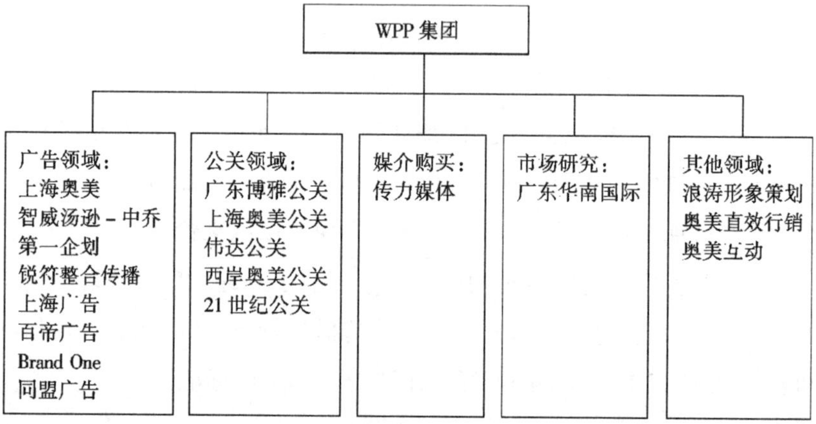

图11-6　WPP集团(中国内地)组织结构图

第四节　媒体组织

一、媒体组织设立广告部门的意义

首先,对于各媒体组织来说,由于有专门的机构统一负责、统一协调和安排广告业务,从而能保证媒体广告经营的有序进行,能提高广告服务质量,以争取更多的广告客户,使广告收入来源稳定,最终使媒体的经营效益得到提高,为进一步发展提供了物质条件。中国的媒体经营,核心就是广告经营(网络媒体稍有例外),所谓"媒体商业化",也是围绕着广告经营而展开的。在世界大多数国家中,广告费收入已成为媒体组织收入的主要来源,媒体与广告的联系越来越紧密,媒体组织中广告部的地位也越来越重要。

其次,对广告业来说,由于媒体有专门的机构代表单位与专业广告公司联系洽谈业务,与广告客户接触,就有可能使广告运作水准提高,使广告代理制落到实处,进而带动整个广告业进入较高层次。同时,媒体广告部门也是广告业的重要组成部分，媒体广告活动专业、规范，对整体广告业发展也是一个推动。

再次，媒体组织设立广告部门，对广大消费者和社会来说，也具有积极意义。我们知道，承载广告信息的载体主要是大众传播媒体，其职能以发布新闻等为主，应客观公正，不受商业行为的影响，特别是要严格区别新闻活动和广告活动。而大众传媒等机构既要体现传播新闻的主体功能，同时也需要广告收入作为物质基础和服务补偿。由于有专门广告部门的存在，媒体在为社会和公众提供各类信息服务时，就可以由各职能部门各司其职，分清界限。在一定程度上，这既维护了消费者的合法权益，保证了新闻等信息的质量，又能使媒体广告经营正常运转。

二、媒体组织广告部门的角色定位和功能

（一）承接广告业务

把广告版面或时间售卖出去，是媒体组织广告部门的业务重点。拥有众多广告客户的专业广告公司就是最大最好的买主。因此，广告部门首先就要争取广告公司，积极谋求与其合作，保证媒体得到稳定的销售渠道。媒体组织广告部门应广泛宣传本单位在广告传播方面与公众进行信息交流的优势和特点，如实宣传媒体在覆盖域、收视率、发行量、受众成分、广告价格等要素方面的独特之处，以便广告公司了解、选择，并向广告客户推荐，从而争取专业广告公司的支持和广告客户的偏爱。

（二）设计制作和发布广告

媒体广告主要来源于两个方面：一是广告公司或其他机构代理推荐；二是直接承揽的广告业务。前者的广告业务大都由广告公司完成，广告部门主要是协助安排广告发布日程，并根据媒体（节目）的传播特点，对广告作品的终稿完善提出建议，进行好广告排期。对于后者，媒体广告部门则要负责策划、设计、制作广告作品。但总体上看，直接承揽的广告业务量不是很大。报刊广告主要是小广告、分类广告等类型；广播电视广告主要是声像比较简单、时间较短，以及临时需要处理的广告内容。较复杂的广告制作，还应交由广告公司制作。重要的是要配合广告公司，精心做好媒体计划，善于安排适当的广告时段和版面，提高有效收视率和阅读率，增强广告传播效果，以吸引更多的广告主。

(三)审查广告内容

大众传播媒体传递的所有信息都应对社会和公众负责。媒体组织广告部门加强对广告内容的审查把关,自觉抵制和杜绝违法广告和不良广告的传播,是广告业自律的重要内容,也是该部门的重要职责。目前,我国审查广告的法律依据,主要是以《中华人民共和国广告法》为核心的有关广告管理法规。审查主要包括四个方面:

1. 广告主的主体资格是否合法。

2. 广告内容是否真实客观,是否会产生误解。

3. 广告内容和表现形式是否合法。

4. 收取查看广告证明。

此外,还要根据中国国情,清理消除一切不道德、不健康、不文明的广告信息内容,保证发布的广告合法、真实、健康、有益。

(四)做好广告经营的财务核算

对媒体的广告经营进行财务核算,这也是媒体组织广告部门的任务之一,其内容主要包括:确定广告活动收费范围;计算确定广告价格体系;确定费用结算方式。有些媒体的广告财务直接由财务部门主管,广告部门应予以积极协助。

(五)做好调研和信息咨询服务

媒体组织广告部门要向广告公司和广告主提供系统、详尽的媒体资料,就必须开展深入细致的调查研究工作,注意及时收集广告推出后的反应,向广告公司和广告客户反馈并送达有关部门。

三、媒体组织广告部门的结构形态

一般来说,在市场经济比较发达的国家和地区,媒体广告部门与编辑业务部门、经理部门鼎足而立,处于相当重要的位置。随着媒体产业经营的进展,现在我国媒体单位都越来越重视广告部门,分工也越来越细。但由于各媒体的经营规模和广告量大小的不同,媒体广告组织的结构也有所不同。

总的来说,媒体广告组织因其职能需要,一般分为外勤和内务并设置相关部门或科室(组)。外勤部门主要是承接广告,其中,报刊的广告部门除加强与广告公司的业务往来外,还有零售版面的任务,安排招揽一些分类广告之类的业务。内务部门主要是负责处理收集来的广告,编排发稿的时间和位置,收取广告费等。

如果广告业务量较大,广告部门的规模也要相应调整,这两个方面的工作还可进一步分工细化,反之则可简化。

以中央电视台为例,其广告部设立广告部主任办公室,下设业务科、咨询科、电视购物科、财务科。业务科主要负责承办在中央电视台播出的国内外商业广告业务,审查、安排每天近 9 个小时的广告节目,每年要接待约五六百家广告代理公司。咨询科主要担负信息的收集、整理、分析和研究工作,以及市场策划研究、信息咨询、档案管理、广告审查、价格复核和播出的编辑制作工作,为企业和广告公司提供广告资讯服务。电视购物则是通过向观众介绍各类产品提倡一种新的消费时尚,这实际上也是电视台开辟的新的广告信息服务形式。

第五节　广告团体

一、综合性广告团体

(一)中国广告协会

中国广告协会(简称中广协)成立于 1983 年 12 月 27 日,是具有法人资格的社会团体。其前身为 1981 年成立的“中国广告艺术协会筹备委员会”。协会会员分为团体会员、单位会员和荣誉会员。团体会员包括各省、自治区、直辖市、副省级市、计划单列市和经济特区的广告协会;单位会员包括企业、媒体和广告公司等广告组织;荣誉会员是个人性质的,主要是为中国广告业发展做出突出贡献的人士。中国广告协会接受国家工商行政管理局的指导,最高权力机构是会员代表大会,每 3 年召开一次。全国地市级以上的地区也设立广告协会,地方广告协会接受同级工商管理部门和上级广告协会的指导。中国广告协会的组织结构见图 11-7 所示。

中国广告协会的职能是:在国家工商行政管理局的领导下,承担着抓自律、促发展,指导、服务、监督的基本职能。

中国广告协会的主要任务是:制定行业自律规定;开展企业资质评审活动;抓好行业培训工作;加强广告学术理论研究;开展国际交流与合作;开展广告发布前的咨询工作;开发信息资源;举办好中国广告节等会展活动;积极参与广告业的立

法立规工作;办好《现代广告》杂志等。

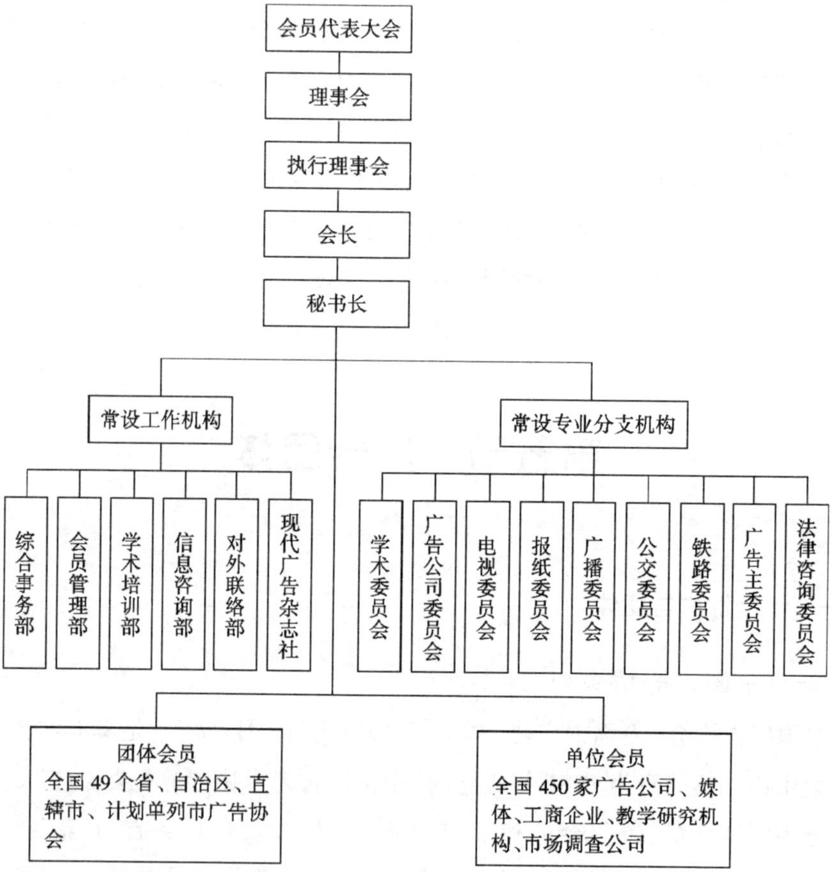

图 11-7　中国广告协会组织结构图

(二)中国对外经济贸易广告协会

中国对外经济贸易广告协会于1981年8月21日正式成立,由全国对外贸易经济系统的专业广告公司,报社、杂志社等兼营广告的单位,以及专业进出口总公司和工贸进出口公司的广告宣传部门联合组成,是我国改革开放以后最早成立的广告团体组织。

中国对外经济贸易广告协会的宗旨和任务主要是:积极发展与世界各国广告界与贸易界的友好合作关系,为扩展中国对外贸易和经济技术服务;组织协会成员积极开展出口和来华广告业务;加强与国外广告界的联系交流等。

协会的最高权力机构为代表大会,每两年举行一次,休会期间由协会常务理事会主持和领导协会的日常工作。协会会员分为专业团体会员、企业团体会员和个人会员,并在湖南、湖北设有地方分会。

现该协会主要承办《国际广告》专业杂志。2001 年 5 月 26 日,中国对外经济贸易广告协会在北京改组设立"中国 4A 广告公司委员会"。

(三)国际广告协会

国际广告协会(IAA,International Advertising Association)创建于 1938 年,现拥有会员 2 800 名以上,拥有 93 个公司会员和 35 个团体会员,遍布世界 78 个国家和地区,是目前世界上最大和最有权威的广告团体,由广告主、广告公司和媒体组织三方面组成。国际广告协会的会员有个人会员、团体会员、组织会员、准会员、院校会员、资深会员和名誉会员七种。其宗旨是:促进会员之间在学术、经验和思想等方面的交流,并通过与其他组织的合作,研究和探讨广告发展的趋势;鼓励会员遵守国家和国际组织制定的道德规范和实践标准;与消费者组织合作,维护消费者的利益;保持中立的立场,举办由广告客户、广告经营单位和广告媒体的代表参加的讨论会,调解他们之间的利益纠纷;同各国政府官员和机关进行联系和合作,加深他们对于广告作用的认识,同各国政府有关部门协商,研究税收、广告法、政治运动以及对药物广告和烟酒广告的管理问题。

国际广告协会的基层单位是分会,分会是由一个城市或一个城市以上的地区,或者一个国家为单位组成,15 名会员即可以提请国际广告协会理事会批准组织一个分会。国际广告协会每两年召开一次全体会议,每逢单年选举代表参加世界委员会,所选出的代表均为世界委员会的成员。世界委员会选举产生 40 名理事、世界委员会主席和担任协会地区理事的副主席。世界委员会的会员称为世界委员会某国代表。

国际广告协会的领导人包括世界委员会主席和副主席,以及秘书、财务主管和其他领导人。在协会理事会休会期间,由协会的领导人组成执行委员会处理日常事务。执行委员会有权代表协会开展工作,其工作可经下次理事会例会或专门会议审批。国际广告协会中国分会于 1987 年 5 月 12 日在北京成立。

(四)亚洲广告协会联盟

亚洲广告协会联盟(AFAA,Asian Federation of Advertising Associations)简称亚广联,成立于 1978 年,是亚洲地区广告业的权威行业组织,由亚洲地区的广告公司协会以及与广告有关的贸易协会和国际广告协会在亚洲各国、各地区的分会组成。会员分为三种类型：正式会员、准会员和特别会员。其宗旨是：团结亚洲从事广告事业的协会，提高会员单位的业务水平，促进各国对广告作用的认识，收集广告信息，加强广告业自我调节的能力，制定和实施关于广告的教育计划，开发亚洲广告人才。

亚洲地区的广告公司协会、与广告有关的贸易协会和国际广告协会在亚洲的各个分会，按国家和地区先组成亚洲广告协会联盟国家委员会，然后以国家委员会的名义加入亚洲广告协会联盟。中国于 1987 年 6 月 15 日在北京成立亚广联中国国家委员会，是亚广联唯一合法的中国代表。我国的香港和台湾地区作为地区代表参加该组织的活动。该协会的最高权力机构是亚广联国际委员会，各国家委员会选出或指定各自的主席作为国际委员会的代表。亚洲广告协会联盟会议，每两年召开一次。

除以上介绍的四种之外,综合性广告团体还有很多,如欧洲广告标准联盟 EASA、美国广告联盟 AAF、全日本广告联盟等,此处不再一一详述。

二、广告公司团体

（一）美国广告代理商协会

美国广告代理商协会(Association of American Advertising Agency,4A)成立于 1971 年,是美国最权威的广告行业组织,由全美一万多家广告公司中的 600 多家组成。协会会员均是美国广告公司中的佼佼者,共拥有全美 70%以上的广告业务量。协会总部设在纽约,在全美拥有 28 个分委员会和 750 个其他机构。该协会制定的《行为标准与创意守则》,规定广告要遵守真实性原则、确凿原则、比较原则、非诱饵原则、保证原则、价格声明原则、证言原则、趣味与庄重原则等八大原则,为成员公司提供了广告行动方针。

美国 4A 的主要职能是:

1. 加强和改进美国的广告代理业务,提供综合经验,培训专业人才,制定行为规范,完善组织机构。

2. 通过联邦州和地方政府的合作来影响公众政策的制定,抑制不明智、不平等的有关规章制度,减少政府在立法方面给企业带来的不利影响,保证协会成员的利益。

3. 作为广告业务的代言人,致力于研究广告对经济和社会的贡献及方法,提供广告信息及咨询服务。

4. 向广告主证明广告代理机构的作用和价值,并帮助广告主解决实际困难。

5. 向广告媒体介绍广告代理公司的实力,提供建设性的意见和解决问题的方法,并向媒体提供技术性帮助。

6. 时刻关注广告人的利益和要求,并在协会的管理机构内体现这些措施。

一般来说,美国 4A 的管理具有如下特点:实行预算制,财务独立,采用区域(如亚太区、欧洲区等)管理,采用树状组织,多为上市的控股公司,作业程序化。

(二)美国 4A,国际 4A,中国 4A

4A 这一概念最早是“美国广告代理商协会”的简称,即美国 4A。但是,4A 后来逐渐演变为国际通用的一种叫法,即国际 4A,其含义是“合格的广告代理商协会”(Association of Accredited Advertising Agency),而且 Accredited 一词还赋予了“可信赖的”含义。在中国的广告界,不论是美国 4A,还是国际 4A,其成员通常意味着具有国际化、广告代理水平高、理念先进、人才济济、员工薪酬高等特征。目前,发达国家和地区的广告行业,大都成立了自己的 4A 协会。

早在 1996 年 11 月,中国广州就有了自己的 4A 组织。广州 4A 是比照香港 4A 的章程来设立“游戏规则”的。不同的是,香港 4A 是跨国广告公司一统天下,而广州 4A 却是本土广告公司主导的组织。广州 4A 的本土成员中,有中国本土最大、最强的广告公司,也有 HOT-SHOP 式的广告小超人。

2001 年 5 月 26 日,中国对外经济贸易广告协会在北京改组设立“中国 4A 广告公司委员会”,同年 7—9 月,“上海 4A”和“北京 4A”相继组建,其中,“北京 4A”定位为“具有社会责任感的、专业服务能力较高端的广告代理公司组织”。这些组织的建立,可以被看成是本土广告公司为迎接中国加入世界贸易组织后广告业更加激烈的市场竞争而采取的积极对策。

三、广告主团体

(一)美国全国广告主协会

美国全国广告主协会(ANA)的成员包括 400 多家美国重要的广告主,其中有不少著名的跨国企业,如宝洁、可口可乐等公司,协会会员每年的广告费占全美广告支出的 80%以上。该协会代表广告主的利益,为广告主提供信息,进行广告业务培训,介绍和推荐各类审查机构,并代表联邦政府做公益广告。

（二）日本广告主协会

日本广告主协会旨在谋求广告主广告活动的实质性提高及合理化，主要活动有：有关广告主广告活动的调查，研究推进有关完善广告理论的实施政策，推进有关广告交易公正化的实施政策。

四、媒体组织团体

在发达国家，各行各业的行业自律机制发达，行业协会众多，广告媒体也不例外。例如在美国，绝大部分广告媒体都有自己的媒体协会，如美国商业出版协会、直邮营销协会、全国广播电视工作者协会、广播协会、电视协会、美国户外广告协会等。

本章小结

广告组织包括广告主、广告公司、下游公司、媒体组织、广告团体等。从系统学的视角来看，广告组织就是一个系统，在这个系统中，培育和谐的广告生态环境，是中国广告业面临的一大共同课题。

企业广告部门、广告公司、媒体组织广告部门、广告团体等均具有相应的角色定位。不同企业的广告部门，在企业组织中的地位亦有所不同。企业广告部门内部的结构，可分为职能组织模式、产品（品牌）组织模式、区域市场模式、广告对象模式、广告媒体模式等五种类型。

广告公司根据职能，可分为全面服务型广告公司和专业服务型广告公司。全面服务型广告公司一般设有客户部、营销/调研部、创意制作部、媒介部、行政部门，各部门设有相应的职位，发挥相应的职能。广告公司可按基本职能、客户、地区、公司自身状况四种方式来设置部门。

广告代理制是国际通行的广告经营与运作机制，如何看待“0代理”，以及广告代理制何去何从等问题，是广告学界和业界关心的焦点问题之一。广告公司取酬方式有代理费制、加价费制、服务佣金制、以结果论酬制。

媒体组织设立广告部门具有重要意义。

思考题

1. 为什么说广告组织是个系统？

2. 如何处理广告主、广告公司、媒体组织三大主体之间的关系？

3. 为什么说客户部是广告公司整个广告活动的组织中心？

4. 如何看待广告代理制？

案例选编

提案如何对客户利益有效？

一、什么是提案

(1) 通俗来讲，提案就是第三方机构去甲方企业“竞标”。

(2) 狭义的提案是指第三方机构借助视听媒体对品牌方进行口头表述的一种方式，它需要在限定时间、限定场合下传达旗帜鲜明的主张与逻辑。

(3) 广义的提案包含公司之间、公司内部的人与人之间借助视听媒体进行口头表述及沟通的方式，常见的如项目提案。

(4) 本文所谈的提案，主要是指广告提案。

二、提案怎么写

提案主要包含四个部分：

开头：确定洞察，吸引注意力。

讲述立场：确定目标，找出问题并给出解决方案。

提供证据：利用调查数据及相关资料进行逻辑自洽的佐证。

结尾：总结并重申对客户的利益点。

需要注意的是，写提案不同于写文章，也不同于写计划书，它只是一些关键术语、关键逻辑、关键步骤的文案及极富创造力的创意的组合。它需要主提案人在现场根据这些基本素材临场发挥，演绎出最佳的效果，最大限度地争取甲方订单。

一份上佳的提案，一定是集逻辑完备性与深度洞察于一体的作品。提案中要旗帜鲜明地提出自己的论点、论据、利益点，至于论证过程则可以灵活多变。从逻辑架构来看，好的提案一般都会自成一体、浑然天成。洞察力越强，论证越严密的建议，被采纳的概率往往越高。

1. 提案是一种劝说。究其本质而言，提案就是第三方机构力图说服甲方企业采纳其建议的行为过程与方法，劝说的好坏决定着竞标的成败。

2. 提案是一种演说。需要指出的是，提案是一种演说，而非照本宣科。你需要在最短的时间内，调动听众的注意力，实现推销自己方案的目的。照本宣科的做法令人索然寡味，听众一定会思考：你们为何要千里迢迢跑来读稿？直接发给我们一份文档岂不是更好？演说内容的质量、演说能力的好坏直接影响着提案的成败。

3. 提案是一场会谈，而非发言稿。提案既需要有固定的文案支撑，同时又需要有灵活的临场发挥，它既需要深度的洞察与见解，又需要热情洋溢而又条理清晰的沟通。提案往往携带提词器或者提案板，绝对不可能出现长篇大论的文案，否则项目竞标多半会失败。切记：提案是一个互动的过程，你不仅仅在做演讲，同时也是在做交谈。

4. 提案是一个秀肌肉的过程。提案中需要你最大限度地展现自己的专业能力与思维，最好是能够给出类似的成功案例，以便增大客户下单的信心。很多时候，甲方的竞标需要多轮竞标，每一轮的重点各不相同。例如第一轮主要是展示专业思维逻辑与代表作品；第二轮主要是结合专业与甲方实际需求；第三轮则主要出示半成品并就细节注意确认。

三、如何做好广告提案？

1. 知己知彼。这是一条兵家谋略，也同样适用于竞标场合。竞标之前，一定要明确甲方的需求，这是整个提案的前提与基础，不可以出一点差错。有些负责任的第三方为了获取订单，甚至会在竞标之前，专门安排人去实际体验甲方的产品，以提高胜算。需要注意的是，即便第三方已经对甲方的业务非常了解，也不可以表现得太过头，因为甲方更希望看到第三方在他们自己的专业领域堪称专家，而非跨界到甲方自己的行业中变身专家。

2. 要想尽办法弄清楚到底谁才是甲方的实际决策人，谁又是甲方的影响决策人，然后有的放矢。需要指出的是，职位最高的人不一定就是实际决策人，很多公司的 CEO 都会放权给专职副总裁，即便是 CEO 亲自决策时，真正起作用的也并不一定是 CEO 本人——或许他的助手或参谋的一句话，就足以影响到你的成败。

3. 提案开头必须有很强的移情效应，如果几分钟内仍然未能有效抓住客户的注意力，那这次的竞标可能会面临失败。

4. 预算有时会给客户的热情泼上一盆冷水，所以有经验的第三方往往会在临近结束的时候才提出费用问题，也有很多人选择以后续会晤的方式来洽谈费用细节。这种先讲价值后谈价格的思路，在现实中比较奏效。

5. 你的视觉材料必须具备冲击力，必须给客户留下深刻的印象。根据权威数据统计，人们记住的内容之中，视觉带来的数量约为听觉带来的数量的两倍。提案中，视觉必须清晰、简易、鲜明、具象，一定要规避晦涩难懂或繁荣拖沓。

6. 不同场合选择不同的主提案人。有些人天生适合在私下或人较少的办公室里沟通，有些人天生适合在大型场地或会议中宣讲，尽量根据具体情况来选择宣讲人。

7. 优秀的提案往往需要多遍彩排。没有经过彩排的竞标，往往漏洞百出，难以胜出。当年某知名公司花了 7 周时间准备提案，却因为演练缺位而丢失了其长期客户——苹果(Apple)的订单，教训不可谓不深。

8. 尽量选择在上午 10 点左右提案。这个时间点，人的精力最旺盛。但如果客户已经预定了时间，则只能随遇而安了。

9. 过硬的专业逻辑和近期近似的成功案例，会为你加分很多。

四、提案规模

1. 微型提案。这种提案类型多为非正式的私下沟通或者企业内部沟通。

2. 正规中小型提案。这是最常遇到的提案类型，此时，提案人需要将整体计划交给管理委员会审核，之后才能交给客户。

3. 正规的大型提案。这种提案类型经常用到大会上，地点经常选择在礼堂中，主提案人可能需要带着麦克风，在一片灯光闪耀中进行劝说与推销，这对提案人的场控能力提出了很高的要求。

五、提案人

从根本上来讲,提案由主提案人、副手或助理、提案组构成。其中,主讲人首选直接撰写提案的人,其次是演说能力最强的人。主讲人能否在限定时间内成功劝说甲方接受自己的建议或方案,关乎整个竞标的成败。

六、广告提案与计划书

统计数据显示,在竞标完成的 12 小时之后,甲方能够记住的提案内容只有当时的 20%。为了巩固效果,很多第三方公司会采取提案与计划书相结合的方式,最大限度地强化竞标效果。所谓计划书,往往是对提案内容的详细展开,其中包含了逻辑层面的推演、具体细节的佐证等内容。有经验的机构,往往会在竞标之前就与甲方相关人员就计划书达成一定的共识,这样既避免了提案偏离主题,又可以与甲方增进默契与合作。

(资料来源:什么是提案?提案怎么写?[EB/OL].[2021-08-18].https://zhuanlan.zhihu.com/p/401158486?ivk_sa=1024320u)

第十二章

广告管理

本章重点及学习要求

广告活动和其他经济活动一样,要受到一定的约束和控制。广告管理涉及广告的各个层面、各个环节,它的内容必然是多方面、多角度体现的。它同时包括对广告主、广告经营者及其经营行为,以及对广告内容和广告收费的管理。

本章概述了广告管理的定义,从广告的法规管理、广告行业自律以及现代广告的社会监督这三个方面介绍了广告管理体系。最后还介绍了美国和日本的广告管理的先进经验,作为我国广告管理体系未来发展的有益借鉴。在本章的学习中,必须多接触广告管理方面的相关案例,在理论与实践的结合上把握广告管理的主要内容。

广告管理是国家管理经济的行为之一，是我国工商行政管理的重要组成部分。一般而言，有广义的广告管理和狭义的广告管理之分。从广义上讲，广告管理包括经营管理和社会管理两个部分。其中，经营管理主要表现为广告经营单位内部的机构设置、职能划分、行政管理、人事管理、业务管理、财务管理等，强调的是广告经营单位内部的良性运作；而社会管理主要是指政府职能部门、消费者组织、社会舆论组织以及广告行业自身对广告工作的监督、控制和协调。从狭义上讲，广告管理专指对广告行业和广告活动的社会管理。为了把握广告管理的实质和特点，我们从狭义上理解广告管理，即把广告管理定位于社会管理。

第一节　广告的法规管理

所谓广告的法规管理是指工商行政管理部门和其他有关部门依据我国《广告法》及其他政策、法规，对广告活动的参与者进行监督、检查、控制和协调、指导的过程。广告管理法规的出现是市场经济发展到一定阶段的产物，是广告事业发展和社会主义市场经济发展的需要。广告管理法规作为广告管理的法律依据，总体上讲还是近 30 年的事情，但这相对短暂的历史，对于进一步促进广告业的健康发展，充分发挥广告在社会主义市场经济中的积极作用，加强广告业的管理，规范广告活动，制止虚假广告和不正当竞争行为，维护广大消费者的合法权益，促进社会主义法制建设，都具有十分重要的意义。

一、我国的广告法律体系

我国的广告法律体系由《广告法》和相关法律、广告单行法规、广告行政规章几部分组成。

1982 年，国务院发布了《广告管理暂行条例》，这是我国第一部全国性的广告管理法规。同年 4 月，国家工商行政管理局为贯彻和执行该条例，发布了《广告管理暂行条例实施细则》。

在经过几年的实践和总结之后，1987 年国务院正式颁布了《广告管理条例》。1988 年国家工商行政管理局发布了《〈广告管理条例〉实施细则》。《广告管理条例》及《〈广告管理条例〉实施细则》于 1998 年 12 月、2000 年 12 月和 2004 年 11

月，进行了三次修订。

1994年10月27日，中国历史上第一部《广告法》由第八届全国人民代表大会常务委员会第十次会议通过，自1995年2月1日起施行。

为了更好地贯彻执行《广告法》，国家工商行政管理总局以及其他的一些职能部门还制定了许多广告管理的单行法规，作为《广告法》的配套法规建设，对广告经营活动和内容进行管理，例如，《化妆品广告管理办法》、《酒类广告管理办法》、《印刷品广告管理办法》、《广播电视广告播放管理暂行办法》、《医疗广告管理办法》、《医疗器械广告审查办法》、《兽药广告审查办法》和《农药广告审查办法》等。

与此同时，为适应我国经济发展的需要，各种与广告密切相关的法律、规章陆续出台，包括：《中华人民共和国药品管理法》（1984年）、《中华人民共和国产品质量法》（1993年）、《中华人民共和国反不正当竞争法》（1993年）、《中华人民共和国消费者权益保护法》（1993年）、《化妆品卫生监督条例》（1990年）、《中华人民共和国商标法》（1993年）、《食品广告管理办法》（1993年）、《药品广告审查办法》（1995）、《中华人民共和国中医药条例》（2003）、《药品广告审查管理内部工作提示制度》（2003）、《外商投资广告企业管理规定》（2008）和《网络商品交易及有关服务行为管理暂行办法》（2010）等。

2004年，在国家工商行政管理总局的主持下，《广告法》修订工作正式启动。有关部门广泛调查研究，采取各种形式征求社会各界对《广告法》的修订意见。在梳理社会各界意见和建议、总结我国《广告法》立法和执法实践经验、借鉴国外经验的基础上，国家工商行政管理总局数易其稿，形成了《广告法（修订送审稿）》。2010年，《广告法（修订送审稿）》按期上报国务院法制办。2015年4月24日，第十二届全国人民代表大会常务委员会第十四次会议通过《广告法》修订。新《广告法》明确，任何单位或者个人未经当事人同意或者请求，不得向其住宅、交通工具等发送广告，也不得以电子信息方式向其发送广告。在互联网页面以弹出等形式发布的广告，应显著标明关闭标志，确保一键关闭，若不能，至少罚款5 000元。新法明确，广告不得含有虚假或者引人误解的内容，不得欺骗、误导消费者。禁止在大众传播媒介或公共场所等发布烟草广告；禁止利用其他商品或服务的广告、公益广告，宣传烟草制品名称、商标等内容。

由于法规相对稳定，因此，对于行业不断发展所引发的新问题，工商行政管理部门及时制定了各项行政管理规章。例如，《国家工商行政管理局关于严格控制评比类广告的通知》、《关于禁止利用医生和患者名义刊播广告的通知》和《国家工商行政管理局关于在查处广告违法案件中如何确认广告费金额的通知》等。

二、广告法规的主要法律规定

广告法规对商品、服务广告的基本要求有如下七个方面。

1. 广告不得有下列情形：

(1)使用中华人民共和国国旗、国徽、国歌。

(2)使用国家机关和国家机关工作人员的名义。

(3)使用国家级、最高级、最佳等用语。

(4)妨碍社会安定和危害人身、财产安全，损害社会公共利益。

(5)妨碍社会公共秩序和违背社会良好风尚。

(6)含有淫秽、迷信、恐怖、暴力、丑恶的内容。

(7)含有民族、种族、宗教、性别歧视的内容。

(8)妨碍环境和自然资源保护。

(9)法律、行政法规规定禁止的其他情形。

2. 为了切实保护消费者的合法权益，防止利用广告对消费者进行欺骗和误导，《广告法》做出了一系列的规定。规定广告中对商品的性能、产地、用途、质量、价格、生产者、有效期限、允诺或者服务的内容、形式、质量、价格、允诺有表示的，应当清楚明白。表明附带赠送礼品的，应当标明赠送的品种和数量。使用数据、统计资料、调查结果、文摘、引用语，应当真实、准确，并表明出处。涉及专利的应当标有专利号和专利种类；禁止使用专利申请和已经终止、撤销、无效的专利做广告。

3. 为了维护公平竞争秩序，《广告法》规定：广告不得贬低其他生产经营者的商品或者服务。

4. 在广告的表现方面，广告法规规定广告应当具有可识别性，能够使消费者辨明其为广告。同时还特别规定，大众传播媒体不得以新闻报道的形式发布广告，通过大众传播媒体发布的广告应当有明显的广告标记，与其他非广告信息相区别，不得使消费者产生误解。

5. 对药品、农药、烟酒制品、食品、化妆品等与人的健康和人身、财产安全密切相关的商品广告，广告法规作了更为严格的限制和规定。

6. 广告法规对重点商品广告的规定：

(1) 医药广告的规定。《广告法》和《中华人民共和国药品管理法》对医药广告有明确规定。《广告法》中明确规定：国家规定的应当在医生指导下使用的治疗性药品广告，必须注明“按医生处方购买和使用”；麻醉药品、精神药品、毒性药品、放射性药品等特殊药品，不得做广告。

(2) 食品广告的规定。申请发布涉及食品成分、营养及其他具有食品卫生科学内容的广告，应持有食品卫生监督机构填发的《食品广告审批表》；工商企业发布食品广告应出具《食品卫生许可证》；国外企业在我国境内进行食品广告，一般应持《进口食品卫生许可证》向省或省以上食品卫生监督机构申办“食品广告审批”。《广告法》还规定：食品广告不得使用医疗用语或者易与药品混淆的用语。

(3) 烟酒广告的规定。我国《广告法》中明确规定：禁止利用广播、电影、电视、报纸、期刊发布烟草广告。禁止在各类等候室、影剧院、会议厅堂、体育比赛场馆等公共场所设置烟草广告。烟厂的馈赠实物广告必须报市以上工商行政管理部门批准。凡是以烟草企业名称或卷烟商标名称的名义举行的赞助广告活动，必须经省以上工商行政管理机关审查批准。

我国广告法规中对酒类广告有严格的限制：40 度以上（含 40 度）酒类除销售现场外，原则上不允许做广告。国家级、部级和省级优质烈性酒须经省一级工商行政管理局或其授权的省辖市工商行政管理局批准。39 度以下（含 39 度）酒类广告，必须标明酒的度数。酒类广告的内容必须符合卫生许可的事项，并不得使用医疗用语或者易与药品混淆的用语。

7. 对广告主、广告经营者与发布者的法律规定。

(1) 对广告主的法律规定。广告法规规定，广告主自行或者委托他人设计、制作、发布广告时，应当具有和提供真实、合法、有效的证明文件：①营业执照以及其他生产、经营资格的证明文件；②质量检验机构对广告中商品质量内容出具的证明文件；③确认广告内容真实性的其他证明文件。除此之外，广告主发布广告需要经有关行政主管部门审查的，还应当提供有关批准文件。

广告主或者广告经营者在广告中使用他人的名义、形象的，应当事先取得他人的书面同意；使用无民事行为能力的人、限制民事行为能力的人的名义、形象的，应当事先取得其监护人的书面同意。

(2) 对广告经营者、广告发布者的法律规定。《广告管理条例施行细则》第 3

条规定：申请经营广告业务的企业，除符合企业登记等条件外，还必须具备下列条件：①有负责市场调查的机构和专业人员；②有熟悉广告管理法规的管理人员及广告设计、制作、编审人员；③有专职的财会人员；④申请承接或代理外商来华广告，应具备经营外商来华广告的能力。

针对兼营广告业务的事业单位，《广告管理条例施行细则》第4条规定其应当具备的条件是：①有直接发布广告的手段以及设计、制作广告的技术、设备；②有熟悉广告管理法规的管理人员和编审人员；③单独立账，有专职或兼职的财会人员。

《广告法》还规定：利用广播、电影、电视、报纸、期刊以及其他媒体发布药品、医疗器械、农药、兽药等商品的广告和法律、法规规定的应当进行审查的其他广告，必须在发布前依照有关法律、行政法规，由广告审查机关对广告内容进行审查；未经审查，不得发布。

广告法规要求广告经营者、广告发布者按照国家有关法律，健全广告业务的承接登记、审核及档案管理制度。

三、广告违法行为的法律责任

法律责任是指行为人对其实施的违法行为及其所造成的危害所承担的法律规定的后果。

（一）广告违法行为的行政法律责任

广告行政处罚类型主要包括：①停止发布广告；②责令公开更正；③通报批评；④没收非法所得；⑤罚款；⑥停业整顿；⑦吊销营业执照或广告经营许可证。

（二）广告行政处罚的具体规定

我国《广告法》规定了广告管理机关对于广告违法行为的行政处罚的具体标准。

1. 对于利用虚假广告宣传商品或服务的，责令广告主停止发布，并且以等额广告费用在相应范围内公开更正、消除影响，同时处以广告费用1倍以上5倍以下的罚款；对负有责任的广告经营者和广告发布者没收其广告费用，并处以广告费用1倍以上5倍以下的罚款；对于情节严重者，依法停止其广告业务，已经给用户和消费者造成损害或利益损失的，责令补偿、赔偿损失。

2. 发布违禁广告的，责令负有责任的广告主、广告经营者、广告发布者停止发布、公开更正，没收广告费用，并处以广告费用1倍以上5倍以下的罚款；情节严重的，依法停止其广告业务；构成犯罪的，依法追究刑事责任。

3. 发布不正当竞争的广告，责令负有责任的广告主、广告经营者、广告发布者停止发布、公开更正，没收广告费用，可以并处广告费用1倍以上5倍以下的罚款。

4. 以新闻报道的形式发布广告的，由广告监督管理机关责令广告发布者改正，处以1 000元以上1万元以下的罚款。

5. 违法发布药品、医疗器械、农药、食品、酒类、化妆品广告或发布国家禁止生产销售的商品广告的，由广告监督管理机关责令负有责任的广告主、广告经营者、广告发布者改正或停止发布，没收广告费用，可以并处广告费用1倍以上5倍以下的罚款；情节严重的，依法停止其广告业务。

6. 利用广播、电影、电视、报纸、期刊发布烟草广告，或者在公共场所设置烟草广告的，广告监督管理机关责令负有责任的广告主、广告经营者、广告发布者停止发布，没收广告费用，可以并处广告费用1倍以上5倍以下的罚款。

7. 未经广告审查机关审查批准发布药品、医疗器械、农药、兽药等商品广告的，由广告监督管理机关责令负有责任的广告主、广告经营者、广告发布者停止发布，没收广告费用，并处以广告费用1倍以上5倍以下的罚款。

8. 广告主提供虚假证明文件的，由广告监督管理机关处以1万元以上10万元以下的罚款。伪造、变更或者转让广告审查文件的，由广告监督管理机关没收违法所得，并处1万元以上10万元以下的罚款。

（三）广告违法行为的民事法律责任

广告违法行为的民事法律责任是指广告活动主体从事广告违法行为致使用户或消费者遭受损失或者有其他侵权行为应当承担的赔偿责任。

广告违法行为的民事法律责任的承担者，有时是一个行为人，有时也可以是一个以上的行为人。数个行为人的广告违法行为适用连带赔偿责任。

《广告法》规定：广告主、广告经营者、广告发布者出现下列侵权行为之一的，依法承担民事责任：①在广告中损害未成年人或残疾人的身心健康的；②假冒他人专利的；③贬低其他生产经营者的商品或服务的；④广告中未经同意使用他人名义、形象的；⑤其他侵犯他人合法民事权益的。

根据广告管理法规的规定，无论是一个还是数个广告违法行为的主体，只要造成他人损害，当事人即可向人民法院起诉，请求人民法院处理、裁决，以赔偿损失。

(四)广告违法行为的刑事法律责任

广告违法行为的刑事法律责任是指广告活动主体从事的违法行为性质恶劣、后果严重、非法所得款项数额较大,已经构成了犯罪所应承担的责任。对于构成犯罪的,广告管理机关应及时移交司法部门追究其刑事责任。被追究刑事责任的主体只能是自然人。

四、广告法规的实施

正如前面所说,广告法规管理是指工商行政管理部门和其他部门依据《广告法》及其他政策、法规,对广告活动的参与者进行监督、检查、控制和协调、指导的过程。所以,广告法规实施的主体是工商行政管理部门和其他部门。同时,《广告法》第6条规定:“县级以上人民政府工商行政管理部门是广告监督管理机关。”因此,工商行政管理部门是广告法规的主要实施者。

根据《广告法》和国家有关行政法规的授权,政府工商行政管理部门主要行使以下广告监督管理职能。

(一)起草广告管理法律和法规

广告管理法律和法规是广告管理机关对广告实施管理的主要依据。国家工商行政管理局作为国务院的直属机构,是全国广告管理的最高机关,其重要职能之一就是代国务院或国家立法机关起草广告管理的法律、法规文件,单独或会同国务院其他部门制定广告管理的单项规章。

(二)负责广告法律、法规解释

国家工商行政管理局负责解释《广告管理条例》《广告管理条例施行细则》《广告法》以及其他广告管理单项规章。各省、自治区、直辖市及有地方立法权的城市的广告管理机关,可以代当地人民政府起草地方性的广告管理法规。其他广告管理机关有义务为上述有立法权的广告管理机关起草广告管理法律、法规进行专题调查研究和提供有关数据与情况。

(三)广告经营登记

广告管理的审批工作是与管理对象——广告经营单位建立联系的开始。对广告经营单位的审批包括两个方面的内容:一是对广告经营资格的审批,即核准广告经营权;二是对广告经营范围的审批,也就是核定广告经营的范围。后者则关系到允许经营什么,它是区分守法经营与超范围经营的界限。因此,对广告经营单位的审批是对广告经营活动进行管理的基础,是监督广告活动、保护合法经营、取缔非法经营的前提条件。通过审批,可以掌握、控制一个地区、一个时期广告经营单位的发展情况。

实际上,对广告经营单位的审批是一个审批、核准、发照的有序过程。对广告经营资格的审批,首先要考虑广告行业的发展规模、发展速度、发展方向以及是否有利于搞活广告经营;其次,审批广告经营单位要考虑申请单位的条件,根据广告管理法规的规定,对申请单位的人员素质、管理水平、技术力量等进行考察,以保证广告经营单位的工作质量和行业水平。对经营范围的核定包括对广告经营者的宣传范围和媒体范围两个方面的核定:核定广告经营者的宣传范围,是对其是代理还是非代理、是全国代理还是地方代理、是国际代理还是国内代理的核定;对媒体范围的核定,主要是对广告经营者经营媒介种类的核定,如核定其经营电视媒体或印刷媒体,或者经营户外媒体,或者兼营电视、广播、印刷、户外等媒体。过去存在的主要问题是认为对广告经营单位的审批仅仅是对其广告经营资格的审批,忽视了核定经营范围,因此虽能划清合法与非法的界限,却无法划清守法与超范围经营的界限,无法从根本上打击非法经营。

核准也是审批,是上级广告管理机关根据下级广告管理机关的初审意见,进行综合平衡后的审批。

发证是向广告经营单位授予广告经营权,是审批的最后一道程序。发证工作包括发证,公告,进一步宣传、强调广告管理政策、法规、管理的工作制度,建立经营单位的档案,为今后的管理工作做好准备。

(四)监督检查

监督检查这项职能是指对各类广告经营者、广告主是否具备广告从业资格,各类广告活动是否符合国家法律、法规的要求,定期进行的经常性检查监督工作。根据工商行政管理部门内部的有关规定,各级工商行政管理局对所管理的广告经营单位定期开展专项检查,对检查不合格的广告经营单位,将依法停止其广告业务。

(五)接受违法广告投诉,对违法广告进行查处

各级工商行政管理部门都有受理广大用户和消费者对违法广告投诉的权利和义务,并按照内部事务权划分的有关规定,对于违法广告行为进行查处,以维护广告经营活动的正常秩序,使广告经营活动健康发展。

此外，广告管理机关还应对同级广告协会进行指导，使广告业组织的作用得到充分发挥。

第二节 广告行业自律

一、广告行业自律的概念及其特点

（一）概念

广告行业自律是广告业发展到一定阶段的产物，是广告业发展成为独立的经济行业后的必然结果。一般地说，广告行业自律由广告行业自律组织和广告行业自律规则两个方面组成。

所谓的广告行业自律，又叫广告行业自我管理。它是指广告从业者通过章程、规则、规范等形式进行自我约束和管理，使自己的行为更为符合国家法律、社会道德和职业道德的要求的一种制度。广告行业自律主要通过建立、实施广告行业规范来实现，行业规范的贯彻和落实主要依靠行业自律组织进行。

（二）特点

通过以上的定义，我们可以清楚地看到广告行业自律的显著特点。

1. 自愿性。遵守行业规范，实行行业自律，是广告行业经营者自愿的行为，不需要也没有任何组织或个人的强制，更不像法律、法规那样，由国家的强制力来保证实施。他们一般是在自愿的基础上组成行业组织，制定组织章程和共同遵守的行为准则，目的是通过维护行业整体的利益来维护各自的利益。

2. 广泛性。广告行业自律调整的范围比法律、法规调整的更加广泛。广告活动涉及面广，而且在不断发展变化，广告法律、法规不可能把广告活动的方方面面都规定得十分具体。而行业规范则可以做到这一点，它不仅在法律规范的范围内，而且在法律没有规范的地方也能发挥其自我约束的作用。因而，广告行业自律是限制广告法规所不能约束的某些行为、思想和道德的武器。

3. 灵活性。广告行业自律的灵活性，是指广告主、广告经营者、广告发布者和广告行业组织在制定广告行业自律规章、公约和会员守则等自律规则时，具有较大的灵活性。只要参与制定该自律规则的各方面统一认识，可以随时制定自律规则，而且还可以根据客观情况的变化和现实需要，随时对自律规则进行修改和补充。与此相比，法律的制定、修改或废止要经过多道法定程序，因此也严格得多。

4. 道德约束性或舆论规范性。就广告行业自律的运作方式而言，广告行业的自律，一方面来自广告主、广告经营者和广告发布者自身的职业道德、社会公德等内在修养和信念，即广告主、广告经营者和广告发布者不仅主动提出了广告行业自律规范，而且还要自觉遵守；另一方面来自一些具有职业道德、社会公德等规范作用的广告自律章程、公约、会员守则等对广告主、广告经营者和广告发布者的广告行为的规范和约束。它主要借助职业道德、社会公德的力量和社会舆论、广告业同仁舆论的力量来发挥其规范与约束作用。即使广告主、广告经营者和广告发布者有违反广告自律规则的行为，也只是在广告行业内部，通过舆论和批评教育等方式，对其行为加以规范与约束。

二、广告行业组织与行业自律规则

（一）广告行业组织

行业自律首先要成立行业组织，这通常是以建立行业协会的形式出现的。目前我国最大的广告行业组织为中国广告协会，成立于 1983 年 12 月。中国广告协会作为中国广告界的行业组织，是具有法人资格的社会团体，接受国家工商行政管理局的指导。根据《中国广告协会章程》(1994 年 12 月 7 日第四次会员代表大会修订)，中国广告协会的主要任务是：

1. 宣传贯彻有关广告管理法规、政策，协助政府搞好行业管理；反映会员单位的意见和要求，就有关广告管理、行业规划向政府提出建议。

2. 开发信息资源，建立信息网络，为会员单位和工商企业提供经济、技术、市场、行业等方面的信息服务。

3. 开展国内外人员培训和学术理论研究，提高广告从业队伍的思想水平、理论水平、政策水平和业务能力。

4. 组织开发、引进和推广国内外先进技术、设备、材料和工艺，举办本行业的全国性和国际性展览会、展销会，提高广告设计、制作、发布水平。

5. 建立广告发展基金会，为促进广告行业健康发展提供资金支持。

6. 开展国际交流与合作，吸收引进先进技术、设备和管理经验，代表和统一组织中国广告界参加国际广告组织及活动。

7. 开展行业资质检评活动，向社会推荐资质优秀的单位，促进会员单位不断提高经营管理水平。

8. 加强行业自律，建立和维护良好的广告经营秩序，反对不正当竞争，坚持广告的真实性，提高广告的思想性、科学性和艺术性；向社会提供广告行业的法律咨询服务，调解行业内、外部纠纷。

除中国广告协会以外，成立于1981年8月21日的中国对外经济贸易广告协会也是在全国较有影响力的行业组织。

（二）广告行业自律规则

世界上最早的国际性广告行业自律规则，是20世纪60年代国际广告协会发表的《广告自律白皮书》。它的发表，对世界广告业发展的影响巨大而深远，成为世界各国制定本国广告行业自律规则的主要参考文件。

新中国成立之前，我国许多报馆的广告简章都含有自律条款，如声明“有伤风化及损害他人名誉，或迹近欺骗者，概难照登”等。在20世纪20年代，全国报界联合会通过了《劝告禁载有恶影响与社会之广告案》，同时呼吁该会各报一律禁载各种不良广告。

新中国成立之后，特别是《广告管理暂行条例》以及其施行细则发布之后，许多广告经营单位都按照要求制定了本企业的自律条文。其中，以中国广告协会的自律规则的影响最大。

中国广告协会自律规则

（1994年12月7日第四次会员代表大会通过）

为树立良好的行业风气，维护正当竞争，抵制不正当竞争，建立良好的广告经营秩序，提高广告业道德水准和整体服务水平，特制定本规则，会员须共同遵守。

第一条　一切广告活动均应建立在为社会主义服务、为人民服务、为经济建设服务的原则基础上，力求广告的经营效益和社会效益的统一，并以此原则检验广告效果。

第二条　广告经营单位要建立严格的广告承接、验证、内容审查、合同、财力等各项管理制度，特别是应当认真查验证明、审查广告内容，以保证广告内容的真实性，提高工作效率。

第三条 实施广告,应进行市场调查、消费者研究及相关法规许可范围的研究,以保证广告的科学性、合法性,避免盲目性。

第四条 广告创作要坚持创新、尊重版权,不得抄袭他人的创意,不得侵犯公民的肖像权。

第五条 广告经营单位的竞争应体现在优质服务方面,不得采取贿赂或竞相压价等不正当手段拉广告。要按规定支付国内外广告代理费用,不得随意压低或抬高代理费标准。

第六条 广告发布价格标准应根据媒介的收视率、收听率、读者范围、媒介权威性,以及服务水平来制定。各经营单位需按媒介价格标准统一、公开报价,不得随意抬高或压低广告价格。

第七条 广告经营单位之间应友好合作,密切配合。对于广告公司经过认真策划、设计创作的广告,各媒介单位应予支持。广告公司应按媒介特点和技术要求代理广告,保证广告质量。

第八条 会员单位以广告协会及其成员名义组织的有关广告涉外活动应报中国广告协会备案,接受中国广告协会的协调和指导。

第九条 中国广告协会各专业委员会可根据此规则和专业特点制定本专业的自律规则和实施办法。

第十条 对于违反规则的会员单位,根据情节轻重分别采取批评、内部通报和公开曝光的措施。对于影响特别恶劣,或坚持不改的,将解除其会员资格。

第十一条 各专业委员会、各团体会员单位应分别按照专业和层次对违反规则的会员形成舆论压力,对其不正当行为进行公开抵制。

第十二条 协会通过开展“重信誉、创优质服务”等活动促进行业自律的实施和逐步深化。

除了《中国广告协会自律规则》之外,在广告行业内部,许多广告主、广告经营者和广告发布者根据自身的特点,分别制定了各自的自律规则,成为其进行自律的依据。如中央电视台就曾制定《中央电视台商品广告若干规定》,明确提出了该台发布电视广告的自律要求。

广告行业自律作为一种现实的需要,是广告监督管理工作的必要补充。在增强广告业的社会责任感、抵制不正当竞争、促进广告业的健康发展上,行业自律起到了重要作用。

第一,行业自律是避免广告纠纷,保护行业利益的最佳途径。广告行业的飞速发展带来了广告业的繁荣,同时也引发了许多社会和道德问题,如虚假广告等,其结果必然是受到法律的处罚。为了避免广告纠纷,保护行业利益,广告行业的自律是必不可少的。广告组织通过促使其成员熟悉《广告法》及各种具体实施办法和法规,使广告经营者自觉加强自律,正确、科学地进行广告操作,杜绝广告中的违规现象,避免广告纠纷的发生。

第二,行业自律是广告行政法规管理的必要补充。广告行政法规管理在推动广告行业健康发展的过程中起了重要作用,但这是以强制的方式来规范广告行业的发展;而广告行业自律,虽然与行政法规管理一样,都是为了促使广告行业的健康发展,但自律的方式是建立在自律规则的基础上,其最基本的出发点就是自愿。此外,不同于行政法规管理,行业自律还可以运用行业规范和社会舆论来制裁违约者。

第三,行业自律是广告行业健康快速发展的保证。从广告行业相对发达的国家的情况来看,每个广告发展较好的国家都有一个良好的广告行业自律体系,如日本、美国等。随着我国社会主义市场经济的进一步发展,行业自律将发挥越来越重要的作用。

第三节　现代广告的社会监督管理

除了广告法规管理、行业自律之外,我国还建立了广告的社会监督机制,利用社会公众力量和社会舆论力量,开展广告监督活动,促进广告业的健康发展。

广告社会监督,即主要通过广大消费者自发成立的消费者组织,或者媒体舆论,对违法广告和虚假广告进行举报、投诉和曝光。其目的在于制止或者限制虚假、违法广告对消费者权益的侵害,以维护广大消费者的正当权益,确保广告市场健康有序地发展。

一、消费者组织监督

消费者组织监督是指消费者组织从保护消费者的利益出发,对广告进行日常监督,向有关部门投诉违法广告,同时,针对广告活动中存在的问题,向有关管理部门提出建议。消费者组织是依法成立的对商品和服务进行社会监督的保护消费者合法权益的社会团体，是公众进行广告监督的主要工具。

消费者监督最早起源于西方的保护消费者运动。这种来自消费者对虚假广告不满的运动在20世纪50年代在西方发达国家得到了普遍发展。1960年，国际消费者联盟组织成立，各国的消费者保护组织便开始慢慢发展起来。

在我国，消费者组织主要是指中国消费者协会和各地设立的消费者协会。此外，1983年8月在北京成立的全国用户委员会，是我国首家全国性的消费者组织。该委员会由轻工、机械、电子、纺织、交通、铁路、城建、商业、标准计量、工商行政管理、全国总工会等有关部门负责人组成。其主要任务是：对企业的产品、服务质量通过市场和用户的反映进行监督，并督促企业执行国家标准，重视商业信誉，促进产品质量和服务水平提高，维护用户和消费者的利益，坚决杜绝虚假广告。

1983年5月，我国第一个消费者协会在河北省新乐市宣告成立。1984年12月，中国消费者协会成立，标志着我国消费者运动的开端，此后，消费者组织便进入了全面发展的阶段。现在，全国县级以上的消费者组织有两万多个，工商企业建立的各种监督站有1万多个，形成了一个全国性的消费者组织网络。消费者协会基本上是由工商行政管理、技术监督、进出口检验、物价、卫生等部门及工会、妇联、共青团中央等组织共同发起，经同级人民政府批准和民政部门核准登记，具有社会团体法人资格，挂靠在同级工商行政管理部门下的“官意民办”的消费者组织。《中华人民共和国消费者权益保护法》第31条规定：“消费者协会和其他消费者组织是依法成立的对商品和服务进行社会监督的保护消费者合法权益的社会团体。”这就是消费者协会的性质和任务。

根据《中华人民共和国消费者权益保护法》第32条规定，消费者协会应履行下列七项职能：

第一，向消费者提供消费信息和咨询服务。

第二，参与有关行政部门对商品和服务的监督、检查。

第三，就有关消费者合法权益的问题，向有关行政部门反映、查询，提出建议。

第四，受理消费者的投诉，并对投诉事项进行调查、调解。

第五，投诉事项涉及商品和服务质量问题的，可以提请鉴定部门鉴定，鉴定部门应当告知鉴定结论。

第六，就损害消费者合法权益的行为，支持受损害的消费者提起诉讼。

第七，对损害消费者合法权益的行为，通过大众传播媒介予以揭露、批评。

二、新闻舆论的监督管理

随着大众传播事业的发展，新闻舆论的社会作用越来越重要，它在揭露虚假广告、促进广告健康发展方面，具有极其重要的作用。尤其是当它和消费者协会、工商管理部门联合起来后，对广告的监督作用就更加强大。

新闻舆论对广告的监督方式，主要有以下两种：

一是通过舆论监督，开展新闻揭丑活动。把虚假广告和其他各种违法广告通过大众传媒公之于众，揭露违法广告的意图，指出其违反的广告法规，让人们了解违法广告的真面目。这样，违法广告就会失去市场，广告主、广告经营者、广告发布者都得不偿失，自然不敢贸然策划、制作、发布违法广告。这对于净化广告市场是极其有益的。

二是宣传优秀广告活动和广告作品。这对于广告从业者交流创作体会，提高广告活动的宣传艺术水平有巨大的推动作用。如由厦门大学发起，中国广告协会与江苏卫视主办的中国广告学院奖，就吸引了众多在校广告专业学生的参与，作品水平也一年比一年提高。又如每年由中国广告协会举办的“中国国际广告节”，其优秀的广告作品吸引了众多的广告界人士参与，作品水平一年比一年提高，有力推动了中国广告业科学与艺术水平的提升。

第四节 美国和日本的广告管理

随着社会主义市场经济的快速健康发展，我国的广告管理体制也在不断地完善，已经形成了法规管理、行业自律以及社会监督管理三位一体的有效管理体系。但是，与发达国家上百年历史的广告管理相比较，我国的广告管理体制还比较稚嫩，需要完善的地方还比较多。例如，丰田汽车广告风波就凸现了我国的广告业内自律还不是很强；此外，《广告法》只是规定了一些最为基本的规则，许多方面并没有详细的执行办法，容易被钻空子等。这些都是我们在今后的工作中需要进一步加以完善的。

他山之石，可以攻玉。借鉴发达国家先进的广告管理体制和经验，特别是学习美国和日本这两个世界广告大国的广告管理体制和经验，对于我国广告管理体制的完善和广告业的健康发展，具有很好的借鉴意义。

一、美国的广告管理

美国是当今世界上广告业最为发达的国家。据资料显示，2011年，美国广告花费1 574亿美元，全美人均广告费为502.49美元，均居世界首位。

为了有效管理庞大的广告业，美国除了完善全国性和地方各州的广告立法之外，在管理机制上，采取了政府管理和行业管理相结合的广告管理模式，即一方面政府根据法律进行管理，另一方面大力提倡行业自我管理。

（一）管理机构和法规

美国政府管理广告的主要机构是联邦贸易委员会（FTC）和联邦通讯委员会（FCC），其中，联邦贸易委员会是最权威、最综合的广告管理部门，其成员由总统提名，下属有法官、律师和调查人员。联邦贸易委员会的主要职责和日常工作是制定广告规章并且负责监督实施。阻止商业竞争中的不公正和欺骗行为，阻止错、假、误导的广告是这个委员会的主要任务之一，它有权调查一切被控的虚假广告，要求停止广告的播出。如果广告商接受该委员会的处理决定，就可以免予处罚，否则，委员会可诉诸正式的法律程序，广告商将会受到处罚。

联邦通讯委员会是一个独立的联邦政府机构，由七位成员组成，对广播、电视、电话、卫星、互联网和有线电视享有管辖权，负责保护大众的利益，鼓励竞争。联邦通讯委员会对广播电视广告的控制是间接的，主要通过颁发或者吊销执照实施管理。联邦通讯委员会主要管理邮寄广告，也有权管理电视、广播广告的数量和播出时间。该委员会有权对电视广告进行全面审查。凡发现虚假广告，立即采取要求停止播放、罚款或更正广告等措施，如果电视台或广告主不执行委员会的决定，委员会还可请求法院强制执行。

此外，联邦食品食物管理局（FDA）、邮政部、农业部等部门也都介入广告的管理。

美国关于广告的法规很多。由国会通过的全国性法律有《食品与药品法》（1906年）、《反托拉斯法案》等；美国各州都有自己的法规，用以禁止不公平或者欺骗性的贸易行为，其中对广告也有较为详细的规定。除对广告有严格的规定之外，美国法律在保护广告商和广告主的利益方面，也有详细的规定，如果广告商或广告主对联邦贸易委员会或联邦通讯委员会的处罚不服,可以向法院起诉,法院有权推翻联邦贸易委员会和联邦通讯委员会的决定。

广告主还必须遵守各州和当地的法律,自从20世纪80年代美国联邦政府取消了一些管制以来,州一级政府和地方政府的作用显得更大了。

美国各州还有保护消费者的"小联邦贸易委员会法",控制不公正和欺骗性商业行为。不同的州对广告内容有不同的规定,有些州禁止发布某种酒类和酒精类广告,绝大多数州限制在广告中使用国旗和州旗。许多市、县设有消费者保护机构,负责执行规范当地广告行为的法律。这些机构的主要功能是保护本地消费者不受地区性商家不正当行为或误导性行为的伤害。

(二)国家广告审查委员会

美国国家广告审查委员会成立于1971年,由美国商业促进局委员会、美国广告公司协会、美国广告联盟和全国性广告主协会共同组成,宗旨是推广并执行广告的真实性、准确性、品位、道德及社会责任标准。

美国国家广告审查委员会是规范美国广告最全面、最有效的机关。它包括全国广告处、国家广告审查局两个机构,由40名全国性广告主、20名广告公司代表和10名业外人士组成。该组织鼓励消费者投诉,甚至自己也发布广告,公布投诉办法。

当全国广告处接到消费者投诉后,会立即通知广告主,指明已经查实的全部说明内容。如果证据不充分,全国广告处会提出要求修改或者终止广告的说明内容。如果全国广告处和广告主之间形成僵局,双方均有权向国家广告审查局审判团提出审查提案,审判团会做出判决。审判团的判决具有约束力,广告主如果不服判决,国家广告审查局将把案件移交给相应的政府机关,并向大众公布其记录。

(三)媒体管理

美国的各大媒体均会对广告进行发布前的审查,很多人认为,这种方法甚至比政府管理更为有效。

美国三大广播电视网根据《全国广播者协会电视章程》来制定自己的政策,电视广告是所有媒体中审查广告最为严格的。广播、杂志、报纸都有各自不成文的管理规则,审查广告的合法性、合理性以及是否符合道德标准。

（四）行业管理和自律

美国广告业的行业管理组织很多，如美国广告代理商协会（4A）、美国广告联盟（AAF）、全国性广告主协会（ANA）、全美广告审查委员会（NARC）等。这些组织都对行业进行了行之有效的管理。

美国广告代理商协会是由美国最大的广告公司组成的协会，它通过取消被控不道德的广告公司的成员资格来管制广告公司的行为，4A 的《行为标准与创意守则》为其成员公司提供广告的行动原则。美国广告联盟协助创建了美国联邦贸易委员会，其早期监督委员会为商业促进局的前身。美国广告联盟的《美国工商广告原则》于 1984 年开始实施，具体规定了广告的真实性与责任标准。由于大多数地方广告团体隶属于美国广告联盟，因此，美国广告联盟有助于带动广告公司和广告主遵守这些条例。美国全国性广告主协会由 370 家骨干生产厂家和服务公司组成，均为 4A 成员公司的客户，他们发誓拥护全国性广告主协会的广告伦理守则，并通过广告内容改良委员会积极配合全国性广告主协会的工作。这些广告行业组织中最有权威的是成立于 1971 年的全美广告审查委员会。该委员会是由广告公司、公众代表组成的组织，负责管理广告主对他们的竞争者所做的广告宣传提出的指控，调查受众的指控，并且对广告实行监督。

作为广告业发展最为成熟的国家，美国是最早开展广告自律活动的国家，有着很完善的自律守则，早在 1911 年就发表了《广告十戒》。1965 年，美国广告主联合会拟定了《美国工商界广告信条》。1975 年，美国广播人协会制定了《美国电视广告规范》。此外，还有《美国广告公司协会章程》等。

《美国工商界广告信条》的主要内容是：

1. 实事求是。广告内容虽然经过艺术加工，但其信息应该真实，如果有隐瞒，便是欺骗。

2. 守信负责。广告公司对于广告主所宣传的事物，应该保证忠于事实。

3. 公平竞争。广告不得恶意攻击竞争者的产品或销售方式。

4. 明白保证。有关保证事项必须明白道出，不得含混其词。保证事项的性质和程序等均应确切说明。

5. 不做引诱。广告不得虚言引诱消费者。

6. 价格确实。不得提出虚假的价格。

7. 不得夸张。应避免广告宣传的夸张或者不实宣传。

8. 诚实推荐。如果使用消费者证词作为宣传,证词必须属实。

总之,严格的广告法律体系,加上全面细致的行业自律,使得美国的广告业一直能够保持较好的信誉,而且能够长久以来成为世界广告行业的火车头。

二、英国的广告管理

英国是世界上最早颁布广告管理法律的国家,早在 1889 年,英国就颁布了成文的《不当广告法》,对广告实施了法制化管理。1907 年,英国又颁布了《广告管理法》,对广告的内容、形式等进行了严格的规定,成为世界上最早的成文广告法。1925 年,英国正式颁布《广告法》,对广告的内容作出了进一步的规定。

英国政府对广告管理的行政机关是商业部、地方度量衡局等。英国广告业的自律管理除了各广告企业的自律准则的制定和执行外,其自律管理的行业组织是由以广告活动标准协会为中心的 18 个团体构成的。这些团体在活动和职能上是独立的,有各自的自我制约标准,但它们之间又通过相互联系有效地发挥作用。它们共同制定的原则是:符合法律、清洁、真实。它们的任务是:统一对广告活动实施纲领的解释,对违法广告做出判决,与政策、消费者团体保持密切联系等。

英国最重要的广告法规是《广告标准与实践》。这部法规的“总则”部分对广告传播所涉及的广告原则、广告界限、费解的广告、广告与政治和工业争论、广告与宗教、广告与儿童等 36 个方面的内容做出了严格的规定。除此之外,这部法规还专门制定了《广告与儿童》《财政金融广告》《卫生与医疗广告》三部单项广告管理规则。

英国消费者监督主要是通过“英国标准协会”和“消费者协会”来进行。前者向广告主们提供消费者建设性的意见,同时把客观的资料提供给消费者;后者对各种广告商品进行试验,向消费者提供各种试验和比较的结果,与美国消费者同盟的作用类似。

三、日本的广告管理

日本的广告业是在第二次世界大战后随着经济发展而发展起来的。1940 年,《日本广告律令》颁布;1947 年,《禁止私有独占及确保公平交易的有关法律》颁布;1949 年,《户外广告物品法》颁布。1947 年,日本广告协会在东京成立;1951

年，商业无线电广播开始；1953 年，日本开始了商业电视播放，标志着日本广告进入了电子时代。随着 20 世纪 60 年代日本经济的飞速发展直到成为世界第二经济强国，日本广告业的发展也日新月异。日本的电通广告公司(Dentsu)已经进入世界前五位之列。

在日本，通过国家立法来对广告进行广告管理是最为常用的手段。日本民法第 529 条和第 532 条规定了广告主、广告代理商以及媒体三者之间的权利和义务，为调节这三者之间的相互关系确立了基本法律规范。

1953 年，日本政府颁布了广告管理的重要法律——《禁止私人独占及保证公平交易的有关法律》。这是为了维持和发展合理的自由竞争，排除不合理交易和私人独占，以保证一般消费者的利益，促进国民经济的健康发展。此外，《不正当赠品及不正当表示防治法》(1962 年)《消费者保护基本法》(1968 年)《不正当竞争防止法》(1975 年)等与广告相关的法律的出台，使得日本广告法律监管体系得到了极大的完善。

上述关于广告的立法主要是对广告违法行为进行处罚，同时也要求在广告刊登之前进行自我约束。

广告业的飞速发展，引发了许多社会和道德问题，如虚假广告等，其结果必然是受到法律的处罚。为了保护广告公司、广告主和媒体自身的利益，广告业的自律是必不可少的，正是有这三方面的共同参与和积极配合，日本开展的广告自律活动才比较成功。

日本广告界建立有各种各样的行为组织，每个组织都制定了各种广告伦理纲领、业务准则、条例、公约等行为规范。成立于 1953 年的“全日本广告联盟”在 1954 年就制定了《广告伦理纲领》，这是日本全国广告界制作广告的最高准则。纲领中明确规定：

第一，广告应顺应既有之社会道德，并牢记大众之利益。

第二，广告主、媒体及广告代理必须共同对广告负责任。

第三，广告应避免夸大及歪曲事实，要用事实来阐述产品。

第四，广告不得剽窃或模仿别人的创意、技术、名称、包装和设计。

第五，广告不能借诋毁竞争对手而获利。

第六，广告不可利用部分公众之迷信和无知。

在广告主方面，1960 年，日本广告主协会制定了《日本公正真实广告的协定》。该协定主要规定,广告应当是真实的、高雅的,并且能够赢得广大受众的信任。为了能够获得消费者的信任,1961 年,日本广告主协会又制定了《企业与消费者之间关系纲领》,阐述了广告主应该恪守的原则:

第一,把商品的准确信息传播给消费者。

第二,不断努力,向消费者提供更为廉价的产品和服务。

第三,消费者提出对于产品、服务或者销售的建设性意见,广告主应该诚意地接受。

第四,广告主应该努力研究消费者问题,同时,积极参加政府与民间组织主办的消费者关系活动。

除此之外,日本的各主要媒体(如日本杂志广告协会、全日户外广告业团体联合会、日本民间放送联盟等)都制定了相应的自律条款。

日本广告业自律的严谨、细致、全面、具体,使得日本广告业一直能健康地发展,走在世界的前列。

本章小结

广告管理是国家管理经济的行为之一,是我国工商行政管理的重要组成部分。广告管理有广义和狭义之分。为了把握广告管理的实质和特点,我们更多地从狭义上理解广告管理,就是专指对广告行业和广告活动的社会管理。在我国,广告管理是由法规管理、行业自律以及社会监督管理组成的三位一体的管理体系。

我国的广告法律体系由《广告法》和相关法律、广告单行法规、广告行政规章几部分组成。现行的《广告法》由 1994 年 10 月 27 日第八届全国人民代表大会常务委员会第十次会议通过,自 1995 年 2 月 1 日起开始施行。由于《广告法》只是规定了一些关键性的法律条文,为了能够更好地贯彻《广告法》,实行广告管理,广告监管部门还相继出台了与《广告法》相适应的各种广告单行法规、广告行政规章。《广告法》规定了商品、服务广告的基本要求,对医药、烟酒等重点商品广告以及广告主、广告经营者与发布者的法律规范的规定。对于广告违法行为的处罚,《广告法》也做出了具体的规定。工商行政管理部门是广告法规的主要实施者,其主要职责是起草管理法律和法规,负责法规解释、广告经营登记、监督检查

以及接受违法广告投诉,对违法广告进行查处。

广告行业自律是广告行业发展到一定阶段的产物，由广告行业自律组织和广告行业自律规则两个方面组成。自愿性、广泛性、灵活性以及道德约束性或舆论规范性是广告行业自律的显著特点。成立于 1983 年 12 月的中国广告协会是目前中国广告界最大的行业组织，其行业自律规则也是业界影响力最大的自律规则。广告行业自律作为一种现实的需要，是广告监督管理工作的必要补充。在增强广告业的社会责任感，抵制不正当竞争，促进广告业的健康发展方面，行业自律起到了重要作用。

在我国,目前已经有较好的社会监督体制,即利用社会公众力量和社会舆论力量,开展广告监督。广告社会监督,主要通过广大消费者自发成立的消费者组织或者媒体舆论,对违法广告和虚假广告进行举报、投诉和曝光。其目的在于制止或者限制虚假、违法广告对消费者权益的侵害,以维护广大消费者的正当权益,确保广告市场健康有序地发展。随着大众传播事业的发展,新闻舆论在揭露虚假广告、促进广告健康发展方面,也发挥着越来越重要的作用。

在我国，以法规管理、行业自律以及社会监督管理三位一体的广告监督管理体制的建立只有短短 20 多年的历史，与发达国家完善的监督管理体制相比，我们仍然存在着许多不足。学习借鉴先进国家如美国和日本的广告管理经验，是提高我国广告管理水平最为直接有效的办法。

思考题

1. 我国的广告法规体系是如何构成的？
2. 什么是广告行业自律？其特点如何？
3. 简述我国现阶段广告行业自律的状况。
4. 新闻舆论对广告的监督方式有哪几种？
5. 与广告业发达的国家相比,我国广告管理体系还需要进行哪些改进？

案例选编

诚信是广告业的真谛

曾几何时，美的品牌的一句广告语，让我印象非常深刻，至今牢记在心。

那就是——“一晚仅需1度电”。

当时觉得这句广告语真的太有杀伤力了，寥寥几个字就把产品的价值表现得淋漓尽致，尤其是当你想起，其他空调耗电太多，纠结空调是开还是不开的时候，它一击命中地解决了你痛点。

后面因为没有买空调的需求，就没有过多关注了。

直到最近格力空调的董明珠揭开了行业真相，说美的“一晚仅需1度电”是骗人的，刚开始我是将信将疑的，毕竟竞争对手之间总会制造摩擦。

可董明珠还真没有造谣。

相关资料调查显示，美的的“一晚仅需1度电”，要在极端的环境下才能实现，即使实现了，也难给人带来舒服的体验。说到底，只适用于实验室环境。

美的“一晚仅需1度电”广告

事实上，从2012年开始，美的就因“一晚仅需1度电”受到工商部门的处罚，也因此对消费者做出过赔偿。但即便如此，美的仍不愿放弃这句宣传语，换着花样来表述，比如“一晚低至1度电”“一晚1块钱”等。为何美的对“一晚仅需1度电”如此情有独钟，爱不释手呢？毫无疑问，这句广告语能够吸引消费者，能够给美的带来销量、带来收益。吸引消费，获取利益并没有错，销售的目的就是为了获取收益，但是为了获取收益，就意味可以夸大功能、乱造概念欺骗消费者吗？利益固然重要，但至少不要越过道德底线啊。当然，美的的情况还不算严重，至少产品质量一直还被大家认可，反观那些只靠着语不惊人死不休的广告语骗取消费者利益的品牌，真是令人发指。

一、欺骗消费者只能爽一时，你还是想长期爽

品牌要认清现在的形势。现在早已不是那个你卖什么消费者就买什么的年代了。现在是消费者主权时代，消费者有太多的选择，就算你的产品再好、品牌再大，在消费者面前，依然不过是众多选择中的一个。欺骗消费者不是明智之举，只能爽快一时，终究会因小利而失大益。现在的社交媒体如此发达，消费者只需只言片语，动动手指，对品牌来说就是个很大的损失。现在的竞争又是如此激烈，你的对手巴不得你出点什么事，这样他就能趁势而起。好与坏，自己掂量。3·15晚会上曾爆出汉堡王一家门店3片芝士变成2片，没曝光之前，这对老板来说，是很爽的，能省出成本，省出收益。曝光之后，除了该门店在消费者心中的信任荡然无存，更大的影响是汉堡王整个品牌声誉的受损。

钉钉在今年疫情期间的表现，其实就是消费者主权时代很好的体现。被用户差评，低至1颗星，怎么办？和用户硬刚？那真的就是鸡蛋砸石头。只能用一种“鬼畜”的方式，让用户手下留情，结果也表明，这种做法，用户是买账的。我们不能只看到它的鬼畜，还要看到它和用户相处的方式、它的态度、它的举动都是以用户为中心的。

前不久在山东济南一家海底捞店，客户吃饭时吃出塑料片，海底捞只拿出500元消费券给客户做赔偿，结果对方心里更不好受了，认为海底捞的做法没有诚意。这就是海底捞的态度，以为用消费券就能让客户买账，显然海底捞还没有意识到这已是消费者主权时代。

二、为何营销总是被人诟病

随便走在大街上找人一问，“你知道营销是什么吗？”“说到营销，你想起了什么？”可能只有两种情况，一种是“不知道”；一种是“擦，营销啊，前两天大街上有个活动，骗了我几百块钱。”“手机上每天收到很多垃圾短信，街上到处都是垃圾广告。”……很少有人会说，“因为营销的存在，我的生活发生了很多的改变，产品越来越符合我的需求了。”

当然，由于不了解，他们会把“营销”等同于“销售”，把“营销”等同于“广告”，但是这也从侧面反映了很多营销活动都多多少少带有欺骗的成分。比如，很多充值活动，充多少送多少，当时给人的利好感觉非常大，但当你仔细一盘算，活动其实是不划算的，这其中也不乏圈钱跑路了的。比如，相信了美的广告“一晚只需1度电”，你买了美的空调，但最终的效果并不能达到广告中说的那样，你除了找美的麻烦，你可能还会在心里骂，“这该死的营销”。其次，太多的人在滥用营销，最常见的就是房地产

销售了，大部分房地产销售中心写着“营销中心”。叫“销售中心”或“服务中心”不好吗？为什么要叫“营销中心”呢？听起来高大上？可能导致的结果就是，看房的人不爽了，或者被某个活动骗了，他心里多少会把怨恨转移到他对营销的看法上。

这就是为什么营销这个行当被很多大众消费者诟病的原因。有太多的营销从业者，在或多或少地欺骗消费者，试图用欺骗牟取利益，而被骗的消费者或多或少地都会把怨恨转移到营销身上。

三、营销是个需要克制的行当

如果你要问，做营销最重要的是什么？大部分人包括我，都会回答是对人性的充分了解。从某方面来说，并没有错，因为营销最终还是要把产品卖给消费者。于是，很多营销人确实是对人性有了充分的了解，他们能够熟练地利用人的七宗罪：贪婪、色欲、贪食、傲慢、暴怒；他们能够充分调动人的喜、怒、哀、乐、恐、惧、惊等各种情绪；他们知道消费者买产品希望一用就见效；他们还知道很多……于是，就出现了很多这样的广告：

“8 天肌肤犹如新生。”

“只需一天，牙齿真的白了。”

“流量不限量。”

他们充分利用了消费者的人性，知道越能快速见效的产品消费者越喜欢，他们恨不得打出一用就见效的广告。可是很不幸，上面几则广告都涉及虚假宣传，被工商部门罚过款。

当然，这只是被罚款的，还有太多不露真相的，尤其是随着现在自媒体的发展，太多的文章标题为了博人眼球都在夸大宣传，比如“7 天就能完全掌握×××”“实现 3 000 到 30 000，只要×××”。实际上，广告的内容真的很难让你达到其所承诺的效果，为了吸引你点进去看，绞尽脑汁，真是什么都敢说。早年，红牛因广告语“红牛给你翅膀”而被消费者起诉，赔款多达 1 300 万元。消费者起诉的原因也很简单，喝了这么多年红牛，也没让我长出翅膀。这就是不够克制，在创意上天马行空，估计想出这句广告语的人肯定喝了红牛。做营销，还是要克制一点，把广告说小一点，把产品做足一点，把服务做满一点。

四、用营销真本事赢得消费者的选择

什么是营销真本事？不是靠投机取巧、夸大事实、包装一些似是而非的概念把产品卖出去，而是消费者因为你提供的真实价值，心甘情愿地用金钱来做交换；是洞察到消费者的真实需求，用产品或其他内容更好地满足消费者。

案例选编

农夫山泉能做大，靠的是产品和渠道上的真本事；苹果能让众人追捧，靠的是产品价值和身份价值上的真本事。OPPO R9的“充电5分钟，通话2小时”，不是凭空捏造的，而是有闪充功能做支撑；书亦烧仙草的“半杯都是料”，也不是随便说说的，而是真的货真价实。

下面看一个让我颇有感受的反面案例。前几年，遇到一个姑娘在卖水性笔，就是我们平时书写的那种水性笔。那天天快黑了，我刚好在路上走着，她主动向我走近说自己在参加一个活动，还差一些笔没卖完，希望我能帮帮她，买一些笔。整个聊天过程她说得最多的是“帮”字。最后，怎么着？我看天快黑了，对方又是个姑娘，我心一软，就买了5支，可我内心并不需要这些笔。从销售的角度来看，她成功了，因为她把笔卖出去了，但从营销的角度看，她是失败的，因为她没有让我因为需求、因为她提供的价值而掏钱，而是因为我的同情心。

再举一个非常精彩的正面案例。我们平时生日买的生日蛋糕真的是用来吃的吗？表面上看是，但吃生日蛋糕更多的是在追求一种仪式感，吃的快乐才是最重要的，对口味的要求不会太高。熊猫不走蛋糕就洞察到了这一点，卖生日蛋糕只是它的表象，它卖的是快乐和仪式，所以它让工作人员扮演成熊猫为你跳舞，为你带来快乐。因为能提供独特的价值而被消费者纷纷选择，短时间内就从蛋糕品牌中突围了出来。这就是营销真本事所带来的价值，它不仅让一家企业、一个品牌迅速崛起，更重要的是它洞察到了消费者心中真实的需求，用产品满足了消费者的需求，让消费者的生日比以前更快乐了。这就是营销的价值，这就是营销的真本事。

“熊猫不走”广告

五、写在最后

你的真本事是什么？产品？服务？品牌？渠道？还是其他？如果还没有，与其

案例选编

想着法子欺骗消费者，不如好好练练自己的真本事。靠真本事让消费者掏钱，是一种本事，更是一种价值观。营销界名人曾说过："经营的本质是货真价实"。广告教父奥格威也说过："顾客不是白痴，她是你的妻子。"

（资料来源：让消费者掏钱？请凭真本事做品牌推广．[EB/OL].[2020-08-03]. http://www.gongguanzhijia.com/article/4815.html）

第十三章

广 告 人

本章重点及学习要求

广告业是知识密集、技术密集、人才密集的高新技术产业，它对从事广告工作的广告人有很高的要求。广告人必须具有广告基本理论与基本技能，有广泛的知识和强烈的创新意识，能有效地开展广告工作。本章的重点内容包括广告人的概念与类型、广告教育与广告人才培养、广告人的道德自律三个主要问题。

通过本章的学习，要了解广告人的概念与广告人的分类；了解广告人所必须具备的素质和广告人才培养目标；了解广告人道德自律的重要性和相关道德自律准则，并把握我国广告教育的历程和发展方向。

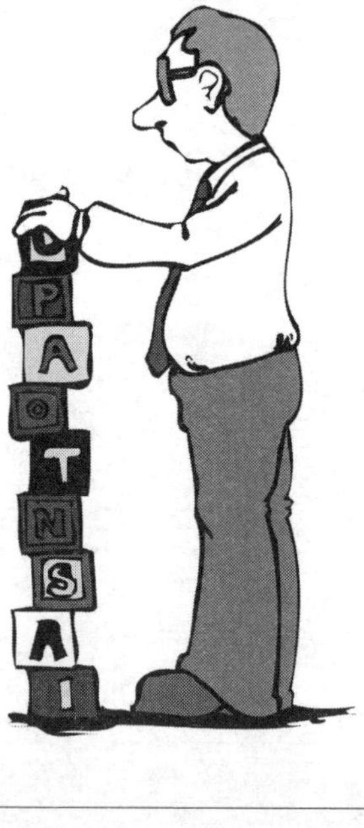

广告业是一个人才密集的行业，是一个靠智力取胜的产业，没有一批有敏锐洞察力和市场驾驭能力的创新人才，就不可能有广告产业的大发展。在世界知识经济竞争的大背景下，人力资源已经成为任何公司成功与否的关键因素，在这场竞争中，作为收集、加工、制作、传播信息的广告行业，将成为知识密集型的新型产业，广告公司的核心竞争优势将主要表现为人的智力优势。

整体来看，我国广告行业市场近年来持续扩张，市场规模从 2014 年的 5 606 亿元增长至 2018 年的 7 991 亿元，复合年增长率约为 9%；2019 年我国广告行业市场规模达到 8 674 亿元，同比增长 8.55%；2020 年中国广告市场规模达 9 143.9 亿元，同比增长 5.42%。2019 年，中国广告行业从业人员数量约为 593 万人，同比 2018 年增长 6.32%，相较于前几年增速有所收窄。一大批本土广告公司在激烈竞争中脱颖而出，世界知名广告企业也纷纷通过合资、合作等方式进入中国广告市场，使中国广告企业不断向国际先进水平迈进。

然而，目前我国广告业仍存在从业人员专业化程度不高、知识面不广、外语水平较低、服务意识薄弱、沟通能力和创造能力不强、法制观念淡薄的问题以及知识结构不合理、分布不平衡等矛盾。这些问题和矛盾日益成为阻碍我国广告业健康发展的重要因素，迫切需要与之配套的广告从业人员专业在职培训和知识更新。

当前，加快发展我国广告事业的关键是人才培养和提高广告从业人员的整体素质，引进先进的人力管理经验和教育培养模式，制定合理的广告从业人员资质认证，以迎接社会经济发展和经济全球化时代的挑战。

第一节　广告人的概念与类型

在现代广告业的发展历程中，杰出的广告人发挥了不可替代的作用，并留下了不少传世之作和丰富的理论见解。可以说，广告人的出现，是广告业兴旺发达的重要标志。

一、广告人的概念

尽管人们对广告人这一名称已经十分熟悉，但是究竟什么样的人才可以称得上是真正的广告人，却是众说纷纭，即便是广告业最发达的美国，人们对此的理解也大相径庭。

20世纪初,美国最大的广告公司JWT公司的创始人汤普森,在一次坐高架火车回家的途中,遇到一位衣裳不整、态度和蔼而健谈的老人。老人问汤普森是干哪行的,汤普森告诉他自己是个广告人,不料老人自称也是个广告人。接着,他又问汤普森的地盘在哪里,汤普森带着几分威严回答:“我落脚在纽约公园道。”这下老人更兴奋了,因为他也在那里干活,原来,他是一个从胸前到后背都挂着广告牌的三明治人。然而,他却与世界上著名广告公司总经理一样,认为自己是个广告人。

即使是现在,人们对广告人的定义也没有完全统一过。曾经担任过JWT广告公司副总经理的詹姆斯·韦伯·扬在工作多年之后,结合自己的经历和体会,写过一部书,书名就叫《怎样成为广告人》。在这部书中他提出,广告人如果是泛泛而言,那么他们包括一切从事替广告主购买版面、时间者,替媒体所有人销售广告者,以及在广告代理公司和其他机构为广告业服务的各色人等。也就是说,凡是与广告服务有关的人都可以被称为“广告人”。不过,詹姆斯·韦伯·扬同时又表示,如果谈到“真正的广告人”,那么其标准要严格得多。他们应该具有知识、技术、经验以及洞察力,能为广告客户提出建议——如何运用最好的广告方式去实现客户的目的,同时,能有效地去施行有关方案以达到预期的目标。真正的广告人,不但要有专业知识,更需要有创作才能和管理经验。

美国著名的广告大师奥格威在《奥格威谈广告》一书中曾经告诫人们:“除非你对广告所持有的兴趣甚于其他,否则别轻易踏入这一行。因为做广告人的地方总会有强烈的喜怒哀乐。”尽管做广告人十分不易,但是许许多多的人仍然愿意在广告业一显身手,因为这是充满挑战的事业,也是能够发挥个人聪明才干的事业。美国前总统富兰克林·罗斯福说过一句名言:“如果我能再生,我将首先投身于广告事业。”可见广告业和广告人在国外人们心中的地位。

二、广告人的类型

广告人的类型可以按不同的标准进行划分。最基本的三种方法是按照广告人员所处的行业领域、职能领域和素质特点划分,即从专业分工的需要(客观)和人才自身特点(主观)两个方面来进行划分。

(一)按照广告人的领域分类

根据广告人所从事的不同组织类型和行业领域,广告人主要可以分为以下几类：

1. 全面服务型广告代理公司从业人员。全面服务型广告代理公司能够为客户提供包括市场调查、媒体计划、创意制作、促销等全面服务，它要求从业人员具有较高的综合素养和开阔的视野。

2. 专业性广告代理公司从业人员。专业性广告代理公司代理经营特定领域的广告业务，擅长某类商品或某种媒体的广告业务。例如：工业品（生产资料）广告代理、金融业广告代理、娱乐业广告代理、旅游业广告代理等等。它要求从业人员对相关行业有较为深入的了解。

3. 独立媒体代理机构的从业人员。独立媒体代理机构的代理商专门进行媒体计划和购买，不负责广告的设计和制作，往往资金雄厚、购买力强，信誉好，具专业水准。它要求从业人员熟悉媒体情况，并具有相关统计分析技能。

4. 非大众传媒的广告代理机构从业人员。非大众传媒的广告代理机构的业务包括公共关系、调研、直效广告、促销活动等，按照客户所需提供相关服务。它要求从业人员具备相关学科知识和丰富的实践经验以及策划执行能力。

5. 媒体和企业组织广告部门的相关从业人员。媒体和企业组织广告部门的职责是负责媒体版面、时间段销售，或者为企业组织进行产品、形象宣传，寻找广告代理机构。它要求从业人员熟悉媒体的相关情况和本企业面临的问题。

6. 广告工作室从业人员和自由职业者。他们往往具有广告设计和创意的相关技能，靠独特的技能谋生，例如一些非常有天赋的专业工作者，像艺术导演、设计者、广告文案撰写者等，他们往往设立了自己的创意服务机构，他们为广告主服务，有时候也会与广告代理商签订分包合同。

（二）按照广告人的职能分类

一般广告公司都采用职能部门的组织形态。根据不同的职能分工，广告人可相应分为以下几类：

1. 客户服务部人员。客户服务部的主要工作是联系客户，作为广告客户行销部门的延伸，并且为客户的广告活动进行策划、管理及支配广告公司的内部资源。客户服务部中有客户总监、客户总管（Account Executive，AE）。AE 的职能包括与客户保持日常的沟通和联系、提交正式的提案和赢得客户对工作进展的认可。

2. 创作部人员。创作部是广告公司的核心部门，将客户和客户服务部门的要求发展成为广告创意，制作成完善的广告作品。创作部人员包括创意总监

(Creative Director,CD),广告文案人员(Copy Writer,CW),负责美术设计的美术指导(Art Director,AD),以及具体印刷及其他类型制作的制作管理人员。

3. 媒体部人员。媒体部门的职责是制定并实施最有效的和合乎经济效益的媒体计划,包括评估、组合、订购、监督等环节。媒体人员包括媒体总监、媒体经理、媒体策划及媒体购买人员。

4. 市场调研部人员。市场调研部门的工作贯穿整个广告活动的始终,从事广告活动前对产品、市场、消费者的调查分析到广告活动中、广告活动后的广告效果调查等。市场调研部通常设有市场调研总监及经理,另外有辅助研究工作的市场调研主任及助理。

5. 其他部门人员。

以上介绍的是广告代理业的主要运作部门,有的广告公司还设有制作监督部、公共关系部和促销部等,不同的广告公司有不同的组织架构,其人员设置也不尽相同。

(三)按照广告人的素质能力分类

在广告公司中,根据服务对象的不同和公司发展的要求,有服务类型的人才,有开拓类型的人才,有操作类型的人才,还有专门制定策略和进行管理的人才,对不同类型的人才的个性特征和素质能力要求都不尽相同。

尽管广告人分布在广告业的各个部门,但是最杰出的广告人大多属于广告创作人员和广告经营管理人员,因为这些领域更具挑战性,也更能体现人的才华,它反映了杰出广告人的两种素质:经营管理能力和专业知识能力。因此,我们又可以根据广告人的素质特点,将广告人分为经营管理型人才和专业知识型人才。

第二节　广告教育与广告人才的培养

如前所述,2019 年,中国广告行业从业人员约为 593 万人,广告行业市场规模达到 8 674 亿元,同比增长 8.55%。2020 年中国广告市场规模达 9 143.9 亿元,同比增长 5.42%。由于专业人才供应渠道比较狭窄,广告从业人员大多半路出家,文化水平也较低。虽然本土公司也有介入国内的和来华的一些大策划项目,但是数量很小,在竞争中不具优势。此外,虚假广告禁而不止,群众意见很大,几年来虽反复治理,但仍没有从根本上解决问题,所有这些都显示出我国广告队伍良莠不齐的现状。

随着经济的发展及媒介技术的不断更新,我国广告业人才供给与需求关系发生了深刻变化,高等教育结构性矛盾更加突出,人才培养结构和质量尚不适应经济结构调整和产业升级的要求。

我国广告教育存在的主要问题是广告人才的培养与行业发展脱节严重。2016年的调查报告显示,我国营销服务提供商、广告主普遍遇到的问题是数字营销人才的缺乏(排名第一)①。我国的广告教育经过将近40年的发展取得了很大的成绩,逐步走向规模化、专业化,形成专科、本科到博士的人才培养层次。但是当前的广告教育是基于传统广告市场而建立,在新媒体的营销传播环境下,广告业运行模式及人才需求发生了巨大变化,进而对广告专业人才应具备的基本素质提出了新的要求,倒逼广告教育在人才培养和实践教学方面必须进行变革与创新。②

全国广告专业面临来自自身发展的挑战。截至2019年,我国开设有广告专业的院校有600多所(本科302所,专科327所),人才培养是我国广告教育的根本,也是广告专业的发展之本。广告学界和广告教育界应该立足社会发展需求,与时俱进,深入了解行业需求,重视培养能够适应行业发展变化、满足行业发展需求、与新媒体环境实现良好对接的广告人才。

一、广告人才培养的目标

从联合国教科文组织历次发布的报告中可以看到这样一个明显的趋势,衡量一个国家发展水平和综合国力的指标已经逐渐由原来的政治、经济指标转变为教育指数和人才素质指标。无论是从国际背景还是国内背景来看,培养高素质人才都是我国高等教育大众化时代的重要课题。广告业是知识密集、技术密集、人才密集的高新技术产业,在当今信息时代,广告业之间的竞争,说到底是高素质人才的竞争。按照党中央、国务院做出的《关于深化教育改革全面推进素质教育的决定》,素质教育主要包括以下内容:其一,具有宽口径的基础知识,同时具有扎实的专业知识;其二,必须是"有理想、有道德、有文化、有纪律"的"四有"新人;其三,必须具有创新知识

① 肖明超.数字营销行业缺乏专业人才与行业标准,搜狐网,2016-01-26[2020-01-26].http://www.sohu.com/a/56480202_359553.

② 张玲.数字传播时代广告学专业人才培养与实践教学创新.东南传播,2018(1):124.

和实践能力。广告人才培养的目标就是培养具有高素质的广告人才。

(一)突出创新能力的培养

现代心理学早已证明,创造性不是纯智力问题,也不是纯知识问题,创造性首先是一种精神状态,它要求人具有强烈的问题意识,善于将知识转化为探索未知的手段。创造性可以从两个纬度来理解,一个纬度是从社会生产上来讲的,另一个纬度是指知识对个人来说是一种全新的经历和体验。前者是科技成果方面的创造性,后者是自我实现、自我体验的创造性。高创造性应具有创新精神和创新能力。

创新精神主要包括求异精神、冒险精神和献身精神;创新能力主要包括三种能力,即创新思维能力、创新想象能力和创新实践能力。具有创新精神和创新能力的人才是高创造性人才。广告是极具挑战的“智慧”行业,只有那些具备魅力、才情、品位的广告作品才能引人注目,平庸和俗套只会扼杀广告的生命。广告创作是才思、智慧、想象力和创造力的结晶。纵观中外广告史,没有一个成功的广告不是充满了开拓与创新的精神,没有一个成功的广告不是闪耀着高素质广告人的智慧之光。

广告行业是一个引领时尚、创造潮流的行业。广告企业的核心竞争力是广告公司前瞻性的商业策划和独创性的广告策略、令人拍案叫绝的广告创意和表现效果。因此,广告人必须提高自己的创新思维和创新能力。创新思维和创新能力的培养不是一个简单而短期的过程,需要在生活和工作中不断尝试、不断积累。

(二)良好的人格结构

高素质广告人才,在人格结构上必须是接受过良好教育的“四有新人”。创新的核心问题不是知识问题,而是价值取向问题,是人格结构问题。从人格结构上看,主体性和独特性并存于人格结构中才能成为一种创新性人格。

1. 广告人才的智力素质结构。智力基本上是后天训练的结果,智力是处理信息的能力,包括了解、记忆、引申、演绎或批判等几方面的功能。

(1)认知力。这是一种“察觉”(awareness)、立即发现、重新发现,或是认得各种形态的讯息,或分几个等级认识的能力。在信息经济时代,在一定条件下,发现比发明更重要。这种认识能力与创造的关系极为密切,优秀的创意都是建立在此基础上的。

(2)记忆力。记忆力将要储存的讯息,一成不变地保留或储存下来以备酌量取用;此外,所储存的讯息可以对学习时所觉察到的同样线索予以反应。人们常常由一曲旋律联想起一幕幕的人和事,由一张旧照片想起往事,记忆力是创造的一个主要前提条件。

(3)水平思维能力。它是指从给予的输入信息中,通过组合编译产生新的讯息,这种组合编译倾向通过想象在同一的来源中产生各式各样为数众多的输出,很可能发生转移作用。水平思维能力与传统的逻辑思维方法不同,它所关心的不是在旧观点上修修补补,而是怎样提出新观点。

(4)汇合思考能力。它是指从所给予的讯息中产生合乎逻辑的结论,其着重点是在产生独特或者习俗上所能接受的最好成果,寻求最佳方案。其反应很可能是由所给的讯息或线索所完全决定的。演绎法中的大小前提就是“所给予的信息”,结论便是汇合大小前提的概念之后而得出的正确答案。对广告市场、产品、消费者、竞争者等进行研究后最后确立的广告目标,也基本上属于汇合思考结果。

(5)评鉴力。它是指根据逻辑标准将受评鉴的讯息和已知者比较以视是否符合标准的一种程序。它在广告创意过程中属于评判部分,需要高水平的职业素质和经验,才能以较客观理智的方式评出符合规范的创意方案。

2. 广告人才的非智力素质结构。广告人才的非智力素质结构指广告人智力范畴以外的其他有助于创造性发挥的特性,包括他们的气质品质、兴趣、态度等等。具有某种才能是一回事,启用这种才能是另一回事,而在需要时或在可以有效地使用这种才能时利用这种才能又是一回事。

(1)广告人应很有自信心,十分相信自己的能力,具有团队合作意识。广告创意许多时候是一种配合协作的过程。

(2)广告人要天真朴素,不能太功利,这是富有想象力的表现。

(3)广告人需要具有幽默感,乐于与周围的人相处。幽默代表着一种思维方式,它产生轻松的环境。幽默感还要与思维的广阔性、联想的敏捷性等良好的品质密切结合。

(4)广告人应对工作具有巨大的热情,职业的荣誉感及工作热情是真正将人们的知识、技术、经验等所有力量结合在一起的原动力。

(5)广告人应具有灵活性,较容易改变心理定式的束缚,变通能力强,力求以新的方法去干旧的工作,崇尚探索,寻求新的突破。

(6)广告人应富有好奇心,满怀情趣。爱好和吸收新鲜事物,是创意生命生生不息的保证。富有好奇心是开放性的知觉品质和思维品质。

3. 广告人才的职业素质结构。这主要可从以下几个方面来体现:

(1)道德素质。道德素质是广告人的基本要求。广告是通过媒体的传播在生产与消费之间建立起一座桥梁，它一方面反映企业主的利益，另一方面则关系着消费者的利益。广告的社会性，要求广告人必须有对社会负责的精神，具有强烈的使命感和责任心，必须具备高尚的职业道德，才能为社会、为消费者提供正确的信息和导向。

（2）专业素质。专业素质是广告人的基本条件。他必须具有国际先进知识，掌握市场变化情况及商品运动规律，遵循传播学原理，依据传播流程的要求策划广告；必须具有精湛的艺术表现技巧和较高的审美品位，以及经济学、管理学、社会学、心理学、法学等方面的知识。

（3）心理素质。心理素质是广告人的基本素质。广告是沟通人与人的桥梁，广告人是从事社会工作、进行信息传递的工作人员，广告作业是集体劳动与智慧的组合与协调。因此，广告人必须进行人际交往，必须与人打交道，与人沟通。完整准确的信息传递、语言画面的完美表现、周密细致的策划执行，无不依赖人与人的精诚合作，从善如流。

（4）学习素质。学习素质是广告人的基本能力。做广告人就要不断学习，快速适应广告业现代化发展的速度。随着新媒体技术的成熟，博客、微博、社交网站等新媒体已经成为广告媒体中重要的一环。新技术条件下，广告生态发生了深刻的变化：传统广告人的广告思维、知识结构面临新技术条件下的严峻挑战；新生代的消费群体的消费习惯也发生了巨大的变化；各类社会文化在不断地形成和颠覆。在这种形势下，广告人只有不断主动学习新知识、新文化、新技术，才能保证广告人的敏锐性和商业嗅觉。

（三）融合科学素质与人文素质

高素质的广告人才必须融合科学素质与人文素质，只有将两者融合的人，才能被称为高素质人才，其特点是：

1. “T”字形的知识结构。在知识经济时代，一个创新人才所需的知识结构应是“T”字形，即科学素质与人文素质的融合，而非“一”字形或“I”字形。“一”表示掌握知识的横向度，“I”表示掌握专业知识的纵向深度。“一”字形知识结构虽然知识面宽，但缺少对专业独特精深的见解，它的不足之处正如常言所说，“百通不如一精”。“I”字形知识结构只强调专业知识而忽略了知识面的宽度，这个“专”是没有基础或基础不扎实的“专”，易发生知识结构的圆矮边效应。

2. “纵向整合”的特征。随着专业化的深入和知识层次的深化，某一专业的专家与其他人之间关于该类专业的知识的信息越来越不对称。连接最深的知识和大众需求之间是一个专家服务链条,或叫“知识价值链”。经过这个纵向整合的知识价值链对使用者来说相当于一个整体的商品,只要整合得合理,这个商品的售价总是会低于使用者自己钻到其中各环节去学习专业知识所花费的成本。

二、中国广告教育发展与广告人才的培养

改革开放以来,中国的广告教育从实现零的突破开始,与中国的广告事业同步成长,并逐步走向成熟。中国的广告教育适应了广告业发展的需要,适应了国家创新体制改革的需要,也逐步实现了与国际广告教育的接轨。

(一)中国广告教育的三个阶段及其特点

回顾20多年来中国广告教育的发展,可以将其大体分为三个阶段,即酝酿阶段、探索阶段及发展阶段。这三个阶段各有自己的特点,共同构成中国广告教育发展的一道绚丽的轨迹。

第一个阶段,即广告教育的酝酿开拓期,就是从1979年改革开放方针政策的推出至1983年广告学专业的建立。厦门大学抓住了我国广告教育发展的机遇,在1983年6月创办新闻传播系时,果断决定在该系创建我国高等教育中的第一个广告学专业。

第二个阶段是探索发展期,就是从1983年到1992年。1992年是中国广告教育的一个分水岭,据调查,在这之前全国只有6所院校设立了广告专业。自从厦门大学首创广告学专业后,得到广告界的重视与欢迎。但是,众多高校由于当时的客观条件所限,一时还无法创办广告专业,有的还处于观望阶段,只有极少数新闻、商业、美术院校在原有课程的基础上扩展、设立了不同类型的广告专业。

从本时期广告教育发展的情况来看,其特点一是广告教育远远跟不上广告业界对人才的急需;二是1992年前6所院校创办广告专业的态度是严谨的,办学条件虽然差一些,但是准备是充分的;三是这一阶段广告教育表面上缓慢发展,而实质上已经开始实力的积累,并预示着下一轮广告教育的大发展。

第三个阶段是快速发展期,即从1992年至今。1993年,我国广告公司的数量迅速增加,是1992年的近3倍,中国广告业进入了高速发展期,带动了高校争办广告专业的热潮。根据调查,1992年和1993年是我国高等院校办广告专业最多的年份。20世纪90年代中后期,我国开设广告专业的院校在90所左右。到了

2012年,我国广告教育院校达到400多所。

本时期广告教育的快速增长,无疑是受到社会对广告人才需求的推动而产生的结果,同时也与国家对广告业的重视有密切关系。但是这一阶段广告教育也有不少问题引起了人们关注:一是师资队伍跟不上,导致无法按设定的培养目标对学生进行培养;二是专业设置定位模糊,各类学校有的并没有突出自己的办学优势,培养目标不明确;三是普遍存在图书资料、教学设备及办学经费不足的问题。

(二)20世纪90年代末我国广告教育的转折点

我国广告教育在20多年的时间里迅速扩展到全国百所以上的高校,广告学科从无到有,从一门新兴的边缘学科很快发展成为一门独立而很有发展前景的系统学科,并形成以艺术型、经贸型、新闻传播型为主的教育模式。作为一门年轻的学科,我国广告教育在高速发展的同时也产生了亟待解决的问题:一是速度与质量不匹配;二是广告教育资源整合不足;三是广告教育之间的交流沟通不够。

进入21世纪后,我国广告教育发展的一个最重要的特征是,从过去的“高速”发展转变为“高质”发展。我们必须把握这种历史性的转变机遇,不失时机地推动我国广告教育向纵深发展。在这种状况下,要进一步提高我国广告教育的质量,就必须坚持以社会需求为导向,在课程体系改革、教材建设及创新教育等方面,采取行之有效的措施。

第一,抓住一个关键——课程体系改革。广告专业培养的是复合型人才,社会对广告人才的需求已从技能型人才逐渐转向懂经营战略、懂整合传播的高层智能型人才。课程体系的确定必须在跨学科的交叉渗透中进行科学的规划,按照不同的培养目标确定内容与比例。

第二,站稳两个基点——素质教育与高科技挑战。我国大学的人才培养模式从20世纪50年代重知识、60年代重能力,发展到90年代强调知识能力与素质并重和协调发展。在这一转变过程中,文化素质逐步被提到特别重要的位置。尤其是近年来,可持续发展的高等教育观的提出,给予了素质教育以更多的关注。实践证明,把传播学、经济学、管理学、心理学、社会学及文史哲等学科的方法、理论引入广告学科,大大拓展了该学科的研究领域与视角。

人类面临着高科技的挑战。要培养高质量的广告人才,就既要加强原有的专业知识和业务技能的培训,又要把网络知识和运用技能作为重要的教育内容。站稳了这个基点，才能从容应对知识经济和网络经济的到来。

第三，树立三个观念——质量、市场与国际化。下面分别讨论：

质量意识观念。中国广告教育的发展模式要从数量扩张转变到上质量。今后的目标要指向创一流、出精品，要形成一些有重大影响的名牌特色课程，出版一批高质量、具有权威性的教材，造就若干学术精湛、教育有方、师德远播的学术带头人，以提高广告学科在学术界的地位。

市场意识观念。要使广告教育向“高质”转化，就要强化市场意识、服务意识、效益意识，要从计划经济条件下的办学方式转变到市场经济条件下的办学方式。

国际化意识。由于国际竞争的激烈，高等教育出现了国际化或全球化的高潮。广告人才的培养要尽快与国际接轨，就必须对原有人才培养模式进行大胆改革，创建培养外向型的复合应用型人才的新教学模式和育人体系。

第四，采取四种措施——方法论、教材、现代技术与质量评估体系。21 世纪是充满激烈竞争的世纪，以高质量的高等教育迎接新世纪的挑战，是增强我国综合国力的重要保证。在上述观念转变的基础上，我们在提升广告教育质量方面有四种应对措施。

其一，加强方法论的指导。21 世纪是知识经济时代，知识经济是一种不断创新的经济。要对学生加强方法论的指导，将教学活动从以传授现成的知识为主转向以引导学生掌握获得和运用知识的方法为主。

其二，使用高水平教材。应组织专家学者编写统一教材，体现学科发展中某一阶段的一流水平，供教学单位自主选用。

其三，应对高科技挑战。在教学活动中采用现代信息技术，高等学校要加强校园网、电子图书馆、多媒体教室等数字化教学环境的建设，方便教师和学生使用。

其四，建立人才质量评估体系。要根据新世纪对广告人才培养的要求，建立科学有效的教育质量评估和宏观监测机制，引导和规范社会评估高等学校人才培养质量的活动，建立用人单位、教师、学生共同参与的教学质量内部评估和认证机制，以利于把广告人才培养质量提高到一个新的水平。

当然，上述所有措施的落实，都归结到教师人才队伍的质量。要采取各种有效方式，全面提高教师队伍的整体素质。

（三）我国广告教育的基本经验

我国广告教育能在较短时间内形成一定规模，得益于各种主客观条件的推动，并明显地体现在以下几条基本经验上。

1. 我国市场经济体制为广告业营造了一个好的发展环境，并由此推动了中国广告教育的发展。新中国成立之后，计划经济限制了广告业的发展，“文化大革命”的10年更是对广告业造成了灾难性的破坏。改革开放以来市场经济的推动，才使广告业的发展进入了快车道，并激发了对广告人才的需求。我国的广告教育一开始就扎根于深厚的土壤中，面向社会，面向市场，面向未来，基本上反映了社会经济发展的客观要求，并获得稳步健康的发展。

2. 广告教育在很短的时间里向多元化、多层次办学方面发展，并向门类较为齐全的方向努力。

1983年厦门大学从传播学的概念出发，把中国第一个广告学专业办在大众传播范畴的新闻系里，使中国广告教育突破了经贸、艺术类院校而走向多元化的培养模式。根据调查，目前我国的广告专业设置在综合性大学及新闻类院校占大多数。各院校都依托自己的学科优势，发挥各自所长，培养的人才适合我国广告界对人才多方面的需求。

我国现阶段的广告教育有培养高、精、尖研究人才和应用型人才两个基本层次，其余的则大都是短期培训班。20世纪90年代中期后，开始招收广告学方向的研究生。同时，函授教育、高等自学考试、电大教育的广告专业也得到发展，国家广告主管部门还建立了广告专业技术资格认证制度和认证机构。这种广告人才培养的多层次格局，将不断完善广告教育体系。

3. 广告教育与研究齐头并进，丰硕的广告研究成果提升了广告教育的水平。长期以来，我国广告从业人员队伍基本以广告设计制作为主，很少在广告理论研究上有所建树。20世纪80年代中期以来，随着广告教育队伍的不断扩大，专业教学研究者与业余研究者相结合，广告理论研究大军初步形成。其中包括全国高等院校系统、新闻媒体广告部门系统、广告专业公司系统，以及大型企业广告促销部门。一些高校还成立了广告研究所、传播研究所或市场调研机构，边教学，边研究。这些都成为广告学研究的重要力量，并促进广告教育水平不断提高。

广告教育的发展明显促进了广告研究成果的涌现，广告学专著和书籍出版形势喜人。20世纪80年代中后期，出版了一批在广告理论研究方面较有影响的早期著作。90年代以后,广告理论研究则向更为科学化、系统化、多元化的方向发展,出现了一批在销售上长盛不衰的系列丛书,推动广告理论研究不断走向成熟,受到广告行业庞大从业人员及院校师生的欢迎。

4. 广告学作为应用型学科,更强调全面素质教育,把培养学生的能力放在首位。广告学科是在许多边缘学科的基础上发展起来的一门综合性的新型学科。广告知识涉及经济学、市场学、传播学、心理学、美学、统计学、文学等诸多领域。我国广告教育根据国内广告业的实际情况,注重从整体上提高广告人才培养的素质,本着“广博”与“专门”相结合的原则,坚持理论与实践、基础与专业、传统与现代、科学与艺术的辩证统一,并把对学生能力的培养放在主导地位,更好地适应了广告业发展的需要。

(四)21世纪广告教育展望

进入21世纪,我们更加深刻地感受到高科技发展给传播媒体和广告教育带来的挑战。在现阶段,我国广告教育必须立足中国国情,面向市场,坚持改革开放,加快与国际广告界的接轨,在此基础上拓宽广告教育的路子,创造我国广告业飞速发展的新局面。

1. 明确广告教育的战略定位。广告教育作为广告信息产业中的先行官,必须在高起点上培养高素质的广告专业人才。因此,首先必须紧跟科技发展的步伐。进入信息时代,一些新型的广告媒体正在进入社会生活,如网络广告、手机广告、投影广告、飞船广告、激光广告、卫星广告等,可以说广告媒体已经向多元化、国际化方向发展。科技手段不仅带来广告信息传播范围、规模、运作方式的变更,还会刺激人们的思维方式和广告观念的转变,时代要求广告教育工作者跟上科技发展的节奏。其次,从广告教育发展的前景来看,广告应是一门“热门”学科。但学科的“热门”与“冷门”是相对的,也是有阶段性的。各类广告院系都应该在广告教育的“热门”发展中进行“冷”思考,切实在现有的基础上推进广告教育的水平。最后,应把建设有中国特色的广告教育作为目标。不应盲目模仿海外广告教育模式,应切实根据国内对广告人才的需求,开展多种形式的广告教育和培训,突出自己适应性的特点。

2. 加强对广告学理论基础的研究。广告学理论基础研究是提高广告教育水平的重要一环。多年来,对广告学的研究对象及其理论基础的探讨还相当薄弱。到底广告学和传播学、市场学、文学、美学、心理学及艺术的关系如何?其相互关系中的主线是什么？在广告专业课程设置结构中，应如何把握各学科的分量才算科学或适当？面对着市场经济的冲击，人们的观念发生了急剧的变化，必然要求广告学理论研究的超前性和预见性。要加强对广告发展环境的研究，探讨它与经济、科技、政治、舆论、社会、文化、法律法规等的关系，以形成更为科学的广告理论，从而有助于对跨世纪广告人才的培养。

3. 培养具有创新能力的广告人才。广告行业是一个充满竞争性的行业，广告从业人员要代表不同的竞争角色去拼搏奋斗。因此要把学生的能力培养放在主导地位，使培养的广告人才由知识型变为能力型。广告教育应突出开拓创新精神，教给学生获取知识的能力与方法。应把学生培养成为具有广博知识的“通才”，即成为基础厚实、知识面宽广、智能优异的人才。

4. 注重研究广告教育中的新问题、新特点。广告教育必须紧跟时代前进的步伐，不断发现问题、解决问题，适应由经济、科技、传播的飞速发展所带来的挑战。目前，人类社会处于一个高度发达的信息时代，因特网在数字化的基础上对人类历史上的电子媒体进行大综合，具有空前强大的传播能力。广告教育处于广告事业的交叉点，能够更加深刻地感受到因特网的冲击。因此，要注重研究因特网向传统的广告策划的挑战，以及我国加入世界贸易组织后全球式广告经营向封闭式广告经营的挑战。上述这些都将对广告教育提出更高的要求，也能够体现广告教育的新水平。

中国广告理论的研究正逐步走向成熟，广告的学科建设也已奠定了较为稳固的基础，中国的广告教育在“量”的积累的基础上已有明显的“质”的提高。加入世界贸易组织之后，国内广告界迫切需要大量与全球化经济接轨的国际型、创新型的广告人才。总之，我国广告教育经过改革开放40多年来的发展，现在已经进入新一轮的发展期。广告教育要立足当前，放眼未来，为促使我国的广告业保持活力与健康做出贡献。

我们相信，只要教育界与广告业界共同努力，采取切实可行的措施，就能较大幅度地提高我国广告教育的质量，实现我国高等广告教育的可持续发展。

第三节　广告人的道德自律

现代市场经济和社会发展是建立在信用的基础上的，而诚信又是信用的核心。对一个企业而言，诚信关系到企业的形象；对一个行业而言，诚信关系到行业的整体口碑；对一个国家和地区而言，诚信关系到它的长期可持续发展。诚信是社会良性运行的保障。对广告人来说，诚信不仅关系到个人的人格形象和职业形象，更关系到消费者的利益和行业的良性发展。

法国著名广告评论家罗贝尔·格兰有句名言："我们呼吸的空气，是由氮气、氧气和广告组成的。"在现代社会中，广告无处不在地影响着社会经济和人们的生活。毫无疑问，广告对于沟通生产和销售，刺激销售与需求，促进经济繁荣都起了巨大的作用。但同时也应该看到，在商业利益的驱动下，一些虚假广告、不道德的广告仍然普遍地存在。这些广告既破坏了正常的市场秩序，又损害了消费者利益。

从 2015 年 9 月 1 日起，新《广告法》正式开始实施。国家工商管理总局最新数据显示，2015 年全年，国家工商管理总局共查处违法广告 24 252 件，比上一年的 34 012 件大幅减少 9 760 件，降幅接近 1/3。广告监测结果显示，总的广告违法数量有所减少，但广告违法情况仍很严重，需要进一步加强对广告违法现象的监管工作。

一、当前广告业存在的主要道德自律问题

企业要"吹"，媒体要钱，广告商要赚，三者成了利益共同体，消费者就成了缺少知情权的受骗者。这是当前广告业存在的不容忽视的道德自律问题。在目前的广告投放中，存在以下几类主要问题。

（一）广告效果浮夸

1. 滥用传统牌。此类广告以保健品、化妆品、药品居多。晚至清宫，推及元明，再至唐宋，反正宫廷秘方，不可示人，威力无比，效果立现，享受帝王之专供，让不知情的老百姓诚惶诚恐。

2. 崇洋媚外打洋人牌。"西方的月亮比中国的圆"，这虽然已经成为一句带有强烈讽刺意味的调侃之语，但是在生活中不少人仍然存有此种偏见。利用一些人的这种心理，一些广告便喜欢千方百计地找点洋理论作依据，寻个洋商标，找些洋演员，让洋人说话，挂个洋招牌，使产品俨然成了标准的洋货。

3. 乱用新概念。当今世界处于信息爆炸的时代，新科技、新观念、新名词层出不穷，这便为一些广告炒作商品提供了绝佳的条件。新概念往往朦胧而又新鲜，唯其朦胧所以似是而非，使人似懂非懂，导致消费者雾里看花般地买个新鲜。这

一招在家用电器、交通工具等大件耐用消费品领域屡见不鲜。

4. 滥打专家牌。在房地产、药品和保健品市场，现在屡屡会听到专家忠告之类的箴言，专家的可信度、独立度常常令人怀疑，一些专家的意见还经常相互矛盾，可信与否只能由大脑清醒的消费者自己去判断了。

5. 利用明星推波助澜。一些明星一人身兼多个品牌的代言，在公开场合却根本没见他用过代言的品牌，明星的客观性、忠诚度都值得怀疑。可是一些广告就是利用了明星的巨大号召力达到了指鹿为马的商业效果，迷惑了被眩昏了头脑的消费者。

这些广告不仅欺骗了消费者，更在某种程度上对社会文化产生了消极的影响。

（二）拔高内在质量

一些广告为企业产品虚假拔高质量的手法，主要有以下几种：

1. 使用模糊概念。以彩电广告为例。进入信息时代，电脑日益普及，“数字”是先进的代名词，于是广告便大吹数字彩电，以示其内在质量的优越。其实，真正意义上的数字彩电，根本就与模拟传输系统接收信号的彩电不是一回事。当专家们指出这种错误的广告宣传后，各种媒体的广告才逐步改变宣传口径，转为数码彩电的新提法，一字之差，模糊了事物的本质，误导了消费者。

2. 弄虚作假。仍以彩电行业为例子，广告人为使消费者对彩电画面质量有满意的评价，在商场现场演示的彩电效果上做文章。许多商场现场播放的彩电，都以效果光盘示人，而不是直接接收电视信号，彩电搬回家与商场看的图像必然存在偏差。至于营养保健品、美容化妆品等软性广告，甚至让演员装成普通消费者证言，其实都是子虚乌有。

3. 回避数据和质量对应认证。广告宣传中，浮夸质量时最大的投机便是在质量认证的机构与所宣扬的级别上有巨大的差距。常常有一些自吹国内一流的产品，其认证单位仅为地市级；吹嘘国际先进的产品或许只经过省级鉴定。而行业标准、国家标准、国际标准的确切数据是多少，广告中则都有意回避。

（三）广告品位恶俗

近年来，一些广告主为了赢得眼球效应，想尽各种手法让广告惹人注目，甚至以打“色情”擦边球为手段，品位恶俗，引起了社会的热议。

广东有一则治疗皮肤病的广告，广告对白是这样的：“老公，我痒”，“痒？痒就挠呗”……最后打出来才是×××胶囊。该广告利用妻子和丈夫之间的对话做文章，无疑对女性有很大的戏谑的成分，广告的配音充满了挑逗的语气，令这则广告充满了一种暧昧的味道。这种给人以强烈性暗示的广告出现在大众媒体实在是有失品位，而且容易对低龄电视观众造成不良影响。

“再低，就不可能了。”这是深圳一地产商 2008 年 5 月打出的巨型广告牌，醒目的广告词旁边是一个穿着红色低胸裙子的女子在吆喝降价。女子坚挺胸部，撩人的裙子，加上女子白皙的肌肤引人浮想翩翩。这则广告一经发布，在全国引起轩然大波，批评声一片。想不到，不久之后，在广西某报上，几乎一模一样创意的房地产广告，照葫芦画瓢地出现了，让人不得不感叹，色情恶俗创意有如病毒，一经蔓延，后果不堪设想。类似的色情房地产广告在全国各地还有多例。

广告作为社会文化的一个重要载体，应该承担起传播健康文化的社会职能。可是，在利益面前，很多缺乏社会公德的广告人、广告主却扮演了不光彩的角色，制作和发布恶俗广告。这些广告虽然一时赢得了一些眼球效应，但是，相信得到的更多的是来自社会的批评，最终将大大影响广告主的企业形象。

（四）名人代言广告惹争议

近年来，一些代言广告的名人因为虚假推荐商品，一直名声不好。从邓婕代言的三鹿慧幼婴幼儿奶粉导致多例婴幼儿患肾结石事件，到张铁林、范伟、王刚三位明星代言的 u88，3158，28 招商等三家招商网站涉嫌加盟骗局导致公众遭受巨大损失事件，再到刘晓庆代言的番茄胶囊的保健品导致消费者恶心、头晕、呕吐事件，无不凸显了部分名人代言商品广告“只顾赚钱”而信口雌黄的“任性”。名人代言广告的胡作乱为，不仅严重损害了消费者的合法权益，而且也败坏了诚实信用的社会风气，其危害有目共睹。

新《广告法》2015 年 9 月 1 日正式实施后，规定只要明星代言的是虚假广告，将负有连带责任，工商部门可依据新《广告法》没收其违法所得，并处违法所得一倍以上两倍以下的罚款，同时未满 10 岁的“小童星”不得做“代言”。

新《广告法》的问世让民众拍手称快，未使用过产品不允许做代言，代言虚假广告要承担责任，每一条规定都与老百姓的生活息息相关。中国是一个法治国家，国民遵纪守法的前提就是有法可依，如今有了广告业更为严格的行为准则，用法律来对广告业进行规范，这无疑是广告业发展的一次飞跃。

新《广告法》被认定为“史上最严广告法”，这是一把红色利刃，斩虚假，破夸大，给媒体创一方净土，还百姓一个阳光透明的广告世界。

二、广告人的道德自律准则

广告行业自律是广告行业规范化的必要途径，也是广告行业健康发展的基本保证。这里专门介绍我国广告行业自律的有关问题。

（一）广告行业自律规则

广告行业自律，就是广告业的自我教育、自我约束、自我规范，是广告业发展到一定阶段的产物，也是广告业发展成熟的表现。随着广告业的发展，无论是社会还是广告业自身，都要求广告从业人员自觉遵守国家有关法律法规，遵守社会准则和职业道德。加强行业自律，能够树立行业形象，维护行业声誉，创造良好的公平竞争环境，维护广告市场的秩序，促进广告业的健康发展。

广告行业自律规则是广告行业组织为了约束本行业的经营行为而制定的行业行为规范，是行业自律的主要依据。我国广告行业的自律规则有《中国广告协会自律规则》《广告活动职业道德规范》《广告宣传精神文明自律规则》等。

从2015年9月1日起，新《广告法》的颁布实施，对于规范广告市场，促进广告业的健康发展发挥了巨大的作用。但是，广告主、广告经营者、广告发布者的违法现象仍然存在，个别广告钻法律的空子，打“擦边球”，造成不良社会影响。对于上述问题，除了进一步加大行政执法力度外，很重要的手段就是加强行业自律，行业组织通过行业自律来承担法律和政府不好管、又管不了的工作任务。如果把政府的监督和行政执法工作作为形成良好的广告市场环境的外因，那么，行业自律则是形成良好的广告市场环境的内因。从这个意义来说，行业自律更为重要。

世界上许多国家和地区的广告行业组织都制定了广告行业自律规则，约束广告行业的经营行为。有些国家没有专门的广告法律法规，却有明确的广告自律规则。例如：国际商会的《国际广告行为准则》，国际广告协会的《广告自律白皮书》、澳大利亚的《澳大利亚广告自律准则》、英国的《英国广告活动准则》、日本私营广播联合会的《1993年广播电视广告审查标准》等。

广告行业组织通过行业自律规则对自己会员的商业行为进行规范，维护行业形象和行业利益。例如,美国有广告联盟(AAF)、美国广告代理商协会(4A)、美国广告研究会(ARF)等若干广告行业组织。这些组织都接受和拥护国际广告协会(IAA)有关广告真实的原则,也都制定有自己的章程和规则,对会员进行约束。广告协会的会员如果违反了有关的行业自律规定,就会被认为是破坏了行业名誉和信用,除了要在行业内部接受指责和做出检讨外,最坏的结果是有可能被取缔会员资格。广告会员资格的丧失意味着这家公司将处于非常不利的竞争地位,甚至在行业中无法立足,不得不改行或者关闭企业。日本广告审查机构是日本的广告行业组织,负责对各类广告投诉的处理工作。1993 年,德国一家企业在日本的一则产品广告被投诉到这家机构,该机构经调查核实后要求企业修改这则广告后再播,企业不理,该机构又责令其停止发布,未果,该机构就通知其会员单位——广告经营者、发布者共同抵制该企业的广告在日本的代理与发布,结果迫使该企业的产品退出了日本市场。

(二)中国广告协会自律规则

中国广告协会是中国广告行业的自律性组织。该协会通过制定规章制度,从行业发展的自身需要出发,发挥对行业的指导、协调、服务、监督职能,规范广告业的市场行为,维护广告市场秩序。

为了进一步建立良好的广告经营秩序,提高广告业的道德水准和整体服务水平,1994 年 12 月 7 日,中国广告协会第四次会员代表大会审议通过了《中国广告协会自律规则》(以下简称《规则》),该《规则》共 12 条,对广告企业的经营行为作了较为全面的规定。

1. 对自律范围做出了规定。中国广告协会的全体会员在广告经营活动中必须共同遵守《规则》。中国广告协会通过开展"重信誉、创优质服务"等活动促进广告行业自律的实施和逐步深化。中国广告协会各专业委员会可根据此规则和专业特点制定本专业的自律规则和实施办法。

2. 对广告活动做出了自律要求。《规则》要求一切广告活动均应建立在为社会主义服务、为人民服务、为经济建设服务的原则基础上,力求广告的经济效益和社会效益的统一,并以此为原则检验广告效果。

3. 对违反《规则》的行为的处理方式做出了规定。对于违反《规则》的会员单位,根据情节轻重分别采取批评、内部通报和公开曝光的措施,对于影响特别恶劣,或坚持不改的,将免除其会员资格。另外,各专业委员会、各团体会员单位应分别按照专业和层次对违反规则的会员形成舆论压力，对其不正当行为进行公开抵制。对于同时违反广告管理法律法规者，广告监督管理机构将按照有关法律法规对其进行行政处罚。

本章小结

优秀的广告人是广告行业的灵魂与核心，一切从事替广告主购买版面、时间者，替媒体所有人销售广告者，以及在广告代理公司和其他机构为广告业务服务的人员，即凡是与广告服务有关的人都可以被称为“广告人”。广告人的类型可以按不同的标准进行划分。最基本的3种方法是按照广告人员所处的行业领域、职能领域和素质特点划分。

广告人才培养的目标就是培养具有高素质的广告人才。首先，要突出广告从业人员创新能力的培养；其次，要提升广告从业人员非智力素质结构。回顾40年来中国广告教育的发展，可以大体分为三个阶段，即酝酿阶段、探索阶段及发展阶段。这三个阶段各有自己的特点，共同构成中国广告教育发展的一道绚丽的轨迹。

当前，在商业利益的驱动下，一些虚假广告、不道德的广告仍然普遍地存在。这些广告既破坏了正常的市场秩序，又损害了消费者利益。诚信问题成为考验广告人职业素养和道德准则的试金石。广告行业自律是广告行业规范化的必要途径，也是广告行业健康发展的基础保证。

思考题

1. 请给“广告人”这一概念下一个定义。
2. 广告人分为哪些类型？其分类标准是什么？
3. 广告人必须具备的基本素质是什么？
4. 中国的广告教育经历了哪些阶段？
5. 谈谈你对广告人道德自律重要性的认识。

互联网广告产业迎来全新发展期

互联网广告崛起于互联网在全球的普及与高度渗透阶段,相对于传统的广告形式,其具备了交互性的核心特征,广泛性与针对性并存。但实际上多数的企业主对于互联网广告的认知并未触及核心范畴。

互联网广告的交互性决定了广告是否能够成功建立沟通的"桥梁",它是增强目标消费者与品牌商之间有效沟通并传递包括品牌价值与文化理念,进而在消费者心智之门产生深度影响的关键"钥匙"。

一、互联网广告的发展环境

互联网广告迄今为止最受关注和青睐的便是其广泛的公众覆盖与目标受众的针对性展示能力,这两种特性建立于跨时空属性之上,实现于有限时空向无限时空的延伸,并以最短距离和最长时限触达目标受众为效果。而传播效果数据化与丰富的表现形式则是吸引受众关注力和科学化广告运营的重要特征,使其能在成本可控的环境中实现品牌商、媒介商、受众群体的三位一体,进而在产业链中促进可不断循环的价值链在生态圈层中良性发展。

1. 互联网广告发展的驱动力。2018 年,众多媒体与研究机构认为,宏观经济与网络流量红利是导致数字营销进入下半场的主要原因所在。国内整体环境的迅速变化,迫使互联网广告产业进行自我蜕变,并在依赖性较强的关联行业中快速呈现出其在蜕变过程中所造成的影响。游戏、电商、新零售、金融等行业确实受到了不同程度的影响,即便是一直表现出良好势头的游戏行业同比 2018 年的数据也只高出不到两个百分点,且头部与腰部企业也因市场传播能力的差距逐渐呈现出较为明显的马太效应。

宏观环境上,受到国内经济、技术高速发展的影响,国家政策与消费市场环境的变化在宏观层面不断施压。从产业内部看,压力是使其迅速向着标准化和精细化方向发展的驱动力;从外部来看,压力则是为产业长期发展形成良好而稳定的基础环境。比如,已经成为"稀缺资源"的注意力,造成受众注意力分散的原因不仅是众多互联网平台及内容的涌入,还受到社会整体环境、网络舆情发展、意见领袖态度、内外部文化冲击、个体意识觉醒等复杂因素的影响,进而呈现出大众对感性的情感需求高于理性的功效需求、个性群体归属强于大众群体归属、物质追求高于文化追求、短期性强于长期性、弱点聚焦高于现实聚焦等必然现象。

这些变化所造成的影响远非一篇短文可以列举并阐述清晰,但就现今互联网广告所处的转折点来看,媒介、企业主都已经将目标受众作为轴心,不断更新自身的观念并重构数据模型。

如果说互联网的用户聚焦性较强的时期即为网络流量的红利期，那么现在商业化的数字营销应该尚处于红利稳定期，不能真正被称作红利衰退期。从2019年媒介市场的变化来看，舒适地坐收红利与初期产业自然而快速增长的状态已经被产业内部竞争、广告呈现与转化形式、消费数据离散化、品牌价值获得认可、技术的持续创新、企业主逐渐适应新环境等各方向的变化所影响。比如，多数企业主与网络媒介会在是否以产品作为核心价值，以及销售漏斗与转化漏斗哪个更适合实践应用等问题上产生诸多分歧。

但也正是差异性观念和媒介环境的变化，无形间刺激着互联网广告产业的创新发展，从而适应市场环境。

2. 广告人在互联网广告产业中的角色。广告人作为广告创意与制作的另一方，相较媒介与企业主更了解互联网广告受众的认知与理解。比如，有良好数据的情况下，媒介仍无法做到广告公司的受众感受效果，多数情况并不是分析与制作能力的差异，反而与企业主与媒介在各自领域专业性的过度专注有关。

近些年，互联网广告的形式愈发丰富起来，比如意见领袖和网红带货等方式促使MCN机构与广告公司之间的界限愈发模糊。究竟该如何审视此类行业间产生的融合呢？

首先，要从宏观层面出发，正如广告与公关之间的界限不断消失一样，都是受到了消费市场、企业主和媒介运营发展环境的需求趋势剧变的影响。

然后，再从各方的需求来审视，现今诸多行业多少存在马太效应的趋势，其中头部企业逐渐变得难以追逐，腰部企业在不断奋起前行的同时又要面对自身资源的积累与市场覆盖等生存问题，而长尾部分的企业要在有限的生存空间中谋求着利润与客户量的平衡，甚至还促使不同位置的企业对较为有限的人才资源产生了大相径庭的态度。比如，行业头部的大部分企业认为，人才在原创、创意和策略层面有着不可替代的价值，而在此方向上处于相对劣势的企业则认为，符合企业主与媒介需要的作品才具备价值，甚至长尾会出现终日谋求生存的企业会在订单价格与作品质量层面寻找价值的平衡点。

还有，从业人员在行业内发展的规划与潜力等微观层面的影响。从理性的角度思考，广告人的核心能力是什么，无疑是在创意与缜密策略中产生的“广告移情效果”。不同于企业主或媒介运营在其专业领域中因过度专注而产生思维层面的惯性与意识层面的主观暗示，广告人更倾向于站在目标受众的角度思考和感受广告的“起源性”关键因素。比如，当你看到广告画面和听到背景音乐、广告语时的感受，以及在受众群体中挖掘潜在的消费者对于广告中产品认知与理解等要素的展示策略，创作出的广告内容对于企业主的投产比与媒介的二次传播覆盖等，都将赋予广告强大的支撑性与延展性。

现实一些说，广告公司在接到企业主订单时便会受到多方的主观意愿牵制，广告创作自然会受到限制，媒介策略人员可供选择发挥的空间也会随之减小，这是广告公司在人力资源管理与降低经营成本方面的难点所在。

创意源于从业人士对特定领域知识的积累和发展趋势的洞察，同时也源于从业人士在商业环境中的长期濡染，以及结合处于对面的受众群体在思维与意识层面趋势性的把握。但能够全部做到的高级从业人士确实非常有限，甚至有些具备创意表达能力的人还会因各种原因受到压制和反对，尤其是在企业主与媒介经营的广告公司中受到的牵制会成倍增加。

二、互联网广告的主流市场需求

1. 互联网广告市场现状。用户在移动端接收到的互联网广告通过信息流、短视频、直播等方式的增长愈发明显，但在各大研究机构的数据报告中我们可以看到，用户在移动端的使用场景却呈现出个性化与离散化的趋势，这无疑给以品牌为主攻方向的企业主造成了困扰，尤其是品牌较为单一的中小型企业在媒介渠道的广告投放成本方面将明显走高。

O2O 模式理念的成熟与场景化营销的发展对互联网广告而言无疑是一个新的掘金契机。基于 O2O 理念的商业化项目通过各种方式推广自身平台，其中互联网广告显然是不可或缺的重要环节。由于市场的发展方向出现变化，相应地，广告投放便需要跟随市场中消费者喜欢的内容，以及企业主需要的客户与运营相关的信息和数据，这要求广告能够在 O2O 理念下实现社交与场景，通过内容与利益吸引并引导消费者进入企业主预设的营销环境，进而通过广告获取到的信息与数据实现有效的客户转化。其中，广告的内容与利益彰显将成为连接受众与场景、产品、品牌的关键。

相对而言，企业主对于品牌价值或销售业绩的要求需要有不同倾向性的策略进行支撑，比如通过热门 IP、明星代言、权威意见领袖、网红等合作方式。增强互动性广告的活跃度、亲和力、表现力与方法，以及借助合作方在目标受众内心的信任度，都可以在两类需求方向上促进并增强广告的效果。流程上，一般 MCN 机构在签订意见领袖或网红后，根据订单情况制作相应素材并开展创意的推广，当正式上线时便会追踪并调整广告效果。

网红作为现今热门的带货意见领袖较受企业主与大众群体的关注，但频发的推广销售业绩与产品本身所存在的诸多问题，使产业内产生了多起说不清理还乱的纠纷事件。所以,互联网广告产业需要时间的沉淀,可能较为类似广告产业历经的发展与成长过程。

2. 互联网广告规划要获取目标受众数据。互联网广告市场中,第一方数据的清晰度决定了企业对于市场的理解,是后续沟通与关系提升的指导性数据,更是开展市场覆盖率提升与广告投放的基础性参考数据;

而源于互联网广告产业内其他渠道的第二方数据则可以校准现有的数据库内容,比如从其他渠道获得的已有群体或未覆盖群体在特定场景与活动中的行为倾向性,一方面能够补充自身收集的第一方数据在市场中表现得不完整并寻找拓展契机,另一方面也能从此类数据中得到目标受众的客观表现,完善客户管理体系。

第三方数据较为特殊,属于外部渠道获得的二手数据,其参考性较为有限,一般会作为市场拓展的部分依据,主要原因是第三方数据在互联网广告产业中的有效性与真实性问题,尤其是在其完整性无法得到保证的情况,发挥的价值十分有限。但这也仅仅是相对而言,如果你拥有非常稳妥的渠道,在第二方数据和第三方数据的质量有所保障的情况下,它们都将成为增强第一方数据价值的“催化剂”。

但在实践中,互联网广告受众数据的需求都源于企业主对成交转化阶段的关注,其次才是对于品牌价值与消费者忠诚度的关注,之后才会考虑竞品倾向性、兴趣度、互动性、传播与扩散等。

由此可见,现今主流数据仍处在“订单”市场,但因受众市场的不断变化,未来产业内的主流数据会向受众数据方向倾斜。

三、结语

早期有很多人戏称“不想做广告公司的MCN,不是好网红”和“不掺水的数据,不是数字营销”,此类话题一度成为茶余话题。但根据上述内容,可知现阶段国内互联网广告因企业主、媒介、新技术成熟度等原因,各种广告表现方式尚未能融合互联网广告的互动特性进行深入研究与开发。

高额的商业利润来源于市场中需求未被满足的空白或稀缺领域,相信随着AI技术、有效数据管理、整合营销普及、原创与创意的保护,以及互联网广告产业的稳定发展与高新技术的成熟,形成理想的用户沉浸式体验,进而集合诸如短视频、热门IP、搜索引擎、新闻、资讯等内容体验方向,为广泛受众群体提供基于服务化、社交化、场景化、生态化的体验式营销环境已成为趋势。

案例选编

破而后立，无所谓于“已死”话题所贩卖的恐慌，企业主需要产品及品牌信息的推广与传播，媒介需要受众的关注与盈利，广告产业具有了无限的生命力，或许互联网广告也只不过是刚刚从黎明迎向朝阳的曙光而已。

（资料来源：[EB/OL].[2019-11-12]. 互联网广告产业或将迎来全新发展期 http://www.gongguanzhijia.com/article/3598.html）

主要参考书目

[1]安德森．免费:商业的未来[M]．北京:中信出版社,2013.

[2]陈威如．平台战略:正在席卷全球的商业模式革命[M]．北京:中信出版社,2013.

[3]库兹韦尔．奇点临近[M]．李庆诚,董振华,田源,译．北京:机械工业出版社,2015.

[4]凯利．必然[M]．张行舟,等,译,北京:电子工业出版社,2016.

[5]罗斯．共享经济[M]．傅帅雄,译．杭州:浙江人民出版社,2015.

[6]纳伊姆．权力的终结[M]．王吉美,牛晓萌,译．北京:中信出版社,2013.

[7]舍基．认知盈余[M]．胡泳,哈丽斯,译．北京:中国人民大学出版社,2013.

[8]童清艳．中国媒体未来发展趋势与改革策略[N]．人民论坛,2016-08-25.

[9]童清艳．中国新媒体产业发展的现实议题[J]．新闻记者,2012(2).

[10]温伯格．知识的边界[M]．胡泳,高美,译．太原:山西人民出版社,2014.

[11]王荣．十二省市引入阿里云[N]．中国证券报,2015-01-06.

[12]徐志斌．社交红利[M]．北京:北京联合出版公司,2013.

[13]佚名．阿里云将在硅谷建数据中心欲拓展海外云业务[J]．互联网天地,2015(3).

[14]严三九．2013 年全球新媒体发展态势探析[J]．现代传播,2013(7).